本书为 江西省软科学研究计划重大项目"江西省战略性新兴产业的选择和培育研究 项目成果
—— 基于省外异构、省内协同之双向耦合"（20161ACA10023）

Research on the Selection and Cultivation
of Strategic Emerging Industries in Jiangxi Province

江西省战略性新兴产业的 选择和培育研究

◆ 陈春林◎著

科学出版社

北 京

内 容 简 介

随着区域战略性新兴产业发展不平衡状况逐渐凸显，省际产业竞争压力逐渐加大。本书以江西省战略性新兴产业为研究对象，围绕江西省战略性新兴产业的选择与培育，探寻产业发展的新机遇。

本书适合产业发展与改革领域的行政机关和事业单位人员、产业经济和产业政策研究的学者、与产业经济相关的高校学生，以及其他对产业经济学有兴趣的人群阅读。

图书在版编目（CIP）数据

江西省战略性新兴产业的选择和培育研究/陈春林著. —北京：科学出版社，2020.9
　ISBN 978-7-03-063224-1

Ⅰ. ①江… Ⅱ. ①陈… Ⅲ. ①新兴产业-产业发展-研究-江西 Ⅳ.
①F127.22

中国版本图书馆 CIP 数据核字（2019）第250191号

责任编辑：朱萍萍　房旭平 / 责任校对：贾伟娟
责任印制：徐晓晨 / 封面设计：有道文化

科 学 出 版 社 出版
北京东黄城根北街 16 号
邮政编码：100717
http://www.sciencep.com

北京建宏印刷有限公司 印刷
科学出版社发行　各地新华书店经销
*

2020 年 9 月第 一 版　开本：720×1000　B5
2020 年 9 月第一次印刷　印张：28 1/4
字数：468 000

定价：198.00元
（如有印装质量问题，我社负责调换）

战略性新兴产业代表着科技和产业发展的新方向，其发展已经成为新一轮国与国之间经济较量的重要领域。各国都在加强战略性新兴产业的布局。2009 年，我国首次明确提出发展战略性新兴产业的构想，随后相继出台了一系列政策，由中央到地方掀起了一股发展战略性新兴产业的热潮。发展初期，部分省份的战略性新兴产业规划求大求全，产业选择脱离地区实际，导致产业发展项目过度趋同，区域间缺少有序的专业化分工，难以形成相匹配的产业链条。部分省份规划的某些战略性新兴产业没有一定数量的企业做后盾，业务仅与战略性新兴产业沾边，实际上并不具备战略性新兴产业的内涵，有名无实。随着战略性新兴产业的发展日渐成熟和省份间的竞争日趋激烈，各省份必须依据自身发展的基础重新选择和定位。

国内有关战略性新兴产业的书籍通常是基于全国层面的研究，关注省域的研究较少，聚焦经济欠发达省份的研究更少。本书针对江西省战略性新兴产业存在的选择过度趋同、产业培育模式不清晰、培育措施针对性不强等问题，紧紧围绕"江西省哪些产业可以继续重点发展，哪些产业应适度摒弃"这个现实问题，结合近年来江西省战略性新兴产业发展的状况，通过大量翔实数据、实例分析、纵横向对比和宏微观对比，采用产业园区、产业集群、产业规模、产业发展、微观的企业支撑和技术支撑等几个核心变量，构建一套直观的基于产业现有发展基础的战略性新兴产业选择方法，多方位、多角度对比国内外对应产业发展趋势，对江西省内战略性新兴产业进行评价，综合各种因素考量产业的选择和取舍。本书从一个崭新角度对江西省战略性新兴产业选择进行研究探讨，经过严谨、科学、合理的论证，慎重地提出更加科学、合理的新兴产业选择和重点培育建议，着力探索一个经济欠发达地区快速、合理、精准地判断本省内战略性新兴产业的发展方向的模式。

本书得到江西省软科学研究计划重大项目"江西省战略性新兴产业的选择和培育研究——基于省外异构、省内协同之双向耦合"（20161ACA10023）、江西省软科学研究计划一般项目"江西省战略性新兴产业发展环境定量剖析和对比研究——基于区域创新中政府战略和举措的视角"（20151BBA10065），以及江西省科学院博士引进项目"江西省战略性新兴产业发展环境定量剖析和对比研究"（2014-YYB-26）的资助。全书共分八章，均由陈春林单独撰写。其中，南昌市发展和改革委员会周文祥及南昌大学硕士研究生吴爽、王志远为本书收集了部分数据，在此表示感谢。

对本书的调研和撰写，我要衷心感谢我的博士生导师、复旦大学任远教授。他兢兢业业的敬业精神、孜孜以求的务实作风、忠于事业的高尚情怀和学习钻研的专业素养深深感染了我，为我的科研工作打下坚实的基础，并鞭策我克服在调研、撰写中遇到的种种困难。感谢上海大学谭静老师在本书写作过程中给予的指导。

对本书的撰写和完稿，我衷心感谢江西省科学院良好的学习、研究氛围和院党组的正确领导，尤其是党组书记、院长熊绍员上任以来大力推行"科学院新时代12345创新发展战略"，带来院区建设加快、环境改善、科研提升、待遇向好等可喜变化，为科研人员在纵向交流、深度沟通，横向学习、探讨交流上搭建了很好的平台；衷心感谢江西省科学院副院长魏国汶在本书编撰中给予的大力支持和帮助；衷心感谢江西省科学院科技战略研究所所长邹慧一直以来的悉心指导和大力支持，尤其在本书编写工作量大、时间紧迫的情况下给予了关怀和帮助；感谢江西省科学院科技战略研究所副所长唐伟中、黄勇、王小红在工作和生活上点点滴滴的帮助和支持；感谢江西省科学院科技战略研究所科技政策研究室主任林浩及全体同仁，感谢他们在生活中的关心，在科研中的鼓励，给我单调的撰写工作增添了能量。

　　对本书的完稿和出版，诚挚感谢科学出版社朱萍萍编辑耐心而细致地编辑和辛勤付出。衷心感谢周文祥同志，如果没有他在工作和生活中给予的关爱和鼓励，我就不可能有充沛的时间、精力和勇气来完成本书。他们在工作和生活中给我的帮助和支持是本书得以顺利编撰和出版的强大后盾。

陈春林

2019 年 1 月

C目录
CONTENTS

第一章 国内外战略性新兴产业发展概况

第一节 战略性新兴产业内涵的界定

一、战略性新兴产业的内涵

国外并没有"战略性新兴产业"（strategic emerging industries；emerging industries of strategic importance）这一提法，近似提法只有"新兴产业"。这种说法没有前缀"战略"一词。国外出现频率较高的表达方式有：① 新兴的产业或正显现的产业（emerging industries），涉及 Web 交通数据、数字电视技术、电信产业、生物能源及生物技术等产业；② 新的产业（new industries），涉及软硬件、信息产业、移动网络、医学等产业；③ 新产业和新兴产业（the new and emerging industries），涉及绿色产业、生物技术、信息技术、生物能源与生物产品、化学领域、高新技术及其产品等产业；④ 新出现的产业（newly emerging industries），涉及生物技术、计算机软件、轨道空间、绿色建筑、老年健康等产业。上述提法基本上作为同一概念在使用。国外"新兴产业"的概念主要侧重于新市场、新技术及新的产业。我国虽然称之为"战略性新兴产业"，但统计的仍是新兴产业相关的指标值，与国外

"新兴产业"的概念大体一致。

"战略性新兴产业"的具体界定及内涵在理论层面和实践环节都存在诸多分歧。

（一）理论层面

国内不少学者是从"战略性"和"新兴性"两个概念同时理解"战略性新兴产业"的。程贵孙等对"战略性新兴产业"分别从"战略性产业"和"新兴产业"两个概念进行理解，其中"新兴产业"是从产业发展阶段来看正处于产业生命周期曲线中成长阶段的产业，而"战略性产业"则体现在突破主导技术和广阔的市场需求[1]。顾强等认为"战略性新兴产业"必须是战略性产业和新兴产业的"交集"，是新兴产业的一部分，同时又是新兴产业中能够成长为主导产业、先导产业或支柱产业的部分[2]。

国内学者对战略性新兴产业的定性也不同。刘洪昌认为，战略性新兴产业在国民经济中具有重要的战略地位，关系到国家（地区）的经济命脉及产业安全，且是潜在的朝阳产业，科技含量高、产业关联度高、市场空间大、节能减排优，具有战略性、创新性、成长性、关联性、导向性、风险性等特征[3]。林学军认为，战略性新兴产业具有"五大"特性：① 导向性，即代表未来发展方向；② 创新性，即代表高新技术的发展方向；③ 外部性，即对相关产业和经济发展有带动和促进作用；④ 地域性，即不同地区因资源优势和特殊条件的不同，战略性新兴产业是不同的；⑤ 风险性，主要是由于战略性新兴产业尚不成熟而存在风险[4]。高友才等指出，战略性新兴产业具有"五力"特征：① 引领力，战略性新兴产业能够引领未来产业发展方向，对国家（地区）经济增长和相关产业产生较强的带动与促进作用；② 创新力，战略性新兴产业能够在科技领域、产业组织和产业结构等方面实现创新与突破；③ 持续力，战略性新兴产业的生命周期较长，有稳定的发展前景和市场需求；④ 集约力，战略性新兴产业具有低能耗和低污染的特性，能够实现生产的低碳化和集约化；⑤ 聚集力，战略性新兴产业的产业链较长，带动面较广，能够有效形成产业集聚和产业集群[5]。吴传清等总结出战略性新兴产业的三个最显著特性：① 全局性，它能有效带动社会技术进步，提升本国竞争力；② 潜导性，它是国家未来经济增长的风向标；③ 联动性，它的产业带动力强，关联度较高，产业链较长[6]。

战略性新兴产业的战略地位是多层次的。孙国民认为，战略性新兴产业的最高层次甚至能影响国家安全和国家战略（如航空航天材料及发动机、量子通信技术、相控阵雷达技术、太空武器技术、预警机、舰载机技术等）；中观层面能影响产业安全（如高端装备制造、芯片技术、动漫创意、高性能计算机、新能源汽车、轨道交通等产业）；微观层面能影响企业核心竞争力（如新医药、节能环保新技术、新能源汽车、生物育种、云计算、物联网等产业）。此外，战略性新兴产业还具有区域差异性，由于区域资源要素禀赋的差异性和市场分割性，同一产业在不同国家或地区之间的战略重要性及地位不同，如稀土材料产业在美国、日本都属于战略性新兴产业，而我国由于资源禀赋较好，其战略地位比一些国家或地区要低；战略性新兴产业还是一个动态演进的概念，通常按照产业形成、成长、成熟、衰退的生命周期理论进行演化，但是由于在生命周期的第 1 阶段面临诸多风险，部分战略性新兴产业可能未老先衰或未老先亡[7]。

（二）实践层面

《中华人民共和国国民经济和社会发展第十二个五年规划纲要》（简称《国家"十二五"规划纲要》）和《"十二五"国家战略性新兴产业发展规划》中提到："战略性新兴产业是以重大技术突破和重大发展需求为基础，对经济社会全局和长远发展具有重大引领带动作用，知识技术密集、物质资源消耗少、成长潜力大、综合效益好的产业，具有导向性、全局性、动态性、可持续性特征。"这是对"战略性新兴产业"较为权威的定义。《国家"十二五"规划纲要》确立了包括节能环保产业、新一代信息技术产业、生物产业、高端装备制造产业、新能源产业、新材料产业和新能源汽车产业在内的七大战略性新兴产业。2016 年 12 月，国务院印发《"十三五"国家战略性新兴产业发展规划》，确立了九大战略性新兴产业，具体包括信息技术产业、高端装备产业、新材料产业、生物产业、新能源汽车产业、新能源产业、节能环保产业、数字创意产业和超前布局的其他战略性产业，如表1-1所示。

表1-1 《"十三五"国家战略性新兴产业发展规划》确立的战略性新兴产业及细分领域

分类	具体细分领域
信息技术产业	网络基础设施、互联网＋、大数据、人工智能等
高端装备产业	智能制造、航空、卫星及应用、轨道交通装备、海洋工程装备等
新材料产业	高性能、多功能、绿色化、特色资源新材料等
生物产业	生物医药、生物医学工程、生物农业、生物制造、生物服务、生物能源等
新能源汽车产业	纯电力汽车、插电式混合动力汽车、燃料电池汽车等
新能源产业	太阳能、核能、风能、生物质能等
节能环保产业	节能环保、绿色低碳、循环利用等
数字创意产业	创意技术和装备、数字文化创意内容、创新设计等
超前布局的其他战略性产业	空天海洋、信息网络、生命科学、核技术等

2017年1月，国家发改委会同多个部门对《国家战略性新兴产业重点产品和服务指导目录》（2013版）做了修订和完善，形成了2016版目录。如表1-2所示，《国家战略性新兴产业重点产品和服务指导目录》（2016版）涉及战略性新兴产业九大分类、40个重点方向、174个子方向。

表1-2 《国家战略性新兴产业重点产品和服务指导目录》（2016版）

九大分类	重点方向	具体子方向
一、新一代信息技术产业	1. 下一代信息网络产业	①网络设备；②信息终端设备；③网络运营服务
	2. 信息技术服务	④新兴软件及服务；⑤"互联网＋"应用服务；⑥大数据服务
	3. 电子核心产业	⑦集成电路；⑧新型显示器件；⑨新型元器件；⑩高端储能；⑪关键电子材料；⑫电子专用设备仪器；⑬其他高端整机产品
	4. 网络信息安全产品和服务	⑭网络与信息安全硬件；⑮网络与信息安全软件；⑯网络与信息安全服务
	5. 人工智能	⑰人工智能平台；⑱人工智能软件；⑲智能机器人及相关硬件；⑳人工智能系统
二、高端装备制造产业	6. 智能制造装备产业	㉑智能测控装置；㉒智能装备关键基础零部件；㉓工业机器人与工作站；㉔智能加工装备；㉕智能物流装备；㉖智能农机装备；㉗增材制造（3D打印）

续表

九大分类	重点方向	具体子方向
二、高端装备制造产业	7.航空产业	28民用飞机（含直升机）；29航空发动机；30航空设备及系统；31航空材料；32航空运营及支持；33航空维修及技术服务
	8.卫星及应用产业	34空间基础设施；35卫星通信应用系统；36卫星导航应用服务系统；37卫星遥感应用系统；38卫星技术综合应用系统
	9.轨道交通装备产业	39高速铁路机车车辆及动车组；40城市轨道交通车辆；41轨道交通通信信号系统；42轨道交通工程机械及部件；43轨道交通专用设备、关键系统及部件；44轨道交通运营管理关键设备和系统
	10.海洋工程装备产业	45海洋工程平台装备；46海洋工程关键配套设备和系统；47海洋工程装备服务；48海洋环境监测与探测装备；49海洋能相关系统与装备；50水下系统和作业装备；51海水养殖和海洋生物资源利用装备
三、新材料产业	11.新型功能材料产业	52新型金属功能材料；53新型功能陶瓷材料；54稀土功能材料；55高纯元素及化合物；56表面功能材料；57高品质新型有机活性材料；58新型膜材料；59功能玻璃和新型光学材料；60生态环境材料；61高品质合成橡胶；62高性能密封材料；63新型催化材料及助剂；64新型化学纤维及功能纺织材料；65其他功能材料
	12.先进结构材料产业	66高品质特种钢材材料；67高性能有色金属及合金材料；68新型结构陶瓷材料；69工程塑料及合成树脂
	13.高性能复合材料产业	70高性能纤维及复合材料；71金属基复合材料和陶瓷基复合材料；72其他高性能复合材料
四、生物产业	14.生物医药产业	73新型疫苗；74生物技术药物；75化学药品与原料药制造；76现代中药与民族药；77生物医药关键装备与原辅料；78生物医药服务
	15.生物医学工程产业	79医学影像设备及服务；80先进治疗设备及服务；81医用检查检验仪器及服务；82植介入生物医用材料及服务
	16.生物农业产业	83生物育种；84生物农药；85生物肥料；86生物饲料；87生物兽药、兽用生物制品及疫苗；88生物食品

续表

九大分类	重点方向	具体子方向
四、生物产业	17. 生物制造产业	⑧⑨生物基材料；⑨⑩生物化工产品；⑨①特殊发酵产品与生物过程装备；⑨②海洋生物活性物质及生物制品
	18. 生物质能产业	⑨③原料供应体系；⑨④生物质发电；⑨⑤生物质供热；⑨⑥生物天然气；⑨⑦生物质液体燃料；⑨⑧生物质能技术服务
五、新能源汽车产业	19. 新能源汽车产品	⑨⑨新能源汽车整车；⑩⑩电机及其控制系统；⑩①新能源汽车电附件；⑩②插电式混合动力专用发动机；⑩③机电耦合系统及能量回收系统；⑩④燃料电池系统及核心零部件
	20. 充电、换电及加氢设施	⑩⑤分布式交流充电桩；⑩⑥集中式快速充电站；⑩⑦换电设施；⑩⑧站用加氢及储氢设施
	21. 生产测试设备	⑩⑨电池生产设备；⑪⑩电机生产设备；⑪①专用生产装备；⑪②测试设备
六、新能源产业	22. 核电技术产业	⑪③核电站技术设备；⑪④核燃料加工设备制造
	23. 风能产业	⑪⑤风力发电机组；⑪⑥风力发电机组零部件；⑪⑦风电场相关系统与装备；⑪⑧海上风电相关系统与装备；⑪⑨风力发电技术服务
	24. 太阳能产业	⑫⑩太阳能产品；⑫①太阳能生产装备；⑫②太阳能发电技术服务
	25. 智能电网	⑫③智能电网
	26. 其他新能源产业	⑫④其他新能源产业
七、节能环保产业	27. 高效节能产业	⑫⑤高效节能锅炉窑炉；⑫⑥电机及拖动设备；⑫⑦余热余压余气利用；⑫⑧高效储能、节能监测和能源计量；⑫⑨高效节能电器；⑬⑩高效照明产品及系统；⑬①绿色建筑材料；⑬②采矿及电力行业高效节能技术和装备；⑬③信息节能技术和节能服务
	28. 先进环保产业	⑬④水污染防治装备；⑬⑤大气污染防治装备；⑬⑥土壤及场地等治理与修复装备；⑬⑦固体废物处理处置装备；⑬⑧减振降噪设备；⑬⑨环境监测仪器与应急处理设备；⑭⑩控制温室气体排放技术设备；⑭①海洋水质与生态环境监测仪器设备；⑭②其他环保产品；⑭③智能水务；⑭④大气环境污染防治服务；⑭⑤水环境污染防治服务；⑭⑥土壤环境污染防治服务；⑭⑦农业面源和重金属污染防治技术服务；⑭⑧其他环保服务

续表

九大分类	重点方向	具体子方向
七、节能环保产业	29.资源循环利用产业	⑭矿产资源综合利用；⑮固体废物综合利用；⑯建筑废弃物和道路沥青资源化无害化利用；⑰餐厨废弃物资源化无害化利用；⑱汽车零部件及机电产品再制造；⑲资源再生利用；⑳非常规水源利用；㉑农林废物资源化无害化利用；㉒资源循环利用服务
八、数字创意产业	30.数字文化创意	⑱数字文化创意技术装备；⑲数字文化创意软件；⑯数字文化创意内容制作；⑯新型媒体服务；⑯数字文化创意内容应用服务
	31.设计服务	⑯工业设计服务；⑯人居环境设计服务；⑯其他专业设计服务
	32.数字创意与相关产业融合应用服务	⑯数字创意与相关产业融合应用服务
九、相关服务业	33.研发*服务	⑯研发服务
	34.知识产权服务	⑯知识产权服务
	35.检验检测服务	⑯检验检测服务
	36.标准化服务	⑰标准化服务
	37.双创服务	⑰双创服务
	38.专业技术服务	⑰专业技术服务
	39.技术推广服务	⑰技术推广服务
	40.相关金融服务	⑰相关金融服务

* 科学研究与试验发展，简称研发，research and development, R&D。

二、与战略性新兴产业相关的几个概念

在战略性新兴产业内涵的研究中，一个不可忽视的问题就是战略性新兴产业与新兴产业、战略性产业、主导产业、基础产业及高新技术产业之间是什么关系？

（一）战略性新兴产业与新兴产业

新兴产业不同于传统产业，一般处于产业生命周期的初期和发展期，且是动态变化的。新兴产业的产生往往依靠新的技术突破、技术改造或现有的模式创新。战略性新兴产业属于新兴产业，且是新兴产业中能充分体现国家意志、具有战略属性和主导属性的特定新兴产业。

（二）战略性新兴产业与战略性产业

战略性产业的界定主要有两种观点：第一种观点认为，战略性产业等同于主导产业（甚至包括支柱产业）；第二种观点认为，战略性产业是指对产业发展和结构调整起主导作用的产业。相比战略性新兴产业，战略性产业的分类标准不涉及物质资源消耗及科技创新等指标。

（三）战略性新兴产业与主导产业

主导产业是指通过科技进步和技术创新，比其他产业成长更快且更能带动其他相关产业快速发展（具有关联带动效应）的产业，在产业体系中居支配地位，对整个产业体系的完善和发展起基础性的主导作用。战略性新兴产业的产业带动能力也很强（关联带动效应），但主导产业处于产业生命周期的成熟期，战略性新兴产业一般处于产业生命周期的初期和发展期。

（四）战略性新兴产业与基础产业

基础产业是为其他产业及整个产业体系服务的产业。两者的相同之处在于，其均对国民经济有较大贡献；不同之处在于贡献的侧重点不同。战略性新兴产业侧重树立未来产业综合竞争优势，科技创新能力强；基础产业侧重对经济的基础支撑，创新能力一般较弱。

（五）战略性新兴产业与高新技术产业

战略性新兴产业与高新技术产业的相同之处在于，两者都是技术密集型产业，且关联带动效应都较高。不同之处在于，高新技术产业可能处于产业生命周期的成熟阶段，也可能正处于萌芽期和发展期，战略性新兴产业一般处于产业生命周期的初期和发展期。此外，高新技术产业的战略作用和主导作用也不如战略性新兴产业。

三、战略性新兴产业界定和统计的常见误区

我国战略性新兴产业尚处于探索发展阶段。此外，基于地域性及动态性

等特征，战略性新兴产业在具体实践中的概念和内涵多有变化。战略性新兴产业界定和统计的常见误区表现在以下几个方面。

（1）概念和执行表里不一。以新一代信息技术产业为例，地方政府统计时几乎将所有涉及信息技术的产业都统计进战略性新兴产业，完全忽略了"战略性新兴产业"概念界定中的战略性、新兴性及高新技术性等特征。地方政府在项目申报、统计产值时扩大战略性新兴产业的范畴，往往是为争取地方资源、赢得地方博弈而考虑，导致误导地方发展方向，竞争性产业发展产生偏差。

（2）战略性新兴产业统计口径过宽。在一些地方，战略性新兴产业的统计口径几乎等同于主导产业或支柱产业。以高端装备制造产业为例，在具体操作层面，传统的机械制造产业也作为高端装备制造产业计入战略性新兴产业。

（3）战略性新兴产业的地域差异性体现不明显，将一些不具备战略性意义的产业也盲目计入战略性新兴产业范畴。例如，稀土材料产业在美国、日本都属于战略性新兴产业，而在我国的战略地位很低。

（4）战略性新兴产业的动态退出机制不灵活。战略性新兴产业一般处于产业生命周期初期。随着产业成熟乃至市场饱和，不符合标准的产业就不应该再属于战略性新兴产业的范畴。

第二节　战略性新兴产业发展的国内外态势

一、战略性新兴产业发展的国际态势

自 2008 年金融危机以来，全球经济增长压力日渐凸显，主要发达国家纷纷推出各自的增长战略，焦点不约而同地锁定在新一代信息技术、生物、新能源、高端装备制造等七大战略性新兴产业上，构成新一轮的增长竞赛。主要国家和地区密集推出加速战略性新兴产业发展的计划和措施，如《美国竞争力计划》《美国经济复兴与再投资法案》《美国出口倍增计划》《美国竞争力法案》《美国创新战略：确保我们的经济增长与繁荣》《美国先进制造业国家战略计划》《美国先进制造业伙伴计划》《美国创新战略（2011）》《欧盟2020战略》《地平线2020》《德国高技术战略2020》。《德国工业4.0》更是令全球震惊，英国推出《以增长为目标的创新与研究战略》，日本正在推进《日本创新战略2025》。总的来说，美国居全球战略性新兴产业发展第1梯队，德国、日本、韩国三国居第2梯队，中国紧随其后，其他国家则扮演"跟随者"的角色。

（一）主要国家的重点发展方向和发展领域

1.美国

美国政府曾先后出台了《美国先进制造业国家战略计划》《美国创新战略：推动可持续增长和高质量就业》《美国出口倍增计划》等诸多法案。2009年，美国政府提出"再工业化"战略，以复兴制造业为核心，力图通过重振国内工业尤其是制造业的"出口拉动"，使美国回归实体经济。2015年，《美国创新战略》提出要大力发展九大战略领域：① 先进制造，依托国家制造业创新网络来恢复其在高精尖制造业创新中的领先地位；② 精密医疗，聚焦基因组学、大型数据集分析和健康信息技术的发展；③ 大脑计划，通过基因对大脑进行全方位的认知；④ 先进汽车，突破传感器、计算机和数据科学等，把车对车通信和尖端自主技术等投入商用；⑤ 智慧城市，投资智慧城市新研究和部署智慧城市设施；⑥ 清洁能源和节能技术，投资气候变化解决方案，提高能源利用率等；⑦ 教育技术，建立教育高级研究计划局；⑧ 太空探索，主要是商业航天计划；⑨ 计算机新领域，制定国家战略性计算机计划，致力发展下一代通用技术。

2.英国

英国未来的主要发展方向有八大技术领域和战略产业。八大技术领域具体指大数据、太空、机器人、合成生物学、再生医学、农业科学、先进材料和可再生能源等。在大数据领域，英国政府投资了1.89亿英镑，是八大技术领域之首；在太空领域，英国政府计划建成一个太空港用于商用、民用航天飞行；在机器人领域，英国政府主攻机器人和自主系统技术；在合成生物学领域，英国技术战略委员会公布了《英国合成生物学路线图》；在再生医学领域，英国出台了再生医学发展战略及研究路线图；在农业科学领域，英国在基础理论研究、农业机械化、自动化电气化等方面都处于世界前沿；在先进材料领域，英国政府建立了高科技材料技术集成中心；在可再生能源领域，英国致力于海上风电的开发利用。2008 年起，英国政府还推出"高价值制造"战略，促进制造业回流，抢占制造领域新的制高点。2017 年发布的英国工业发展战略白皮书《工业战略：建设适应未来的英国》，强调英国应积极应对人工智能和大数据、绿色增长、老龄化社会及未来移动性等四大挑战。2018 年 4 月底，英国专门发布《工业战略：人工智能》报告，立足引领全球人工智能和大数据发展。

3. 德国

德国具有发展优势的战略性新兴产业主要包括高端装备制造产业、可再生能源产业、电气电子产业、环保产业。2010 年 7 月，德国正式颁布《思想·创新·增长——德国 2020 高技术战略》，聚焦五大领域——气候（能源）、健康（营养）、交通、安全和通信。该战略还提出了关键技术和战略重点，认为德国经济的未来竞争力主要依赖生物技术、纳米技术、微电子学和纳米电子学、光学技术、微系统技术、材料技术、生产技术、服务研究、航空技术及信息通信技术领域内的领导地位。此外，德国政府正在积极推进以智能工厂为核心的《德国工业 4.0》战略。它也是德国政府"2020 年高技术战略"中的未来十大项目之一，重点是支持工业的新一代革命性的技术研发和创新，将虚拟网络和物理世界连接，形成一个更高效的工业生产体系。《德国工业 4.0》战略的核心内容可以概括为建设一个网络、突破两个主题、实现三个集成。建设一个网络，即建设信息物理系统网络，以涵盖物流、生产、销售和服务等综合性环节，且各个环节之间可以实现信息交换、控制进程和行动触发，实现生产过程智能化的目标，即用物联网和互联网将生产环境变成一个智能环境。突破两个主题，即智能工厂和智能生产。前者侧重于智能生产过程，力图实现生产设施的网络化和分布式；后者侧重于人机互动和智能物流等，力图形成高度灵活、个性化和网络化的产业链条。实现三个集成，即横向集成、纵向集成与端对端集成。横向集成主要是为了实现企业之间的无缝合作，提供实时的产品与服务；纵向集成是为了实现个性化的定制生产，以形成对传统固定生产流程的替代；端对端集成是为了实现公司之间不同价值链的一种资源整合，最大限度地实现个性化定制。《德国工业 4.0》战略的核心是建设一个高度个性化与数字化的智能生产模式，并最终实现生产由集中向分散的转变、产品由同质向个性的转变、消费者由部分参与向全程参与的转变。

4. 日本

日本于 2009 年 4 月推出"新增长战略"，实施"低碳经济"和"自主创新"两大战略，将未来产业的重点发展方向定位于节能汽车、清洁能源发电与低碳经济等方面。日本政府确定的战略产业主要包括与环境技术有关的环保汽车、发光二极管（light emitting diode，LED）、节能家电，与新材料技术有关的锂离子电池、太阳能电池，机器人技术，工程机械技术，云技术，半导体技术，载人航天技术，微生物燃料电池技术，包括太阳能、核能、天然气在内的天然能源技术等。2010 年，日本又出台了"新成长战略"，以保证经济的长期稳定发展。该战略是当前日本经济发展的主要实施框架。"新成长战略"提出经济发展模式要由投资拉动型转向需求引导型。同年，经济产业省出台了《产业结构展望 2010》，对未来 10 年的产业发展进行了总体规划，提出了未来重点培育的五大战略性产业领域，包括基础设施产业、文化创意产业、环保和能源产业、尖端技术产业及社会公共产业。

5. 韩国

韩国在《新增长动力前景及发展战略》中提出：重点发展能源与环境、新兴信息技术、生物产业等六大产业及太阳能电池、海洋生物燃料、绿色汽车等 22 个重点方向。2014 年以来，韩国确定了九大战略产业，分别为智能汽车、5G 移动通信、深海底海洋工程设备、智能机器人、可穿戴智能设备、实感内容、定制型健康管理、灾难安全管理职能系统与新再生能源混合系统。通过积极构建"创造经济"生态系统以引领未来产业发展新增长点。

6. 印度

印度的发展重点集中在信息技术产业、文化产业和医疗产业。在信息技术产业领域，印度软件制造产业可称为世界一流。印度信息技术企业积极寻求新发展途径，云计算、物联网、大数据、智慧城市、下一代通信网络等新技术和新概念的创新应用成为印度信息技术产业的焦点方向。印度是世界上获得质量认证软件企业最多的国家。在全世界获得美国 CMM5 级认证的软件企业中，印度企业占了绝大多数。在文化产业领域，印度电影业已形成了一个庞大产业。在医疗产业领域，印度的制药产业已经形成了"印度模式"，即利用自身全面的低成本优势，实现快速的产业升级。

7. 俄罗斯

俄罗斯重点发展领域有信息技术产业、纳米技术、新材料和新能源、生物工程和航天技术等。在信息技术产业方面，俄罗斯将大力发展微电子技术、计算机技术和现代通信技术；在纳米技术方面，俄罗斯重点发展纳米电子学；在新材料和新能源方面，俄罗斯研制高性能结构材料、信息功能材料、光学和光功能材料等；在生物工程方面，俄罗斯重点发展基因工程、细胞工程、酶工程、发酵工程等方向；在航天技术方面，俄罗斯致力于提高航天产业的利润率和回报率。

8. 巴西

巴西重点发展信息、生物、纳米、新能源等相关领域。在信息产业领域，巴西的软件产业发展较快；在生物产业领域，巴西大力实施基因组计划，巴西在热带病的免疫研究和药物开发方面成绩显著；在纳米产业领域，巴西制定了纳米科技计划重点扶持纳米材料等科研项目；在新能源产业领域，积极发展乙醇燃料、生物柴油和风能等新能源。

由上述国家确定的产业重点发展方向和发展领域可以看出：发达国家基于本国先进的技术基础，将产业发展的重点集中于高端装备制造、新能源、生物医疗等领域，以便继续占据全球产业链和国际分工的领先地位；新兴经济体国家一方面继续基于本国的资源禀赋发展特色优势产业，另一方面也逐渐加大在高端装备制造、人工智能等高端领域的投入力度，为赢得未来国际竞争创造优势。

（二）主要战略性新兴产业的发展态势

1. 新一代信息技术产业

新一代信息技术产业以物联网、云计算、下一代通信网络为代表。

（1）物联网领域。在这方面，世界上实力强劲的是美国、日本、韩国，它们掌握着核心关键技术。以国际专利优先权为例，美国专利优先权的申请数量为 6641 件，占比 34%，排名世界第一，中国专利优先权的申请数量为 1594 件，仅为美国的 1/4 不到。且中国的研发主要集中在拓展物联网的实际应用层面，对核心关键技术的积累与美国存在 10 年以上的差距。世界上物联网领域实力强劲的企业主要有美国的讯宝科技公司、美国国际商业机器公司，日本的株式会社日立制作所、东京电力株式会社、松下电器产业株式会社，韩国的三星集团、韩国电子通信公司等。中国还没有进入全球物联网技术申请人专利申请量排名前 10 的企业。此外，物联网领域企业的专利分布比较分散，还没有形成一家独大的现象。

（2）云计算领域。整体而言，这个领域正处于发展起步阶段，市场规模相对较小但前景诱人。美国、日本、韩国、欧洲的市场空间大，也是该领域占据领先地位的国家和地区。美国的专利申请量占世界总量的 50%，中国约占世界总量的 12%。世界上在云计算领域有实力的企业有美国国际商业机器公司、株式会社日立制作所、日本电气股份有限公司、微软公司、富士通株式会社、华为技术有限公司、深圳市恩科电子有限公司、惠普研发有限合伙公司、三星集团等。值得一提的是，中国的华为技术有限公司入围了全球云计算技术主要申请人前 10 名。

（3）下一代通信网络领域。以 IPv6 技术为代表的下一代通信网络，技术高地有美国、日本、韩国和欧洲。美国的专利申请量高达 6895 件，占世界专利申请总量的 53%，位居世界第一，具有绝对的技术优势。中国在下一代通信网络领域的专利申请量与美国仍有差距。世界上在 IPv6 技术领域实力强劲的企业有乐金集团有限公司、诺基亚通信有限公司、三星集团、思科系统公司、爱立信通信有限公司、黑莓股份有限公司、华为技术有限公司、微软公司、株式会社日立制作所、富士通株式会社等。中国只有华为技术有限公司进入了全球 IPv6 技术主要申请人专利申请排名前 10 的行列。此外，全球 IPv6 技术分布也比较松散。

2. 生物产业

生物产业主要分成生物医药、生物农业和生物医学工程等子产业领域。

（1）生物医药领域。在该领域，美国、欧洲、日本技术竞争力强。截至 2018 年底，该领域专利申请量排名前 5 位国家为美国、中国、日本、德国和韩国，五国专利申请总量占全球申请总量的 67% 以上。世界上在生物医药领域实力强劲的企业和机构有美国基因泰克公司、日本武田制药株式会社、美国加利福尼亚大学、美国卫生与公共服务部、美国史克必成公司、美国人类基因组科学公司、瑞士诺华制药有限公司、中国上海博德基因开发有限公司、德国拜耳生物科技有限公司、美国因赛特医疗公司等。中国入围全球生物技术药物领域主要申请人前 10 的只有上海博德基因开发有限公司。

（2）生物农业中的转基因育种领域。美国、澳大利亚、西欧地区、中国、日本是转基因技术投放的主要目的地，中国与美国、欧洲有较大的差距，但在杂交技术、组织培养等方面具备一定的优势。世界上在转基因育种上实力强劲的企业和机构有美国杜邦先锋国际良种有限公司、孟山都农业生物技术公司、先正达种子有限公司、巴斯夫化工股份有限公司、斯泰种业公司、拜耳生物科技有限公司、加利福尼亚大学董事会、日本农业食品产业技术综合研究机构、诺维信生物技术有限公司、日本国际农林水产研究中心。中国转基因育种技术排第 1 位的中国科学院及其下属研究所的专利申请量居全球第 16 位。

（3）生物医学工程的核磁共振成像（nuclear magnetic resonance imaging，MRI）领域。美国、德国、日本等的大型医疗公司在核磁共振成像领域居垄断地位。其中，德国西门子股份有限公司和美国通用电气公司是该领域最重要的两家公司，此外还有株式会社日立制作所、株式会社东芝、荷兰皇家飞利浦电子公司、三菱重工业株式会社、布鲁克光谱仪器公司、株式会社岛津制作所、日本电子株式会社等。中国起步晚，且缺乏能与美国、日本、德国相抗衡的大型医疗公司。

3. 新能源产业

新能源产业包括太阳能光热发电、生物质能发电、风电、核能及太阳能热利用等产业。

（1）太阳能光热发电产业。世界上掌握该技术的主要有美国、德国、西班牙。近几年，中国光伏产业重复建设，造成大量产能积压，加之美国、欧洲的"双反"调查① 导致中国光伏产业进步缓慢。中国由于起步较晚且研发能力有限，虽然专利申请量较大，但技术水平相对较低。总体上，中国的太阳能光热发电领域专利申请相对分散，此外，中国没有企业的专利申请量进入全球太阳能光热发电技术主要申请人前 10 名。

（2）核电安全技术产业。专利申请主要集中在日本、美国、俄罗斯、法国、德国等传统核电发达国家。中国专利申请主要集中在安全保护系统，在技术门槛较高的反应堆及热量导出领域申请量不大。

4. 高端装备制造产业

（1）大型飞机。在大型飞机市场上形成了美国波音公司和欧洲空中客车公司"两寡头"垄断的竞争格局。两家公司占有全球近 70% 的民用飞机市场份额和 100% 的大型干线飞机市场份额，中国的大型飞机产业还处于发展阶段。

（2）航空发动机。航空发动机制造业呈现高度垄断的格局，美国、德国

---

① 指对来自某个（或几个）国家或地区的同一种产品同时进行反倾销和反补贴调查。

和日本的公司掌握了主要的研发和应用技术。中国起步较晚，航空发动机的专利申请量仅为美国的 1/10。航空发动机领域技术的集中度很高，这对刚起步发展的中国航空发动机产业的产品研发和生产都是极不利的，且国内的专利申请人也比较分散，未形成优势申请人。

（3）工业机器人。截至 2017 年底，我国工业机器人专利申请量为 111 306 件，排名世界第 1，约占全球总申请量的 36.5%。日本占据重要的技术地位，约占全球总申请量的 24.4%。美国排名世界第 3，申请量为 29 712 件，占 9.7%。

5. 新能源汽车产业

新能源汽车产业主要包括混合动力汽车、纯电动汽车、燃料电池汽车、动力电池、驱动电机及控制技术等产业。

（1）混合动力汽车。日本在混合动力汽车产业方面居世界领先地位，具有绝对的领先优势。美国次之，中国混合动力汽车处于快速发展阶段，但与美国、日本两国差距较大。全球混合动力汽车技术专利主要申请人有丰田株式会社、日产汽车公司、本田株式会社、电装株式会社、通用汽车公司、韩国现代自动车株式会社、日本松下电器产业株式会社、爱信 AW 株式会社、福特汽车公司、戴姆勒股份公司等。

（2）燃料电池汽车。日本的燃料电池汽车已经形成专利集团优势，美国其次。此领域技术较强的企业有丰田株式会社、日产汽车公司、本田株式会社、韩国现代自动车株式会社、通用汽车公司、戴姆勒股份公司、日本松下电器产业株式会社、电装株式会社、福特汽车公司和日本爱信精机株式会社等。相比之下，中国还没有优势明显的企业。

6. 新材料产业

新材料产业以新型合金材料、高性能纤维及其复合材料、半导体照明材料为核心。日本、美国两国在新材料产业领域拥有领先优势。近年来，中国新材料产业规模不断扩大，但自主开发能力薄弱、产业发展模式不完善。

（1）高性能纤维及其复合材料领域。日本、美国、中国是主要的研究主体和市场。日本专利申请人占绝对优势。技术排名靠前的企业和机构有美国杜邦公司、帝人株式会社、东丽株式会社、旭化成株式会社、三菱丽阳株式会社、霍尼韦尔国际公司、东华大学、日本东邦特耐克斯株式会社、通用汽车公司等。值得注意的是，国内的东华大学也榜上有名。

（2）新型合金材料领域。日本在此领域具有较大优势，其次是美国，中国位居第 3 位。并且，日本、美国、中国的技术研发交叉性很强，新型合金材料的应用大多集中在生物医用、电子信息、新能源、航空航天、资源环境等方面。

7. 节能环保产业

（1）环境检测领域。日本优势明显，美国居第 2 位，接下来是俄罗斯、德国、中国。此领域技术靠前的企业和机构，日本有株式会社东芝、株式会社日立制作所、日本松下电器产业株式会社、三菱重工业株式会社、日本株式会社富士电机、日本株式会社岛津制作所、电装株式会社、丰田株式会社等，欧洲有德国博世集团、德国西门子股份公司等。

（2）土壤生态修复领域。日本在此领域的专利申请总量远高于其他国家和地区。中国增长迅猛，但缺乏具备全球竞争力的跨国公司。在此领域技术靠前的企业和机构有株式会社东芝、株式会社日立制作所、日本松下电器产业株式会社、三菱重工业株式会社、日本株式会社富士电机、日本株式会社岛津制作所、电装株式会社、丰田株式会社等。

二、战略性新兴产业发展的国内态势

2009 年，我国首次提出发展战略性新兴产业的新构想。随后，有关部门相继出台了一系列产业发展规划及产业发展扶持政策。之后，全国掀起了一场发展战略性新兴产业的热潮。2016 年，国家发布了《"十三五"国家战略性新兴产业发展规划》，国家和地方层面相继制定出台了一系列重要文件。在国家层面，相关部门制定了《战略性新兴产业重点产品和服务指导目录》（2016 版）、《新一代人工智能发展规划》、《大数据产业发展规划（2016—

2020)》、《"十三五"生物产业发展规划》、《促进汽车动力电池产业发展行动方案》、《"十三五"生物技术创新专项规划》等文件。在地方层面，安徽省于2017年7月在国内率先出台了《安徽省促进战略性新兴产业集聚发展条例》，广东、山东、安徽、江苏、北京、四川等省份发布了"十三五"战略性新兴产业发展规划。此外，多地还在细分领域相继出台了一系列文件。例如，在节能环保领域，北京、天津、山西、内蒙古、辽宁等省份各自印发了《土壤污染防治行动计划》（又称"土十条"）省级工作方案，河北还制定了《河北省节约能源条例》。

2018年，工业战略性新兴产业增加值比2017年增长8.9%，增长率高于全部规模以上工业2.7个百分点；战略性新兴服务业营业收入比2017年增长14.6%，增长率高于全部规模以上服务业3.2个百分点；新能源汽车、智能电视产量分别比2017年增长66.2%和17.7%。[①]战略性新兴产业对地区经济发展同样具有重要作用。

高新技术制造业增加值同比增长9.0%，高于规模以上工业3.0个百分点，占全部规模以上工业比重为13.8%，比上年同期提高0.8个百分点。新能源汽车、太阳能电池产量同比分别增长34.6%和20.1%。2019年1～6月，新能源汽车产出63.8万辆，同比增长34.6%。

《"十三五"国家战略性新兴产业发展规划》提出：到2020年，战略性新兴产业增加值占国内生产总值的比重达到15%。形成新一代信息技术、高端装备制造、生物、绿色低碳、数字创意5个产值规模10万亿元级的新支柱产业。到2020年，力争新一代信息技术产业总产值规模超过12万亿元；高端装备与新材料产业产值规模超过12万亿元；生物产业规模达到8万亿～10万亿元；新能源汽车、新能源和节能环保等绿色低碳产业成为支柱产业，产值规模超过10万亿元；形成文化引领、技术先进、链条完整的数字创意产业发展格局，相关产业产值规模达到8万亿元。超前布局战略性产业，培育未来发展新优势，以全球视野前瞻布局前沿技术研发，不断催生新产业，重点

---

① 《2018年国民经济和社会发展统计公报》. http://www.stats.gov.cn/tjsj/zxfb/201902/t20190228_1651265.html.

为空天海洋、信息网络、生命科学、核技术等核心领域。

（一）国内战略性新兴产业行业景气情况

2018 年一季度，战略性新兴产业各产业行业景气指数环比全线下滑，仅生物产业（突破 150）进入较强景气区间。其中，生物产业和新材料产业动力强劲，分列前 2 位；新一代信息技术产业下滑至第 3 位；节能环保产业、高端装备制造产业和新能源汽车产业稳步推进，位列第 4～第 6 位；数字创意产业列第 7 位；新能源产业发展势头不及其他产业，再度垫底。[①]2018 年一季度，7 个产业以下 3 个特点尤为突出：

（1）生物产业动力强劲，行业焕发活力。生物产业连续 6 期位居较强景气区间，本期以 155.3 的行业景气度重返第 1 位。

（2）新一代信息技术产业行业景气指数明显下滑，成为拉低战略性新兴产业整体景气度的重要原因。

（3）数字创意产业细分领域两极分化态势日渐凸显。其中，以网络文学、视频平台和直播平台为代表的数字创意产业龙头领域发展势头强劲，行业景气指数均超过 150，进入较强景气区间。

从图 1-1 来看，2018 年二季度国内战略性新兴产业行业景气指数均高于前一季度，其中新一代信息技术产业、高端装备制造产业、新材料产业、生物产业、新能源汽车产业、节能环保产业、数字创意产业进入较强景气区间。从企业家信心角度来看，二季度企业家信心指数持平略低于前一期。

2018 年四季度，在错综复杂的国内外环境中，我国战略性新兴产业逆势上扬，为经济保持平稳发展提供了有力支撑，带动高质量发展作用进一步凸显。该季度，战略性新兴产业行业景气指数大幅上涨，由三季度的 139.7 跃至 150，进入较强景气区间，刷新本年景气最高值。同期，企业家信心指数小幅回升，上涨至 146.6，处于较景气区间上游。据国家信息中心数据，2018 年 11 月，战略性新兴产业工业部分占规模以上工业比重为 19.5%，较 10 月提高 0.4 个百分点，高于三季度 1 个百分点，1～10 月，战略性新兴产业服

① 依据国家信息中心发布的《战略性新兴产业发展情况及展望》。

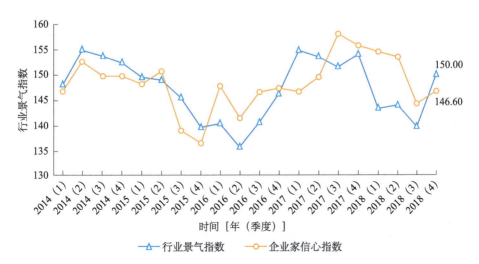

图 1-1　2014～2018 年战略性新兴产业行业景气指数和企业家信心指数走势（季调后）

景气指数以 100 为临界值，范围在 0～200。景气指数高于 100，表明经济状况趋于上升或改善，处于景气
状态；景气指数低于 100，表明经济状况处于下降或恶化，处于不景气状态

数据来源：国家信息中心

务业占规模以上服务业比重为 25.7%，比 1～9 月提高 0.1 个百分点。重点产业同步发力，表现出色。其中，新能源产业和新能源汽车产业行业景气指数环比增长率均超过 10%，高性能复合材料、生物制造、生物医药、太阳能等细分产业环比增幅明显。10 月，生物医药产业主营业务收入突破 2 万亿元，同比增长 13.6%；11 月，"双 11" 当天全国主要电商平台交易额超过3000 亿元，同比增长超过 30%；12 月，中兴通讯股份有限公司联合美国高通公司完成全球首个采用独立组网（SA）模式的 5G 新空口数据连接，我国首款全复材多用途无人机翼龙 I-D 首飞成功。

（二）国内战略性新兴产业新技术突破情况

（1）突破 1。中国科学院软件研究所与清华大学、北京师范大学、国家并行计算机工程技术研究中心、国家超级计算无锡中心合作完成的研究项目获得了超级计算机应用领域的最高奖（戈登贝尔奖）。

（2）突破 2。中国科学院合肥物质科学研究院自主研制的混合磁体装置实现了任务目标（40 万高斯稳态磁场），稳态磁场强度在世界排第 2 名。

（3）突破 3。在 LED 领域，福建中科芯源光电科技有限公司自主研发的基于透明陶瓷 K-COB 的千瓦级大功率 LED 照明光源，拥有从设备、配方到封装工艺全链条技术的完全自主知识产权，打破了美国、日本、德国等国的技术封锁。

（4）突破 4。在新材料领域，中国科学院宁波材料技术与工程研究所已掌握高等级碳纤维材料的相关技术，突破了高等级碳纤维产品的量产制造技术。

（5）突破 5。在高端装备制造领域，由中国中车股份有限公司自主研发的时速 160～380 公里速度等级高铁齿轮传动系统、车钩缓冲装置、基础制动装置、减振降噪装置等关键零部件，成功完成 60 万公里试运行测试，标志着我国高铁传动系统取得重大突破。

（6）突破 6。在机器人领域，技术附加值较高的机器人产品比重在提升，多关节机器人销售加速，三轴、四轴等低端机器人在国产机器人中的比重呈下降趋势，国产工业机器人正在逐步向高端技术领域发展。

（7）突破 7。跨国并购收购国外先进技术。例如，在 LED 领域，以战略投资者美国国际数据集团（International Data Group，IDG）资本为首，我国的木林森股份有限公司及义乌国有资本运营中心等合伙人组成的中国财团成功收购欧司朗集团光源业务朗德万斯（LEDVANCE）及其商标许可使用权。在机器人领域，蓝英集团有限公司收购德国机械设备制造商杜尔集团旗下清洁业务 Ecoclean 85% 的股份，浙江万丰科技开发有限公司收购焊接机器人应用系统服务商美国 Paslin 公司，美的集团有限公司对德国机器人制造商库卡系统有限公司进行公开要约收购等，实现"拿来主义＋自主研发"两条腿走路的模式。

第三节　江西省战略性新兴产业发展概况

一、产业规划演变概况

2009 年，江西省在全国率先发布了《江西省十大战略性新兴产业发展规划》，提出发展"战略性新兴产业"的战略定义。同年，江西省科技创新"六个一"工程提出主攻 10 个优势高新技术产业，即光伏材料、风能与核能、清洁汽车及动力电池、航空制造、半导体照明、金属新材料、非金属新材料、生物和新医药[①]、现代农业及绿色食品、文化创意产业。同年，江西省推出的《江西省人民政府关于推进江西战略性新兴产业超常规发展的若干意见》，也提出大力发展光伏、风能与核能及节能、新能源汽车及动力电池、航空制造、绿色照明及光电产品、金属新材料、非金属新材料、生物和新医药、绿色食品、文化及创意等战略性新兴产业。

2012～2013 年，江西省人民政府对战略性新兴产业目录和规划进行了调整和修订。江西省发改委颁布了《江西省十大战略性新兴产业发展规划（2013—2017 年）》，确立了节能环保、新能源、新材料、生物和新医药、航空、先进装备制造、新一代信息技术、锂电及电动汽车、文化创意、绿色食品等 10 大战略性新兴产业。节能环保、新能源、新材料、生物和新医药、新一代信息技术 5 个产业与国家保持一致，航空、先进装备制造 2 个产业对应国家的高端装备制造产业，锂电及电动汽车产业对应国家的新能源汽车产业，文化创意和绿色食品产业为江西特色产业。

2016 年 9 月，江西省人民政府办公厅印发《江西省战略性新兴产业倍增计划（2016—2020 年）》，进一步对江西省战略性新兴产业进行了细化，明确区分了"领跑方阵""新兴方阵""潜力方阵"三个产业发展方阵。"领跑方阵"包括电子信息产业、生物医药产业、航空产业；"新兴方阵"包括节能环保产业、新能源产业、新材料产业、先进装备制造产业；"潜力方阵"包括新能源汽车产业、智能机电产业、集成电路产业。相比于《江西省十大战略性新兴产业发展规划（2013—2017 年）》，《江西省战略性新兴产业倍增计划（2016—2020 年）》对产业领域明确了层次和重点内容。

---

① 江西省在 2016 年以前出台的文件中使用了"生物和新医药产业"这种说法，而在 2016 年及以后出台的文件中则使用"生物医药产业"这种说法。为尊重事实，本书按两个时间段分别使用两种说法。

二、历年产业规模

2009 年 12 月底，江西省在全国率先确立并发布了十大战略性新兴产业规划，开启了抢占未来制高点、掌握发展主动权的新篇章。

2010 年，江西省十大战略性新兴产业实现主营业务收入 6340.77 亿元，占江西省工业收入的 44.7%，同比增长 47.4%，高出江西省工业收入平均增长率 3.6 个百分点。其中，光伏产业主营业务收入、生物医药产业中药及中成药产销量分列全国第 2 位、第 3 位。江西省十大战略性新兴产业完成投资 1955.14 亿元，同比增长 36.2%，比江西省固定资产投资增长率高 3.7 个百分点；实现利润 375.08 亿元，同比增长 77.5%，占规模以上工业企业的比重为 43.8%。十大战略性新兴产业实现工业增加值 1200.11 亿元，同比增长 22.9%，高出江西省工业平均增长率 1.2 个百分点，占江西省工业比重 38.7%，拉动江西省工业增长 8.6 个百分点，对江西省工业增长的贡献率达到 39.5%。其中，绿色食品、非金属新材料和金属新材料产业分别拉动江西省工业增长 1.5 个、1.2 个和 1.1 个百分点。

2011 年，江西省十大战略性新兴产业实现主营业务收入 8538.20 亿元，占江西省工业收入的 46.2%，同比增长 34.6%，拉动江西省工业收入增长 19.1 个百分点，贡献率达 45.8%。江西省十大战略性新兴产业工业增加值累计同比增幅连续 12 个月稳定在 21.6%～23.4% 高位增长。十大战略性新兴产业完成工业增加值 1568.32 亿元，同比增长 30.7%，高出江西省工业平均增长率 2.5 个百分点，占江西省工业比重 40.1%，拉动江西省工业增长 8.6 个百分点，对江西省工业增长的贡献率达到 45.2%。江西省十大战略性新兴产业资产总额达到 4780.68 亿元，占江西省工业企业资产总额的 48.0%，同比增长 21.0%，金属新材料、文化及创意、光伏、绿色食品、非金属新材料、生物和新医药、航空制造七大产业资产规模过百亿元，其中金属新材料产业资产总额达 1933.98 亿元，同比增长 21.8%。

2011 年，金属新材料产业完成增加值 521.63 亿元，同比增长 13.3%，实现收入 4109.40 亿元，同比增长 42.1%；绿色食品产业完成增加值 269.95 亿元，同比增长 20.8%，实现收入 1263.31 亿元，同比增长 42.4%；文化及创意产业完成增加值 260.07 亿元，同比增长 25.5%，实现收入 955.98 亿元，同比增长 37.4%；光伏产业完成增加值 146.67 亿元，同比增长 36.0%，实现收入 555.67 亿元，同比增长 34.5%；生物和新医药产业完成增加值 141.85 亿元，同比增长 18.4%，实现收入 591.21 亿元，同比增长 34.58%；新能源汽车及动力电池产业完成增加值 46.33 亿元，同比增长 95.0%，增长率居十大战略性新兴产业之首；航空制造产业完成增加值 28.45 亿元，同比增长 32.4%。2011 年，风能核能、新能源汽车及动力电池、非金属新材料、绿色食品、生物和新医药、半导体照明及金属新材料七大产业均实现利润增长。2011 年，利润总额排名前五的产业为：金属新材料产业实现利润 163.99 亿元，总量居十大产业之首，同比增长 28.4%；绿色食品产业实现利润 75.86 亿元，同比增长 40.2%；文化及创意产业实现利润 59.53 亿元，同比下降 6.4%；非金属新材料产业实现利润 50.33 亿元，同比增长 62.9%；光伏产业实现利润 43.58 亿元，同比下降 19.0%。五个产业合计实现利润 393.29 亿元，占十大战略性新兴产业利润总额的 86.9%。

2011 年，鹰潭市、新余市、南昌市三地主营业务收入突破千亿元。江西省战略性新兴产业五成以上主营业务收入集中在鹰潭市、新余市、南昌市。这三地十大战略性新兴产业分别完成主营业务收入 1774.08 亿元、1385.04 亿元和 1232.25 亿元，共 4391.37 亿元，同比增长 35.6%，占江西省十大战略性新兴产业主营业务收入的 51.4%。2011 年，江西省十大战略性新兴产业中光伏产业八成以上的主营业务收入集中在新余市、上饶市两个产业聚集地。新余市以赛维为核心的光伏产业链共完成主营业务收入 294.09 亿元，同比增长 77.3%，上饶市在晶科能源的领军下共有 9 家光伏企业，共完成主营业务收入 178.43 亿元，同比增长 72.7%，两地主营业务收入占江西省光伏产业总量的 85.0%；风能、核能产业集中在南昌市，完成主营业务收入 11.27 亿元，占江西省总量的 73.2%；新能源汽车及动力电池产业集中在宜春市、九江市、上饶市、抚州市，四地大力发展节能汽车及纯电动汽车，全力打造动力与储能电池完整产业链，共完成主营业务收入 122.41 亿元，在江西省占比达

65.9%；航空制造产业五成以上主营业务收入集中在景德镇市，实现主营业务收入 71.98 亿元，占江西省 53.5%；半导体照明产业近九成主营业务收入集中在南昌市、吉安市，现正向赣州市、景德镇市辐射，南昌市、吉安市两地实现主营业务收入 59.16 亿元，占江西省 87.9%；金属新材料产业集中在鹰潭市、新余市两地，共实现主营业务收入 2347.14 亿元，占江西省 57.1%；非金属新材料产业七成以上主营业务收入集中在宜春市、景德镇市、九江市、上饶市等四地，分别实现主营业务收入 161.44 亿元、137.35 亿元、93.47 亿元和 88.64 亿元，合计占江西省 72.9%；生物和新医药产业集中在宜春市、南昌市两地，共实现主营业务收入 347.00 亿元，占 58.7%；南昌市、宜春市、赣州市、吉安市、九江市的绿色食品产业均已形成规模，共完成主营业务收入 1023.24 亿元，占 81.0%；文化及创意产业集中在新余市、南昌市，分别完成主营业务收入 377.83 亿元和 172.47 亿元，合计占产业主营业务收入的 57.6%。

2013 年，江西省十大战略性新兴产业完成增加值 2077.2 亿元，同比增长 12.2%，拉动工业增长 4.4 个百分点，贡献率 35.8%。

2014 年 8 月，《江西省人民政府关于推进江西战略性新兴产业超常规发展的若干意见》出台，力争通过 5 年左右的努力，形成一批主营业务收入过千亿元的战略性新兴产业，到 2015 年，战略性新兴产业工业增加值占全省工业增加值总量的 50% 左右。2014 年 5 月，《江西省十大战略性新兴产业发展规划（2013—2017 年）》对早期的规划进行了修编，调整为新的江西省十大战略性新兴产业，力争到 2017 年，实现主营业务收入 2.26 万亿元（实现销售收入 22 565 亿元），年均增长 18%，比 2012 年翻一番以上。打造一批千亿元级产业集群，其中节能环保产业主营业务收入达到 1800 亿元，年均增长 20%；新能源产业主营业务收入达到 1600 亿元，年均增长 16.5%；新材料产业主营业务收入达到 3400 亿元，年均增长 14.5%；生物和新医药产业主营业务收入达到 3000 亿元，年均增长 25%；航空产业主营业务收入达到 800 亿元，年均增长 31.6%；先进装备制造产业主营业务收入达到 2820 亿元，年均增长 15%；新一代信息技术产业主营业务收入达到 1500 亿元，年均增长 21%；锂电及电动汽车产业主营业务收入达到 145 亿元，年均增长 16.3%；文化创意产业主营业务收入达到 3500 亿元，年均增长 20%；绿色食品产业主营业务收入达到 4000 亿元，年均增长 15%。

2015 年，江西省电子信息、生物医药、汽车（含新能源汽车）、光伏和绿色食品产业主营业务收入分别达到 1351 亿元、1259 亿元、1192 亿元、1008 亿元、2803 亿元。

2016 年 9 月，江西省人民政府办公厅印发《江西省战略性新兴产业倍增计划（2016—2020 年）》，提出到 2020 年，战略性新兴产业主营业务收入突破万亿元，占全省工业收入比重力争超过 30%；到 2020 年，培育战略性新兴产业超百亿元骨干龙头企业 20 家以上；到 2020 年，建设 20 个战略性新兴产业集聚区，单个产业集聚区的产业链上下游企业主营业务收入达到 1000亿元。

2018 年，江西省战略性新兴产业增加值占规模以上工业增加值的比重达到 17.1%；2019 年，江西省战略性新兴产业增加值占规模以上工业增加值的比重达到 21.2%。2019 年，江西省航空产业、电子信息产业、中医药产业、新材料产业等的营业收入实现两位数增长，鹰潭市的下一代信息网络产业集群和赣州市的新型功能材料产业集群入选国家首批战略性新兴产业集群。

江西省基本形成了具有层次性和梯度式的产业发展格局，新材料产业兼具规模及资源优势，其工业增加值、主营业务收入位于十大战略性新兴产业的前列，为江西省经济腾飞注入活力。生物医药产业规模处于中上水平，中药材远销全国各地，产业规模排在全国前列。2018 年 8 月 2 日，北京航空航天大学江西研究院揭牌成立；8 月 3 日，江西省召开新一代宽带无线移动通信网国家科技重大专项（03 专项）成果转移转化试点示范工作推进会。这也意味着航空产业、移动物联产业这两大战略性新兴产业是推动江西高质量、跨越式发展的战略性牵引产业。江西省各地区政府对战略性新兴产业发展提供政策支持：新余市在支持生物产业发展方面给予税收减免或提供政府补贴，注重医药技术的攻关和研发，重点扶持生物医药项目；赣州市出台十项措施支持稀土材料的研发和应用，同时也出台限制稀土材料出口政策；宜春市将重点放在新能源汽车的应用和推广上，产业竞争力如虎添翼。从总体规模而言，江西省战略性新兴产业发展平稳，但大部分产业在全国和中部还未产生明显的竞争优势。

第四节　战略性新兴产业发展的问题

一、产业趋同且低端规模迅速扩张

战略性新兴产业成为国内各省份产业发展的重点对象，产业趋同十分严重，且由于过分重视而导致产业规模迅速扩张。国务院发布的《"十二五"国家战略性新兴产业发展规划》中提出：到 2015 年，我国战略性新兴产业增加值将为 4.5 万亿元，而根据我国各省份的规划，战略性新兴产业增加值总和将超过 9.5 万亿元，为国家确定的规模的 2 倍多。这一问题在之后的战略性新兴产业发展规划中同样存在。

各地区脱离当地条件和比较优势，背离地区间的产业合理分工，追求完整的工业体系。刘铁等研究认为区域战略性新兴产业选择存在选择不够成熟、过度趋同的问题，区域之间产业选择过度趋同产生的原因：① 对区域战略性新兴产业选择论证研究和比较分析不够充分；② 对战略性新兴产业缺乏辩证思维，对其风险性认识不足；③ 区域自我选择，没有进行区域之间统筹协调[8]。史丹担心当前我国战略性新兴产业发展存在全球价值链的低端技术锁定问题，如光伏产业和风能产业，大笔资金投入换来的是产能过剩和重复建设[9]。《2011 中国可持续发展战略报告》指出，除西藏外，国内各省份几乎都把新能源及相关产业列为本省份的战略性新兴产业。这样的布局极容易造成产能过剩和资源浪费。国家列出的七大战略性新兴产业，每个都有大量的省份涉足，多则 30 个，少则 10 个，产业领域、方向、项目选择严重趋同，极易造成无序无效和恶性竞争。

从短期看，高新技术产业发展"一哄而上"，容易造成低端供给过剩与高端供给不足并存、发展质量与效益不高等问题。由于核心技术受制于人，很有可能引发产业产能过剩，导致产业长期发展的内生增长能力不足。从产业链来看，由于存在巨大的市场需求，靠近终端消费者的下游产品竞争力相对较强，上游核心材料和设备产业的竞争力较弱，产业链上下游间面临发展不平衡问题。例如，在有机发光二极管（organic lightemitting diode，OLED）面板领域，尽管以京东方科技集团股份有限公司为代表的中国厂商逐步打破了OLED面板供给端的垄断市场格局，但是玻璃基板、偏光片、溅射机、曝光机、显影机、光刻机、蒸镀机等上游设备和关键材料仍是薄弱环节；国内机器人产业公司如雨后春笋般涌现，到2018年上半年，我国的工业机器人市场规模已达52.2亿美元，国内涉及工业机器人制造的企业有1000多家，但大部分以组装和代加工为主，处于产业链低端，产业集中度低，总体规模小，难与日本发那科公司、日本安川电机株式会社、德国库卡公司、瑞典ABB机器人集团公司竞争。

总之，相关政策措施短期内促进产业快速发展效果显著，但如果缺乏核心竞争力，一些产业将陷入低端产能过剩和高端产能不足的"双困"局面。

二、中美贸易摩擦对我国战略性新兴产业的影响

始于2018年初的中美贸易摩擦不仅涉及中国传统产业的出口，更涉及众多战略性新兴产业的出口，见图1-2。美国依据"301调查"，对大约500亿美元的中国商品额外征收高额关税，随后又进行了追加。加税的领域大部分集中在《中国制造2025》中提到的计划主要发展的高新技术产业。与此同时，美国准备进一步限制中国企业对美国高新技术产业的收购：在市场方面，美国对产自我国的某些战略性新兴产业的产品提高关税，直接提高了该产业产品的销售价格，从而遏制了其需求；在供给方面，限制我国企业在美投资尤其是并购高新技术企业，也会抑制我国战略性新兴产业发展。

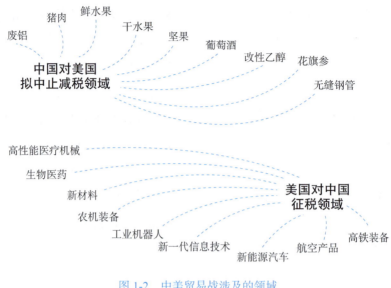

图 1-2　中美贸易战涉及的领域

图片来源：环球网

（一）影响和破坏力还在可控范围之内

在航空航天产业，2017 年美国对中国的航空航天器及零部件贸易顺差达158 亿美元，船舶及相关产品贸易逆差仅 1 亿美元。中国是美国生产的民用航空产品的巨大市场。2017 年，美国民用飞机、航空发动机及零部件出口到中国的金额高达 162 亿美元，是其第一大出口目的地。沈阳飞机工业（集团）有限公司、成都飞机工业（集团）有限责任公司、哈尔滨哈飞汽车工业集团有限公司是波音公司多个配套产品的唯一供应商。此外，中国航发动力股份有限公司、中国航发航空科技股份有限公司是霍尼韦尔国际公司、惠普研发有限合伙公司、通用电气公司多个零部件产品的关键供应商。作为未来 20 年最具增长潜力的商用飞机市场之一，波音公司的中国收入占比约 13%。总体上，该领域两国的合作大于竞争。

在电子信息产业，电子元器件中美贸易逆差不大，美国只是中国该领域的第五大出口国家。集成电路中国贸易逆差较大，2018 年逆差首次突破 2000亿元。芯片国产化程度偏低，在贸易战中受制于人。5G 是中国信息技术领域少数成为技术创新领头的领域，5G 的商用将是中国的世纪机遇。通信产业的上游，由于国外制造商向国内转移，造成的影响不大；中游的华为技术有限公司、中兴通讯股份有限公司受到一定冲击；下游的手机和 SIP① 电话由于消费弹性小，带来的影响也相对小。

在新能源汽车产业，该产业主要集中在国内，中、美之间的进出口贸易相对较少。此外新能源汽车的产销基数与出口基数还没有形成规模，贸易摩擦对其影响不大。

（二）未来的专利纠纷将日益严重

美国、日本和德国等发达国家不断强化知识产权战略，并利用知识产权对我国构筑创新壁垒，抑制我国企业的海外投资并购、技术和人才的引进及创新能力与竞争力的提升。随着国内的快速发展，我国一些企业在部分核心产品和设备方面具有量产和替代能力，国际巨头利用各种手段来制约中国企业的快速发展。近年来，我国专利数量逐年增加，但核心专利仍较少。例如，在人工智能领域，BAT② 等国内企业提交的专利数占全球专利申请总量的 20%，但多集中在商业场景应用方面。以华为技术有限公司为例，2017 年，华为技术有限公司与美国合众国际社（UPI）半导体公司之间的通信标准必要专利许可纠纷被判"禁售令"，并支付 290 万英镑的赔偿。华为技术有限公司与三星集团、苹果公司、美国高通公司等公司的纠纷也此起彼伏。未来仍需加大对知识产权体系的保护力度。为牢牢把握全球产业变革大趋势，还需掌握关键技术和核心专利，打造核心竞争力，抢占国际竞争制高点。此次贸易摩擦是挑战也是机遇，只有依托强大的内需市场、加大研发投入，争取在一些领域实现重大技术进步，才能进一步在创新过程中构建有利于中国的全球价值链。

三、研发投资主体的变化

欧盟委员会发布了《2018 年欧盟工业研发投资排名》（*The 2018 EU*

---

① SIP 即会话初始协议。
② 百度公司、阿里巴巴网络技术有限公司、腾讯计算机系统有限公司 3 家公司第一个字母缩写。

Industrial R&D Investment Scoreboard），对全球 46 个国家和地区的 2500 家公司在 2017～2018 年度的研发投入情况进行了汇总：全球研发投资排第 1 名的是三星集团，第 2 名是谷歌母公司 Alphabet，第 3 名是大众汽车集团；唯一上榜前 10 的中国公司是华为技术有限公司，排第 5 名，并且榜单前 50 名中也仅有华为技术有限公司一家中国公司上榜，华为技术有限公司超越了苹果公司和英特尔公司，并且超过了 BAT 的总和；前 100 名中，中国企业上榜 11 家，与互联网科技相关的公司包括 BAT、台积电有限公司、联发科技股份有限公司、中兴通讯股份有限公司等；在 2500 家公司总计 7364 亿欧元的研发投入中，来自中国的公司占比仅为 9.7%，排名低于美国（37.2%）、欧盟（27.2%）、日本（13.6%）。总体上看，中国公司的研发投入还是偏少，增长潜力巨大，美国在研发投入上依然稳居第一。

现在中国很多企业都出钱和设备引进人才、高新技术，争做科技型企业。2018 年 10 月，国家统计局、科技部、财政部联合发布的《全国科技经费投入统计公报》显示：2017 年，全国共投入研发经费 17 606.1 亿元，比 2016 年增加 1929.4 亿元，增长 12.3%，增速较 2016 年提高 1.7 个百分点；研发经费投入强度（研发经费投入与国内生产总值之比）为 2.13%，比 2016 年提高 0.02 个百分点。分产业部门看，高新技术制造业研发经费 3182.6 亿元，投入强度（研发经费投入与主营业务收入之比）为 2%，比 2016 年提高 0.1 个百分点；装备制造产业研发经费 6725.7 亿元，投入强度为 1.65%，比 2016 年提高 0.14 个百分点。分活动主体看，各类企业经费支出 13 660.2 亿元，比 2016 年增长 12.5%；政府属研究机构经费支出 2435.7 亿元，增长 7.8%；高等学校经费支出 1266 亿元，增长 18.1%。企业、政府属研究机构、高等学校经费支出所占比重分别为 77.6%、13.8% 和 7.2%。分活动类型看，全国基础研究经费 975.5 亿元，比 2016 年增长 18.5%；应用研究经费 1849.2 亿元，增长 14.8%；试验发展经费 14 781.4 亿元，增长 11.6%。

四、战略性新兴产业高端空心失位

尽管国内战略性新兴产业在某些领域出现了不少技术创新亮点，取得了一批原创性科研成果，实现了从模仿到跟随再到并行进而引领的跨越，但就大多数领域而言，核心技术依然与国际先进水平存在较大差距，产业发展受制于国外的局面未发生根本改变。在生物医药产业，国内大部分上市医药公司在研新药都是在已知药物靶点和作用机理上的改进，而国内创新药销售规模占比很低且投资回报与国外先进企业相差甚远。我国医疗器械产业还存在研发经费投入不足、自主创新产品少、产品同质化严重等问题。在机器人领域，核心技术、关键零部件等与国际一流水平差距较大。在智能手机领域，尽管智能手机企业已经成为我国科技专利申请量最多的群体，但仍会受到海外专利侵权的威胁。在新材料领域，我国使用的新材料中高端产品大量依赖进口，高性能集成电路、碳纤维、高性能合金材料等仍严重依赖进口，只有部分中低端新材料自给自足。核电、高铁等所需的大型铸件、高温材料性能尚不能稳定达标，航空发动机热端部件所需的功能涂料、高温合金仍需进口，大飞机用碳纤维全部进口，钛合金板、大型铝合金板尚未实现产业化。

五、战略性新兴产业缺乏标准和监管

（一）标准、检测、认证体系不完善

标准、检测、认证是战略性新兴产业健康有序发展的保障，它在保障产品质量安全、引导产业创新研发、规范市场公平竞争秩序、拓宽国际合作、开拓海外市场等方面具有基础性作用。我国高新技术产业和战略性新兴产业的相关标准与测试规范相对缺乏，导致市场鱼龙混杂、产品存在"劣币驱逐良币"问题。由于缺乏必要的技术门槛和市场引导手段，标准认证体系对于提升产品质量和产业竞争力的效果尚未明晰。战略性新兴产业的很多细分领域，产业缺乏被业界认可的国家标准，检测体系也未建立，造成相关产品质量参差不齐、产业低价竞销无序竞争，严重影响产品美誉度，影响消费者对产品的信心，对产业可持续发展有不利影响。

（二）监管模式的局限和滞后

部分监管模式具有局限性。例如，共享经济具有打破原有产业规则、不受现有法规约束的特点，但很多共享经济的商业模式在现有法规下往往处于"非法状态"。从某种程度上看，现有监管方式对共享经济并不适用。而随着共享经济规模的不断扩大，政府部门对现有监管模式进行"扬弃"以平衡"新产业"与"旧产业"之间的关系，成为共享经济的核心问题。

技术创新下的监管滞后现象也较显著，新技术发展和应用正面临法律、伦理、制度、政策等方面的新挑战。例如，国内外针对无人驾驶的测试、运营、监管、赔付等的法律法规处于空白，难以跟进无人驾驶技术的快速发展和应用需求。物联网技术迅猛发展下数据商业使用的边界不断拓展，有关物联网数据商业化使用的政策规定滞后于产业发展。政策协调性也有待提高，一些投资项目在线审批监管平台有利于加快实现"平台受理、在线办理"，但实际却存在"互联互通、信息共享"不够充分、相关部门的审批系统无法有效实现同平台的自动对接而需要二次录入等问题。

六、产业预警和风险管控依然不足

战略性新兴产业虽具有高风险性的特征，但在高成长性、高回报和国家产业政策的刺激下，仍有大量企业涌入，所以产业预警研究和风险管控对有效引导产业发展至关重要。例如，在共享单车领域，小鸣单车、町町单车、悟空单车、3Vbike、卡拉单车、小蓝单车和酷奇单车等一大批企业在不到一年时间内相继倒闭，随之而来的是押金兑付危机，亟须监管部门制定押金管理、确保押金安全的相关规定，避免可能出现的市场风险。再比如，技术发展可能带来社会和安全问题。在"数据驱动"的时代，新技术、新需求和多样化的应用场景给数据安全防护带来了全新的挑战，同时数据的应用也会带来各种社会问题和安全隐患。万物互联使得数据、信息、知识汇聚到网络中，并在网络空间快速传播，网络安全问题和大数据跨境流动的安全风险日益加剧。与此同时，网络攻击日趋复杂，网络黑客呈现规模化、组织化、产业化和专业化等发展特点。"数据驱动"时代的到来，对国家安全提出了巨大的挑战。例如，机器人（特别是工业机器人）应用大幅增长，"机器换人"的现象将对低技能工人的就业前景产生一定的影响。结构性就业矛盾将成为现阶段和未来相当长一段时间内我国就业面临的突出矛盾。

此外，产业政策的不连续性带来较大风险。例如，在新能源汽车领域，工业和信息化部在2016年12月29日公布《新能源汽车推广应用推荐车型目录》（第五批），不到一个月，其又在2017年1月23日公布了《新能源汽车推广应用推荐车型目录》（2017年第一批），彻底打乱了新能源汽车企业研发、生产节奏，在日后推进补贴退坡等政策时应加以重视。

第二章

战略性新兴产业选择和培育研究基础

第一节　产业选择和培育经典理论

一、产业选择经典理论

　　国外经典的产业选择理论基本都是围绕主导产业如何选择、国际贸易如何开展等问题。弗里曼（C. Freeman）和佩雷斯（C. Perez）指出，主导产业的技术基础是由若干主导技术群构成的，它随着环境的不断变化更迭发展[12]。克莱默（M. Kremer）提出，产业的竞争力是区域选择产业的重要依据[13]。凯茨（J. A. Keizera）等认为，区域主导产业的选择应该考虑较大的产业关联度、较高的人员就业率和较强的发展前景三点[14]。20 世纪 80 年代中期以来，国外出现了实证主义、结构主义、人本主义和后现代主义多种产业选择理论。其主要研究依据、理论基础、代表学者和基准内容如表 2-1 所示。

表 2-1　国外主要产业选择理论

时间	研究依据	理论基础	代表学者	基准内容
19 世纪初至 20 世纪 70 年代	实证主义	新古典贸易理论、经济发展理论	李嘉图、罗斯托、赫希曼、筱原三代平	比较优势基准、扩散效应基准、资源禀赋基准、产业关联基准、生产率上升基准、增长后劲基准、短缺替代弹性基准、瓶颈效应基准
20 世纪 90 年代以来	结构主义	新贸易理论	钱纳里、赛尔奎因等	经济发展阶段基准、经济效益基准、市场占有率基准、社会生态环境基准
	人本主义、后现代主义	新贸易理论、新经济理论、演化经济学	查恩斯等、波特	DEA 有效基准、钻石理论基准、SSM 基准、就业功能基准、增加值基准、人力资本匹配基准、可持续发展基准

二、产业培育经典理论

(一)产业布局理论

产业布局理论形成于 19 世纪初至 20 世纪中叶。在静态上看，产业布局是指形成产业的各部门、各要素、各链环在空间上的分布态势和地域上的组合；在动态上看，产业布局表现为各种资源、各生产要素甚至各产业和各企业为选择最佳区位而形成的在空间地域上的流动、转移或重新组合的配置与再配置过程。1826 年，法国经济学家杜能（J. H. von Thunen）撰写了著名的《孤立国同农业和国民经济的关系》，提出的孤立国同农业圈层理论被誉为产业布局学的鼻祖。

比较有名的产业布局理论有：以韦伯（A. Weber）的工业区位理论为代表的成本学派，他认为，运输费用对工业布局起决定作用，工业的最优区位通常应选择运费最低点上；以克里斯塔勒（W. Christaller）的中心地理论为代表的市场学派，他认为，高效的组织物质生产和流通的空间结构必然是以城市这一大市场为中心，并由相应的多数市场构成相应的网络体系；以俄林（B. Ohlin）的一般区位理论、弗农（R. Vernon）的产品生命周期理论为代表的成本-市场学派；以增长极理论、点轴理论为代表的西方产业布局理论。

总体来说，影响产业布局的因素有原材料、市场和运输、劳动力、外部规模经济性、政府职能与政府干预等。产业布局的主要模式有增长极布局模式、点轴布局模式、网络（或块状）布局模式、地域生产综合体开发模式、区域梯度开发与转移模式。

（二）产业结构同构化

地区产业结构同构化是指在各地区产业结构变动过程中不断出现和增强的区域间结构高度相似的趋势。这种现象在实际中集中表现为各地区脱离当地条件和比较优势，背离地区间的产业合理分工，追求完整的工业体系，从而形成门类齐全、自成体系的封闭式产业结构。

（三）产业转移理论

企业将产品生产的部分或全部由原生产地转移到其他地区，这种现象叫作产业转移。弗农的产品生命周期理论认为，工业各部门及各种工业产品都处于生命周期的不同发展阶段，即创新、发展、成熟、衰退四个阶段。此后，威尔斯（Wells）和赫希哲（Hirsch）等对该理论进行了验证，并做了充实和发展。区域经济学家将这一理论引入到区域经济学中，便产生了区域经济发展梯度转移理论。产业转移的相关理论还有日本经济学家赤松要（Kaname Akamatsu）在 20 世纪 30 年代提出的雁行模式理论、日本经济学家小岛清（Kiyoshi Kojima）首先提出的边际产业理论、刘易斯（W. A. Lewis）提出的劳动密集型产业转移理论等。

（四）产业集群理论

1990 年，美国经济学家波特（M. E.Porter）在《国家竞争优势》书中提出"产业集群"概念，并用产业集群的方法分析一个国家或地区的竞争优势。在一个特定区域的特别领域，集聚着一组相互关联的公司、供应商、关联产业和专门化的制度和协会，通过这种区域集聚形成有效的市场竞争，构建出专业化生产要素优化集聚洼地，使企业共享区域公共设施、市场环境、外部经济以降低信息交流和物流成本，形成区域集聚效应、规模效应、外部效应和区域竞争力。

（五）技术创新产业升级理论

英国学者坎特韦尔（J. A.Cantwell）和托兰惕诺（P. E. Tolentino）在 20 世纪 90 年代初期共同提出了"技术创新产业升级理论"。该理论的基本结论是：发展中国家和地区对外直接投资的产业分布和地理分布是随着时间的推移而逐渐变化的，并且是可以预测的。发展中国家跨国公司对外直接投资受其国内产业结构和内生技术创新能力的影响。在产业分布上，首先是以自然资源开发为主的纵向一体化生产活动，然后是进口替代和出口导向为主的横向一体化生产活动。它们为获得更先进复杂的制造业技术开始向发达国家投资。例如，中国台湾的跨国公司在化学、半导体、计算机领域，新加坡的跨国公司在计算机、生物技术、基因工程、电子技术领域，韩国、中国香港地区企业在半导体、软件开发、电信技术等领域，占有一席之地。这些国家和地区对发达国家的投资也表现出良好的竞争力。

第二节　战略性新兴产业选择和培育的研究基础

一、战略性新兴产业发展的影响因素

政府政策、市场机制、产业基础、企业规模、科技实力、金融支持等都是影响战略性新兴产业发展的因素。姜大鹏等提出，企业规模是影响战略性新兴产业发展的动力因素之一[15]。牛立超等提出，战略性新兴产业的发展受主导产业变迁因素的影响[16]。王新新认为，发展战略性新兴产业必须以市场为导向，按照市场经济的规则发展[17]。贾建锋等认为，推动战略性新兴产业发展的主要影响有四个因素——产业政策、市场需求、资源优势和科技创新[18]。陈锦其等研究指出，战略性新兴产业是科技进步方向和市场需求方向的统一体[19]。国内学者普遍认为，创新是战略性新兴产业发展的核心动力，

只有创新能够支撑战略性新兴产业的持续发展。陆国庆的研究得出，创新对战略性新兴产业的促进作用明显，创新对战略性新兴产业上市公司在市场和企业业绩上的作用显著强于非战略性新兴产业上市公司[20]。纪晶华等的研究得出，发展战略性新兴产业必须依靠先进适用的核心技术，而这一技术并非来自国外的引进或是简单模仿，而必须依靠企业的自主创新[21]。

学者从微观、中观和宏观层面对战略性新兴产业的发展提出建议。在微观层面，吴福象等提出，发展战略性新兴产业，企业应当注重产业规模化，走集团式发展的道路，还应当注重产品新型化及目标市场的细分[22]。在中观层面，作者对比分析国有企业与私有企业的研发，得到政府的资金投入在一定程度上对企业研发产生了挤出效应，但政府的研发投入能在一定程度上刺激私有企业加大研发经费投入力度[23]。在宏观层面，刘红玉等指出，战略性新兴产业发展初期需要政府的大力支持和引导，战略性新兴产业的成长期需要市场与政府和共同作用，战略性新兴产业成熟期则必须依托市场机制自行发展[24]。

二、关于战略性新兴产业选择的研究

战略性新兴产业选择的研究主要分为定性研究和定量研究。

在战略性新兴产业选择的定性分析中，高友才等提出，根据产业创新力、产业引领力、产业持续力、产业聚集力、产业碳减力等五力来选择战略性新兴产业[25]；刘洪昌等提出，应当根据国家意志、市场需求、技术创新、产业关联、就业吸纳能力和可持续发展等筛选战略性新兴产业[26]；杨丽娟提出了区域战略性新兴产业选择的四个前提条件：有助于抢占世界科技和产业前沿、有助于我国区域产业经济增长点的兴起、有助于该区经济发展方式转变和产业升级换代、有助于强化区域多种创新资源的整合利用[27]；郑春东等提出了区域战略性新兴产业的 6 个一级指标、14 个二级指标的识别与评价的相关衡量标准体系[28]。

定性分析可以为战略性新兴产业的选择提供理论上的依据，但是由于是文字表述，没有数据的支持，容易缺乏说服力。因此，不少关于战略性新兴产业选择的文献采用了实证分析法进行研究。

贺正楚等选取了政府支持、资源环境、市场、技术研发、战略新兴性五个指标，基于层次分析法和综合模糊评价法建立了评价模型来了解一个地区所适合发展的战略性新兴产业[29]。贺正楚等在对主导产业进行评价的基础上，提出了战略性新兴产业的评价指标体系，包括4个一级指标和27个二级指标[30]。胡振华等使用主客观相结合的方法确定指标权重，用主成分分析法确定各级评价指标的客观权重，用层次分析法确定各级评价指标的主观权重，并据此综合赋权，明确地区战略性新兴产业的选择领域[31]。刘旭旭用因子分析法从10个影响因素层面对战略性新兴产业进行选择[32]。武瑞杰从结构调整的角度提出了选择战略性新兴产业的六个标准，即节能效应、区位规划、区域优势、地域发展特征、科技贡献及相关安全措施[33]。程宇等通过研究地方政府战略性新兴产业的选择，提出了战略性新兴产业的选择标准：① 符合本地资源禀赋特征；② 对相关产业具有明显的拉动效应；③ 有利于产业创新和制度创新的实现；④ 有利于发挥区域内的产业总体优势；⑤ 有利于提高本地的总体竞争力[34]。熊勇清等综合使用了主成分分析法和层次分析法用以选择战略性新兴产业的评价模型，并从基础层面、创新层面、激励层面和政策层面四个层面构建了战略性新兴产业的评价指标体系[35]。卢文光等运用专家打分法、熵权法，从战略性、新兴性、带动性、效应性四个层面选择战略性新兴产业[36]。李欣等提出了基于模糊德尔菲法和粗糙集的面向战略性新兴产业的技术选择模型，并结合情景分析对该模型进行了评价[37]。武瑞杰将科技贡献率大、比较优势突出、产业关联效应强、低碳效果明显这四类特性作为一级指标，并选出二级指标，运用因子分析法对战略性新兴产业进行选择[38]。敖永春等从产业综合效益、产业技术资源、产业可持续发展能力、产业带动、产业区域比较优势等五方面对战略性新兴产业进行选择[39]。张春玲等运用AHP赋权、W-T模型排序，从产业发展、产业关联和产业环境三个层面对战略性新兴产业进行选择[40]。刘嘉宁认为构建战略性新兴产业评价指标体系，首先要考虑到战略性新兴产业的特征，其次要考虑到战略性新兴产业对区域产业结构优化升级的推动路径，他用模糊分析法和层次分析法综合构建了评价模型[41]。李勃昕等根据战略性新兴产业的特征，建立了由 5 个一级指标和 10 个二级指标的组成的评价体系，主要包括禀赋条件、基础条件、创新能力、政策条件和市场需求等内容，并利用熵值法明确各项具体指标的权重，在灰色关联分析的基础上，构建战略性新兴产业评价基本模型[42]。张海鹏等从产业科技推动效果、产业集聚和市场需求、产业关联和低碳效应、产业发展潜力四大方面分析战略性新兴产业的选择[43]。贺正楚等从技术创新、产业关联、就业带动、生态循环四大方面分析战略性新兴产业的选择[44]。尹艳冰从先导性、支撑性和全局性三个层次构建了基于 ANP 的战略性新兴产业遴选模型[45]。施卓宏等运用钻石分析法，从生产要素、需求要素、相关产业和支持产业、企业战略和竞争对手、机会、政府等方面进行了实证研究[46]。梁威等通过比较产业规模、盈利能力、外贸竞争等数据实证研究了战略性新兴产业选择[47]。陈文锋等构建了产业导向性、产业带动性、产业市场化、产业创新性、产业效益性 5 个一级指标和 17 个二级指标的战略性新兴产业发展质量评价指标体系[48]。代表性选择基准和研究方法如表 2-2 所示。

表 2-2　国内战略性新兴产业选择基准及研究方法汇总

学者	因素层	指标层	方法
胡振华等[31]	增长潜力	需求收入弹性系数、产值增长率、销售增长率	AHP 赋权，信息熵法赋权；主成分分析确定排序；Delphi 法综合排序
	比较优势	产值比重、国内市场占有率、地区专业化率	
	带动效应	影响力系数、感应度系数	
	持续发展	总资产贡献率、成本费用利润率	
	外向性	进出口额比重、利用外资比重	
	财政支持	研发经费比重、政府研发经费投入占比、税收减免比重、信贷比重	
	就业利税贡献	就业贡献增长、利税贡献增长	
刘旭旭[32]	发展潜力	需求收入弹性、产品销售率、工业销售产值	因子分析法
	技术创新能力	研发投入强度	
	区位优势	市场占有率、区位熵	
	规模和速度	行业总产值、总产值增加速度、增加值、增加值增加速度、主营业务收入	
	要素利用效率	全员劳动生产率、总资产贡献率、成本费用利润率	

续表

学者	因素层	指标层	方法
刘旭旭[32]	外向性水平	产品外销比率	因子分析法
	产业关联	产业感应度系数、产业影响力系数	
	产业集聚程度	产业集聚指数、区位熵	
	生态环境友好程度	综合能耗	
	就业创新能力	投入创造的就业率、就业吸纳率	
卢文光等[36]	战略性	经济贡献、产业政策、财税政策、知识产权政策、产业结构调整升级	专家打分法确定指标值；熵权法确定排序
	新兴性	产业新兴技术水平、新兴技术产业化潜力及其成长性、新兴市场及其成长性、研发投入（经费、人员）	
	带动性	竞争力提升、产业引领带动	
	效应性	利润率、就业带动、环境保护、资源友好	
敖永春等[39]	产业综合效益	总资产贡献率、成本费用率、工业增加值率	因子分析法
	产业技术资源	科技经费比率、技术密集度	
	产业可持续发展能力	三废综合利用产品产值、产值综合能耗	
	产业带动	影响力系数、感应度系数	
	产业区域比较优势	产值比重和、区位熵	
张春玲等[40]	产业发展性	研发投入比重、就业增长率、成本费用利润率	AHP赋权；W-T模型排序
	产业关联性	感应度系数、影响力系数	
	产业环境状况	能源消耗率、投入产出比、碳生产力	
张海鹏等[43]	产业科技推动效果	工业成本费用利润率、全员劳动生产率、总资产贡献率、总资产利润率	因子分析法
	产业集聚和市场需求	区位熵、就业规模、产值比重、行业市场占有率	
	产业关联和低碳效应	感应度系数、影响力系数、产值能耗	
	产业发展潜力	需求收入弹性	
贺正楚等[44]	技术创新	产业技术水平、技术进步速度、创新能力指数	AHP赋权；W-T模型排序
	产业关联	影响力系数、感应度系数、生产诱发系数	
	就业带动	劳动综合就业系数	
	生态循环	单位耗能产值率、污染排放系数	

相关学者还对国外战略性新兴产业选择进行了借鉴研究。魏海涵等提出，国外战略性新兴产业选择都比较注重本国实际，根据本国经济发展水平和市场需求科学地选择重点产业和优先发展领域[49]。田珍通过研究美国、欧盟、日本、韩国及"金砖四国"战略性新兴产业，发现它们都立足自身要素

禀赋优势，科学选择重点产业和优先领域[50]。

　　现有研究提出了战略性新兴产业选择的不同标准，并分别采用不同的分析方法对战略性新兴产业进行选择。总体来说，战略性新兴产业的选择，定性分析偏重于理论，通常是选取指标进行文字性描述；而定量分析则偏重于方法，如层次分析法、因子分析法、聚类分析法等。本书认为，对于战略性新兴产业的选择，应当既有理论的支持，又有数据、方法的验证，这样才能得到较准确的结论。

三、战略性新兴产业培育研究的述评

　　就战略性新兴产业培育研究的问题，熊勇清等分析了基于传统产业培育战略性新兴产业的可行性和前提条件。他们认为，政府部门在培育战略性新兴产业的决策过程中，必须重点考虑国家产业政策导向、区域产业现有基础和能力、区域经济社会现实需求等因素；他们提出了三种培育基本路径：① 先通过"高新技术化"成为高新技术产业后再转型成为战略性新兴产业；② 先通过"做大做强"后在战略性新兴产业领域寻找投资机会；③ 落后传统产业先"有序退出"再通过"要素重组"进入新兴产业[51]。林学军提出了三种战略性新兴产业的发展模式：① 融合式，主要指传统产业与高新技术产业全面结合，针对传统产业的各个环节，利用高新技术提升和改造传统产业；② 裂变式，主要指在传统产业中融入新技术，在传统产业的设计、生产等环节向外衍生出新的分工，使传统产业向新的关联产业或上下游产业发展；③ 嫁接式，主要指基于科技领域全新的高新技术，发展战略性新兴产业新领域[4]。

　　产业集群因其技术创新密集、规模经济突出和知识溢出等特征，是战略性新兴产业发展的主要方式之一。国内学者认为，新兴产业集群是在技术层面尚处于萌芽阶段，未来具有竞争力、前瞻性及市场性的，以先进技术为基础而衍生出来的产业群聚。刘志阳等认为，产业集群是战略性新兴产业发展的有效模式，要高度关注集群网络特征，引导战略性新兴产业集群的良性发展[52]。刘志阳等从战略性新兴产业集群的基本特征出发，分析国内外战略性新兴产业集群的培育模式，提出了战略性新兴产业集群的政策取向[53]。胡星认为，产业集群是战略性新兴产业形成的标志，要把高新技术产业开发区等科技园区作为中国战略性新兴产业发展的示范区，强化园区关联效应和聚集效应，推动科技园区战略性新兴产业走向集群化[54]。喻登科从价值链角度提出了促进战略性新兴产业集群协同发展的策略，战略性新兴产业的集群发展要结合不同地区的发展环境和市场需求，采取不同的发展路径，包括多核模式、单核模式和星形模式等[55]。王欢芳等也提出集群式发展是实现我国战略性新兴产业升级的有效路径，产业集群的技术创新平台、产业链式发展、产业联动效应可与战略性新兴产业高新技术、综合效益好、与传统产业协同发展三大要求有效对接[56]。涂文明提出战略性新兴产业集聚发展模式，认为产业的集聚包括国家集聚、区域集聚和产业集聚三个层次，并在此基础上提出战略性新兴产业的三种发展模式——技术创新模式、高新技术产业开发区模式及创新联盟模式[57]。

针对产业发展阶段和技术创新视角，有的学者提出培育战略性新兴产业的创新路径。王利政从技术生命周期和技术水平的国际比较优势的视角，分析了在起步、成长、成熟等不同阶段发展战略性新兴产业所需的发展模式，并在此基础上提出了战略性新兴产业发展的两种模式，即技术领先的发展模式和技术追随的发展模式[58]。申俊喜主张当前发展和培育战略性新兴产业必须坚持研发优先和技术驱动，而不是投资拉动，必须以强大的研发能力去支撑核心技术的实质突破和实现企业的自主知识产权，并提出在产业发展的不同时期选择不同的产学研创新模式，明确产学研创新的目标定位与发展重点[59]。

针对相对落后地区而言，有的学者认为战略性新兴产业发展的低端跟随、被动跟从只会让省际经济发展差距越来越大。黄永春等指出，后发地区的技术创新能力较弱，由此在发展战略性新兴产业的过程中，应科学地认知战略性新兴产业的演化轨迹，选择合适的进入时机，以规避风险，并获得最大化的溢出效应。他们将战略性新兴产业的发展分为不稳定阶段、过渡阶段、稳定阶段，并认为后发地区在确定战略性新兴产业赶超时机后，应通过对赶超能力和赶超机会的分析，选择适宜的赶超路径，包括路径跟随战略、路径跳跃战略、路径创造战略[60]。战略性新兴产业是充分利用科技革命和重大技术创新成果成长起来的，因此对产业和企业的持续创新能力要求更高，只有瞄准世界科学技术发展前沿和产业高端，有重点、有步骤地在有雄厚基础、充足条件的领域突破核心和关键技术，才能抢占产业竞争制高点，引领未来发展的方向。

第三节 江西省战略性新兴产业选择和培育的现有研究

自 2009 年以来，江西省战略性新兴产业的发展获得了前所未有的重视，省内学者也从不同视角对其进行了研究。2013 年以来，江西财经大学协同创新中心对江西省战略性新兴产业发展进行研究，发表了一系列有关江西省战略性新兴产业发展的研究报告，包括《提升江西省新一代信息技术产业竞争优势的对策建议》《江西省发展锌空气燃料电池产业的机遇与对策》《江西省节能环保产业发展现状与对策》《江西文化创意产业竞争力分析与提升对策》《做强做优江西省文化创意产业的思路与措施》《提速江西新能源汽车及动力电池产业发展的对策与建议》《提升江西省绿色食品产业发展质量的思路与措施》《江西省半导体照明产业布局与优化对策》《江西各地区新材料产业发展布局重点与对策建议》《促江西电子信息产业快速发展的对策与建议》《江西省航空制造业发展现状与对策》等。

江西省发改委课题组从产业主导力基准、产业成长力基准、产业创新力基准、产业需求力基准、产业生态力基准 5 个维度建立江西省战略性新兴产业重点突破领域选择的基准（表2-3）。课题组根据战略性新兴产业综合排序，认为应选择金属新材料、光伏、绿色食品、生物和新医药、非金属新材料、新能源汽车及动力电池、航空制造等产业作为重点突破领域。从战略性新兴产业在全国的优势地位看，认为应选择金属新材料、光伏、绿色食品、航空制造、非金属新材料、生物和新医药等产业作为重点突破领域。从战略性新兴产业成长潜力和发展前景看，认为应选择金属新材料、光伏、绿色食品、生物和新医药、非金属新材料、新能源汽车及动力电池、半导体照明、航空制造等产业作为重点突破领域[61]。

表 2-3　江西省战略性新兴产业重点突破领域选择基准

准则层	指标层	指标含义
产业主导力	区位熵	产业的比较优势
	产值比重	工业增加值占江西省地区生产总值比重
	产业关联度	产业对其他产业的引导带动水平
	EG 指数	产业空间集聚水平
产业成长力	生产率上升率	产业生产供给能力
	利润率	产业盈利能力
	固定资产投资比重	产业的投资强度水平
产业创新力	科技投入比重	产业科技投入水平
	技术人员比重	产业技术人员创新能力
产业需求力	需求收入弹性	人均国民收入水平上升对产业产品需求的增加
	主营业务收入增长率	产业的市场占有水平
产业生态力	资源能源利用率	资源和能源利用水平
	生产清洁度	产业的污染排放水平及循环经济水平

吴照云等在研究中提出，作为欠发达地区的典型代表，江西省南昌市战略性新兴产业应选择新能源及应用产业、新材料产业、生命工程产业、航空产业和高端生产性服务业五大产业领域重点突破，并尽快在光伏光电产业、航空工业、汽车及零部件产业、生命工程产业、服务外包及创意产业等新兴产业形成五大千亿元产业集群，促使战略性新兴产业尽早成为欠发达地区加速发展、后发赶超、绿色崛起的脊梁[62]。季凯文从产业主导力、产业成长力、产业创新力、产业需求力、产业生态力五个基准中，选取 13 个指标构建江西省战略性新兴产业发展水平的评价指标体系，总结江西十大战略性新兴产业发展导向应分三个层次：①作为战略性支柱产业进行优先培育的有金属新材料、光伏、绿色食品、生物和新医药产业；②作为战略性先导产业进行大力扶持的有非金属新材料、新能源汽车及动力电池、航空制造、半导体照

明产业；③作为潜力产业进行布局发展的有文化及创意、新一代信息技术、节能技术、风能核能产业[63]。梁威等从规模竞争力、盈利竞争力、外贸竞争力三方面研究后认为，江西省战略性新兴产业规模在全国所占比重仍非常小，在各大产业中占比最高的航空制造产业也不超过9%，占比最低的是新能源汽车及动力电池产业，其还不到全国该产业占比0.1%。与中部其他省份相比，江西省的新材料、生物和新医药、新能源汽车及动力电池产业在盈利方面有一定的竞争优势，新材料和航空制造产业在外贸方面有一定的竞争优势，其他多数产业在中部地区竞争力较弱，与发达地区的差距更是明显[64]。徐斌等以2005～2013年江西省内各地区战略性新兴产业增加值为测算指标，分析得到江西省战略性新兴产业地区分布呈现显著的非均衡特征，江西省战略性新兴产业分布的地区差距有逐渐缩小的趋势[65]。

廖进球在2014年指出，江西省十大战略性新兴产业应分重点、分层次梯队式发展，摆在第一方阵的是新材料（江西省规模最大且具有资源优势的产业）、生物（规模和盈利水平在十大产业中处于中上水平）和文化创意产业（增长快，盈利水平较高，也是最具地方特征、最有可能找到发展机遇和突破口的产业之一）；摆在第二方阵的是航空制造（具有一定的产业基础和技术基础，但在全国的竞争力并不强，在十大产业中属于规模较小的成长性产业）、绿色食品（具有一定区域特色和较好的产业基础）、新一代信息技术（具有一定的产业基础，但是产品和技术竞争力不强）和节能环保产业（代表产业转型升级的方向，江西省具有较好的产业基础）；摆在第三方阵的是锂电与电动汽车（锂电池关键技术难以突破，应用环境短时间难以改善，且产业基础相对薄弱）、新能源（新能源产业中的光伏产能已严重过剩）、先进装备制造产业（基础薄弱、没有资源优势和技术优势，仍处于产业探索起步阶段）。

学者就江西省重点发展战略性新兴产业的选择及发展前景的判断是存在差异的，而且所用数据年代都明显偏早，且定量分析偏重于方法，不能很好地做横向和纵向对比分析，尤其是所选用指标在某种意义上不具有横向和纵向可对比性。

第四节　研究方法和评价指标

一、产业选择与培育基本思想

根据产业选择经典理论，选择的产业要有比较优势、有很强的产业带动性、发展前景很好等条件。战略性新兴产业的选择要点有：产业的战略性、产业的新兴性、产业创新力、产业持续发展性、产业带动性、产业区域比较优势、产业效益性、产业集聚度、产业低碳环保性等。江西省战略性新兴产业已有研究的选择重点有：产业主导性、产业创新力、产业需求力、产业生态力、产业规模竞争力、产业盈利竞争力、产业外贸竞争力等。关于战略性新兴产业的培育，有基于传统产业转型的培育，包括高技术化、做大做强转型和要素退出重组等；传统产业的某些环节裂变出战略性新兴产业或嫁接战略性新兴产业等；产业集群发展、技术领先和技术追随发展等。已有战略性新兴产业选择与培育研究，定性分析大多偏向理论，定量大多偏重于方法，选用指标很多，但缺乏横向对比性，实证研究存在一定局限性，提出的政策建议相对宽泛。

战略性新兴产业发展多年，自 2010 年《国务院关于加快培育和发展战略性新兴产业的决定》发布以来，不同省份战略性新兴产业发展取得的成效差异很大，有的超预期完成任务，有的面临严峻的发展瓶颈，各省份都在积极调整战略性新兴产业的发展战略。与全国其他省份一样，江西省自 2009 年开始发展战略性新兴产业，作为经济欠发达地区的江西，战略性新兴产业发展存在技术低端跟随、产业规模相对偏小、产业结构体系不完整、企业竞争力不足等问题。基于此，本书致力于对江西省战略性新兴产业的发展进行一次客观的摸底和判断。

本书针对江西省战略性新兴产业选择和培育的基本思想有两点。

（1）该产业是否是战略性新兴产业。学术界对战略性新兴产业有定性的界定，国家和各省份都有明确的战略性新兴产业目录。但是在实际操作中，我们看到很多传统产业的某些环节裂变或嫁接出的战略性新兴产业而整体被算作战略性新兴产业，或者仅仅是打着战略性新兴产业的旗号，而核心业务一直都是传统产业的情况。因此需要用更具体的标准界定战略性新兴产业，否则统计上虚高的情况很明显，夸大了战略性新兴产业的实际发展情况。

（2）该产业是否能在相对落后的江西省发展起来。表面上来看，江西省大部分的战略性新兴产业都有增长，但是相对其他省份的发展成效，相对最初的产业预期、整个产业的技术水平、产业的成长和转型等，某些产业实质上并没有发展起来或发展的水平偏低，继续如此发展状态迟早会被淘汰出局。

通过分析江西省战略性新兴产业近年来发展的状况可以发现，并不是所有最初选择的产业都适合作为战略性新兴产业来发展。基于江西省的经济发展水平，本书遵循的战略性新兴产业选择和培育的基本原则为：省内协同、省外异构，即于省外而言，尽量弱化产业同构，于省内而言，尽量整合成完整产业链，形成本省战略性新兴产业的理性选择及培育策略。具体遵循因地制宜、特色明显、优势突出、集聚优势明显、载体丰富、技术创新能力强、产业之间的数据具有可获得性和可对比性等原则，对江西省内战略性新兴产业进行分产业的评估和预测。

二、选择指标维度

本书结合以上产业选择和产业培育的理论，提取相应的指标，利用数据进行实证研究。由于数据的可得性不同、不同实证方法所需指标不同等原因，本书在利用这些产业选择理论的时候，并没有毫无针对性地将它们全盘接受。为避免定性分析过于理论化和定量分析过于方法化，同时避免由于所考虑的角度较宽泛且在实际操作过程中因缺乏具体的数据而没法横向比较的问题，同时又能达到有效判断该产业在江西省能否发展起来的目的，最终本书的指标体系考虑了四大维度，即产业规模和前景、产业集群支撑、产业企业支撑、产业技术支撑。

（一）战略性新兴产业的规模和前景

产业规模和前景是考虑一个产业能否发展起来的前提。该维度主要分产业考虑：江西省产业的规模、江西省产业的规模在全国的地位、中国产业的规模在世界的地位、省际产业规模对比、省际产业同构对比等。

（二）战略性新兴产业的集群支撑

产业集群发展是近年来发展战略性新兴产业的核心举措之一。通过梳理江西省内的 9 个国家级高新技术产业开发区、10 个国家级经济技术开发区、唯一的国家级新区、80 个省级工业园区的战略性新兴产业布局情况，重点关注这些园区的首位产业、主导产业、重点产业集群、产业集聚度等指标。

（三）战略性新兴产业的企业支撑

上市公司和高新技术企业是发展战略性新兴产业的重要载体。作为承接战略性新兴产业发展的核心载体，既要有上市企业为依托，也要有一大批高新技术企业构筑上中下游完整的企业链条。江西省的企业数目、企业质量仍处于劣势，战略性新兴产业的选择和培育尤其需要从企业载体角度进行考虑。该维度主要分产业考虑上市公司、高新技术企业。

（四）战略性新兴产业的技术支撑

战略性新兴产业是技术密集型产业，其发展离不开科技的支撑。因此，对于科技相对落后的江西而言，战略性新兴产业的选择和培育尤其需要从科技水平角度进行考虑，重点关注技术市场、研发机构、研发人员、科研经费比较、发明专利数、技术引进和改造、新产品和新模式等；分产业科技实力对比重点关注省级战略性新兴产业科技协同创新体平台、国家级高新技术产业化基地、省级高新技术产业化基地、省级工程研究中心（实验室）、国家地方联合工程研究中心（工程实验室）、省级国际科技合作基地、国家级企业技术中心、省级企业技术中心、省级重点实验室、省级工程技术研究中心和国家工程技术研究中心等。

　　本书所选的江西省战略性新兴产业选择和培育指标体系具有极强的实证性，着重从产业规模、产业集群、新兴企业、产业技术四大战略性新兴产业发展必不可少的基础条件出发，客观评判各战略性新兴产业在江西省经过近10年的发展形成了怎样的发展基础、今后能否发展起来、今后该如何发展。同时在数据可得性情况下，本书采取分省内地级市、分产业定性和定量对比，避免已有研究过于抽象和宽泛的问题，最大化实现判断的客观真实。

第一节　全国各省份①战略性新兴产业的发展和规划

据国家信息中心统计，2017 年全国战略性新兴产业增加值占国内生产总值的比重达 10% 左右。按照 2016 年发布的《"十三五"国家战略性新兴产业发展规划》，到 2020 年，战略性新兴产业增加值占国内生产总值比重将达 15%，形成新一代信息技术、高端制造、生物、绿色低碳、数字创意 5 个产值规模 10 万亿元级的新支柱。

通过梳理全国各省份"十二五"到"十三五"战略性新兴产业发展规划，可以大致摸清其战略性新兴产业的规模情况。各省份的"十二五"战略性新兴产业发展规划主要集中在 2011 年、2012 年出台，内蒙古自治区、辽宁省、青海省、西藏自治区未出台，如表 3-1 所示。

---

① 受数据来源所限，本书所述及全国统计数据不包含香港、澳门、台湾地区。江西省的相关内容放在第二节中。

表 3-1　全国各省份"十二五"战略性新兴产业发展规划

类别序号	省份	出台年份	规划名称
1	广东省	2012 年	《广东省战略性新兴产业发展"十二五"规划》
2	山东省	2012 年	《山东省战略性新兴产业"十二五"规划》
3	福建省	2011 年	《福建省"十二五"战略性新兴产业暨高技术产业发展专项规划》
4	浙江省	2011 年	《浙江省高技术产业发展"十二五"规划》
5	北京市	2011 年	《北京市关于加快培育和发展战略性新兴产业的实施意见》
6	上海市	2012 年	《上海市战略性新兴产业发展"十二五"规划》
7	湖北省	2012 年	《湖北省战略性新兴产业发展"十二五"规划》
8	湖南省	2010 年	《湖南省加快培育和发展战略性新兴产业总体规划纲要》《湖南省加快培育和发展战略性新兴产业专项规划》
9	河南省	2012 年	《河南省"十二五"战略性新兴产业发展规划》
10	江苏省	2012 年	《江苏省"十二五"培育和发展战略性新兴产业规划》
11	河北省	2011 年	《河北省人民政府关于加快培育和发展战略性新兴产业的意见》
12	山西省	2011 年	《山西省战略性新兴产业发展"十二五"规划》
13	陕西省	2011 年	《陕西省战略性新兴产业发展"十二五"规划》
14	云南省	2012 年	《云南省战略性新兴产业发展"十二五"规划》
15	广西壮族自治区	2012 年	《广西壮族自治区战略性新兴产业发展"十二五"规划》
16	新疆维吾尔自治区	2011 年	《新疆维吾尔自治区加快培育和发展战略性新兴产业总体规划纲要（2011—2015 年）》
17	甘肃省	2011 年	《关于加快培育和发展战略性新兴产业的行动计划》
18	安徽省	2012 年	《安徽省战略性新兴产业"十二五"发展规划》
19	江西省	2013 年	《江西省十大战略性新兴产业发展规划（2013—2017 年）》
20	四川省	2011 年	《四川省"十二五"战略性新兴产业发展规划》
21	重庆市	2011 年	《"十二五"科学技术和战略性新兴产业发展规划》
22	天津市	2011 年	《天津市工业经济发展"十二五"规划》
23	贵州省	2012 年	《贵州省"十二五"战略性新兴产业发展专项规划》
24	海南省	2011 年	《海南省人民政府关于加快培育和发展战略性新兴产业的实施意见》
25	黑龙江省	2012 年	《黑龙江省战略性新兴产业发展"十二五"规划》
26	吉林省	2011 年	《吉林省战略性新兴产业培育计划（2011—2015 年）》
27	宁夏回族自治区	2013 年	《宁夏回族自治区战略性新兴产业发展"十二五"规划》

各省份的"十三五"战略性新兴产业发展规划主要集中在 2016 年、2017 年出台，如表 3-2 所示。

表 3-2　全国各省份"十三五"战略性新兴产业发展规划

类别 序号	省份	出台年份	规划名称
1	广东省	2017 年	《广东省战略性新兴产业发展"十三五"规划》
2	山东省	2017 年	《山东省"十三五"战略性新兴产业发展规划》
3	福建省	2016 年	《福建省"十三五"战略性新兴产业发展专项规划》
4	浙江省	2017 年	《浙江省培育发展战略性新兴产业行动计划（2017—2020 年）》
5	北京市	2017 年	《中国制造 2025》北京行动纲要
6	上海市	2016 年	《上海市制造业转型升级"十三五"规划》
7	湖北省	2017 年	《湖北省"十三五"产业创新能力发展和建设规划》
8	湖南省	2017 年	《湖南省"十三五"战略性新兴产业发展规划》
9	河南省	2017 年	《河南省"十三五"战略性新兴产业发展规划》
10	江苏省	2017 年	《江苏省"十三五"战略性新兴产业发展规划》
11	河北省	2017 年	《河北省战略性新兴产业发展"十三五"规划》
		2018 年	《河北省战略性新兴产业发展三年行动计划》
12	山西省	2016 年	《山西省"十三五"战略性新兴产业发展规划》
13	陕西省	2016 年	《陕西省"十三五"战略性新兴产业发展规划》
14	云南省	2016 年	《云南省"十三五"科技创新规划》
15	广西壮族 自治区	2016 年	《广西战略性新兴产业发展"十三五"规划》
16	新疆维吾尔 自治区	2016 年	《新疆战略性新兴产业"十三五"发展规划》
17	甘肃省	2016 年	《甘肃省"十三五"战略性新兴产业发展规划》
18	安徽省	2016 年	《安徽省战略性新兴产业"十三五"发展规划》
19	宁夏回族 自治区	2017 年	《宁夏回族自治区战略性新兴产业"十三五"发展规划》
20	四川省	2017 年	《四川省"十三五"战略性新兴产业发展规划》
21	重庆市	2017 年	《西部大开发"十三五"规划》《重庆市战略性新兴产业重点方向（2017 年版）》
22	天津市	2017 年	《天津市关于贯彻落实"十三五"国家战略性新兴产业发展规划的实施意见》《天津市工业经济发展"十三五"规划》
23	内蒙古自治区	2017 年	《内蒙古自治区"十三五"时期战略性新兴产业发展规划》《内蒙古自治区落实〈中国制造 2025〉行动纲要》

续表

类别 序号	省份	出台年份	规划名称
24	贵州省	2016 年	《贵州省"十三五"战略性新兴产业发展规划》
25	海南省	2017 年	《海南省"十三五"科技发展规划》
26	黑龙江省	2016 年	《黑龙江省培育和发展新兴产业三年实施方案》
27	吉林省	2017 年	《吉林省战略性新兴产业"十三五"发展规划》
28	辽宁省	2015 年	《辽宁省壮大战略性新兴产业实施方案》
29	青海省	——	——
30	西藏自治区	2018 年	《"十三五"时期产业发展总体规划》
31	江西省	2016 年	《江西省战略性新兴产业倍增计划（2016—2020 年）》

一、广东省

（一）广东省"十二五"到"十三五"的重点产业规划变迁

《广东省战略性新兴产业发展"十二五"规划》中提出的重点发展产业为：① 高端新型电子信息产业；② 新能源汽车产业；③ LED 产业；④ 生物产业；⑤ 高端装备制造产业；⑥ 节能环保产业；⑦ 新能源产业；⑧ 新材料产业。《广东省战略性新兴产业发展"十三五"规划》中提出的重点发展产业为：① 新一代信息技术产业；② 生物产业；③ 高端装备与新材料产业；④ 绿色低碳产业；⑤ 数字创意产业。

（二）广东省战略性新兴产业规模成长情况

《广东省战略性新兴产业发展"十二五"规划》中提出的目标为：到 2015 年，广东省战略性新兴产业总产值突破 2.50 万亿元，增加值占地区生产总值比重达到 10% 左右。《广东省战略性新兴产业发展"十三五"规划》中提出的目标为：到 2020 年，新一代信息技术产业产值规模突破 3 万亿元，生物产业产值规模突破 6000 亿元，高端装备与新材料产业产值规模超过 1 万亿元，绿色低碳产业产值规模超过 8000 亿元，数字创意产业产值规模超过 1 万亿元，广东省战略性新兴产业总产值超过 6.4 万亿元。到 2020 年，战略性新兴产业增加值占地区生产总值比重达到 16%，高新技术制造业增加值占规模以上工业比重超过 30%。

（三）广东省的创新能力和产业技术水平情况

广东省区域创新能力综合排名连续 6 年居全国第 2 位。战略性新兴产业领域专利授权量居全国前列，其中高端新型电子信息、新能源汽车、半导体照明、节能环保等领域专利授权量居全国首位。到 2020 年，广东省产业技术自给率达到 75%，高新技术制造业研发人员占比达 10%，每万人发明专利拥有量超过 20 件。到 2020 年，广东省高新技术企业数量超过 2.8 万家，战略性新兴产业领域年主营业务收入超百亿元企业达 110 家，超千亿元企业达 13 家。

二、山东省

（一）山东省"十二五"到"十三五"的重点产业规划变迁

《山东省战略性新兴产业"十二五"规划》中提出的重点发展产业为：① 新一代信息技术产业；② 新材料产业；③ 新医药和生物产业；④ 新能源和节能环保产业；⑤ 海洋开发产业；⑥ 高端装备制造产业。这些产业为"四新一海一高"六大产业。《山东省"十三五"战略性新兴产业发展规划》中提出的重点发展产业为：① 新一代信息技术产业；② 生物产业；③ 高端装备制造产业；④ 新材料产业；⑤ 现代海洋产业；⑥ 绿色低碳产业；⑦ 数字创意产业。

（二）山东省战略性新兴产业规模成长情况

根据《山东省战略性新兴产业"十二五"规划》：到 2015 年，战略性新兴产业增加值占地区生产总值比重达到 10%；到 2020 年，战略性新兴产业增加值占地区生产总值比重达到 20%。根据《山东省"十三五"战略性新兴产业发展规划》：到 2020 年，战略性新兴产业增加值占地区生产总值比重达到 16%，新一代信息技术、生物、高端装备制造、新材料、现代海洋、绿色低碳等 6 个产业产值规模均超过 5000 亿元。

（三）山东省的创新能力和产业技术水平情况

到 2020 年，战略性新兴产业研发投入占主营业务收入的比重达到 3% 左右，重要骨干企业研发投入占主营业务收入的比重达到 5%，授权发明专利数量年均增长 20% 以上。到 2020 年，年主营业务收入过百亿元的大型骨干领军企业超过 100 家。到 2020 年，新增约 1000 个工程实验室（研究中心）、重点实验室、企业技术中心等省级创新平台，争创 50 个以上国家级创新平台；国家级创新平台总数超过 260 个、省级创新平台超过 3000 个；争创一批国家级产业创新中心，培育 20 个省级重点产业创新中心。

三、福建省

（一）福建省"十二五"到"十三五"的重点产业规划变迁

2011 年出台的《福建省"十二五"战略性新兴产业暨高技术产业发展专项规划》中提出的重点发展产业为：① 新一代信息技术产业；② 生物与新医药产业；③ 新材料产业；④ 新能源产业；⑤ 节能环保产业；⑥ 高端装备制造产业；⑦ 海洋高新产业。《福建省"十三五"战略性新兴产业发展专项规划》中提出的重点发展产业为：① 新一代信息技术产业；② 高端装备制造产业；③ 新能源汽车产业；④ 生物与新医药产业；⑤ 节能环保产业；⑥ 新能源产业；⑦ 新材料产业；⑧ 海洋高新产业。

（二）福建省战略性新兴产业规模成长情况

2015 年福建省战略性新兴产业实现增加值 2618.82 亿元，占地区生产总值比重为 10.08%，比 2010 年高出 2.08 个百分点，如表 3-3 所示。

表 3-3　福建省"十二五"战略性新兴产业分产业发展情况

产业领域	增加值（亿元）				
	2011 年	2012 年	2013 年	2014 年	2015 年
战略性新兴产业	1169.38	1467.57	1902.93	2350.47	2618.82

续表

产业领域		增加值（亿元）				
		2011 年	2012 年	2013 年	2014 年	2015 年
其中	新一代信息技术产业	676.41	808.25	864.56	957.98	952.56
	高端装备制造产业	77.06	87.99	133.93	257.15	311.50
	生物与新医药产业	58.64	74.00	86.62	97.74	149.06
	节能环保产业	71.55	115.14	227.4	304.53	340.97
	新能源产业	96.48	115.28	113.41	127.03	198.80
	新材料产业	171.18	243.09	427.72	536.42	598.27
	海洋高新产业	18.06	23.82	49.30	69.63	67.65

数据来源：《福建省人民政府办公厅关于印发福建省"十三五"战略性新兴产业发展专项规划的通知》（闽政办〔2016〕61 号）。

2016 年的《福建省"十三五"战略性新兴产业发展专项规划》提出：到 2020 年，战略性新兴产业增加值力争达到 5850 亿元，年均增长 17.5%，占地区生产总值比重约 15%。其中，新一代信息技术产业增加值为 1910 亿元；新材料产业增加值为 1420 亿元；高端装备制造产业增加值达到 680 亿元；节能环保产业增加值达到 700 亿元；新能源产业增加值达到 450 亿元；生物与新医药产业增加值达到 310 亿元；海洋高新产业增加值达到 280 亿元；新能源汽车产业增加值达到 100 亿元。

（三）福建省的创新能力和产业技术水平情况

截至 2017 年底，福建全省拥有发明专利 31 006 件，每万人口发明专利拥有量 8.0 件，比 2016 年增加 1.8 件。到 2020 年，力争省级及以上工程（技术）研究中心、重点（工程）实验室、企业技术中心分别达到 800 个、240 个、500 个；技术转移示范机构、科技企业孵化器和生产力促进中心功能进一步发挥；福建全省研发经费投入年均增长 15%；每万人口发明专利拥有量达 7.5 件；重要产业领域骨干企业研发投入占销售收入的比重超过 3%。2016 年出台的《福建省"十三五"战略性新兴产业发展专项规划》提出：到 2020 年，培育形成年产值超过 100 亿元的企业 20 家以上。

四、浙江省

（一）浙江省"十二五"到"十三五"的重点产业规划变迁

《浙江省高技术产业发展"十二五"规划》中提出的重点发展产业为：① 生物产业；② 新一代信息技术产业；③ 高端装备制造产业；④ 节能环保产业；⑤ 新材料产业；⑥ 新能源产业；⑦ 海洋新兴产业；⑧ 高技术服务业。《浙江省培育发展战略性新兴产业行动计划（2017—2020 年）》中提出的重点发展产业为：① 新一代信息技术产业；② 物联网产业；③ 人工智能产业；④ 高端装备制造产业；⑤ 新材料产业；⑥ 生物产业；⑦ 新能源汽车产业；⑧ 新能源产业；⑨ 节能环保产业；⑩ 数字创意产业。

（二）浙江省战略性新兴产业规模成长情况

《浙江省高技术产业发展"十二五"规划》提出：力争到 2015 年，高技术产业总产值达到 9000 亿元，高技术产业增加值超过 1800 亿元。《浙江省培育发展战略性新兴产业行动计划（2017—2020 年）》提出：到 2020 年，战略性新兴产业主营业务收入突破 2.5 万亿元。其中，新一代信息技术产业产值力争超过 2500 亿元；物联网产业主营业务收入突破 2500 亿元，培育主营业务收入超 800 亿元的物联网领军企业 1 家，超 100 亿元的龙头企业 5 家以上，超 10 亿元的骨干企业 50 家以上；人工智能产业产值力争超过 600 亿元；高端装备制造产业总产值力争超过 1500 亿元，在智能制造装备、汽车、重大成套装备等重点领域培育 50 家以上主营业务收入超 100 亿元的高端装备制造产业骨干企业，培育 5000 家以上科技型装备制造产业中小企业；新材料产业产值达到 8000 亿元；生物产业产值力争达到 2700 亿元；新能源汽车产业规模以上工业产值超过 1000 亿元，新能源汽车整车产能规模超过 50 万辆，动力电池年 100 亿安时生产能力，公交、环卫、物流、商业租赁等公共领域新能源汽车应用比例不低于 30%；新能源产业产值达到 1500 亿元，新能源消费量占能源消费总量比重超过 8%；节能环保产业总产值达到 3500 亿元；数字创意产业增加值超过 800 亿元。

（三）浙江省的创新能力和产业技术水平情况

据 2018 年《全国科技经费投入统计公报》显示，2017 年，浙江省研发经费投入占全国的 7.2%，居全国第 5 位。据《2018 年浙江省知识产权发展与保护状况》，2018 年，浙江省发明专利授权量突破 3 万件，每万人发明专利拥有量达到 23.6 件，居全国第 2 位。PCT[①] 国际专利申请量达到 1492 件，浙江省有效发明专利数量达到 13.2 万件，国内有效注册商标总数达到 198 万件，实现专利质押登记额 102 亿元。《浙江省科技创新"十三五"规划的通知》明确：到 2020 年，浙江全社会研发经费支出相当于国内生产总值比重达 2.8% 左右，研发人员数达 45.6 万人 / 年，高新技术产业增加值达 7200 亿元。

五、北京市

（一）北京市"十二五"到"十三五"的重点产业规划变迁

2011 年，北京市人民政府印发《北京市关于加快培育和发展战略性新兴产业的实施意见》，编制并发布实施了八大重点领域专项规划：① 新一代信息技术产业；② 生物产业；③ 节能环保产业；④ 材料产业；⑤ 新能源产业；⑥ 新能源汽车产业；⑦ 航空航天产业；⑧ 高端装备制造产业。2015 年发布的《〈中国制造 2025〉北京行动纲要》中提出的重点发展产业为：① 新能源汽车产业；② 新一代信息技术产业；③ 高端装备制造产业；④ 生物医药产业；⑤ 节能环保产业。

（二）北京市的战略性新兴产业规模成长情况

2018 年，北京市地区生产总值超过 3 万亿元，新经济实现增加值超万亿元，其中高新技术产业实现增加值 6976 亿元，同比增长 9.4%。北京市医药健康、人工智能、智能网联汽车、大数据、5G 等高精尖产业加速态势明显，高新技术制造业和战略性新兴产业增加值分别同比增长 13.9% 和 7.8%。2018年，北京市科技服务业实现增加值 3223.9 亿元，占第三产业比重为 13.1%，

---

① PCT 即专利合作条约。

占地区生产总值比重为 10.6%，增长 10.4%。2017 年，北京市文创产业实现增加值 3908.8 亿元，占地区生产总值比重达 14%，文化企业超过 25.4 万家，规模以上法人单位实现主营业务收入 1.6 万亿元。

（三）北京市的创新能力和产业技术水平情况

截至 2018 年底，北京市每万人口发明专利拥有量达到 111.2 件，居全国首位，是全国平均水平的近 10 倍。全市有效注册商标量达 150 万件，同比增长 31.4%。全市 7 项发明专利获第二十届中国专利奖金奖，占获奖总数的 23.3%，居全国首位。北京市拥有 79 个国家重点实验室，排全国第 1 名。2018 年，北京市全年专利申请量与授权量分别为 21.1 万件和 12.3 万件，分别比上年增长 13.6% 和 15.5%。全年共签订各类技术合同 82 486 项，增长 1.5%；技术合同成交总额 4957.8 亿元，增长 10.5%。

六、上海市

（一）上海市"十二五"到"十三五"重点产业规划变迁

《上海市战略性新兴产业发展"十二五"规划》中提出的重点发展产业为：① 新一代信息技术产业；② 高端装备制造产业；③ 生物产业；④ 新能源产业；⑤ 新材料产业；⑥ 节能环保产业；⑦ 新能源汽车产业。《上海市制造业转型升级"十三五"规划》中提出的重点发展产业为：① 新一代信息技术产业；② 智能制造装备产业；③ 生物医药与高端医疗器械产业；④ 新能源与智能网联汽车产业；⑤ 航空航天产业；⑥ 海洋工程装备产业；⑦ 高端能源装备产业；⑧ 新材料产业；⑨ 节能环保产业。

（二）上海市战略性新兴产业规模成长情况

《上海市战略性新兴产业发展"十二五"规划》提出：到 2015 年，上海战略性新兴产业实现增加值占全市地区生产总值比重达到 15% 左右，战略性新兴产业中制造业产值占工业总产值比重达到 30% 左右。到 2015 年，上海软件和信息服务业经营收入力争达到 6000 亿元，新一代信息技术制造产业产值争取达到 3000 亿元；高端装备制造产业产值争取达到 3000 亿元；生物产业产值争取达到 1200 亿元，服务外包产业收入达到 300 亿元；新能源产业产值达到 1200 亿元；新材料产业产值超过 1800 亿元，其中支撑战略性新兴产业的关键新材料产业产值达到 600 亿元；节能环保产业产值达到 500 亿元；新能源汽车产业产值达到 500 亿元，产能达到 20 万辆左右。2016 年，上海战略性新兴产业制造业总产值 8307.99 亿元，比 2015 年增长 1.5%，占规模以上工业总产值的比重为 26.7%。2016 年，上海战略性新兴产业制造业增加值 1807.75 亿元，增长 2.7%；上海战略性新兴产业服务业增加值 2374.51 亿元，增长 6.9%。2017 年，上海市战略性新兴产业制造业总产值 10 465.92 亿元，比 2016 年增长 5.7%。其中，新能源汽车产业增长 42.6%，新一代信息技术产业增长 7.3%，生物医药产业增长 6.9%，节能环保产业增长 7.4%，高端装备制造产业增长 3.1%，新材料产业增长 3.2%，新能源产业增长 2.9%。

（三）上海市的创新能力和产业技术水平情况

《上海市战略性新兴产业发展"十二五"规划》提出：到 2015 年，战略性新兴产业企业研发经费支出占主营业务收入比重超过 2%，争取新建 3 个国家重大科技基础设施、新建 10 个国家工程研究中心（工程实验室）、新建 10 个国家工程技术研究中心和国家重点实验室、新建 20 个国家认定企业技术中心，构建 100 个产业技术创新战略联盟，力争构建 10 个重点产业技术标准创新联盟；节能环保、高端装备制造、新材料、新能源汽车领域的技术创新能力保持国内领先，新一代信息技术、生物、新能源领域的技术创新能力接近国际先进水平；到 2015 年，培育 10 家产值超 100 亿元具有国际影响力的战略性新兴产业领域龙头企业，50 家上市企业和 1000 家产值超 1 亿元的战略性新兴产业领域骨干企业。《上海市科技创新"十三五"规划》提出：到 2020 年，全社会研发经费支出占全市地区生产总值的比例达到 4.0% 左右，基础研究经费支出占全社会研发经费支出比例达到 10% 左右。

七、湖北省

（一）湖北省"十二五"到"十三五"重点产业规划变迁

《湖北省战略性新兴产业发展"十二五"规划》提出的重点发展产业为：① 新一代信息技术产业；② 高端装备制造产业；③ 新材料产业；④ 生物产业；⑤ 节能环保产业；⑥ 新能源产业；⑦ 新能源汽车产业。《湖北省"十三五"产业创新能力发展和建设规划》提出的重点发展产业为：① 新一代信息技术产业；② 生命健康产业；③ 高端装备制造产业；④ 汽车产业；⑤ 军民深度融合产业；⑥ 网络信息安全核心技术产业。

（二）湖北省战略性新兴产业规模成长情况

《湖北省战略性新兴产业发展"十二五"规划》提出：力争到 2015 年，新兴产业产值突破 1 万亿元，年均增长率超过 20%。2015 年，湖北省高新技术产业实现增加值 5028.94 亿元，占地区生产总值的比重达到 17%，湖北全省战略性新兴产业产值超过万亿元，战略性新兴产业工业增加值占地区生产总值的比重达到 8.5%。2015 年，电子信息、先进制造、新材料、医药与医疗器械领域分别完成增加值 531.93 亿元、1699.15 亿元、902.06 亿元和 353.38 亿元，分别是 2010 年的 1.75 倍、2.73 倍、2.52 倍、3.51 倍，四大产业领域的增加值占湖北全省高新技术制造业增加值的比重达到 80.4%。《湖北省"十三五"产业创新能力发展和建设规划》提出：到 2020 年，战略性新兴产业增加值在湖北全省地区生产总值中的比重持续增加，超过全国平均水平，达到 17% 左右。

（三）湖北省的创新能力和产业技术水平情况

《湖北省战略性新兴产业发展"十二五"规划》提出：到 2015 年，建设 200 个以上国家级和省级企业技术中心，推广应用 200 项自主创新型重大新技术、新装备、新工艺、新产品，形成 200 个知名品牌。重点领域营业收入超 100 亿元的领军企业达 15～20 家，超 30 亿元的龙头企业达 50 家，超 10

亿元的骨干企业过 100 家。截至 2015 年底，研发经费支出占地区生产总值比重为 1.9%，规模以上工业企业研发经费内部支出占主营业务收入的比重达到 0.9%，企业研发经费支出占全社会研发经费支出的 3/4。截至 2015 年底，湖北全省共有国家工程研究中心 4 个、国家工程实验室 3 个。省级及以上企业技术中心共达 502 个，其中国家级企业技术中心 46 个、省级企业技术中心 456 个。湖北全省共有 11 个产业技术研究院、42 个产业技术创新战略联盟。《湖北省"十三五"产业创新能力发展和建设规划》提出：到 2020 年，研发支出达到 1000 亿元左右，研发支出占地区生产总值的比重和规模以上工业企业研发投入达到全国平均水平。到 2020 年，湖北省技术合同成交额达 1100 亿元，产业创新中心达 10 个，省级工程研究中心达 230 个，国家工程研究中心达 10 个，国家企业技术中心达 80 个，国家地方联合工程研究中心达 45 个。

八、湖南省

（一）湖南省"十二五"到"十三五"重点产业规划变迁

《湖南省加快培育和发展战略性新兴产业总体规划纲要》和《湖南省加快培育和发展战略性新兴产业专项规划》提出的重点发展产业为：① 先进装备制造产业；② 新材料产业；③ 文化创意产业；④ 生物产业；⑤ 新能源产业；⑥ 信息产业；⑦ 节能环保产业。《湖南省"十三五"战略性新兴产业发展规划》提出的重点发展产业为：① 高端装备制造产业；② 新材料产业；③ 生物产业；④ 新一代信息技术产业；⑤ 绿色低碳产业；⑥ 数字创意产业。

（二）湖南省战略性新兴产业规模成长情况

2014 年，湖南省七大战略性新兴产业共实现营业收入 10 177.24 亿元，产业增加值 3088.39 亿元，占湖南全省地区生产总值的 11.4%。其中：先进装备制造产业营业收入 3165.77 亿元，占全部战略性新兴产业的 31.1%；新材料产业营业收入 2837.87 亿元，占全部战略性新兴产业的 27.9%；节能环保产业营业收入 1441.79 亿元，占全部战略性新兴产业的 14.2%；信息产业营业收入 1329.91 亿元，占全部战略性新兴产业的 13.1%。先进装备制造产业、新材料产业、信息产业和节能环保产业 4 个产业增加值分别为 1007.95 亿元、755.61 亿元、434.08 亿元和 420.45 亿元；生物产业、新能源产业和文化创意产业增加值总量在 200 亿元及以下水平。2015 年，战略性新兴产业实现增加值 3335.31 亿元，占地区生产总值比重达到 11.5%。2011 年出台的《湖南省加快培育和发展战略性新兴产业总体规划纲要》和《湖南省加快培育和发展战略性新兴产业专项规划》提出：到 2015 年，战略性新兴产业总量达到 5000 亿元，占地区生产总值的比重超过 20%；到 2020 年，战略性新兴产业总量达到 10 000 亿元，占地区生产总值比重达到 25% 左右。2017 年出台的《湖南省"十三五"战略性新兴产业发展规划》提出：到 2020 年，湖南全省战略性新兴产业年均增长 16%，增加值超过 7000 亿元，占地区生产总值比重力争达到 16%。

（三）湖南省的创新能力和产业技术水平情况

2018 年，湖南省申请专利 94 503 件，同比增长 23.87%；专利授权 48 957 件，同比增长 29.12%。截至 2018 年底，湖南全省有效发明专利量达 40 684 件，每万人发明专利拥有量达 5.93 件，PCT 专利申请（国际申请）304 件。

九、河南省

（一）河南省"十二五"到"十三五"重点产业规划变迁

《河南省"十二五"战略性新兴产业发展规划》提出的重点发展产业为：①新一代信息技术产业；②生物产业；③新能源产业；④新能源汽车产业；⑤新材料产业；⑥节能环保产业；⑦高端装备制造产业。《河南省"十三五"战略性新兴产业发展规划》提出的产业重点：①新一代信息技术产业；②生物产业；③高端装备制造产业；④新材料产业；⑤新能源、新能源汽车和节能环保产业；⑥数字创意产业。

（二）河南省战略性新兴产业规模成长情况

《河南省"十二五"战略性新兴产业发展规划》提出：到 2015 年，战略性新兴产业主营业务收入突破 12 000 亿元，增加值突破 3000 亿元，力争战略性新兴产业增加值占地区生产总值比重 7% 以上。其中，新一代信息技术产业主营业务收入达到 5000 亿元；生物、新材料产业主营业务收入分别超过 2000 亿元；高端装备制造、节能环保产业主营业务收入分别超过 1000 亿元。到 2020 年，力争战略性新兴产业增加值占地区生产总值比重在 15% 左右。2015 年，河南省战略性新兴产业实现增加值占规模以上工业的比重达到 11.80%。《河南省"十三五"战略性新兴产业发展规划》提出：力争到 2020 年河南省战略性新兴产业增加值占规模以上工业产值比重达到 15% 左右。到 2020 年：新一代信息技术产业产值达到 10 000 亿元；生物产业产值达到 5000 亿元；高端装备制造产业产值达到 2000 亿元；新材料产业产值达到 4000 亿元；新能源产业产值达到 3000 亿元；新能源汽车产业产值达到 2000 亿元；节能环保产业产值达到 5000 亿元；数字创意产业产值达到 1000 亿元；几个产业产值总共 3.2 万亿元以上。

（三）河南省的创新能力和产业技术水平情况

2015 年，省级及以上创新平台数量突破 2400 个，其中国家级企业技术中心、工程（重点）实验室和工程（技术）研究中心分别达到 80 个、47 个和 14 个。《河南省"十三五"战略性新兴产业发展规划》提出：到 2020 年，培育形成 200 家以上年主营业务收入超 10 亿元、20 家以上超百亿元的大型企业或集团。

十、江苏省

（一）江苏省"十二五"到"十三五"重点产业规划变迁

《江苏省"十二五"培育和发展战略性新兴产业规划》提出的重点发展产业为：①新能源产业；②新材料产业；③生物与医药产业；④节能环保

产业；⑤ 新一代信息技术产业；⑥ 物联网和云计算产业；⑦ 高端装备制造产业；⑧ 新能源汽车产业；⑨ 智能电网产业；⑩ 海洋工程装备产业。《江苏省"十三五"战略性新兴产业发展规划》中提出的重点发展产业为：① 新一代信息技术产业；② 高端软件和信息服务产业；③ 生物技术和新医药产业；④ 新材料产业；⑤ 高端装备制造产业；⑥ 节能环保产业；⑦ 新能源和能源互联网产业；⑧ 新能源汽车产业；⑨ 空天海洋装备产业；⑩ 数字创意产业。

（二）江苏省战略性新兴产业规模成长情况

《江苏省"十二五"培育和发展战略性新兴产业规划》提出：到 2015 年，战略性新兴产业产值和产业增加值占地区生产总值的比重分别达到 10% 和 18%；到 2020 年，战略性新兴产业产值和产业增加值占地区生产总值的比重分别达到 18% 和 25%。2015 年，江苏省战略性新兴产业实现销售收入 4.5 万亿元，占规模以上工业产值比重超过 30%。新材料、节能环保、医药、软件、新能源、海洋工程装备等产业的规模居全国前列，节能环保产业产值占全国比重达 25%，光伏产业产值占全国比重近 50%，海洋工程装备产业产值占全国市场份额超过 30%。《江苏省"十三五"战略性新兴产业发展规划》提出：到 2020 年，战略性新兴产业销售收入突破 7 万亿元，增加值占地区生产总值的比重力争达到 15%，新一代信息技术、高端软件和信息服务、新材料、生物技术和新医药、高端装备制造等产业发展成为万亿元级规模的支柱产业。

（三）江苏省的创新能力和产业技术水平情况

"十二五"期间，十大战略性新兴产业累计发明专利申请（公开）达到 16.5 万件，获得授权 3.9 万件，占江苏全省同期发明专利申请和授权量的比重分别为 25.8% 和 38.6%，新能源、新材料、生物技术和新医药、节能环保、智能电网、高端装备制造等产业发明专利申请量居全国前列。《江苏省"十三五"战略性新兴产业发展规划》提出：到 2020 年，战略性新兴产业发明专利申请和授权量占江苏全省同期发明专利申请和授权量的比重达到 45%，建设 100 个国家级创新平台、1000 个省级创新平台、200 个产学研联合创新载体、1000 个校企战略联盟、50 个重大技术创新公共服务平台，培育 10 000 个新技术、新产品，创建一批国内外知名品牌。到 2020 年，培育形成 100 家左右百亿元级产业领军企业，拟上市新兴产业企业规模达到 1000 家，拥有 500 家左右技术领先的骨干企业，1000 家左右具有自主知识产权、自主品牌的重点创新型企业，建成 50 个国家和省级战略性新兴产业集聚区，形成 10 个左右标志性战略性新兴产业策源地。

十一、河北省

（一）河北省"十二五"到"十三五"重点产业规划变迁

《河北省人民政府关于加快培育和发展战略性新兴产业的意见》提出的重点发展产业为：① 新能源产业；② 新一代信息技术产业；③ 生物产业；④ 新材料产业；⑤ 高端装备制造产业；⑥ 节能环保产业；⑦ 新能源汽车产业；⑧ 海洋经济产业。2017 年《河北省战略性新兴产业发展"十三五"规划》和 2018 年《河北省战略性新兴产业发展三年行动计划》提出的重点发展产业为：① 大数据与物联网产业；② 信息技术制造产业；③ 人工智能与智能装备产业；④ 生物医药健康产业；⑤ 高端装备制造产业；⑥ 新能源与智能电网产业；⑦ 新能源汽车与智能网联汽车产业；⑧ 新材料产业；⑨ 先进环保产业；⑩ 未来产业。

（二）河北省战略性新兴产业规模成长情况

2017 年《河北省战略性新兴产业发展"十三五"规划》和 2018 年《河北省战略性新兴产业发展三年行动计划》提出：到 2020 年，大数据与物联网、生物医药健康等 10 个重点发展产业主营业务收入超过 1.7 万亿元，带动河北全省战略性新兴产业增加值达到 5000 亿元，占地区生产总值比重超过 12%。其中，2016 年，大数据与物联网主营业务收入约 300 亿元，到 2020 年，其主营业务收入达到 1000 亿元；2016 年，信息技术制造产业主营业务收入 840 亿元，到 2020 年，其主营业务收入达到 2500 亿元；2016 年，人工智能与智能装备产业主营业务收入 560 亿元，到 2020 年，其主营业务收入达到 1000 亿元；2016 年，生物医药健康产业主营业务收入 1400 亿元；到 2020 年，其主营业务收入超过 2500 亿元；2016 年，高端装备制造产业主营业务收入约 1400 亿元，到 2020 年，轨道交通装备、航空航天、卫星应用、大型成套装备等产业主营业务收入达到 2500 亿元；2016 年，新能源与智能电网产业主营业务收入 2000 亿元，到 2020 年，其主营业务收入突破 3600 亿元；2016 年，新能源汽车及配套产业主营业务收入 300 亿元，到 2020 年，新能源汽车与智能网联汽车产业形成年产 50 万辆新能源汽车生产能力，主营业务收入达到 800 亿元；2016 年，新材料产业主营业务收入约 1000 亿元，到 2020 年，其主营业务收入达到 1800 亿元；2016 年，先进环保产业主营业务收入 450 亿元，到 2020 年，其主营业务收入达到 800 亿元；到 2020 年，未来产业主营业务收入达到 300 亿元。

（三）河北省的创新能力和产业技术水平情况

2017 年《河北省战略性新兴产业发展"十三五"规划》提出：到 2020 年，10 个重点产业累计新建 300 个省级及以上创新平台；河北全省战略性新兴产业示范基地超过 30 个；省级及以上企业技术中心达到 600 个，工程实验室达到 150 个，新增工程（技术）研究中心 100 个，工业设计中心达到 50 个；科技型中小企业达到 8 万家，高新技术企业达到 4000 家，上市企业达到 150 家；培育百家自主创新能力强、主业突出、掌握核心技术、引领战略性新兴产业发展的排头兵企业。

十二、山西省

（一）山西省"十二五"到"十三五"重点产业规划变迁

《山西省战略性新兴产业发展"十二五"规划》提出的重点发展产业为：① 新能源产业；② 节能环保产业；③ 生物产业；④ 高端装备制造产业；⑤ 新材料产业；⑥ 新一代信息技术产业；⑦ 新能源汽车产业；⑧ 煤层气和

现代煤化工产业。《山西省"十三五"战略性新兴产业发展规划》提出的重点发展产业为：① 高端装备制造产业；② 新能源产业；③ 新材料产业；④ 节能环保产业；⑤ 生物产业；⑥ 煤层气产业；⑦ 新一代信息技术产业；⑧ 新能源汽车产业；⑨ 现代煤化工产业。

（二）山西省战略性新兴产业规模成长情况

《山西省战略性新兴产业发展"十二五"规划》提出：到 2015 年，战略性新兴产业增加值占地区生产总值比重的 7%～8%。2014 年，山西省战略性新兴产业总产值超过 2600 亿元，产业增加值超过 700 亿元，占地区生产总值的比重接近 6%。《山西省"十三五"战略性新兴产业发展规划》提出：到 2020 年，战略性新兴产业总产值达到 4500 亿元左右，战略性新兴产业增加值达到 1500 亿元左右。

（三）山西省的创新能力和产业技术水平情况

2015 年，山西全省高新技术企业总数达到 720 家，民营科技企业总数超过 800 家，省级创新型试点企业达到 138 家。2015 年，山西省科技进步综合评价指数排全国第 17 位。《山西省"十三五"战略性新兴产业发展规划》提出：到 2020 年，战略性新兴产业领域的重要骨干企业研发投入占主营业务收入比重力争超过 3%，在高端装备制造、新能源、新材料、节能环保、煤层气等产业建成省级及以上实验室、工程（技术）研究中心、企业技术中心等300 个以上，组建 15 个左右的产业技术创新战略联盟；山西全省战略性新兴产业领域科技型中小微企业超过 3000 家。

十三、陕西省

（一）陕西省"十二五"到"十三五"重点产业规划变迁

《陕西省战略性新兴产业发展"十二五"规划》提出的重点发展产业为：① 高端装备制造产业；② 新一代信息技术产业；③ 新能源产业；④ 新材料

产业；⑤生物产业；⑥节能环保产业；⑦新能源汽车产业。《陕西省"十三五"战略性新兴产业发展规划》提出的重点发展产业为：①新一代信息技术产业；②高端装备制造产业；③新材料产业；④生物产业；⑤新能源产业；⑥节能环保产业；⑦新能源汽车产业。

（二）陕西省战略性新兴产业规模成长情况

《陕西省战略性新兴产业发展"十二五"规划》提出：到2015年，战略性新兴产业增加值达到3000亿元，占地区生产总值的比重达到15%。2015年，陕西省战略性新兴产业增加值占地区生产总值的实际比重达到10%。2017年，陕西省战略性新兴产业完成增加值2360.3亿元，占地区生产总值的比重为10.8%。其中：新一代信息技术产业实现增加值605亿元；生物产业实现增加值366亿元（生物药品制造产业增加值293.5亿元，占生物产业的80.2%）；高端装备制造产业实现增加值363.7亿元；新材料产业实现增加值362.5亿元。《陕西省"十三五"战略性新兴产业发展规划》提出：到2020年，陕西省战略性新兴产业增加值突破4500亿元，占地区生产总值比重达到15%，带动关联产业规模超万亿元。其中：新一代信息技术产业产值超过4000亿元；高端装备制造产业产值超过3000亿元；新材料产业产值超过1600亿元；生物产业打造千亿元级生物技术产业集群；新能源产业实现2020万千瓦新能源发电装机目标；节能环保产业产值超过600亿元；新能源汽车产业产值超过1300亿元。

十四、云南省

（一）云南省"十二五"到"十三五"重点产业规划变迁

《云南省战略性新兴产业发展"十二五"规划》提出的重点发展产业为：①现代生物产业；②光电子产业；③高端装备制造产业；④节能环保产业；⑤新材料产业；⑥新能源产业。《云南省"十三五"科技创新规划》提出的重点发展产业为：①生物医药产业；②电子信息与新一代信息技术产业；

③生物种业和农产品精深加工产业；④新材料产业；⑤先进装备制造产业；
⑥节能环保产业。

（二）云南省战略性新兴产业规模成长情况

《云南省战略性新兴产业发展"十二五"规划》提出：到 2015 年，六大
战略性新兴产业实现销售收入 5000 亿元，战略性新兴产业工业增加值占云南
省地区生产总值的比重达到 10%；到 2020 年，战略性新兴产业工业增加值
占云南省地区生产总值的比重达到 15%。其中：现代生物产业的产值到 2015
年突破 1500 亿元，到 2020 年超过 2000 亿元；光电子产业的产值到 2015
年突破 1000 亿元，到 2020 年超过 1500 亿元；高端装备制造产业的产值到
2015 年突破 1000 亿元，到 2020 年超过 1500 亿元；节能环保产业的产值到
2015 年突破 500 亿元，到 2020 年超过 1000 亿元；新材料产业的产值到 2015
年突破 800 亿元，到 2020 年超过 2000 亿元；新能源产业的产值到 2015 年突
破 400 亿元，到 2020 年超过 800 亿元。2015 年，云南省战略性新兴产业增
加值占云南省地区生产总值的比重达 7.6%。

（三）云南省的创新能力和产业技术水平情况

2015 年，云南省国家级和省级创新平台（含重点实验室、工程实验
室、工程 / 技术研究中心、企业技术中心）分别为 31 个和 519 个。《云南省
"十三五"科技创新规划》提出：到 2020 年，高新技术企业超过 1500 家，科
技小巨人企业超过 100 家，新增科技型中小企业 3000 家以上、创新型（试
点）企业 200 家以上；新建省级产业技术创新战略联盟 50 个；新增国家工
程实验室、国家工程（技术）研究中心 2～3 个，新增省级企业技术中心 100
个、省级工程（技术）研究中心 / 工程实验室 50 个；新增国家技术转移示范
机构 10 个、省级技术转移示范机构 70 个、省级生产力促进中心 40 个，建设
科技成果转移转化示范区 1～2 个。

十五、广西壮族自治区

（一）广西壮族自治区"十二五"到"十三五"重点产业规划变迁

《广西壮族自治区战略性新兴产业发展"十二五"规划》提出的重点发展产业为：① 节能环保产业；② 先进装备制造产业；③ 新材料产业；④ 新能源产业；⑤ 生物医药产业；⑥ 养生长寿健康产业；⑦ 海洋产业；⑧ 新能源汽车产业；⑨ 新一代信息技术产业；⑩ 生物农业产业。《广西战略性新兴产业发展"十三五"规划》提出的重点发展产业为：① 新一代信息技术产业；② 智能装备制造产业；③ 节能环保产业；④ 新材料产业；⑤ 新能源汽车产业；⑥ 大健康产业。

（二）广西壮族自治区战略性新兴产业规模成长情况

《广西壮族自治区战略性新兴产业发展"十二五"规划》提出：到 2015 年，战略性新兴产业增加值争取达到 1300 亿元，占产业地区生产总值的 8% 左右；到 2020 年，战略性新兴产业增加值占地区生产总值的比重力争达到 15% 左右。到 2015 年，节能环保产业的产值达到 800 亿元，实现工业增加值 270 亿元；先进装备制造产业规模以上企业销售收入超过 600 亿元，增加值超过 230 亿元；新材料产业销售收入达到 400 亿元，实现工业增加值 150 亿元；新能源产业销售收入达到 320 亿元，工业增加值超过 120 亿元；生物医药产业销售收入达到 300 亿元，工业增加值实现 120 亿元；养生长寿健康产业的产值达到 300 亿元，增加值实现 100 亿元；海洋产业的产值达到 230 亿元，增加值实现 80 亿元；新能源汽车产业销售收入达到 230 亿元，工业增加值实现 80 亿元；新一代信息技术产业销售收入达到 200 亿元，增加值实现 80 亿元；生物农业产业销售收入超过 190 亿元，工业增加值实现 70 亿元。2015 年，高新技术产业增加值达到 545 亿元，占同期广西壮族自治区规模以上工业增加值的比重为 8.6%。《广西战略性新兴产业发展"十三五"规划》提出：到 2020 年，力争战略性新兴产业增加值占地区生产总值的比重为

15% 左右；其中，新一代信息技术产业的产值达到 2100 亿元，智能装备制造产业的产值达到 1300 亿元，节能环保产业的产值达到 1200 亿元，新材料产业的产值达到 1100 亿元，新能源汽车产业的产值超过 300 亿元，大健康产业的产值达到 2500 亿元。

十六、新疆维吾尔自治区

（一）新疆维吾尔自治区"十二五"到"十三五"重点产业规划变迁

《新疆维吾尔自治区加快培育和发展战略性新兴产业总体规划纲要（2011—2015 年）》提出的重点发展产业为：① 新兴能源产业；② 新材料产业；③ 高端装备制造产业；④ 节能环保产业；⑤ 生物产业；⑥ 信息产业；⑦ 清洁汽车产业。《新疆战略性新兴产业"十三五"发展规划》提出的重点发展产业与《新疆维吾尔自治区加快培育和发展战略性新兴产业总体规划纲要（2011—2015 年）》一致。

（二）新疆维吾尔自治区战略性新兴产业规模成长情况

《新疆维吾尔自治区加快培育和发展战略性新兴产业总体规划纲要（2011—2015 年）》提出：到 2015 年，战略性新兴产业产值总量达到 2000 亿元，增加值达到 700 亿元，占地区生产总值的比重力争达到 8%；到 2020 年，战略性新兴产业产值总量达到 6100 亿元，增加值达到 2200 亿元，占地区生产总值的比重力争达到 15%。《新疆维吾尔自治区装备制造业"十三五"发展规划》提出：到 2020 年，装备制造产业实现工业总产值 1500 亿元以上，其中新能源装备制造产业工业总产值力争达到 500 亿元，输变电装备制造产业工业总产值力争达到 260 亿元，工程及重型矿山机械制造产业工业总产值力争达到 100 亿元，石油和化工装备制造产业工业总产值力争达到 80 亿元，农牧机械制造产业工业总产值力争达到 40 亿元，汽车工业工业总产值力争达到 300 亿元左右。2015 年，新疆维吾尔自治区新兴能源产业中的光伏产业主营业务收入达 109.7 亿元。《新疆维吾尔自治区光伏产业"十三五"发展规划》提出：到 2020 年，光伏产业主营业务收入力争超过 300 亿元。"十二五"期间，新疆维吾尔自治区电子信息制造业主营业务收入由 37.3 亿元增长至 219.2 亿元。《新疆维吾尔自治区电子信息制造业"十三五"发展规划》提出：到 2020 年，电子信息制造业总收入达到 500 亿元。

十七、甘肃省

（一）甘肃省"十二五"到"十三五"重点产业规划变迁

2011 年发布的《关于加快培育和发展战略性新兴产业的行动计划》提出的重点发展产业为：① 新材料产业；② 新能源产业；③ 高端装备制造产业；④ 生物产业；⑤ 信息技术产业。《甘肃省"十三五"战略性新兴产业发展规划》提出的重点发展产业为：① 新材料产业；② 新能源产业；③ 生物医药产业；④ 信息技术产业；⑤ 先进装备及智能制造产业；⑥ 节能环保产业（节能领域、环保产业、资源循环利用）；⑦ 新型煤化工；⑧ 公共安全产业；⑨ 现代服务业。

（二）甘肃省战略性新兴产业规模成长情况

2011 年发布的《关于加快培育和发展战略性新兴产业的行动计划》提出：到 2015 年，战略性新兴产业增加值将达到 800 亿元，占地区生产总值的比重达到 12%；到 2020 年，战略性新兴产业增加值占地区生产总值的比重提高到 16%。2014 年，信息技术产业实现增加值 191.2 亿元：新材料产业实现增加值 177.9 亿元；生物产业实现增加值 57.2 亿元。2015 年，甘肃省战略性新兴产业实现增加值 821.6 亿元，战略性新兴产业增加值占地区生产总值的比重由 2010 年的 6.56% 升到 2015 年的 12.1%。《甘肃省国民经济和社会发展第十三个五年规划纲要》提出：到 2020 年，战略性新兴产业增加值占地区生产总值比重达到 16%。

（三）甘肃省的创新能力和产业技术水平情况

2018年省级科技创新型企业有197家，省级工程研究中心有26个。《2016年战略性新兴产业发展总体攻坚战工作要点》提出：2016年再培育一批骨干企业，争取国家批准设立3个国家地方联合创新平台、2个国家级企业技术中心、2个国家重点实验室。《甘肃省国民经济和社会发展第十三个五年规划纲要》提出：到2020年，着力培育发展100家骨干企业，打造50条百亿元产业链。《甘肃省"十三五"战略性新兴产业发展规划》提出：到2020年，创建10个国家或国家地方联合工程（技术）研究中心（工程实验室），10个国家企业技术中心，100个省级企业技术创新平台、公共技术服务平台和检测验证服务中心，10个以企业为主导的产业技术创新联盟。在战略性新兴产业优势产业打造50条掌握关键核心技术、市场需求前景广、带动系数大、综合效益好的百亿元产业链。培育100家技术先进、产业领先、竞争优势明显的骨干企业。

十八、安徽省

（一）安徽省"十二五"到"十三五"重点产业规划变迁

《安徽省战略性新兴产业"十二五"发展规划》提出的重点发展产业为：① 电子信息产业；② 节能环保产业；③ 新能源汽车产业；④ 新能源产业；⑤ 生物产业；⑥ 新材料产业；⑦ 高端装备制造产业；⑧ 公共安全产业。《安徽省战略性新兴产业"十三五"发展规划》提出的重点发展产业为：① 新一代信息技术产业；② 高端装备制造和新材料产业；③ 生物与健康产业；④ 绿色低碳产业；⑤ 信息经济产业。

（二）安徽省战略性新兴产业规模成长情况

《安徽省战略性新兴产业"十二五"发展规划》提出：到2015年，安徽全省战略性新兴产业产值达到1万亿元。2015年，安徽省战略性新兴产业产值8921.5亿元，占全省规模以上工业总产值比重的22.4%，新一代信息技术、生物、新材料、节能环保等产业产值超千亿元。《安徽省战略性新兴产业"十三五"发展规划》提出：到 2020 年，战略性新兴产业产值力争达到 2 万亿元。到 2020 年，新一代信息技术产业产值超过 5000 亿元；高端装备制造和新材料产业产值突破 4000 亿元；生物与健康产业产值达到 2000 亿元；绿色低碳产业产值达到 4000 亿元；信息经济产业产值达到 4000 亿元。

（三）安徽省的创新能力和产业技术水平情况

2018 年，安徽省发明专利授权量为 14 846 件，高新技术企业数为 5403 家，战略性新兴产业增加值占规模以上工业的比重达 40.4%，技术合同交易额达 322 亿元，研发投入占地区生产总值的比例达 2.10%。安徽全省建有国家级研发机构 170 个，建设中国科学技术大学先进技术研究院等新型研发机构 20 个。安徽全省已建成国家创新型（试点）城市 3 个、国家级高新技术产业开发区 6 个、国家农业科技园区 15 个、省级高新技术产业开发区 10 个，已建成省级及以上科技企业孵化器 84 个（其中国家级 25 个）、众创空间 139 个（其中国家备案 42 个）。

十九、宁夏回族自治区

（一）宁夏回族自治区"十二五"到"十三五"重点产业规划变迁

《宁夏回族自治区战略性新兴产业发展"十二五"规划》提出的重点发展产业为：① 新能源产业；② 新材料产业；③ 先进装备制造产业；④ 生物产业；⑤ 节能环保产业；⑥ 新一代信息技术产业。《宁夏回族自治区战略性新兴产业"十三五"发展规划》提出的重点发展产业为：① 新能源产业；② 新材料产业；③ 先进装备制造产业；④ 生物产业；⑤ 节能环保产业；⑥ 新一代信息技术产业；⑦ 数字创意产业。

（二）宁夏回族自治区战略性新兴产业规模成长情况

《宁夏回族自治区战略性新兴产业发展"十二五"规划》提出：到 2015

年，战略性新兴产业增加值超过 230 亿元，战略性新兴产业增加值占地区生产总值的比重超过 8%；新材料产业产值超过 155 亿元，增加值超过 46 亿元，占地区生产总值的比重超过 1.60%；先进装备制造产业产值超过 200 亿元，增加值超过 60 亿元，占地区生产总值的比重超过 2%；生物产业产值超过 100 亿元，增加值超过 35 亿元，占地区生产总值的比重超过 1.2%；节能环保产业产值超过 41 亿元，增加值超过 12 亿元，占地区生产总值的比重超过 0.40%；新一代信息技术产业产值超过 8 亿元，实现增加值 5 亿元以上，占地区生产总值的比重超过 0.2%。《宁夏回族自治区战略性新兴产业"十三五"发展规划》提出：到 2020 年，战略性新兴产业增加值占地区生产总值的比重超过 12%，新能源产业增加值占战略性新兴产业增加值的 20%；新材料产业增加值占战略性新兴产业增加值的 26%；高端装备制造产业增加值占战略性新兴产业增加值的 20%；生物产业增加值占战略性新兴产业增加值的 20%；节能环保产业增加值占战略性新兴产业增加值的 6%；新一代信息技术产业增加值占战略性新兴产业增加值的 6%；数字创意产业增加值占战略性新兴产业增加值的 2%。

（三）宁夏回族自治区的创新能力和产业技术水平情况

《宁夏回族自治区战略性新兴产业"十三五"发展规划》提出：到 2020 年，骨干企业研发经费投入强度超过 3%；培育战略性新兴产业国家级制造业创新中心 1～2 个，新增各类国家级和省部共建创新平台 15 个以上。

二十、四川省

（一）四川省"十二五"到"十三五"重点产业规划变迁

《四川省"十二五"战略性新兴产业发展规划》提出的重点发展产业为：① 新一代信息技术产业；② 新能源产业；③ 高端装备制造产业；④ 新材料产业；⑤ 生物产业；⑥ 节能环保产业。《四川省"十三五"战略性新兴产业发展规划》提出的重点发展产业为：① 新一代信息技术产业；② 高端装备制造产业；③ 新材料产业；④ 生物产业；⑤ 新能源及新能源汽车产业；
⑥ 节能环保产业；⑦ 数字创意产业。

（二）四川省战略性新兴产业规模成长情况

《四川省"十二五"战略性新兴产业发展规划》提出：到 2015 年，四川全
省战略性新兴产业产值突破 1 万亿元，增加值超过 3000 亿元，占四川全省地
区生产总值的 10% 左右。2015 年，四川省战略性新兴产业实现产值 5671.5 亿
元，为 2010 年的 2.5 倍，占四川全省规模以上工业产值的比重为 13.9%，比
2010 年提高 4.5 个百分点。《四川省"十三五"战略性新兴产业发展规划》提
出：到 2020 年，战略性新兴产业增加值占地区生产总值的比重力争达到 15%。

（三）四川省的创新能力和产业技术水平情况

2017 年，四川省专利申请受理量为 167 484 件，较 2016 年增长 17.5%，
四川全省成交技术市场合同 1.3 万件，较 2016 年增长 12.1%，技术市场成交
额 419.7 亿元，较 2016 年增长 37.7%。2017 年，四川省创新能力综合排名居
全国第 11 位。

二十一、重庆市

（一）重庆市"十二五"到"十三五"重点产业规划变迁

重庆市《"十二五"科学技术和战略性新兴产业发展规划》提出的重点
发展产业为：① 电子核心部件产业；② 机器人及智能装备产业；③ 物联网
产业；④ 新材料产业；⑤ 高端交通装备产业；⑥ 新能源及智能汽车产业；
⑦ MDI 及化工新材料产业；⑧ 生物医药产业；⑨ 环保产业；⑩ 页岩气产
业。《西部大开发"十三五"规划》提出的重点发展产业为：① 新一代信息
技术产业；② 高端装备制造产业；③ 新材料产业；④ 新能源产业；⑤ 生物
医药产业；⑥ 新能源汽车产业；⑦ 节能环保产业。《重庆市战略性新兴产业
重点方向（2017 年版）》提出的重点发展产业为：① 智能手机；② 智能电视；

③ 集成电路；④ 新型显示；⑤ 传感器；⑥ 智能仪器仪表；⑦ 物联网设备及系统；⑧ 智能可穿戴设备；⑨ 无人机；⑩ 服务及特种机器人；⑪ 虚拟现实设备；⑫ 互联网；⑬ 云计算；⑭ 大数据；⑮ 工业机器人；⑯ 高档数控机床；⑰ 增材制造装备；⑱ 通航装备；⑲ 轨道交通装备；⑳ 高技术船舶；㉑ 海洋工程配套；㉒ 新能源装备；㉓ 先进钢材料；㉔ 先进铜材料；㉕ 先进铝材料；㉖ 先进轻合金材料；㉗ 绿色建筑材料；㉘ 化工新材料；㉙生物农药；㉚锂材料；㉛稀土材料；㉜玻璃纤维及复合材料；㉝石墨烯材料；㉞纳米材料；㉟新能源汽车整车制造及关键配套；㊱智能汽车整车制造及关键配套；㊲节能装备；㊳环保装备；㊴生物技术药物；㊵化学药品与原料药制造；㊶中药材及中成药；㊷医疗器械及耗材；㊸健康保健品。

（二）重庆市战略性新兴产业规模成长情况

2018 年，重庆市全年规模以上工业战略性新兴产业增加值比 2017 年增长 13.1%，高新技术产业增加值增长 13.7%，占规模以上工业增加值的比重分别为 22.9% 和 18.0%。新一代信息技术产业、生物医药产业、新材料产业、高端装备制造产业分别增长 22.2%、10.0%、6.5% 和 13.4%。全年高新技术产业投资比 2017 年增长 0.9%。电子制造业作为重庆市第一支柱产业：2017 年的产值同比增长 27.5%，占全市工业产值的 24.1%，对全市工业增长贡献率达 41.3%，成为重庆市地区生产总值稳步增长的"第一抓手"。

（三）重庆市的创新能力和产业技术水平情况

截至 2018 年，重庆市已有大型科研仪器设施 7900 多台、科技企业 9900 多家、科技成果 4700 多项、科技人才 13.40 万人、科技平台 521 个、众创空间 266 个、科普基地 120 个、科技项目 5.9 万个、科技信用 3.8 万条，万方数据知识服务平台、中国知网、国务院发展研究中心信息网科技文献期刊 15 700 多种、论文 4100 万多篇、数据 40 太字节（TB），整合共享专利数据 200TB。

二十二、天津市

（一）天津市"十二五"到"十三五"重点产业规划变迁

《天津市工业经济发展"十二五"规划》提出的重点发展产业为：① 装备制造产业；② 电子信息产业；③ 航空航天产业；④ 生物医药产业；⑤ 新能源新材料产业；⑥ 节能环保产业。《天津市关于贯彻落实"十三五"国家战略性新兴产业发展规划的实施意见》提出的重点发展产业为：① 高端装备与新材料产业；② 信息技术产业；③ 生物医药与健康产业；④ 绿色低碳产业；⑤ 数字文化创意产业。

（二）天津市战略性新兴产业规模成长情况

《天津市工业经济发展"十二五"规划》提出：到"十二五"末，将培育形成装备制造产业 1 个万亿元级产业，电子信息产业超 5000 亿元，航空航天产业、生物医药产业、新能源新材料产业均超千亿元。到 2015 年，战略性新兴产业产值超过 1 万亿元，战略性新兴产业占工业总产值的比重将达到 30% 左右。《天津市关于贯彻落实"十三五"国家战略性新兴产业发展规划的实施意见》提出：到 2020 年，天津市战略性新兴产业总产值规模达到 1.50 万亿元，战略性新兴产业增加值占地区生产总值的比重达到 20%。到 2020 年，高端装备与新材料产业产值达到 9700 亿元；信息技术产业产值超过 7000 亿元；生物产业产值超过 2200 亿元；绿色低碳产业，将新能源、节能环保等绿色产业培育成为产值超千亿元的支柱产业；数字文化创意产业产值达到 500 亿元左右。

（三）天津市的创新能力和产业技术水平情况

《天津市工业经济发展"十三五"规划》提出：到 2020 年，建设 10 个产业公共技术平台、55 个国家级企业技术中心，建成 200 个国家级科研院所、海内外高水平研发机构、分支机构及产业化基地，形成先进制造与研发相结合的制造业创新体系。规模以上工业企业研发投入比重达到 1.3%，企业专利申请量和授权量占全市比重超过 80%。

二十三、内蒙古自治区

（一）内蒙古自治区"十二五"到"十三五"重点产业规划变迁

内蒙古自治区"十二五"期间重点发展的产业为：① 新能源产业；② 新材料产业；③ 节能环保产业；④ 高端装备制造产业；⑤ 生物产业；⑥ 煤清洁高效利用产业；⑦ 电动汽车产业；⑧ 新一代信息技术产业。《内蒙古自治区"十三五"时期战略性新兴产业发展规划》提出的重点发展产业为：① 新能源产业；② 新材料产业；③ 节能环保产业；④ 高端装备制造产业；⑤ 大数据云计算产业；⑥ 生物科技产业；⑦ 蒙中医药产业。《内蒙古自治区落实〈中国制造 2025〉行动纲要》提出的重点发展产业为：① 新材料产业；② 现代装备制造业；③ 云计算及大数据应用产业；④ 高端煤炭清洁高效利用产业；⑤ 生物医药及高性能医疗器械产业；⑥ 核燃料元件产业；⑦ 陶瓷产业。

（二）内蒙古自治区战略性新兴产业规模成长情况

2016 年，全区战略性新兴产业完成工业增加值 738.5 亿元，占地区生产总值的比重达到 4.8%。内蒙古自治区"十二五"期间提出：到 2015 年，战略性新兴产业增加值占地区生产总值的比重力争达到 8% 左右；到 2020 年，战略性新兴产业增加值占地区生产总值的比重力争达到 15% 左右。《内蒙古自治区落实〈中国制造 2025〉行动纲要》提出：到 2020 年，内蒙古自治区战略性新兴产业占制造业比重要超过 25%。《内蒙古自治区"十三五"时期战略性新兴产业发展规划》提出：到 2020 年，战略性新兴产业增加值占地区生产总值的比重超过 10%。

（三）内蒙古自治区的创新能力和产业技术水平情况

截至 2016 年底，内蒙古自治区有战略性新兴产业规模以上企业 894 家、国家高新技术企业 300 家。2016 年，全区发明专利授权量为 871 件。《内蒙古自治区"十三五"时期战略性新兴产业发展规划》提出：到 2020 年，争取国家批准设立国家地方联合创新平台 10 个左右、国家级企业技术中心 8 个左右、国家重点实验室 2～3 个，国家级和自治区级的工程（重点）实验室、工程（技术）研究中心、企业技术中心分别达到 55 个和 500 个。

二十四、贵州省

（一）贵州省"十二五"到"十三五"重点产业规划变迁

《贵州省"十二五"战略性新兴产业发展专项规划》提出的重点发展产业为：① 新材料产业；② 生物产业；③ 高端装备制造产业；④ 节能环保产业；⑤ 新能源产业；⑥ 新一代信息技术产业；⑦ 新能源汽车产业。《贵州省"十三五"战略性新兴产业发展规划》提出的重点发展产业为：① 大数据产业；② 生物产业；③ 高端装备制造产业；④ 新材料产业；⑤ 节能环保产业；⑥ 新能源产业；⑦ 新能源汽车产业；⑧ 数字创意产业。

（二）贵州省的战略性新兴产业规模成长情况

《贵州省"十二五"战略性新兴产业发展专项规划》提出：到 2015 年，战略性新兴产业产值超过 1800 亿元，占全省工业总产值的 18% 以上；增加值超过 600 亿元，占地区生产总值的 8% 左右。2015 年，全省战略性新兴产业产值和增加值分别约为 2600 亿元和 630 亿元，战略性新兴产业工业产值占全省规模以上工业总产值比重为 17.3%，战略性新兴产业增加值占地区生产总值的比重为 6.0%。《贵州省"十三五"战略性新兴产业发展规划》提出：到 2020 年，全省战略性新兴产业总产值约为 6000 亿元，增加值约为 1500 亿元，占地区生产总值的比重约为 8%。到 2020 年，大数据产业总产值超过 2200 亿元，其中大数据制造业产值超过 1000 亿元，服务业产值超过 1200 亿元；生物产业总产值超过 1000 亿元；高端装备制造产业产值超过 700 亿元；新材料产业产值 350 亿元；节能环保产业产值 1000 亿元左右；新能源产业产值 300 亿元左右；新能源汽车产业产值超过 100 亿元；数字创意产业产值超过 350 亿元。

（三）贵州省的创新能力和产业技术水平情况

根据《国家创新调查制度系列报告》，2018 年贵州省区域创新能力综合效用值保持全国第 18 位，综合科技创新水平指数保持在全国第 29 位，高新区创新能力指数居全国第 25 位。截至 2018 年，全省高新技术企业突破 1000家，科技型企业成长梯队数量达到 1108 家。全省专利申请 42 024 件，专利授权 19 456 件，万人有效发明专利拥有量 2.82 件，科技进步贡献率 48.68%。

二十五、海南省

（一）海南省"十二五"到"十三五"重点产业规划变迁

《海南省人民政府关于加快培育和发展战略性新兴产业的实施意见》提出的重点发展产业为：① 生物产业；② 新能源产业；③ 新材料产业；④ 新一代信息技术产业；⑤ 高端装备制造产业；⑥ 节能环保产业；⑦ 新能源汽车产业。《海南省"十三五"科技发展规划》提出的重点发展产业为：① 生物与新医药产业；② 电子信息产业；③ 新能源产业；④ 新材料产业。

（二）海南省的战略性新兴产业规模成长情况

"十二五"期间，海南省高新技术企业总数达到 169 家，实现年收入 383亿元。《海南省"十三五"科技发展规划》提出：到"十三五"末，全省高新技术企业达到 600 家，实现产值 1500 亿元。

（三）海南省的创新能力和产业技术水平情况

2015 年，全省高新技术企业科技活动经费支出达 17.7 亿元，其中 25 家企业设有国家和省级技术研发机构。《海南省"十三五"科技发展规划》提出：到"十三五"末，全省研发经费支出占地区生产总值的比重超过 1.5%。

二十六、黑龙江省

（一）黑龙江省从"十二五"到"十三五"重点产业规划变迁

《黑龙江省战略性新兴产业发展"十二五"规划》提出的重点发展产业为：① 新能源产业；② 新材料产业；③ 高端装备制造产业；④ 生物产业；⑤ 新一代信息技术产业；⑥ 节能环保产业。《黑龙江省培育和发展新兴产业三年实施方案》提出的重点发展产业为：① 新能源产业；② 新材料产业；③ 高端装备制造产业；④ 生物产业；⑤ 新一代信息技术产业；⑥ 节能环保产业。

（二）黑龙江省的战略性新兴产业规模成长情况

《黑龙江省战略性新兴产业发展"十二五"规划》提出：到 2015 年，全省战略性新兴产业主营业务收入达到 4000 亿元，战略性新兴产业增加值达到 1638 亿元，占地区生产总值的比重为 8%；到 2020 年，战略性新兴产业增加值占地区生产总值的比重力争达到 16% 左右。到 2015 年，新能源产业实现主营业务收入 300 亿元；新材料产业实现主营业务收入 1400 亿元；高端装备制造产业实现主营业务收入 1560 亿元；生物产业实现主营业务收入 800 亿元；新一代信息技术产业实现主营业务收入 80 亿元；节能环保产业实现主营业务收入 350 亿元。《黑龙江省培育和发展新兴产业三年实施方案》提出：打造生物、机器人、石墨新材料、清洁能源装备、云计算等重点新兴产业集群。到 2018 年，5 个集群预期主营业务收入达到 1310 亿元。

（三）黑龙江省的创新能力和产业技术水平情况

《黑龙江省战略性新兴产业发展"十二五"规划》提出：到 2015 年，战略性新兴产业研发投入占增加值的比重超过 5%。《黑龙江省"十三五"科技创新规划》提出：到 2020 年，研发经费投入强度达到 2.0%，技术合同成交额达到 160 亿元，高新技术产业增加值占地区生产总值比重达到 13%，国家级高新技术企业达到 1100 家，科技企业孵化器达到 150 个，建设 7 个"互联网＋"技术服务平台；"十三五"期间新增具有一定规模和竞争力的科技型企业 2000 家，科技企业孵化器孵化企业达到 6000 家。

二十七、吉林省

（一）吉林省从"十二五"到"十三五"重点产业规划变迁

《吉林省战略性新兴产业培育计划（2011—2015 年）》提出的重点发展产业为：① 生物化工产业；② 新能源汽车产业；③ 生物医药产业；④ 电子信息产业；⑤ 新材料产业；⑥ 新能源产业；⑦ 先进装备制造产业；⑧ 节能环保产业；⑨ 旅游产业；⑩ 文化产业。《吉林省战略性新兴产业"十三五"发展规划》提出的重点发展产业为：① 医药产业；② 先进装备制造业；③ 电子信息制造业；④ 生物制造产业；⑤ 新材料产业；⑥ 新能源汽车产业；⑦ 节能环保产业。

（二）吉林省战略性新兴产业规模成长情况

2015 年，全省战略性新兴产业产值达到 5190 亿元。各细分领域中，医药产业产值达到 1934 亿元，以轨道客车为代表的先进装备制造业产值突破 580 亿元，电子信息制造业实现产值 534 亿元，软件及信息服务业实现营业收入 440 亿元。《吉林省战略性新兴产业"十三五"发展规划》提出：到 2020 年，战略性新兴产业产值达到 10 000 亿元，形成生物、信息技术、高端装备制造、新材料 4 个千亿元规模产业。到 2020 年，医药健康产业经济规模力争达到 5300 亿元，生物制造产业产值达到 1000 亿元，电子信息制造业力争完成工业总产值 800 亿元，软件及信息服务业力争实现销售收入 900 亿元，高端装备制造产业产值达到 1300 亿元，新材料产业产值达到 1000 亿元。

（三）吉林省的创新能力和产业技术水平情况

根据科技部《中国区域科技创新评价报告（2018）》，吉林省科技促进经济社会发展指数居全国第 14 位，科技创新环境指数居全国第 15 位，科技活动产出指数居全国第 15 位，综合科技创新水平指数居全国第 17 位。2018 年省内高新技术企业数量 899 家，比 2017 年增长 71.56%。2017 年《吉林省战略性新兴产业"十三五"发展规划》提出：到 2020 年，建成一个大科学工程、两个重大科技创新基地和一批创新服务平台；建设和完善 5 个省级制造业创新中心、50 个省级高校协同创新中心、90 个省级重点实验室、100 个省级科技创新中心、300 个省级工程研究中心（工程实验室）、500 个省级企业技术中心、20 个重点领域公共服务平台。

二十八、辽宁省

（一）辽宁省从"十二五"到"十三五"重点产业规划变迁

2010 年辽宁省提出的重点发展产业为：① 先进装备制造产业；② 新能源产业；③ 新材料产业；④ 新医药产业；⑤ 电子信息产业；⑥ 节能环保产业；⑦ 海洋产业；⑧ 生物育种产业；⑨ 高技术服务业。《辽宁省壮大战略性新兴产业实施方案》提出的重点发展产业为：① 高端装备制造产业；② 新一代信息技术产业；③ 生物产业；④ 节能环保产业；⑤ 新能源产业；⑥ 新材料产业；⑦ 新能源汽车产业。

（二）辽宁省战略性新兴产业规模成长情况

《辽宁省壮大战略性新兴产业实施方案》提出：力争到 2020 年，全省战略性新兴产业主营业务收入占规模以上工业企业主营业务收入的比重超过 20%。其中，到 2020 年，大连市战略性新兴产业产值突破 5000 亿元，战略性新兴产业增加值占大连市地区生产总值的比重达到或超过 15%。

二十九、青海省

青海省"十二五"期间重点发展的产业为：① 新能源产业；② 新材料产业；③ 电子信息材料产业；④ 生物制药产业；⑤ 现代装备制造产业；⑥ 节能环保产业。《2017 年青海经济社会形势分析与预测蓝皮书》提出，青海省节能环保产业、生物产业、新能源产业、新材料产业在内的新兴产业正迈入健康成长期，并将成为青海省经济可持续发展的重要支柱产业。青海省符合战略性新兴产业条件的企业有 143 家，集中分布在西宁和海西两个地区，这 143 家战略性新兴企业至 2015 年末资产规模达到 1415.25 亿元。

三十、西藏自治区

2018 年发布的《"十三五"时期产业发展总体规划》提出：要大力发展与节能环保相关的重点产业，推进以风能、太阳能、水能及地热能为重点的非化石能源发电，开展风力发电、水风光互补发电、光伏发电、光热利用等新技术的集成、示范和推广研究。并提出：① 推动高原生物产业快速发展；② 推动特色旅游文化产业全域发展；③ 推动绿色工业规模发展；④ 推动清洁能源产业的壮大发展；⑤ 推动现代服务业整体发展；⑥ 推动高新数字产业创新发展；⑦ 推动边贸物流产业跨越发展。西藏对战略性新兴产业的发展并没有做出特定的规划。

第二节　产业区分视角下江西省
战略性新兴产业的规模和前景

本节结合《江西省十大战略性新兴产业发展规划（2013—2017 年）》确立的节能环保产业、新能源产业、新材料产业、生物和新医药产业、航空产业、先进装备制造产业、新一代信息技术产业、锂电及电动汽车产业、文化创意产业、绿色食品产业十大战略性新兴产业及《江西省战略性新兴产业倍增计划（2016—2020 年）》提到的电子信息产业、生物医药产业、航空产业、节能环保产业、新能源产业、新材料产业、先进装备制造产业、新能源汽车产业、智能机电产业、集成电路产业 10 大重点产业领域，结合 2017 年国家发改委公布的《国家战略性新兴产业重点产品和服务指导目录》（2016 版），考虑到绿色食品产业一般都不计入战略性新兴产业，智能机电产业属于先进装备制造产业，集成电路产业属于电子信息产业，本节分别对节能环保产业、新能源产业、新材料产业、生物医药产业、航空产业、先进装备制造产业

（不包含航空产业和新能源汽车产业）、新一代信息技术产业、新能源汽车产业、文化创意产业九大产业与国内外相应产业发展规模、发展前景做出对比。

一、节能环保产业

节能环保产业是指为节约能源资源、发展循环经济、保护环境提供技术基础和装备保障的产业，主要包括节能产业（节能装备、节能产品和节能服务）、环保产业（环保装备、环保产品和环保服务）和资源循环利用产业（资源循环利用装备、资源循环利用产品、资源循环利用服务及再制造）。

（一）江西省发展概况

江西省节能环保产业包括节能装备和产品生产、环保装备和产品生产、资源循环利用及节能环保技术服务业等。《江西省节能环保产业发展规划（2013—2017年）》提到：到2017年，江西省节能环保产业主营业务收入达到1800亿元，其中节能产业达到800亿元、环保产业达到200亿元、资源循环利用产业达到800亿元，并提出主要产业集聚区主营业务收入总额突破1000亿元。2016年9月江西省人民政府办公厅印发的《江西省战略性新兴产业倍增计划（2016—2020年）》提出：到2020年，节能环保产业力争实现主营业务收入超过1100亿元。江西省将重点培育节能环保装备制造、节能环保产品生产、资源综合利用三大节能环保产业集群，将节能环保产业打造成为新的支柱产业之一。围绕三大节能环保产业集群，江西省将建设十大节能环保产业基地，培育3个年主营业务收入过100亿元、30个年主营业务收入过10亿元的节能环保企业或集团。到2020年，重点建设半导体照明产业基地、螺杆膨胀机产业基地、节能家电产业基地、高效节能电机产业基地、环保锅炉产业基地、水污染治理设备产业基地、重金属污染治理材料产业基地、节水监测仪表产业基地、废旧家电和汽车回收产业基地、再生铜产业基地等十大节能环保产业基地。

（二）国内发展形势

我国《"十三五"节能环保产业发展规划》提到：2015年，全国节能环保产业产值约 4.5 万亿元，从业人数达 3000 多万。2017 年 10 月，工业和信息化部发布的《关于加快推进环保装备制造业发展的指导意见》提到：2016年，环保装备制造业实现产值 6200 亿元；到 2020 年，环保装备制造业产值达到 10 000 亿元。据不完全数据统计，2018 年环保整体产业链产值超过 6 万亿元，未来 4 年内年均复合增长率接近 15%。

有研究预测，2020 年中国节能环保产业规模预计达到 8.50 万亿元，2023年将达到 12.30 万亿元，具体如图 3-1 所示。

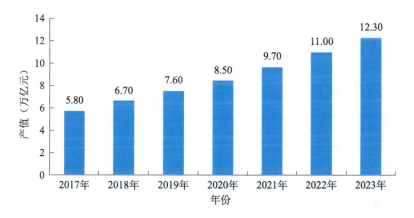

图 3-1　2017～2023 年我国节能环保产业产值预测

数据来源：《2017～2023 年中国节能环保市场行情动态与投资战略咨询报告》

更有研究预测，2020 年、2022 年中国节能环保产业规模预计分别达到11.50 万亿元、15.80 万亿元，具体如图 3-2 所示。

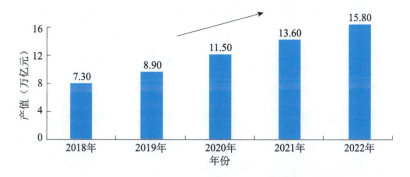

图 3-2　2018～2022 年中国节能环保产业产值预测

数据来源：《2018—2022 年中国节能环保产业预测分析》

从 2017 年各细分产业总资产状况来看，清洁能源产业平均总资产最高，达到 243 亿元，固废产业和水务产业分居第 2 位、第 3 位。从增幅来看，增幅最大的是固废产业，平均总资产规模比 2016 年同期增长了 44%，其次是生态产业和大气产业。固废产业在整个节能环保产业中发展最快。相对来说，能源装备产业和节能产业总资产增长率较低。由于经济整体下滑，水泥、钢铁、电力需求放缓，电力业务的上游（能源装备和下游配套的节能业务，特别是水泥、钢铁锅炉的节能）需求减少，产业投资增长减缓。

我国节能环保产业总体分布呈现"一带一轴"的特征，即北起大连、南至珠江三角洲的环保产业"沿海产业带"，以及东起长江三角洲城市群、西至重庆的环保产业"沿江发展轴"。

在国内节能环保产业中，江苏省居全国之首，主营业务收入约占全国的 19%。2017 年上半年，江苏省节能环保产业主营业务收入突破 4270 亿元。其中，节能装备制造主营业务收入 1235.23 亿元，同比增长 10.98%；节能产品制造主营业务收入 1211.75 亿元，同比下降 4.59%；节能服务主营业务收入 41.98 亿元，同比增长 31.22%；环保装备制造主营业务收入 538.97 亿元，同比增长 11.3%；环保产品制造主营业务收入 312.55 亿元，同比增长 35.31%；环保服务主营业务收入 121.28 亿元，同比增长 21.54%；资源循环利用主营业务收入 788.70 亿元，同比下降 4.25%。

广东省人民政府办公厅发布的《关于促进节能环保产业发展的意见》提出：到 2015 年，节能环保产业产值达到 6000 亿元，逐步将节能环保产业培育成广东省新的支柱产业之一。《深圳节能环保产业振兴发展规划（2014—2020 年）》提出：深圳节能环保产业产值年均增长 20% 以上，到 2015 年，节能环保产业产值超过 1200 亿元，到 2020 年，产值超过 3000 亿元。

四川省力争在"十三五"期间实现节能环保产业超过 2000 亿元，其中装备制造超过 1000 亿元。在节能装备领域形成一批 500 亿元级的市（州）、100 亿元级的园区和 10 亿元级的企业。

《安徽省战略性新兴产业"十三五"发展规划》提出：到 2020 年，节能环保产业产值超过 2000 亿元，节能环保产业年产值达到 6500 亿元，成为新兴支柱产业。

湖北省 2017 年节能环保产业实现产值 2200 亿元，增速持续超过工业整体水平。湖北省将节能环保产业作为新 5000 亿元支柱产业之一，预计 2020 年实现产值比 2015 年翻一番的目标。

山东省 2017 年营业收入实现 7100 亿元，同比增长 12.70%，约占山东省规模以上工业企业营业总收入的 5%，占全国节能环保产业营业总收入的 12%。山东省近期还出台政策，引导和扶持节能环保产业，力争 2020 年山东省节能环保产业产值达到 1 万亿元。

上海市 2017 年节能环保产业产值 1200 亿元。根据《上海市工业绿色发展"十三五"规划》的工作要求，着力推进工业绿色发展、先进制造业绿色发展的目标。

（三）全球发展形势

节能产业主要包括节能装备、节能产品、节能服务。国际能源署（International Energy Agency，IEA）预计，2010～2020 年，全球节能产业投资达 2.00 万亿美元，2020～2030 年，全球节能产业投资达 5.59 万亿美元，投资规模成倍增长。[1] 节能产品和节能服务相对节能装备市场规模更小，约占其 1/10 左右。

全球环保产业的市场规模增长率远超全球经济增长率，环保产业成为各国的朝阳产业。世界上环保产业发展最具有代表性的国家和地区是美国、日本、加拿大和欧洲。美国是当今环保产业市场规模最大的国家，占全球环保产业市场规模的 1/3。日本环保产业在洁净产品设计和生产方面发展迅速，绿色汽车和运输设备生产居世界前列，节能产品和生物技术也是日本环保产业集中发展的方向。世界上环保装备产业的重点企业有美国通用电气公司、株式会社东芝、三菱重工业株式会社、川崎重工业株式会社、西门子股份公司、弗洛特威务环保有限公司等。2010～2016 年全球环保产业市场规模如图 3-3 所示。

---

[1] 国际能源署 . 世界能源展望 2009。

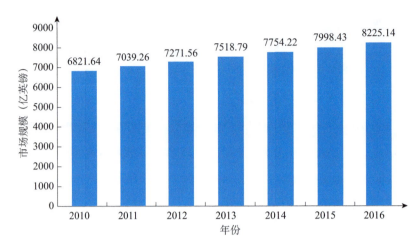

图 3-3　全球环保产业市场规模

数据来源：智研咨询 Low Carbon Environmental Goods and Services Report

　　水供应 / 废水处理、回收 / 循环和废弃物管理市场规模不断扩大。2016年全球环保产业中水供应 / 废水处理领域市场规模最大，达到2931.35亿英镑；其次是回收 / 循环领域，市场规模达到2360.38亿英镑；废物管理领域的市场规模居第3位，达到1761.25亿英镑。2010～2016年全球环保产业市场结构如表3-4所示。

表 3-4　全球环保产业市场结构分析　　　　单位：亿英镑

分类	2010 年	2011 年	2012 年	2013 年	2014 年	2015 年	2016 年
水供应 / 废水处理	2447.31	2517.72	2600.80	2689.23	2763.52	2841.55	2931.35
回收 / 循环	1947.08	2016.13	2082.66	2153.47	2225.24	2294.10	2360.38
废弃物管理	1466.33	1512.75	1562.67	1615.80	1660.41	1714.10	1761.25
空气污染	289.01	295.79	305.55	315.94	331.40	346.20	351.53
污染土地复垦和整治	278.45	288.19	297.70	307.82	319.92	328.24	339.35
环境咨询及相关服务	245.18	254.46	262.86	271.79	281.44	293.36	298.53
噪声和振动防治	66.19	68.88	71.15	73.57	76.34	79.58	80.89
环境监测、仪器仪表和分析	45.36	47.18	48.74	50.39	53.22	56.71	56.45
海洋污染防治	36.73	38.16	39.42	40.76	42.73	44.59	45.33
总计	6821.64	7039.26	7271.56	7518.79	7754.22	7998.43	8225.14

数据来源：博思数据研究中心2016—2020年中国环保产业市场分析与投资前景研究报告。

　　再制造产业主要包括汽车、工程机械、机械制造、家用电器、办公设备等领域。全世界每年再制造产业节省材料 1400 万吨，节省能源约 1600 万桶原油。美国的再制造产业又以汽车再制造领域规模最大。

（四）小结

　　（1）江西省节能环保产业规模预期日趋理性，增长不如最初预期的理想。江西省人民政府在 2011 年、2014 年、2016 年分别提出的 2020 年节能环保产业的规划目标是 2500 亿元、1800 亿元、1100 亿元。显然，早期规划对节能环保产业发展规模的预期过高，后期在大幅度压缩调整。此外，2012 年统计的主营业务收入为 700 亿元，而最新规划的 2020 年目标值是 1100 亿元。这既能说明最新的规划日趋理性，也能说明江西省节能环保产业发展速度并没有像早期期望的那样发生激增。

　　（2）江西省节能环保产业占全国总体规模比例偏小，且所占比例还在不断下降。2012 年江西省和全国的节能环保产业主营业务收入分别为 700 亿元和 2.8 万亿元，江西省约占全国的 2.5%，按照 2020 年的规划，江西约占全国的 1%，所占比例明显下降。

　　（3）世界上节能环保产业发展较好的国家和地区有美国、日本、加拿大和欧洲，中国排名并不靠前。此外，世界上发达国家的资源再生产、再制造业都是节能环保产业的主要细分领域，拥有较高的产值。但是中国在这两大细分领域的发展相对不足，江西省更是发展不足，其中再制造业非常弱小。

　　（4）江西省作为全国生态文明先行示范区，其节能环保产业规模与生态强省的方向并不匹配，后续可挖掘潜力巨大。江西省的绿色发展指数排在全国第 15 位，资源利用指数排在全国第 20 位，环境治理指数排在全国第 24 位，环境质量指数排在全国第 11 位，生态保护指数排在全国第 6 位，增长质量指数排在全国第 15 位，绿色生活指数排在全国第 14 位，参见表 3-5。从上述指数看，江西在环境保护和资源利用上大有文章可做。

表 3-5   2016 年生态文明建设年度评价结果排序

| 省（自治区、 | 指数 | | | | | | | 公众满 |
直辖市）	绿色发展	资源利用	环境治理	环境质量	生态保护	增长质量	绿色生活	意程度
北京市	1	21	1	28	19	1	1	30
福建省	2	1	14	3	5	11	9	4
浙江省	3	5	4	12	16	3	5	9
上海市	4	9	3	24	28	2	2	23
重庆市	5	11	15	9	1	7	20	5
海南省	6	1	20	1	14	16	15	3
湖北省	7	4	7	13	17	13	17	20
湖南省	8	4	11	10	9	8	25	7
江苏省	9	16	8	21	31	4	3	17
云南省	10	7	25	5	2	25	28	14
吉林省	11	3	21	17	8	20	11	19
广西壮族自治区	12	8	28	4	12	29	22	15
广东省	13	10	18	15	27	6	6	24
四川省	14	12	22	16	3	14	27	8
江西省	15	20	24	11	6	15	14	13
甘肃省	16	6	23	8	25	24	23	11
贵州省	17	26	19	7	7	19	26	2
山东省	18	23	5	23	26	10	8	16
安徽省	19	19	9	20	22	9	23	21
河北省	20	18	2	30	13	25	19	31
黑龙江省	21	25	25	14	11	18	12	25
河南省	22	15	12	26	24	17	10	26
陕西省	23	22	17	22	23	12	21	18
内蒙古自治区	24	28	16	19	15	23	13	22
青海省	25	24	30	6	21	30	30	6
山西省	26	29	13	29	20	21	4	27
辽宁省	27	30	10	18	18	28	29	28
天津市	28	12	6	31	30	5	7	29
宁夏回族自治区	29	17	27	27	29	22	16	10

省（自治区、 直辖市）	指数							公众满 意程度
	绿色发展	资源利用	环境治理	环境质量	生态保护	增长质量	绿色生活	
西藏自治区	30	31	31	2	4	27	31	1
新疆维吾尔 自治区	31	27	29	25	10	31	18	12

数据来源：国家统计局提供《2016 年生态文明建设年度评价结果公报》。

注：表中数据不含香港、澳门、台湾地区。

二、新能源产业

新能源产业主要包括核能、太阳能、风能、地热能、海洋能、氢能等。随着技术的进步和可持续发展理念的树立，过去一直被视作垃圾的工业与生活有机废弃物被重新认识，它们作为一种能源资源化利用的物质而受到深入的研究和开发利用。因此，废弃物的资源化利用也可看作是新能源技术的一种形式。

（一）江西省发展概况

江西省的新能源产业集中在光伏、风电等产业。光伏产业是江西省重要的战略性新兴产业，也是江西省新能源产业的主体。针对新能源产业，江西省先后制定了《江西省十大战略性新兴产业（光伏）发展规划（2009—2015）》《江西省新能源产业发展规划（2013—2017）》。2015 年，江西省光伏产业主营业务收入首破千亿元，全年实现主营业务收入 1008.1 亿元，同比增长 3.1%，实现利润 82.4 亿元，同比增长 9.1%。江西省风电产业可开发量为 310 万千瓦。2016 年 9 月江西省人民政府办公厅印发《江西省战略性新兴产业倍增计划（2016—2020 年）》，提出到 2020 年，新能源产业力争主营业务收入超过 1500 亿元。2018 年"531"光伏新政发布后，光伏市场剧震，产业链全线价格暴跌，其中新余多晶硅料环比下跌 11.28%，多晶硅片环比下跌 27.32%，太阳能电池片环比下跌 17.33%，太阳能组件环比下跌 4.37%，产业形势严峻。

（二）国内发展形势

我国新能源产业发展起步晚。自被列入战略性新兴产业后，在政策、市场、技术、资金等支持下，我国新能源产业发展迅速，用 10 年的时间完成了从起步到世界第一的过程。总体而言，我国新能源产业已经初步形成以环渤海、长三角、西南、西北为核心的新能源产业集聚区。依托区域产业政策、资源禀赋和产业基础，各集聚区特色明显：长三角区域聚集了全国约 1/3 的新能源产地，是我国新能源产业发展的高地；环渤海区域是我国新能源产业重要的研发和装备制造基地；西北区域是我国重要的新能源项目建设基地；西南区域是我国重要的硅材料制造基地和核电装备制造基地。

未来我国新能源利用仍然以发电为主要发展方向，但随着新能源汽车的发展，氢能利用将受到更多的关注。国务院印发的《"十三五"国家战略性新兴产业发展规划的通知》提出：到 2020 年，几大核心的新能源产业将占能源消费总量的 8% 以上，产值规模超过 1.5 万亿元。

2017 年，我国风电和光伏发电建设成本同比分别下降 20% 和 60%。一类资源区风电价格已经从 0.51 元 /（千瓦·时）下降到 0.47 元 /（千瓦·时）。在解决限电后，局部地区已经具备平价上网的条件。但是，大规模消纳新能源是世界性难题。与国外相比，我国资源禀赋、能源结构、市场条件等有很大不同，新能源消纳问题更加突出。2017 年，全国弃风率、弃光率同比分别下降 6.7 个百分点和 3.8 个百分点。2017 年以来，国家能源局不断优化新能源开发布局，严格控制弃光严重地区的光伏发电新增建设规模，尤其是新疆维吾尔自治区、甘肃省等地。同时，适当把发展的重心转移到不弃光的中东部和南方地区。

2018 年国家出台了《关于 2018 年光伏发电有关事项的通知》，明确分布式全电量补贴及三类资源的标杆上网电价均下降 0.05 元 /（千瓦·时），同时还出台了 2018 年 10 吉瓦的分布式光伏建设指标、暂不安排 2018 年普通光伏电站指标及新投运的光伏电站执行新的标杆电价等政策。国家能源局仍然支持光伏发电项目的发展，前提是这些项目不需要补贴。新政策的目的并不是要控制光伏发展，而是大力支持先进技术、高质量、不需要财政补贴的项目。各地区也积极响应国家政策，如海南省发改委发布了《关于光伏发电项目建设风险预警的紧急通知》，要求各地暂停分布式项目备案，其他分布式光伏装机大省（河北、山东、浙江等）对其政策也都做了调整。

（三）全球发展形势

以新能源、可再生能源为主的能源转型已经成为全球共识。2015年底，英国关闭了全国最后一个深井煤矿，并计划于2025年前关闭所有的燃煤电厂；2016年，德国实现了可再生能源占比的峰值突破85%；同年，挪威宣布到2025年、德国宣布到2030年，禁止销售燃油汽车。截至2016年，已有超过50个国家和地区制定了新能源产业发展的激励政策。发达国家在新能源产业国际分工中处于主导地位，掌控着产业的核心技术。

可再生能源已经超越煤炭成为全球新增发电装机容量的最大来源。我国已经超越德国和美国，成为世界上最大的太阳能发电国，超越韩国，已成为第4大核能发电国。全球水力发电量增长1%，低于其10年均值3%。中国仍然是世界上最大的水力发电国，全球水电净增长全部来自中国。

在设备制造环节，我国已经是全球最大的光伏发电设备生产国，产能和产量都具有绝对的全球影响力。2016年，我国多晶硅、硅片、电池片、组件的产量分别为19.4万吨、63吉瓦、49吉瓦、53吉瓦，占全球总产量的比重分别为52%、91%、71%、74%。

彭博新能源财经发布的《2017年新能源展望报告》预计，2040年全球新增可再生能源投资总额将达到7.4万亿美元，占全球新增发电投资总额10.2万亿美元的72%，其中太阳能投资占2.8万亿美元，风电投资占3.3万亿美元。

（四）小结

（1）德国发起了以可再生能源为主的能源转型。中国新能源产业规模已经处于世界领先地位。

（2）中国重构了全球光伏产业的发展格局，并已经牢牢主导全球光伏产业的发展。目前，国内光伏产业的"造血"已经终止。《关于2018年光伏发电有关事项的通知》发布后，国内光伏产业经历了一段时间的震荡调整。21世纪初，国外技术封锁、市场垄断，我国自主技术进行艰难研发。目前国内的光伏产业从"两头在外"的被动无奈实现了国内市场的全面启动，从"并网难""骗补贴"的尴尬局面，到2017年底实现全国装机53吉瓦、95%技术自有、5000亿元的产业链年产值，成为领先全球的光伏发展创新制造基地。

（3）江西省的新能源产业以光伏产业为主体。2012年的欧美"反倾销和反补贴"调查，江西省的光伏产业虽然受到严重冲击，但是通过在全国率先出台促进光伏产业健康发展的十六条措施，并在2013~2015年实施"十百千万"示范工程，克服了此次危机。同时，也产生了一些深层次矛盾：① 江西省光伏产业低端产能过剩问题突出，企业生存竞争激烈；② 光伏发电成本仍然高于火电、风电、水电等。

三、新材料产业

新材料产业包括新材料及其相关产品和技术装备等产业组合，具体包括新材料本身形成的产业、新材料技术及其装备制造业、传统材料技术提升的产业等。按应用领域，新材料一般分为信息材料、能源材料、生物材料、汽车材料、新型建筑材料、新型化工材料、生态环境材料、军工材料等。按发展方向，新材料可分为先进基础材料、关键战略材料、前沿新材料等。

（一）江西省发展概况

江西省工业和信息化委员会数据显示，2017年江西省新材料产业主营业务收入2690亿元，增长16%，占全国10%，继续位于全国前列。新材料产业占江西全省战略性新兴产业比重从2010年的26%提高到2017年的53%。2018年，江西省力争新材料产业主营业务收入突破3000亿元，保持处于全国第一方阵。

江西省鹰潭市有"世界铜都""世界硅都""亚洲锂都""中国稀金谷"等称号，铜储量位于全国前列，且拥有全国最大的铜冶炼加工企业，但是鹰潭市提供的铜产品多为初级矿产、低加工产品，附加值比较低，不具有竞争力。赣州市的稀土资源丰富，形成了包括稀土开采、钨采集、地质勘探、矿物加工与冶炼等在内的完整的产业链。九江市有机硅产业是工业发展的催化剂，已经逐步形成规模，但是未能分布在产业链的各个部分，成为制约其发展的重要因素。景德镇市的陶瓷产品包括结构陶瓷、纳米陶瓷粉体、高强度陶瓷材料等。宜春经济技术开发区是科技部认定的全国唯一的国家锂电新能源高新技术产业化基地，宜春市现已探明可利用氧化锂储量约 260 万吨，占全国储量的 1/2、世界储量的 1/5，宜春市已基本形成从锂矿原料到新能源电动汽车的完整产业链，已筹建挂牌碳酸锂研究中心等 12 个研究中心，建立了两个锂电新能源院士工作站。

（二）国内发展形势

我国新材料产业体系已经初步形成，《"十三五"国家战略性新兴产业发展规划》和《新材料产业"十三五"发展规划》为新材料产业的发展创造了良好的政策环境。2017 年，我国新材料产业市场规模约达到 3.10 万亿元，而到 2021 年其规模将达到 8.0 万亿元，预计 2017～2021 年的年均复合增长率高达 26.12%。预计到 2025 年，新材料产业总产值将达到 10 万亿元；到 2035 年，我国新材料产业总体实力将跃居全球前列，其中稀土功能材料的产量约占全球份额的 80%。

我国新材料产业基本形成了以环渤海、长三角、珠三角为重点，东北、中西部特色突出的产业集群分布。环渤海地区拥有多家大型企业总部和重点高校、科研院所，在稀土功能材料、膜材料、磁性材料等多个新材料领域具有较大的优势。长三角地区是我国新材料产业基地数量最多的地区，已经形成了包括航空航天、新能源、电子信息、新型化工等领域的新材料产业集群。珠三角地区的新材料产业主要分布于广州、深圳、佛山等地，以外向出口型为主，在电子信息材料、陶瓷材料等领域具有较强优势。东北地区依托原有老工业基地奠定的传统材料基础，主要有以哈尔滨为中心的高性能纤维及先进复合材料产业基地、以长春为核心的光电材料生产基地和以沈阳、大连为主的轻体节能镁质金属材料和新型建筑材料产业集群。而中西部地区依托丰富的矿产与能源，有内蒙古自治区的稀土新材料，湖南省、江西省、广西壮族自治区等的有色金属新材料、稀土新材料和硬质合金材料，云南省、贵州省等的稀贵金属新材料等。

（三）国际发展形势

世界各国竞相将新材料产业列为国际战略竞争的重要组成部分，国际竞争日趋激烈。2016年，全球新材料市场规模已经接近2.15万亿美元，每年以10%以上的速度增长。

新材料产业的创新主体是美国、日本和欧洲等发达国家和地区，其在经济实力、核心技术、研发能力、市场占有率等方面占据绝对优势。美国是全面领跑的国家，日本的优势在纳米材料、电子信息材料等领域，欧洲的优势在结构材料、光学与光电材料等方面。中国、韩国、俄罗斯属于第二梯队。中国的比较优势在半导体照明、稀土永磁材料、人工晶体材料，韩国的比较优势在显示材料、存储材料，俄罗斯的比较优势在航空航天材料等方面。

鉴于新材料的战略性和基础性作用，新材料技术成为各国竞争的热点之一。为此，全球主要国家和组织均制定了相应的新材料发展战略和研究计划，参见表3-6。

表3-6　世界各国（组织）新材料领域相关发展计划

国家（组织）	出台的计划名称	涉及新材料相关领域
美　国	国家先进制造战略计划、重整美国制造业政策框架、先进制造伙伴计划（AMP）、纳米技术签名倡议、国家生物经济蓝图、电动汽车国家创新计划、"智慧地球"计划、大数据研究与开发计划、下一代照明计划、低成本宽禁带半导体晶体发展战略计划	新能源材料、生物医用材料、环保材料、纳米材料、先进制造、新一代信息与网络技术及电动汽车相关材料、材料基因组、宽禁带半导体材料等
欧　盟	欧盟能源技术战略计划、能源2020战略、物联网战略研究路线图、欧洲2020战略、可持续增长创新、欧洲生物经济、"地平线2020计划"、彩虹计划、旗舰计划	低碳产业相关材料、信息技术（重点是物联网）相关材料、生物材料、石墨烯等
英　国	低碳转型计划、英国可再生能源发展路线图、技术与创新中心计划、海洋产业增长战略、合成生物学路线图、英国工业2050	低碳产业相关材料、高附加值制造业相关材料、生物材料、海洋材料等

续表

国家（组织）	出台的计划名称	涉及新材料相关领域
德 国	能源战略 2050：清洁可靠和经济的能源系统、高科技战略行动计划、2020 高科技战略、生物经济 2030 国家研究战略、国家电动汽车发展规划、工业 4.0	可再生能源材料、生物材料、电动汽车相关材料等
法 国	环保改革路线图、未来十年投资计划、互联网：展望 2030 年	可再生能源材料、环保材料、信息材料、新型汽车相关材料等
日 本	新增长战略、信息技术发展计划、新国家能源战略、能源基本计划、创建最尖端 IT 国家宣言、下一代汽车计划、海洋基本计划	新能源材料、节能环保材料、信息材料、新型汽车相关材料等
韩 国	新增长动力规划及发展战略、核能振兴综合计划、IT 韩国未来战略、国家融合技术发展基本计划、第三次科学技术基本计划	可再生能源材料、信息材料、纳米材料等
俄罗斯	2030 年前能源战略、2020 年前科技发展、国家能源发展规划、到 2020 年生物技术发展综合计划、2025 年前国家电子及无线电电子工业发展专项计划、2030 年前科学技术发展优先方向	新能源材料、节能环保材料、纳米材料、生物材料、医疗和健康材料、信息材料等
巴 西	低碳战略计划、科技创新行动计划	新能源材料、环保汽车、民用航空、现代生物农业相关材料等
印 度	气候变化国家行动计划、国家太阳能计划、科学、技术与创新政策	新能源材料、生物材料等

（四）小结

（1）江西省新材料产业发展速度远远快于规划，形势比较乐观。2016 年 9 月江西省人民政府办公厅印发的《江西省战略性新兴产业倍增计划（2016—2020 年）》提出：到 2020 年，新材料产业力争实现主营业务收入超过 2000 亿元。实际上，2017 年江西省新材料产业主营业务收入已经高达 2690 亿元。

（2）江西省新材料产业主营业务收入规模位列全国前列。2017 年，江西省和全国新材料产业主营业务收入分别是 2690 亿元、3.1 万亿元，江西省新材料产业主营业务收入约占全国新材料产业主营业务收入的 8%。

四、生物医药产业

生物医药产业由生物技术产业（酶工程、生物芯片技术、基因测序技术、组织工程技术、生物信息技术等）与医药产业（制药产业与生物医学工程产业）共同组成。

（一）江西省发展概况

江西省的生物医药产业涵盖生物医药、生物农业、生物制造业、生物环保、生物服务业、现代中药、生物医学工程等领域。2016 年江西省人民政府办公厅印发的《江西省战略性新兴产业倍增计划（2016—2020 年）》提出：到 2020 年，生物医药产业力争实现主营业务收入超过 1500 亿元。2016 年印发的《江西省生物医药产业发展行动计划（2016—2020 年）》提出：到 2020 年，江西省生物医药产业主营业务收入力争达到 2000 亿元，年均增长率超过 10%；形成年主营业务收入超过 100 亿元的龙头企业 2 家，排名前 20 位的重点企业实现主营业务收入占江西全省主营业务收入的 40% 以上；形成 6 个年销售额超过 10 亿元的重磅品种，10 个年销售额在 5 亿～10 亿元的拳头品种，60 个年销售额过亿元的优势品种。2017 年印发的《江西省"十三五"大健康产业发展规划》提出：到 2020 年，江西省大健康产业总规模力争突破 10 000 亿元，其中生物医药产业力争达到 2000 亿元。南昌市生物医药产业规模位居江西省第 1 位，在生物制药、生物育种、生物农业等方面具有雄厚的基础；宜春市的产业规模居江西省第 2 位，拥有袁州医药工业园和樟树福城医药园；抚州市将现代技术与传统中医药相结合打造中医药品种；吉安市和九江市致力于建设微生物农药产业基地、推动生物技术在原料药生产中的应用。

（二）国内发展形势

前瞻产业研究院报告显示，2018 年，我国生物医药产业市场规模为 3554 亿元，历年产业市场规模参见图 3-4。

图 3-4 2009～2018 年中国生物医药产业市场规模情况

资料来源：前瞻产业研究院《中国生物医药行业战略规划和企业战略咨询报告》

　　我国现在有省级及以上的生物产业园 400 多个，各类药谷不下百个。华西地区有科技部首个批准的"国家级中药现代化科技产业基地"——四川眉山药谷；长江三角洲城市群有上海张江生物医药基地、杭州医药港、无锡生命科技产业园、江苏常州"三药"（医药、农药、兽药）生产基地等；西部地区有"现代化高科技生物工程工业园"之称的新疆"天山药谷"；华南地区有号称"南国药库"的海口药谷医药产业基地；华北地区有北京亦庄生物医药园、中关村大兴医药基地、天津健康产业园；东北地区有吉林"通化医药城"等；其他地区有湖南浏阳生物医药产业园区、深圳市生物医药创新产业园区、广州国际生物岛等。

　　环渤海地区生物医药人力资源储备强，医药产业链互补性较强。北京市拥有丰富的临床资源和新药筛选、安全评价、中试与质量控制等关键技术；天津市集聚了 500 多个生产研发机构，中药现代化程度全国领先；河北省和山东省是医药产业制造基地，山东省医药产业产值和利税多年来居全国前列。长江三角洲城市群以上海市为中心，拥有最多的跨国生物医药企业，在研发与产业化、外包服务、国际交流等方面具有较大优势。上海市集聚了世界生物医药前十强中的大部分企业，已经形成了以中国科学院药物研究所、国家人类基因组南方研究中心为主的"一所六中心"体系；江苏省是我国生物医药产业领域的领军者。2017 年，上海市生物医药产业的经济总量达到

3046 亿元。珠江三角洲医药流通体系发达,围绕广州、深圳等重点城市形成了商业网络发达的生物医药产业集群。深圳市生物医疗设备、生物制药企业规模全国领先,以创新药物研发和产业化、药品制剂出口和生物医药研发外包为核心的产业体系发展较快;广州市生物医药产业集群已经形成了"两中心多区域"的产业布局,聚集了 150 多家生物企业和一批国家级生物科研机构,形成了从生物技术研究、中试到产业化的完整产业链条。2017 年发布的《广东省战略性新兴产业发展"十三五"规划》中明确提出,力争到 2020 年,全省生物产业产值规模突破 6000 亿元。2017 年,云南省生物医药和大健康产业实现主营业务收入约 2555 亿元,其中天然药物及健康产品原料种植主营业务收入 252 亿元,生物医药和健康产品制造主营业务收入 528 亿元,商贸流通业主营业务收入 714 亿元,医疗养生服务业主营业务收入约 1039 亿元,科技研发和科技服务业主营业务收入约 22 亿元。

(三)国际发展形势

美国生物医药产品在全球市场占据主导地位。美国生物医药产业全球领先,与其他国家相比具有代际优势,研发实力全球第一;英国是仅次于美国的第二大生物医药研发强国;德国是欧洲生物医药研发中心;日本的生物医药产业亚洲领先,仅次于欧美;印度生物信息学世界领先;中国的生物医药产业落后于日本、印度,仍以服务外包、生产外包为主。全球市场研究机构集邦咨询最新报告显示:2018 年,全球药品市场规模估计约为 1.2 万亿美元,年增率约为 3.80%。从前三大药品市场规模来看,美国是全球最大的药品市场。中国为全球第二大药品市场,2018 年,中国药品市场规模为 1279 亿美元。国家发展改革委印发的《"十三五"生物产业发展规划》提到:到 2020 年,中国实现医药工业销售收入 4.5 万亿元,增加值占全国工业增加值 3.6%;到 2020 年,中国生物医学工程产业年产值达 0.6 万亿元,初步建立基于信息技术与生物技术深度融合的现代智能医疗器械产品及服务体系。

各国和地区为推进生物医药产业发展颁布了一系列的战略规划和政策。美国实施了"生物技术产业激励政策";日本制定了"生物产业立国"战略;

欧盟科技发展第六个框架将 45% 的研发经费用于生物技术及相关领域；英国政府早在 1981 年就设立了生物技术协调指导委员会；新加坡制定了"五年跻身生物技术顶尖行列"规划；印度成立了生物技术部。

中国在生物医药方面的自主创新不足，生物药品质量欠佳，出口几乎为零。截至 2017 年底，美国批准的生物药品有 303 个；中国有 23 个品种上市，但其中 13 个是进口的，自己研制的 10 个中却只有 1 个单克隆抗体是中国自己发明的，进口药占据了中国市场的 83%。2016 年，我国 A 股上市的生物医药企业研发投入总和只略高于全球研发排名第 15 位的武田制药公司。中国整体的制药规模并不小，但是高端的生物制药规模很小，99% 都是仿造药，高端药品都是从欧美国家进口。与美国相比，中国的生物医药产业大概只有美国的 10%～20%。

（四）小结

（1）江西省生物医药产业规模规划预期乐观。2016 年发布的《江西省战略性新兴产业倍增计划（2016—2020 年）》提出，到 2020 年，生物医药产业力争实现主营业务收入超过 1500 亿元；《江西省生物医药产业发展行动计划（2016—2020 年）》提出，到 2020 年，生物医药产业主营业务收入力争达到 2000 亿元。可以看出，江西省生物医药产业发展势头不错，同时生物医药产业也是江西省要重点打造，且有一定基础的战略性新兴产业。

（2）江西省生物医药产业规模位于全国中等位置。并且，江西省不处于全国三大产业集聚区（环渤海地区、长江三角洲城市群、珠江三角洲），没有完整产业链。

（3）从全球来看，欧美发达国家是全球生物医药产业的主导，我国虽然规模还行，可是高端的生物制药规模小，技术创新能力很弱。

五、航空产业

航空产业是高端装备制造领域的重要组成部分。在国务院印发的《"十三五"国家战略性新兴产业发展规划》中，航空产业聚焦在航空发动机、民用飞机、产业配套、航空运营四个方面。

（一）江西省发展概况

江西省的航空产业包括高端航空制造、航空机场、航空服务和配套。江西省拥有三家飞机整机制造企业。2017 年，江西省航空产业实现主营业务收入 740.13 亿元，同比增长 21.7%；实现工业增加值 149.8 亿元，同比增长 15.5%；实现利润 47.3 亿元，同比增长 30.8%。《江西省航空产业发展规划（2013—2020 年）》提出，到 2020 年，力争航空产业实现主营业务收入 1400 亿元，其中南昌航空城实现主营业务收入 400 亿元，景德镇直升机研发生产基地实现主营业务收入 650 亿元，九江红鹰飞机产业园区实现主营业务收入 50 亿元，南昌临空经济区相关企业实现主营业务收入 200 亿元，通航运营及航空配套等实现主营业务收入 100 亿元。《江西省战略性新兴产业倍增计划（2016—2020 年）》提出，加快打造航空制造、民航运输、通用航空、临空经济"四位一体"协同发展的产业体系，到 2020 年航空产业力争实现主营业务收入超过 1000 亿元。

作为中国航空工业的摇篮，江西省是国内唯一同时拥有旋翼机和固定翼飞机研发生产能力的省份，是中国直升机、教练机研制生产的核心基地，航空制造业规模始终位居国内四强之一。南昌航空城以生产高端商务机为主；景德镇直升机研发生产基地主要生产直升机及配套设备；九江红鹰飞机产业园以总装服务为主。南昌市、景德镇市分别入选全国首批 26 个通航产业综合示范区，武功山旅游区被列为国家通航旅游示范工程。江西省拥有教练机、强击机、直升机、无人机及大飞机部件等较完整的产品体系，已经形成较强的航空产品总体设计、试验验证、先进制造和总装总成能力。江西省初步形成了以大飞机研发制造为主要支撑，通用航空、航空航天科研和公共服务等为补充的发展格局。

江西省在全国范围内率先出台了《关于加快通航产业发展的意见》，并对通航产业发展规划了蓝图。《江西省通用机场布局规划（2016—2030 年）》提出，到 2020 年，江西省将建成 20 个以上通用机场，到 2030 年，建成 50

个以上通用机场，推动通用航空在应急救援、工农林业、运动旅游、科技应用、商务飞行等方面实现广泛应用。《江西省直升机起降点布局规划（2017—2030 年）》提出，江西省的直升机产业发展分两步走：第一步为 2017～2020 年，规划新建 10 个直升机固定起降点，重建 2 个直升机固定起降点，续建 1 个直升机固定起降点，规划新建 49 个直升机临时起降点（高速公路 3 个、行政中心 11 个、航空护林 1 个、医疗救护 21 个、高铁站 11 个、通航企业 2 个）；第二步为 2021～2030 年，规划新建 129 个直升机临时起降点［其中 4A 级景区 18 个、县（市）级行政中心 57 个、县（市）医院等医疗救护 44 个、公安处突 8 个、高速公路 2 个］。

（二）国内发展形势

根据《中国制造 2025》路线图：2020 年，我国民用飞机营业收入将超过 1000 亿元，2025 年将超过 2000 亿元。前瞻产业研究院资料显示，2018 年我国航空装备产业营业收入将超 5000 亿元，2023 年有望达到万亿元。招商证券等券商研报则预计，到 2030 年，C919 的市场空间超过 1000 亿美元，我国航空产业有望进入世界第一梯队。

在民用航空产业，我国在消费类无人机领域占据了全球 70% 的市场份额，预计到 2020 年，我国民用航空工业的产值将达到 1500 亿元，并保持年均 20% 的增速。

在民用飞机产业，我国民用飞机产业主要集中在天津市、广东省、陕西省、福建省、四川省、辽宁省。其中天津市主要是 A320 总装线及其配套产业，广东省的主要产品是通用飞机、无人机和发动机维修，陕西省的主要产品是涡桨支线飞机和飞机零部件生产，福建省主要是飞机机体维修，四川省和辽宁省主要是飞机和发动机零部件生产。

沈阳、西安、成都、哈尔滨、南昌等地级市有望成为国内航空器研发核心城市，天津、浙江和上海等地可能在未来民航客机制造方面位于第一方阵。"十三五"期间，随着自主知识产权的 ARJ21 产量的提升、C919 和"新舟 700"的交付，AC352 和"领世 300"等型号的进入市场，天津 A330 和波音舟山 737 完工和交付中心投入运营，无人机产业的逐步壮大，大飞机和航空发动机实现全面自主设计和制造，华东、西北、西南、东北、中部五大航空产业集群将共同开启万亿元规模市场。

（三）国际发展形势

国际民用航空组织（International Civil Aviation Organization，ICAO）发布的初步数据显示，2018 年全球航空客运量达 43 亿人次，比 2017 年增长 6.1%。全球航班离港数量增加到约 3800 万次，以客运周转量［收入客公里（RPK）］表示的全球客运量以 6.7% 的速度稳定增长，达到约 8.20 万亿 RPK，增长率比 2017 年的 7.9% 有所下降。2018 年的航空业营业利润创下新高，约为 570 亿美元，营业利润率为 7.0%，净利润约为 340 亿美元，其中近一半来自北美地区的航空公司。中国目前是全球第二大航空市场，航空业务量增量稳居全球第一。

从全球看，通用航空产业主要集中在美国、欧洲、加拿大、澳大利亚等发达国家和地区。美国拥有成熟的通用航空市场，通用航空产业链的上游、中游和下游企业形成完整的产业链条，是世界通用航空产业最发达的国家。

航空运输和通用航空服务需求的不断增长为航空装备制造业的发展创造了广阔的市场空间。《中国制造 2025》预计未来 10 年，全球将需要干线飞机 1.2 万架、支线飞机 0.27 万架、通用飞机 1.83 万架、直升机 1.2 万架，总价值约 2 万亿美元；到 2026 年，全球涡喷 / 涡扇发动机需求量将超过 7.36 万台，产值超过 4160 亿美元；涡轴发动机需求量超过 3.4 万台，总产值超过 190 亿美元；涡桨发动机需求量超过 1.6 万台，总产值超过 150 亿美元；活塞发动机需求量将超过 3.3 万台，总产值约 30 亿美元。[1] 新兴工业化国家是未来通用航空产业发展的重要市场：通用航空制造业由发达国家向发展中国家转移的比重逐年增加，欧洲几个著名通用飞机制造商纷纷到印度和中国寻找合适的合作伙伴，满足新兴国家和全球市场的需求。

---

① http://www.gov.cn/zhuanti/2016/05/12/content_5072767.htm.

（四）小结

（1）江西省航空产业规划规模调低，意味着国内竞争正变得日趋激烈。《江西省航空产业发展规划（2013—2020年）》提出，到2020年，力争航空产业实现主营业务收入1400亿元；2016年发布的《江西省战略性新兴产业倍增计划（2016—2020年）》提出，到2020年，航空产业力争实现主营业务收入超过1000亿元。

（2）江西省的航空产业在国内具有一定的规模和地位。江西省航空制造业规模始终居国内四强，2018年，江西省航空产业实现主营业务收入863亿元。此外，南昌市还是国内航空器主要研发核心城市之一。

（3）中国是全球第二大航空市场，航空业务量增量稳居全球第一。随着C919试飞成功，国内大飞机和航空发动机实现全面自主设计和制造。此外，国内各地对通用航空产业非常重视，积极建设航空小镇，研制各种用途的航空器。

六、先进装备制造产业 [①]

（一）江西省发展概况

江西省先进装备制造产业包括智能制造装备、轨道交通装备、先进电工装备、高效矿山与工程机械、节能汽车五个领域。《江西省先进装备制造业发展规划（2013—2017年）》提出，到2017年，江西省先进装备制造产业主营业务收入达到2820亿元，其中智能制造主营业务收入达到180亿元，轨道交通装备主营业务收入达到40亿元、先进电工装备主营业务收入达到1250亿元、高效矿山与工程机械主营业务收入达到200亿元、节能汽车主营业务收入达到1150亿元，先进装备制造产业占全省装备制造产业的比重提高到50%。2014年，在《江西省人民政府办公厅关于培育发展机器人及智能制造装备产业的意见》中提出，到2017年，初步形成涵盖研发、设计、制造、销售、服务等较完整的产业体系，全省机器人及智能制造装备产业主营业务收

---

① 不包含航空产业和新能源汽车产业。

入达到 200 亿元。培育 10 家以上拥有自主知识产权和自主品牌的研发制造骨干企业。2016 年，江西省人民政府办公厅印发的《江西省战略性新兴产业倍增计划（2016—2020 年）》中提出，到 2020 年，先进装备制造产业力争实现主营业务收入超过 700 亿元。但是由于统计口径等问题，近年来有关江西省先进装备制造产业主营业务收入的数据非常少。

（二）国内发展形势

中国科学院西北生态环境资源研究院发布的《2017 中国高端装备制造业年报》显示：2017 年我国高端装备制造产业销售收入超过 9 万亿元，在装备制造产业中的占比提高到 15%，复合增长率达到 32.3%。到 2022 年，高端装备制造产业销售收入将达到 20.7 万亿元，在装备制造产业中的占比将提高到 25%。

我国是制造业大国，但"大而不强"。在高端装备制造领域，我国 80% 的集成电路芯片制造装备、40% 的大型石化装备、70% 的汽车制造关键设备及先进集约化农业装备仍然依靠进口。中国装备自给率虽然达到 85%，但主要集中在中低端领域。

未来，东部制造业转向高端装备制造产业、中部进行产业升级、西部优势产业突破的"新三极"格局有望加速成型，而智能制造则成为制造业的新突破口。2018 年，我国深入实施智能制造工程，遴选 100 个左右试点示范项目，开展基础共性和产业应用标准试验验证，制定智能制造系统解决方案供应商规范条件，同时加大原材料、装备、消费品、电子、民爆等重点产业智能制造推广力度。2018 年 2 月，浙江省制发的《浙江省智能制造行动计划（2018—2020 年）》提出，到 2020 年，全省智能制造发展基础和支撑能力明显增强，智能制造创新模式广泛推广应用，制造业智能制造水平显著提升。2017 年 8 月四川省下发的《四川省推进智能制造发展的实施意见》提出，到 2020 年，全省传统制造业重点领域数字化改造显著加快，有条件、有基础的重点产业、智能产业智能转型取得显著进展；智能制造技术与装备实现突破。2017 年，山西省、山东省分别印发了《山西省智能制造发展实施意见

（2016—2020）》《山东省智能制造发展规划（2017—2022）》。

广东省《珠江西岸先进装备制造产业带聚焦攻坚行动计划（2018—2020年）》提出，推动珠江西岸迈入全球制造业第二梯队；将珠江西岸地区打造成装备制造产业产值2万亿元、具有世界影响力和国际竞争力的先进装备制造产业基地；2018～2020年，珠江西岸装备制造产业累计实现工业增加值12 000亿元左右。到2020年，珠江西岸地区将形成年产值超4000亿元的工作母机制造业产业集群，形成年产值超600亿元的机器人产业集群，形成年产值超2000亿元的新能源汽车产业集群，形成年产值超1000亿元的高端海洋工程装备产业集群，形成年产值超400亿元的轨道交通装备产业集群，形成年产值超200亿元的通用航空装备产业集群，形成年产值超800亿元的节能环保装备产业集群，形成年产值超800亿元的光电装备产业集群，形成年产值超400亿元的高端医疗装备产业集群。

（三）国际发展形势

全球装备制造产业市场规模已经超过7万亿美元，协同创新正在重塑全球装备制造产业格局。发达国家制造产业发展战略都将智能制造作为发展和变革的重要方向。

美国的"先进制造伙伴计划"，推进信息技术与智能制造技术融合，建设智能制造技术平台，推进智能制造产业化和工程化；在《德国工业4.0》中，智能工厂和智能生产是两大主题，德国政府尤其重视工业标准和智能制造基础建设；2019年4月日本发布的2018年度《制造业白皮书》提出，要重视工业大数据和工业互联网的应用推广，其"机器人新战略"提出的目标是成为世界机器人创新基地、世界第一的机器人应用国家；韩国以提升制造业的竞争力为目标，促进制造业与信息技术相融合，计划在近一两年打造1万个智能生产工厂，将韩国20人以上工厂总量中的1/3都改造为智能工厂。这些与《中国制造2025》虽然提法不一样，但本质上没有区别。

美国装备制造产业居世界之首。2017年"全球制造500强"排行榜入选企业分布在36个国家。从企业数量分布看，美国企业占据其中的133席。

美国的航空产业、卫星及应用装备、轨道交通装备、海洋工程和智能装备制造业在全球都处于顶尖地位。美国总统特朗普力促制造业回流，意在确保其装备制造产业在全球的领先地位，抢占未来经济和科技发展制高点。欧洲的高端装备制造产业主要分布在英国、法国、德国、意大利、瑞士、荷兰、瑞典、挪威等发达国家。德国的先进设备和自动化的生产线举世闻名。

博思数据研究中心发布的《2017～2022年中国城市轨道交通行业市场深度分析与投资规划建议规划咨询报告》中提到，全球轨道交通装备制造产业产值从2010年的1310亿欧元增长到2017年的1850亿欧元，2018年的全球轨道交通装备制造产业产值突破1900亿欧元。从全球市场分布上看，中国、美国、俄罗斯拥有全球最大的铁路网，是全球轨道交通装备制造产业最大的市场。中国中车股份有限公司、三一重工股份有限公司分列全球Top 10轨道交通车辆企业的第1位和第3位。

（四）小结

（1）相对全国而言，江西省的先进装备制造产业规模非常小。2017年，我国高端装备制造产业销售收入超过了9万亿元。江西省的规划是，到2020年，先进装备制造产业力争实现主营业务收入超过700亿元。广东省仅珠江西岸先进装备制造产业带2020年的规划规模就有2万亿元，约占全国的1/5。相比较而言，江西省先进装备制造产业规模较弱小。

（2）江西省先进装备制造产业的统计口径相对偏小，仅局限在智能制造装备、轨道交通装备、先进电工装备、高效矿山与工程机械、节能汽车5大方面。广东省在统计时，还包括了工作母机制造装备、机器人产业装备、高端海洋工程装备、通用航空装备、节能环保装备、光电装备、高端医疗装备等。

（3）中国装备制造产业在全球规模优势明显，但高端装备制造产业并不具备全球优势。总体而言，各国都非常重视装备制造产业，其全球竞争非常激烈。中国在部分细分产业的全球优势也比较明显，如轨道交通产业。

七、新一代信息技术产业

第三代信息技术也被称为新一代信息技术，主要有网络互联的移动化和泛在化、信息处理的集中化和大数据化、信息服务的智能化和个性化三个特点。第一代信息技术是指 20 世纪 80 年代以前以大型主机为平台发展的信息技术；第二代信息技术是指从 20 世纪 80 年代中期到 21 世纪初，以个人计算机、互联网、服务器为平台发展的信息技术；第三代信息技术是指 2005 年以来，以移动互联网、社交网络、云计算、大数据为特征的信息技术架构。新一代信息技术产业是指围绕下一代信息网络、移动互联网、云计算、物联网、三网融合、集成电路、新型显示、新型元器件与专用设备、高端软件、信息服务等与新一代信息技术相关的领域发展的产业。

（一）江西省发展概况

江西省规划的新一代信息技术产业主要包括新型电子材料、新型电子元器件、智能终端、数字视听和软件、信息服务、电子商务、新型移动转售等产业。按照工业和信息化部全口径统计数据，2017 年江西省电子信息产业主营业务收入为 3700 亿。2019 年，江西省电子信息产业规模以上企业力争实现主营业务收入 3300 亿元，同比增长 16%，实现利润 187 亿元，同比增长 12.6%。

南昌市电子信息产业实现爆发性增长，成为南昌市增长速度最快的产业。主营业务收入从 2012 年的 173.5 亿元增加到 2017 年的 882.3 亿元，年均增长达 38%；规模以上工业企业数量从 2012 年的 31 家增长到 2017 年的 102 家，增加了两倍多。南昌高新技术产业开发区、南昌经济技术开发区是"南昌光谷"的主战场，南昌高新技术产业开发区光电及通信产业集群已经超 400 亿元规模、南昌经济技术开发区光电产业集群已经超 300 亿元规模；南昌昌东工业区电子信息产业升级达产后产值将超过百亿元。南昌市拥有自主知识产权的"硅衬底高光效氮化镓（GaN）基蓝色发光二极管"技术，打破美国、日本技术垄断，获得国家技术发明奖一等奖；并于 2016 年再次实现技术突破，使硅衬底黄光 LED 电光转换功率达到 21.5%，远高于国外最高水平

9.6%，从而在全球范围内"局部领跑"。此外，南昌欧菲光科技有限公司的指纹生物识别模组、摄像头和触摸屏出货量居世界第 1 位，南昌菱光科技有限公司的接触式影像传感器占全球市场的 40%、居世界第 1 位，江西联创宏声电子股份有限公司的电声器件产量居全国第 2 位、教学头戴耳机占到全国市场的 60% 以上。南昌市电子信息产业已形成了 LED 和移动通信终端两个较为完整的产业链。"南昌光谷"雏形已现，2018 年南昌市电子信息产业主营业务收入已经突破千亿元大关。

《江西省战略性新兴产业倍增计划（2016—2020 年）》提出，到 2020 年，江西省集成电路产业力争实现主营业务收入超过 100 亿元。这是在江西省"工业强省"战略推进下，集成电路产业从无到有的开始。

（二）国内发展形势

国务院发布的《新时期促进集成电路产业和软件产业高质量发展的若干政策》：强调集成电路产业和软件产业是信息产业的核心；提出从税收优惠、投融资支持、核心技术研发、推动进出口等方面给与政策支持；聚焦高端芯片、集成电路装备和工艺技术、集成电路关键材料、集成电路设计工具、基础软件、工业软件、应用软件进行关键核心技术研发。2019 年"电子信息百强企业"（第 33 届）发布。2018 年，我国电子制造业与软件业收入规模合计超过 16 万亿元（电子制造业收入规模 10.6 万亿元，增长 9.0%；软件业收入 6.3 万亿元，增长 14.2%）。2019 年 1～5 月，电子制造业增加值增长 9.4%，高于工业平均水平 3.4 个百分点；软件业快速发展势头持续，收入增长 14.7%，增速同比提高 0.5 个百分点。2017 年我国规模以上电子信息产业整体规模达 18.5 万亿元，手机、计算机和彩电产量稳居全球第一。2017 年，中国有规模以上电子信息产业企业 6.08 万家，其中电子信息制造企业 1.99 万家，软件和信息技术服务业企业 4.09 万家。全年完成销售收入总规模达到 15.4 万亿元，同比增长 10.4%。其中，电子信息制造业实现主营业务收入 11.1 万亿元，同比增长 7.6%；软件和信息技术服务业实现软件业务收入 4.3 万亿元，同比增长 16.6%。

中国加入世界贸易组织以来，国内企业依靠市场力量，努力与国际接轨。中国电子信息产品进出口规模保持迅速增长的态势。2017年，电子信息产品进出口总额达到13 588亿美元，是2001年的近11倍。华为技术有限公司2016年收入规模超过5000亿元，其中60%以上来自海外市场，成为全球第一电信设备供应商；联想控股有限公司入选世界品牌百强企业，笔记本电脑产量居世界首位；京东方科技集团股份有限公司液晶面板出货量已经跃升至全球第2位；海尔集团收购通用电气公司的家电业务，使市场占有率跃居至全球第5位。我国电子信息产业大体呈现以下特征：电子信息产业砥砺前行，保持平稳增长；计算机产业增长趋缓，研发能力提升；彩电内销出现拐点，高清化趋势显著；重点器件实现高端化发展；智能家居应用示范加速，推进标准制订；云计算产业发展迅猛，进入实际落地阶段；大数据参与主体多元化，产业体系初步显现。

2017年全国电子信息制造业综合发展指数164.70，比2016年提升30.20。其中产业发展环境、研发创新和产业机遇把握三个指标得分分别是202.10、265.10和142。分地区来看，2017年分地区电子信息制造业综合发展指数最高的广东省为78.64，全国均值为68.60，均值以上的省份有12个。广东、江苏、上海、北京、浙江等省份连续两年处于前五位，参见图3-5。

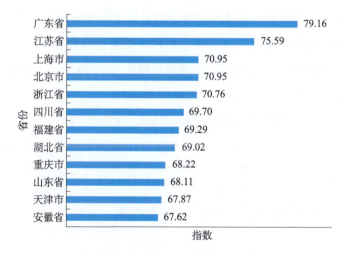

图3-5　2016年分地区电子信息制造业综合发展指数均值以上省份
数据来源：《中国电子信息制造业综合发展指数研究报告》

中国电子信息产业集中分布在沿海、沿江和中西部一些产业基础比较好的地区，区域化特征十分明显：形成以深圳市为龙头的珠江三角洲城市群、以上海为龙头的长江三角洲、以北京为龙头的环渤海地区及以重庆、西安、成都、武汉、长沙为重点城市的中西部地区四大电子信息产业基地。深圳市是中国电子信息产业重镇，自 20 世纪 90 年代大力发展电子信息产业以来，深圳市的电子信息产业占据全国近 1/6 的产值，引领中国电子信息产业快速发展。电子信息产业是四川省的第一支柱产业，2017 年四川省的电子信息产业主营业务收入为 8113 亿元，居中西部第 1 位，全国第 7 位。2016 年、2017 年，四川省在电子信息产业中的军事电子装备整体实力蝉联全国第 1 位，信息安全产业总量居全国第 2 位，微型计算机产量占全国比重连续两年保持 21.7%，全球 50% 的笔记本电脑芯片在四川省封装测试。预计到 2020 年，四川省的电子信息产业主营业务收入预计达到 13 000 亿元，总量约占全国电子信息产业总量的 7.6%。作为"武汉光谷"第一大产业支柱，2016 年光电子信息企业总收入跨越 5000 亿元大关，以国家存储器基地为龙头，武汉逐步形成"芯片-显示-智能终端"万亿元产业集群。根据《郑州市电子信息产业转型升级行动计划（2017—2020 年）》，到 2020 年，郑州市电子信息技术产业将实现销售产值 5000 亿元。湖南省的电子信息产业已经在智能终端及零配件、集成电路、软件和信息技术服务、信息安全等细分领域全面开花，产业规模超过 2000 亿元，预计"十三五"后期，湖南省的电子信息制造业营业收入将突破 4500 亿元，软件和信息服务业规模超过 1000 亿元。相对全国来说，江西省的电子信息产业规模很小，参见表 3-7。

表 3-7　江西与全国电子信息产业收入对比

时间	在全国电子信息产业总收入排名	江西省电子信息产业总收入（亿元）
2017 年	第 10 名	3730
2018 年	第 10 名	4000

数据来源：中国工业和信息化部及江西省工委会公布数据整理。

（三）国外发展形势

2013～2018 年全球电子信息产品市场规模增速约 4%～5%，2018 年市场规模约 2.34 万亿美元，参见图 3-6。

图 3-6　2014～2018 年世界电子信息产业规模预测

数据来源：智研咨询《2017—2023 年中国电子信息制造业市场研究及投资方向研究报告》

中国、美国和日本仍将占据电子信息产品产值和市场规模的主导地位。在产值方面，中国第一大电子产品制造国的地位稳固，美国和日本紧随其后，基本保持稳定。在市场规模方面，中国占比持续上升，保持第一大市场地位，美国、日本分列第 2 位、第 3 位，这一格局未来 3 年将保持稳定。但是发达经济体控制着全球价值链的高端，拥有核心技术和产品设计能力，在全球电子信息产业中的主导地位稳固。

（四）小结

（1）江西省电子信息产业规模仅占全国的 2%。按照工业和信息化部全口径统计数据，2017 年江西省电子信息产业主营业务收入 3700 亿元，全国约 18 万亿元。江西省产业规模居全国第 10 位、中部第 2 位。

（2）江西省电子信息产业规模增长速度低于规划预期，竞争环境激烈。《江西省电子信息制造业三年行动计划（2016—2018 年）的通知》提出：力争到 2018 年，全省电子信息制造业主营业务收入达到 2000 亿元。《江西省战略性新兴产业倍增计划（2016—2020年）》提出，到2020年，电子信息产业力争实现主营业务收入超过2000亿元。预期达到2000亿元的目标会延迟2年。

（3）"南昌光谷"是江西省未来电子信息产业发展的增长极。南昌高新技术产业开发区、南昌经济技术开发区是"南昌光谷"的主战场。南昌市的电子信息产业已经形成了LED和移动通信终端两个较完整的产业链。

八、新能源汽车产业

新能源汽车是指除汽油、柴油发动机之外所有其他能源汽车，它将成为汽车的发展方向。

（一）江西省发展概况

2017年，江西省新能源汽车生产和销售量分别突破5万辆和4万辆。《江西省锂电及电动汽车产业发展规划（2013—2020年）》提出，到2017年，锂电及电动汽车产业主营业务收入达到145亿元，全省电动汽车年产量达到4.48万辆（其中短途经济型纯电动乘用车3.50万辆）；到2020年，锂电及电动汽车产业主营业务收入达到300亿元。截至2015年底，江西省新能源汽车年产能达到1.10万辆。2015年发布的《江西省新能源汽车产业"十三五"发展规划》规划提出，到2017年，江西新能源汽车产量达到5万辆，产能达到15万辆；到2020年，新能源汽车产量达到25万辆，产能达到50万辆。2018年，江西省人民政府办公厅发布的《关于加快推进新能源汽车产业发展的实施意见》提出，将纯电动汽车、智能汽车作为江西省新能源汽车重点发展方向，并提出"纯电动汽车—智能网联汽车—智能汽车"这个先易后难逐步提升的发展构想；提出到2020年，江西省新能源汽车产能达50万辆，锂离子动力电池产能达40吉瓦·时，新能源汽车产业主营业务收入达500亿元，力争形成一家销售收入过100亿元的整车企业。2016年，江西省人民政府办公厅印发的《江西省战略性新兴产业倍增计划（2016—2020年）》提出，到2020年，新能源汽车产业力争实现主营业务收入超过500亿元。

新能源整车以南昌市、赣江新区为核心，以上饶市、赣州市、九江市和赣西（宜春市、萍乡市）四个片区为重点，着力建设"一核四片"新能源汽车整车制造集群。在动力电池领域，依托赣州市、宜春市、上饶市、抚州市、新余市、赣江新区等地，重点发展三元材料、磷酸铁锂动力电池，增加高端电池供给。智能网联汽车试点则在南昌市、上饶市、赣江新区等产业基础好的地区开展，建设智能道路交通系统与车辆网络系统，带动智能网联汽车产业化。此外，2018～2020年，江西省每年新能源公交客车的比例要分别达到55%、65%、75%；每年新增或更新的公务、环卫、物流等公共服务领域车辆中，新能源汽车的占比分别不低于30%、40%和50%。到2020年，江西全省累计推广应用10万辆新能源汽车，建成充电站260座、充电桩10万根。

（二）国内发展形势

我国对汽车工业由内燃机动力向新能源过渡有很大的期待。2016年，中国汽车产销就已经突破2800万辆，连续8年位居全球第一，但由于对核心技术掌握不足，"市场换技术"的策略成效甚微。未来8～10年，汽车电动化将经历普及—成熟的过渡，加上高度自动驾驶、互联网汽车的商业化，我国在新能源汽车、智能网联汽车上有与世界保持同步乃至居世界领先水平的机会。

2013年，我国新能源汽车产销分别是1.75万辆和1.76万辆；2018年，我国新能源汽车产销分别是127万辆和125.6万辆。2013～2018年产销量情况如图3-7所示。

2017年，产量前十大省份的新能源汽车产量累计达63.42万辆，占整体产量的78%。其中，北京市新能源汽车产量排第1名，达到106 623辆，同比增长77%；其次为陕西省，产量达到83 320辆，同比增长93%。排名往后依次是浙江省、湖北省、安徽省、上海市、广东省、湖南省、重庆市、江西省，如表3-8所示。

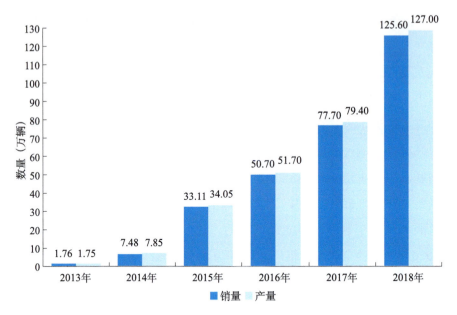

图 3-7 2013～2018 年中国新能源汽车产销量情况

数据来源：前瞻产业研究院《中国新能源汽车行业市场前瞻与投资战略规划分析报告》

表 3-8 2017 年中国新能源汽车产量前十大省份

排名	省份	产量（辆）	同比增长（%）
1	北京市	106 623	77%
2	陕西省	83 320	93%
3	浙江省	81 672	59%
4	湖北省	70 396	128%
5	安徽省	62 554	17%
6	上海市	57 190	93%
7	广东省	47 069	−33%
8	湖南省	42 747	2%
9	重庆市	41 512	303%
10	江西省	41 158	112%

数据来源：前瞻产业研究院《中国新能源汽车行业市场前瞻与投资战略规划分析报告》。

2017 年 4 月，工业和信息化部、国家发改委、科技部联合印发的《汽车产业中长期发展规划》提出，到 2020 年，新能源汽车年产销达到 200 万辆，动力电池单体比能量超过 300 瓦时 / 公斤，力争实现 350 瓦时 / 公斤，系统比能量力争达到 260 瓦时 / 公斤、成本降至 1 元 / 瓦时以下。到 2025 年，新能源汽车占汽车产销20%以上，动力电池系统比能量达到350瓦时／公斤。

但是，由于新能源汽车的投资项目管理过于宽松，企业一拥而上，导致新能源汽车产业还没发展起来产能就已经过剩。从全国发展态势上看，新能源汽车的产能爆发期已经不远。如果任由低端产能集中涌现，新能源汽车产能过剩将更严重。2017年各省份新能源汽车整车项目情况：广东和江苏两省的新能源汽车整车项目数量最多（均为9个），其中广东省投资金额为946亿元（占比约为24%），江苏省投资金额为621亿元（占比15%）；浙江省投资金额为397亿元；中部地区中，江西省投资金额为299亿元、湖北省投资金额为240亿元；西部地区中，四川省投资金额为350亿元和陕西省投资金额为382亿元较为突出。具体如表3-9所示。

表3-9　2017年各省份新能源汽车整车项目汇总

省份	项目数量（个）	项目金额（亿元）
广东省	9	946
江苏省	9	621
浙江省	6	397
江西省	5	299
四川省	5	350
陕西省	4	382
湖北省	3	240
河南省	2	176
福建省	2	119
甘肃省	2	94
广西壮族自治区	2	90
重庆市	2	55
河北省	2	48
云南省	2	27
安徽省	1	60
天津市	1	42
贵州省	1	30
宁夏回族自治区	1	20
山西省	1	20

数据来源：前瞻产业研究院《中国新能源汽车行业市场前瞻与投资战略规划分析报告》。

我国新能源汽车产业发展还存在不少硬伤。

（1）部分新能源汽车生产商骗取国家补贴。近些年，资本竞相涌入新能源汽车产业，一些新能源汽车生产企业意图骗取国家补贴，2016 年，新能源汽车产业 93 家企业中就有 72 家具有骗补行为，群体式骗补车辆总计达到 76 374 辆，共骗补贴 92.71 亿元，即平均造一辆车企业骗补高达 12 万元。2015 年，我国电动车投入补贴金额 590 亿元，2016 年达到 830 多亿元，2017 年降到 500 多亿元。我国新能源汽车补贴政策延长至 2022 年，2020～2022 年补贴标准分别在上年基础上退坡 10%、20%、30%。

（2）充电桩、电力资源配置等基础设施问题。这一直是新能源汽车推广的掣肘。新能源汽车所用电池的核心技术并未实现明显突破，电池使用寿命过短、续航时间不足等问题凸显。

（3）动力电池产能过剩问题也会越来越严重。

（三）国外发展形势

2017 年，全球销售新能源车约 120 万辆。2018 年，全球销售新能源乘用车为 201.82 万辆。2019 年，全球销售新能源乘用车为 220.98 万辆。《世界能源发展报告（2018）》指出，能源转型和能源效率将会促进新能源汽车成为新时代城市的名片，2017 年，全球汽车保有量约为 13 亿辆，预计到 2020 年，全球汽车保有量将达到 14.50 亿辆。

2018 年发布的《新能源汽车蓝皮书》提到：中国 2017 年新能源汽车产销量增幅均在 50% 以上，占全球市场的近六成。中国是世界上新能源汽车最大的市场。截至 2017 年底，中国新能源汽车保有量已经超过 160 万辆，占世界新能源汽车保有量的 50% 左右，占国内汽车保有量的 0.70%。彭博新能源财经指出，这一占比到 2025 年左右都不会有太大变化，但到 2030 年左右，中国的市场份额或将降低至 39%。

《新能源汽车蓝皮书》还提到：2017 年，中国新能源汽车产业国际竞争力比 2016 年提高一位，在美国、日本、德国、韩国、中国等 5 个新能源汽车主要国家中排第 3 名。中国新能源汽车产业综合指数为 0.97，是美国的

97%、日本的 99%、德国的 101%、韩国的 115%，与发达国家的新能源汽车产业竞争力差距逐步缩小。从分项指标看，中国的优势主要体现在市场规模，其他方面竞争力仍较弱，特别是企业竞争力、产品竞争力和基础竞争力依然排名最后，而这三项竞争力涵盖了先进车用材料及制造装备能力、产学研合作能力、行业知识产权（专利）数量、企业自主开发能力、企业前瞻性投入、技术先进性、整车和动力系统安全性及可靠性等指标，直接体现了新能源汽车产业及主要企业的研发能力与技术先进性水平，也决定了未来产业的竞争力水平。

欧洲多国已经宣布全面禁售燃油汽车时间表，2019 年，沃尔沃集团彻底停止生产纯燃油车，燃油车会在不久的将来退出历史舞台。2017 年 9 月初，我国工业和信息化部透露其已经启动停止生产销售传统能源汽车时间表的相关研究，我国正式将全面禁售燃油汽车工作提上日程。

（四）小结

（1）江西省新能源汽车产业规模规划预期不断提高，产业总体发展形势很好。2013 年发布的《江西省锂电及电动汽车产业发展规划（2013—2020年）》提出：到 2020 年，江西省锂电及电动汽车产业主营业务收入达到 300亿元；2018 年发布的《关于加快推进新能源汽车产业发展的实施意见》提出：到 2020 年，新能源汽车产业主营业务收入将达到 500 亿元。

（2）江西省新能源汽车整车产销规模及项目投资金额在全国排名相对靠前。2018 年，江西省新能源汽车产销量分别达到 5.6 万辆、5.4 万辆，销量首次突破了 5 万辆。2018 年，我国新能源汽车整车产销规模已经分别达到 127.0 万辆和 125.6 万辆，其中江西省产量销量分别占全国的 4.4%、4.3%。2019 年 1~7 月，江西省新能源汽车产销量分别达到 2.4 万辆和 2.2万辆。

九、文化创意产业

文化创意产业包括各类设计服务（含工业设计、室内设计、建筑设计、广告设计、时装设计、动漫设计）、数字休闲娱乐（含网吧、电脑端游戏、手机游戏、动漫游戏、动漫制作）、工艺（含工艺美术、工艺品制作、艺术品、艺术品交易）、音乐与表演艺术、演艺娱乐、文化展演设施、广告会展、文化会展、软件、网络及计算机服务、广播电视电影制作、出版（含新闻出版、出版传媒）等及其他。

（一）江西省发展概况

2018 年，江西省文化创意产业主营业务收入为 2962 亿元，文化创意产业增加值为 793 亿元。2014 年，江西省出台了《关于加快发展文化创意产业的若干政策措施》。2015 年江西省人民政府办公厅印发的《文化创意和设计服务与相关产业融合发展行动计划》提出：① 打造文化旅游目的地；② 打造旅游文化演艺节目；③ 加强特色旅游商品开发；④ 提升汽车创新设计能力；⑤ 推动航空制造与文化创意相结合；⑥ 加快陶瓷创意产业发展；⑦ 推进绿色城市建设；⑧ 推进智慧城市建设；⑨ 推进人文城市建设；⑩ 扩大文化艺术交流；⑪ 打造文化创意基地；⑫ 促进传统工艺美术产品发展；⑬ 加快传统媒体转型步伐；⑭ 推进动漫游艺及软件产业发展；⑮ 建设绿色印刷产业基地；⑯ 发展特色休闲农业；⑰ 打造绿色食品产业集群；⑱ 培育农业节庆活动品牌；⑲ 健全体育健身设施；⑳ 发展体育健身运动；㉑ 提升体育赛事水平。

2017 年，江西省有规模以上文化企业 1230 家，其中规模以上文化制造产业企业 673 家，限额以上文化批零产业企业 75 家，规模以上文化服务产业企业 482 家，文化服务产业企业发展最快。2017 年上半年，江西全省规模以上文化创意产业实现营业收入 876.60 亿元，同比增长 14.98%。其中文化制造产业实现营业收入 719.3 亿元，增长 15.05%；文化批零产业完成营业收入 62.2 亿元，增长 11.49%；文化服务产业实现营业收入 95.1 亿元，增长 16.84%。2017 年上半年实现营业收入超百亿元的有南昌市（176.2 亿元）、九江市（124.9 亿元）、实现营业收入超 50 亿元的有萍乡市（94.8 亿元）、吉安市（91.9 亿元）、上饶市（84.5 亿元）、赣州市（80.0 亿元）、宜春市（79.3 亿元）、景德镇市（57.7亿元）。

2017年，江西省文化创意产业主营业务收入为2598.28亿元。据江西省统计局数据显示，2017年，江西省文化创意产业相关领域市场份额占比58.66%，超过文化创意产业核心领域的41.34%。例如，文化辅助生产和中介服务、文化装备生产、文化消费终端生产等发展态势较好，而新闻信息服务、内容创作生产、创意设计服务、文化投资运营等发展空间较大。江西省文化创意产业数量和规模偏小，在中部地区排名靠后。新兴文化创意产业发展不足，主要依靠印刷复制服务、工艺美术品的制造、焰火鞭炮产品制造、文化用纸的制造等传统文化产业。新兴文化创意产业（如互联网信息服务、娱乐休闲服务、文化软件服务、广播电视传输服务、广播电视服务等）发展滞后。

（二）国内发展形势

2017年，我国文化及相关产业增加值为3.55万亿元，占国内生产总值的4.29%，占比较2016年增加0.15个百分点。[①]中国文化及相关产业已经逐步成长为我国宏观经济发展中新的增长点。2018年，中国文化及相关产业增加值突破4万亿元，2018~2022年年均复合增长率约为12.25%，并预测在2022年中国文化及相关产业增加值将达到6.50万亿元。文化创意产业被多个省份列为"十二五"规划重点领域，有22个省份制定了文化创意产业发展规划纲要，23个省份设立了文化创意产业发展专项资金，14个省份成立了文化产业协会或促进会。广东、浙江、江苏、安徽、湖南、辽宁等省制定了建设"文化大省"和"文化强省"的目标。

中国文化创意产业园区主要分布在6大区域：环渤海文化创意产业集群（北京市、天津市和大连市）、长三角文化创意产业集群（上海市、南京市、杭州市和苏州市）、珠三角文化创意产业集群（广州市和深圳市）、滇海文化创意产业集群（昆明市、大理市和丽江市）、川陕文化创意产业集群（西

---

① 前瞻产业研究院. 中国文化产业发展前景预测与产业链投资机会分析报告.

安市、成都市和重庆市）及中部文化创意产业集群（长沙市、武汉市）。[①]
2004~2015 年，文化部开展了 6 批国家文化产业示范基地命名和 5 批国家
级文化产业示范（试验）园区命名。

截至 2018 年，我国主要有 4 大类文化创意产业园区。

（1）动漫产业园区。从产业生命周期来看，中国动漫产业正从幼稚期向
发展期转变，未来几年仍然会保持较快增长态势。从城市竞争格局来看，只
有广州等少数城市保持较好的增长趋势，苏州、宁波、福州等市近几年来发
展较快，而长沙、杭州、无锡、深圳、沈阳等市在几年快速扩张之后呈现明
显的"高台跳水式"下降趋势。从产业基地格局来看，在现有的 24 个国家动
画产业园区（基地）中，除了南方动画节目联合制作中心、苏州工业园区动
漫产业园之外，绝大多数基地的制作数量和市场份额都呈现出下降趋势。

（2）影视产业园区。中国影视园区（基地）建设始于 20 世纪 80 年代的
央视无锡影视基地；在 20 世纪 90 年代经历了一轮快速发展，广东中山、宁
夏镇北堡、浙江横店等影视城相继建成；进入 21 世纪后，影视园区（基地）
建设再次进入快速发展阶段。

（3）文化艺术园区。文化艺术园区的产业依托是以画廊业、艺术商业机
构为主。近年来，中国艺术品市场的交易规模持续扩大，中国艺术品市场交
易总额约占全球艺术品市场交易总额的四成。

（4）文化创意旅游产业园区。文化创意产业与旅游业的融合产生了文化
创意旅游产业。文化创意旅游产业园区的产品比传统的旅游业更注重探究旅
游者的深层次需求，园区以创造"体验"来吸引消费者，使游客进入园区后
"吃、住、行、游、购、娱"所有的需求都能得到满足。

深圳市是我国文化输出的重要基地和主要口岸。2018 年，深圳文化创
意产业增加值达到 2621.77 亿元，占 2018 年深圳市地区生产总值的 10.90%。
南山区"文化＋科技"，培育出腾讯计算机系统有限公司、华强方特文化科
技集团股份有限公司、迅雷网络技术有限公司、A8 电媒音乐控股有限公司、
环球数码创意控股有限公司等一批文化科技融合型企业；福田区"文化＋设

---

① 智研咨询 . 2017—2022 年中国文化创意产业园行业市场深度调研及投资前景分析报告。

计"，全国 10 大女装品牌企业中有 6 家在福田区，还汇聚了建艺装饰集团股份有限公司、文科园林股份有限公司、亚泰国际建设股份有限公司、珂莱蒂尔服饰有限公司、华视传媒集团有限公司等一批建筑、景观、服装、广告设计行业的领军上市企业设计基地；龙岗区"文化＋影音"，吸引华侨城文化集团有限公司、开心麻花华南总部基地有限公司、深圳文化产权交易所等一批国内文化创意产业龙头企业落户，引进和培育了华夏动漫集团有限公司、叁鑫影业有限公司、大地动画传媒有限责任公司、迷迪音乐中心、乐杜鹃音乐节等一批具有一定影响力的影视、演艺、动漫类文化项目和企业。

（三）国外发展形势

据世界知识产权组织公布数据显示，2017 年全球文化创意产业创造产值为 2.25 万亿美元，从业人数为 2950 万，占世界总人口的 1%。其中，排名前 3 的产业类别是电视（4770 亿美元）、视觉艺术（3910 亿美元）和报纸杂志（3540 亿美元）。从业人数排名前三的产业依次为视觉艺术（673 万人）、图书（367 万人）和音乐（398 万人）。

全球文化创意产业发展极不均衡，主要集中在以美国为核心的北美地区，以英国为核心的欧洲地区，以中国、日本、韩国为核心的亚洲地区。其中，美国占全球市场总额的 43%，欧洲国家占全球市场份额的 34%，亚洲、南太平洋国家占全球市场份额的 19%（其中日本占全球市场份额的 10% 和韩国占全球市场份额的 5%，中国和其他国家及地区仅占全球市场份额的 4%）。美国创意产业主要分布在加利福尼亚州、纽约州、得克萨斯州、佛罗里达州等四个州。其中，位于纽约州的纽约大都会博物馆是"世界三大艺术殿堂"之一，拥有苏荷（SOHO）现代文化艺术、百老汇等著名创意集聚区；洛杉矶市是美国八大电影公司总部所在地，好莱坞和世界上第一家迪士尼乐园都汇聚于此，佛罗里达州是全球著名的滨海文化旅游胜地。英国的创意产业以广告、建筑、艺术和古玩、工艺品、设计（包括服装设计）、影视与广播、软件和电脑服务、音乐、表演艺术、出版等为主。伦敦市是欧洲的第一大创意产业中心、世界第三大电影摄制中心；曼彻斯特市是欧洲第二大创意产业中心，数字媒体产业颇具国际竞争力；爱丁堡市是英国重要的文化旅游城市；格拉斯哥市和利物浦市分别在 1990 年和 2008 年获"欧洲文化之都"[①] 称号；伯明翰市的国际会议中心吸引了全球众多知名艺术团；谢菲尔德市将工业革命时期的老城区改建成了多个文化创意产业园区；德里市于 2010 年当选首个"英国文化之城"。日本是世界最大的动漫制作和输出国，在全球播放的 60% 动漫作品来自日本，在欧洲更是高达 80% 以上。动漫产业主要集中在东京市和大阪市。其中东京市练马区尤以动漫产业闻名，东京市的 400 多个动漫工作室基本都聚集于此；秋叶原地区商务文化旅游设施齐全，是动漫爱好者的旅游必选之地。同时，日本的游戏产业几乎占有全世界 50% 以上的市场。

（四）小结

（1）与全国大部分省份一样，江西省的"十三五"战略性新兴产业规划也没有关于数字创意产业的相关内容。

（2）江西省文化创意产业数量和规模偏小，在中部地区排名靠后。此外，江西省新兴文化创意产业发展不足，主要依靠传统的印刷复制服务、工艺美术品的制造、焰火鞭炮产品制造、文化用纸的制造等。

（3）文化创意产业和数字经济在国内外都是规模、潜力巨大的产业。江西省未来在文化创意产业，尤其是新兴文化创意产业领域，尚有很大的发展空间。

第三节 产业规模省际对比

一、省际对比

各省份战略性新兴产业统计的范畴存在差异，即使针对同一个产业，区

---

① 1999 年前称为"欧洲文化之城"。

分战略性新兴产业和传统产业的口径也有松有紧，加上各省份数据的标准不一致，已有研究中很少比较各省份战略性新兴产业的发展规模。由于数据的缺失，表3-10中既统计了主要省份战略性新兴产业的实际统计数据，也统计了主要省份战略性新兴产业的规划数据；既统计了主要省份战略性新兴产业的产业规模或主营业务收入，还统计了产业增加值及产业增加值占地区生产总值的比重。

仅从数字规模，我们可以发现，比江西省战略性新兴产业发展好的省份有广东省、山东省、福建省、浙江省、上海市、湖北省、湖南省、河南省、江苏省、河北省、安徽省、四川省、北京市、天津市，共计14个省份，江西省排在全国第15位，参见表3-10。

表 3-10　主要省份战略性新兴产业发展的省际规模比较

省份	主营业务收入或产业规模（亿元）	产业增加值（亿元）	战略性新兴产业增加值占地区生产总值比重（%）
广东省	11 000（实际，2010）；25 000（规划，2015）；64 000（规划，2020）	2 800（实际，2010）；7 280（规划，2015）	10%（规划，2015）；16%（规划，2020）
山东省	—	—	10%（规划，2015）；20%（规划早，2020）；16%（规划晚，2020）
福建省	—	2 618（实际，2015）；3 000（规划，2015）；5 850（规划，2020）	10%（实际，2015）；12%（规划，2015）；15%（规划，2020）
浙江省	25 000（规划，2020）	—	—
上海市	—	4 174（实际，2016）	15.2%（实际，2016）；15%（规划，2015）；20%（规划，2020）
湖北省	10 000（实际，2015）；10 000（规划，2015）		8.5%（实际，2015）；17%（规划，2020）
湖南省	10 177（实际，2014）	3 088（实际，2014）；3 335（实际，2015）；5 000（规划，2015）；10 000（规划早，2020）；7 000（规划，2020）	11.4%（实际，2014）；20%（规划，2015）；25%（规划早，2020）；16%（规划晚，2020）

续表

省份	主营业务收入或产业规模（亿元）	产业增加值（亿元）	战略性新兴产业增加值占地区生产总值比重（%）
河南省	12 000（规划，2015）；32 000（规划，2020）	3 000（规划，2015）	7%（规划，2015）；15%（规划，2020）
江苏省	20 647（实际，2010）；45 000（实际，2015）；70 000（规划，2020）	—	18%（规划，2015）；25%（规划早，2020）；15%（规划晚，2020）
河北省	17 000（规划，2020）	3 000（规划，2015）；5 000（规划，2020）	10%（规划，2015）；12%（规划，2020）
山西省	2 600（实际，2014）；4 500（规划，2020）	700（实际，2014）；1 500（规划，2020）	6%（实际，2014）；7%~8%（规划，2015）
陕西省	—	2 360（实际，2017）；3 000（规划，2015）；4 500（规划，2020）	10%（实际，2015）；10.8%（实际，2017）；15%（规划，2015）；15%（规划，2020）
云南省	5 000（规划，2015）	—	7.6%（实际，2015）；10%（规划，2015）；15%（规划，2020）
广西壮族自治区	—	1 300（规划，2015）	8%（规划，2015）；15%（规划，2020）
新疆维吾尔自治区	1 000（实际，2013）；2 000（规划，2015）；6 100（规划，2020）	130（实际，2009）；700（规划，2015）；2 200（规划，2020）	3%（实际，2009）；8%（规划，2015）；15%（规划，2020）
甘肃省	—	821（实际，2015）；800（规划，2015）	6.56%（实际，2010）；12.1%（实际，2015）；12%（规划，2015）；16%（规划，2020）
安徽省	2 504（实际，2010）；10 000（规划，2015）；8 921（实际，2015）；20 000（规划，2020）	—	—
宁夏回族自治区	—	230（规划，2015）	8%（规划，2015）；15%（规划早，2020）；12%（规划晚，2020）
四川省	5 671（实际，2015）；10 000（规划，2015）	3 000（规划，2015）	10%（规划，2015）；15%（规划，2020）

续表

省份	主营业务收入或产业规模（亿元）	产业增加值（亿元）	战略性新兴产业增加值占地区生产总值比重（%）
重庆市	1 664（实际，2015）； 2 700（实际，2016）； 10 000（规划，2020）	—	—
天津市	10 000（规划，2015）； 15 000（规划，2020）	—	20%（规划，2020）
北京市	—	—	—
内蒙古自治区	—	738（实际，2016）	4.8%（实际，2016）； 8%（规划，2015）； 15%（规划早，2020）； 10%（规划晚，2020）
贵州省	1 800（规划，2015）； 2 600（实际，2015）； 6 000（规划，2020）	600（规划，2015）； 630（实际，2015）	8%（规划，2015）； 6%（实际，2015）； 8%（规划，2020）
海南省	—	—	6%（规划，2015）
黑龙江省	4 000（规划，2015）	308（实际，2010）； 1 638（规划，2015）	3%（实际，2010）； 8%（规划，2015）； 16%（规划，2020）
吉林省	5 190（实际，2015）； 10 000（规划，2015）； 10 000（规划，2020）	3 000（规划，2015）	20%（规划，2015）
江西省	8 538（实际，2011）； 22 600（规划，2017）； 10 000（规划，2020）	2 077（实际，2013）	—

注：（　）中的"实际"指当年实际统计数值，（　）中的"规划"指规划此年份达到的产值，（　）中的"数值"指具体年份。

二、具体产业对比

2016 年发布的《"十三五"国家战略性新兴产业发展规划》提出：到 2020 年，新一代信息技术产业产值规模超过 12 万亿元；高端装备与新材料产业产值规模超过 12 万亿元；生物产业产值规模达到 8 万亿~10 万亿元；新能源汽车、新能源和节能环保等绿色低碳产业产值规模超过 10 万亿元；数字创意产业产值规模达到 8 万亿元。

《江西省战略性新兴产业倍增计划（2016—2020 年）》提出：到 2020 年，电子信息产业（包括集成电路）力争实现主营业务收入超过 2100 亿元；生物医药产业力争实现主营业务收入超过 1500 亿元；航空产业力争实现主营业务收入超过 1000 亿元；节能环保产业力争实现主营业务收入超过 1100 亿元；新能源产业力争实现主营业务收入超过 1500 亿元；新材料产业力争实现主营业务收入超过 2000 亿元；先进装备制造产业（包括智能机电产业）力争实现主营业务收入超过 800 亿元；新能源汽车产业力争实现主营业务收入超过 500 亿元。对比全国得到：江西省电子信息产业（包括集成电路）规划值约占全国规划值的 1.75%；高端装备与新材料产业（包括智能机电、航空航天）规划值约占全国规划值的 3.17%；生物医药产业规划值约占全国规划值的 1.67%；低碳产业（包括节能环保、新能源、新能源汽车）规划值约占全国规划值的 3.1%。事实上，各省份战略性新兴产业的规划总量远高于《"十三五"国家战略性新兴产业发展规划》中提出的全国总量，参见表 3-11。

表 3-11 分产业的战略性新兴产业的省际规模比较

产业	主营业务收入或产业规模（亿元）	增加值（亿元）
新一代信息技术产业（包括高端新兴电子信息产业、大数据）	4 848（广东省，实际，2010）；30 000（广东省，规划，2020）；5 000（山东省，规划，2020）；6 000（福建省，规划，2015）；5 000（浙江省，规划，2020）；9 000（上海市，规划，2015）；14 150（上海市，规划，2020）；2 500（湖北省，实际，2020）；1 329（湖南省，实际，2014）；5 000（河南省，规划，2015）；10 000（河南省，规划，2020）；20 000（江苏省，规划，2020）；1 140（河北省，实际，2016）；3 500（河北省，规划，2020）；4 000（陕西省，规划，2020）；1 000（云南省，规划，2015）；1 500（云南省，规划，2020）；200（广西壮族自治区，规划，2015）；2 100（广西壮族自治区，规划，2020）；500（新疆维吾尔自治区，实际，2015）；800（新疆维吾尔自治区，规划，2020）；1 000（安徽省，规划，2015）；5 000（安徽省，规划，2020）；3 000（安徽省，规划，2020）；8（宁夏回族自治区，规划，2015）；3 000（四川省，规划，2015）；979（重庆市，实际，2010）；4 076（重庆市，实际，2015）；7 000（天津市，	1 910（福建省，规划，2020）；531（湖北省，实际，2015）；434（湖南省，实际，2014）；605（陕西省，实际，2017）；80（广西壮族自治区，规划，2015）；191（甘肃省，实际，2014）；5（宁夏回族自治区，规划，2015）；900（四川省，规划，2015）

续表

产业	主营业务收入或产业规模（亿元）	增加值（亿元）
新一代信息技术产业（包括高端新兴电子信息产业、大数据）	规划，2020）；2 200（贵州省，规划，2020）；280（黑龙江省，规划，2015）；2 174（吉林省，实际，2015）；1 700（吉林省，规划，2020）；1 351（江西省，实际，2015）；1 500（江西省，规划，2015）；2 100（江西省，规划，2020）	—
生物产业（生物与新医药、大健康、生物农业）	6 000（广东省，规划，2020）；5 000（山东省，规划，2020）；1 000（福建省，规划，2015）；2 700（浙江省，规划，2020）；1 500（上海市，规划，2015）；1 200（上海市，规划，2020）；1 300（湖北省，实际，2020）；2 000（河南省，规划，2015）；5 000（河南省，规划，2020）；10 000（江苏省，规划，2020）；560（河北省，实际，2016）；2 500（河北省，规划，2020）；1 500（云南省，规划，2015）；2 000（云南省，规划，2020）；600（广西壮族自治区，规划，2015）；190（广西壮族自治区，规划，2015）；2 500（广西壮族自治区，规划，2020）；1 000（安徽省，规划，2015）；2 000（安徽省，规划，2020）；100（宁夏回族自治区，规划，2015）；1 000（四川省，规划，2015）；2 200（天津市，规划，2020）；1 000（贵州省，规划，2020）；800（黑龙江省，规划，2015）；1 934（吉林省，实际，2015）；3 300（吉林省，规划，2015）；6 300（吉林省，规划，2020）；1 259（江西省，实际，2015）；3 000（江西省，规划，2015）；1 500（江西省，规划，2020）	310（福建省，规划，2020）；353（湖北省，实际，2015）；200（湖南省，实际，2014）；366（陕西省，实际，2017）；220（广西壮族自治区，规划，2015）；70（广西壮族自治区，规划，2015）；57（甘肃省，实际，2014）；35（宁夏回族自治区，规划，2015）；300（四川省，规划，2015）；141（江西省，实际，2011）
高端装备制造产业（先进制造、人工智能与智能装备）	1 000（福建省，规划，2015）；3 000（上海市，规划，2015）；2 850（上海市，规划，2020）；2 000（湖北省，实际，2020）；3 165（湖南省，实际，2014）；1 000（河南省，规划，2015）；2 000（河南省，规划，2020）；10 000（江苏省，规划，2020）；1 960（河北省，实际，2016）；5 560（河北省，规划，2020）；3 000（陕西省，规划，2020）；1 000（云南省，规划，2015）；1 500（云南省，规划，2020）；600（广西壮族自治区，规划，2015）；1 300（广西壮族自治区，规划，2020）；1 500（新疆维吾尔自治区，规划，2020）；2 000（安徽省，规划，2020）；200（宁夏回族自治区，规划，2015）；1 500（四川省，规划，2015）；9 700（天津市，规划，2020）；700（贵州省，规划，2020）；1 560（黑龙江省，	680（福建省，规划，2020）；1 699（湖北省，实际，2015）；1 008（湖南省，实际，2014）；363（陕西省，实际，2017）；230（广西壮族自治区，规划，2015）；60（宁夏回族自治区，规划，2015）；400（四川省，规划，2015）

产业	主营业务收入或产业规模（亿元）	增加值（亿元）
高端装备制造产业（先进制造、人工智能与智能装备）	规划，2015）；580（吉林省，实际，2015）；850（吉林省，规划，2015）；1 300（吉林省，规划，2020）；2 820（江西省，规划，2015）；800（江西省，规划，2020）	—
高端装备与新材料产业	10 000（广东省，规划，2020）；2 100（浙江省，规划，2020）	—
新材料产业	5 000（山东省，规划，2020）；2 000（福建省，规划，2015）；8 000（浙江省，规划，2020）；1 800（上海市，规划，2015）；2 500（上海市，规划，2020）；2 500（湖北省，实际，2020）；2 837（湖南省，实际，2014）；2 000（河南省，规划，2015）；4 000（河南省，规划，2020）；10 000（江苏省，规划，2020）；1 000（河北省，实际，2016）；1 800（河北省，规划，2020）；1 600（陕西省，规划，2020）；800（云南省，规划，2015）；2 000（云南省，规划，2020）；400（广西，规划，2015）；1 100（广西壮族自治区，规划，2020）；1 000（安徽省，规划，2015）；2 000（安徽省，规划，2020）；155（宁夏回族自治区，规划，2015）；2 000（四川省，规划，2015）；350（贵州省，规划，2020）；1 400（黑龙江省，规划，2015）；1 200（吉林省，规划，2015）；1 000（吉林省，规划，2020）；3 400（江西省，规划，2015）；2 000（江西省，规划，2020）	1 420（福建省，规划，2020）；902（湖北省，实际，2015）；756（湖南省，实际，2014）；362（陕西省，实际，2017）；150（广西壮族自治区，规划，2015）；178（甘肃省，实际，2014）；46（宁夏回族自治区，规划，2015）；600（四川省，规划，2015）
绿色低碳产业（包括节能环保、新能源、新能源汽车产业）	8 000（广东省，规划，2020）；5 000（山东省，规划，2020）	—
节能环保产业	2 000（福建省，规划，2015）；3 500（浙江省，规划，2020）；500（上海市，规划，2015）；1 800（上海市，规划，2020）；1 700（湖北省，实际，2020）；1 441（湖南省，实际，2014）；1 000（河南省，规划，2015）；5 000（河南省，规划，2020）；450（河北省，实际，2016）；800（河北省，规划，2020）；600（陕西省，规划，2020）；500（云南省，规划，2015）；1 000（云南省，规划，2020）；800（广西壮族自治区，规划，	700（福建省，规划，2020）；420（湖南省，实际，2014）；270（广西壮族自治区，规划，2015）；12（宁夏回族自治区，规划，2015）；300（四川省，规划，2015）

产业	主营业务收入或产业规模（亿元）	增加值（亿元）
节能环保产业	2015）；1 200（广西壮族自治区，规划，2020）；1 000（安徽省，规划，2015）；2 000（安徽省，规划，2020）；41（宁夏回族自治区，规划，2015）；1 000（四川省，规划，2015）；1 000（天津市，规划，2020）；1 000（贵州省，规划，2020）；350（黑龙江省，规划，2015）；200（吉林省，规划，2015）；1 800（江西省，规划，2015）；1 100（江西省，规划，2020）	—
新能源产业（包括智能电网）	1 500（浙江省，规划，2020）；1 200（上海市，规划，2015）；500（上海市，规划，2015）；1 000（湖北省，实际，2020）；3 000（河南省，规划，2020）；2 000（河北省，实际，2016）；3 600（河北省，规划，2020）；400（云南省，规划，2015）；800（云南省，规划，2020）；320（广西壮族自治区，规划，2015）；1 000（安徽省，规划，2020）；247（宁夏回族自治区，规划，2015）；2 000（四川省，规划，2015）；1 000（天津市，规划，2020）；300（贵州省，规划，2020）；300（黑龙江省，规划，2015）；300（吉林省，规划，2015）；1 600（江西省，规划，2015）；1 500（江西省，规划，2020）	450（福建省，规划，2020）；200（湖南省，实际，2014）；120（广西壮族自治区，规划，2015）；74（宁夏回族自治区，规划，2015）；600（四川省，规划，2015）
新能源汽车产业（及配套）	1 000（浙江省，规划，2020）；2 000（河南省，规划，2020）；300（河北省，实际，2016）；800（河北省，规划，2020）；1 300（陕西省，规划，2020）；230（广西壮族自治区，规划，2015）；1 100（广西壮族自治区，规划，2020）；1 000（安徽省，规划，2020）；100（贵州省，规划，2020）；500（吉林省，规划，2015）；145（江西省，规划，2015）；500（江西省，规划，2020）	80（广西壮族自治区，规划，2015）；46（江西省，实际，2011）
新能源与智能网汽车产业	1 050（上海市，规划，2020）；800（江西省，规划，2015）；1 000（江西省，规划，2020）	28（江西省，实际，2011）
数字创意产业（或者文化创意产业）	10 000（广东省，规划，2020）；800（浙江省，规划，2020）；1 000（河南省，规划，2020）；1 000（安徽省，规划，2020）；500（天津市，规划，2020）；350（贵州省，规划，2020）；3 500（江西省，规划，2015）	100（福建省，规划，2020）；3 179（北京市，实际，2015）；200（湖南省，实际，2014）；260（江西省，实际，2011）
现代海洋产业（或者海洋高新）	5 000（山东省，规划，2020）；800（福建省，规划，2015）；230（广西壮族自治区，规划，2015）	280（福建省，规划，2020）；80（广西壮族自治区，规划，2015）

产业	主营业务收入或产业规模（亿元）	增加值（亿元）
未来产业	300（河北省，规划，2020）	—

注：（）中的"实际"指当年实际统计数值，（）中的"规划"指规划此年份达到该产值，（）中的"数值"指年份。

第四节　产业同构省际对比

"十二五"战略性新兴产业发展相关规划的绝大多数省域均将新一代信息技术产业（30 个省份）、高端装备制造产业（30 个省份）、新材料产业（30 个省份）、生物产业（30 个省份）、新能源汽车产业（18 个省份）、新能源产业（30 个省份）、节能环保产业（29 个省份）列入重点发展产业，参见表 3-12。

表 3-12　"十二五"期间战略性新兴产业同构情况

产业	省份	数量（个）
新一代信息技术产业（高端新型电子信息、物联网和云计算、光电子产业）	山东省、福建省、浙江省、北京市、上海市、湖北省、湖南省、河南省、江苏省、河北省、山西省、陕西省、广东省、广西壮族自治区、新疆维吾尔自治区、甘肃省、安徽省、宁夏回族自治区、四川省、天津市、内蒙古自治区、贵州省、海南省、黑龙江省、吉林省、辽宁省、青海省、重庆市、云南省、江西省	30
生物产业（生物农业、生物育种、生物制药、生物与医药、大健康等）	广东省、浙江省、北京市、上海市、湖北省、湖南省、河南省、河北省、山西省、陕西省、云南省、新疆维吾尔自治区、甘肃省、安徽省、宁夏回族自治区、四川省、内蒙古自治区、海南省、黑龙江省、广西壮族自治区、贵州省、辽宁省、青海省、山东省、福建省、江苏省、重庆市、天津市、吉林省、江西省	30
高端装备制造产业（先进装备、海洋工程装备、高端交通装备）	广东省、山东省、福建省、浙江省、北京市、上海市、湖北省、湖南省、河南省、江苏省、河北省、山西省、陕西省、云南省、广西壮族自治区、新疆维吾尔自治区、甘肃省、安徽省、宁夏回族自治区、四川省、重庆市、天津市、内蒙古自治区、贵州省、海南省、黑龙江省、吉林省、辽宁省、青海省、江西省	30

产业	省份	数量（个）
新能源汽车产业（电动汽车、清洁汽车）	广东省、北京市、上海市、湖北省、河南省、江苏省、河北省、山西省、陕西省、广西壮族自治区、新疆维吾尔自治区、安徽省、贵州省、海南省、吉林省、重庆市、内蒙古自治区、江西省	18
航空航天产业（不包括放入高端装备制造产业的省份）	北京市、天津市、江西省	3
节能环保产业	广东省、福建省、浙江省、北京市、上海市、湖北省、湖南省、河南省、江苏省、河北省、山西省、陕西省、云南省、广西壮族自治区、新疆维吾尔自治区、安徽省、宁夏回族自治区、四川省、重庆市、天津市、内蒙古自治区、贵州省、海南省、黑龙江省、吉林省、辽宁省、青海省、山东省、江西省	29
新能源产业（页岩气、煤层气）	广东省、福建省、浙江省、北京市、上海市、湖北省、湖南省、河南省、江苏省、河北省、山西省、陕西省、云南省、广西壮族自治区、新疆维吾尔自治区、甘肃省、安徽省、宁夏回族自治区、四川省、天津市、内蒙古自治区、贵州省、海南省、黑龙江省、吉林省、辽宁省、青海省、山东省、重庆市、江西省	30
新材料产业（MDI及化工新材料）	广东省、山东省、福建省、浙江省、北京市、上海市、湖北省、湖南省、河南省、江苏省、河北省、山西省、陕西省、云南省、广西壮族自治区、新疆维吾尔自治区、甘肃省、安徽省、宁夏回族自治区、四川省、重庆市、天津市、内蒙古自治区、贵州省、海南省、黑龙江省、吉林省、辽宁省、青海省、江西省	30
海洋开发产业（海洋新兴产业）	山东省、福建省、浙江省、河北省、广西壮族自治区、辽宁省	6
高技术服务产业	浙江省、辽宁省	2
文化创意产业	湖南省、江西省	2
绿色食品产业	江西省	1
旅游产业	吉林省	1
文化产业	吉林省	1
公共安全产业	安徽省	1

注：除西藏自治区，香港、澳门、台湾地区外的30个省份的战略性新兴产业。

大多数省份的"十三五"战略性新兴产业发展相关规划也将信息技术（29个省份）、高端装备制造（28个省份）、新材料（25个省份）、生物（31

个省份）、新能源汽车（30 个省份）、能源新技术（26 个省份）、节能环保（24 个省份）列入重点发展产业。此外，部分地区的"十三五"战略性新兴产业规划已尝试将具有区域特色与优势的相关产业划为重点发展的战略性新兴产业，参见表 3-13。

表 3-13 "十三五"期间战略性新兴产业同构情况

产业		省份	数量（个）
新一代信息技术产业（互联网、大数据、信息技术制造业）		广东省、山东省、福建省、浙江省、北京市、上海市、湖北省、湖南省、河南省、河北省、江苏省、山西省、云南省、广西壮族自治区、新疆维吾尔自治区、甘肃省、安徽省、宁夏回族自治区、四川省、重庆市、天津市、海南省、黑龙江省、辽宁省、陕西省、内蒙古自治区、贵州省、吉林省、江西省	29
生物产业（生物医药、生物制造、生物与健康、生物育种、蒙中医药）		广东省、山东省、上海市、福建省、北京市、江苏省、浙江省、湖南省、河南省、山西省、陕西省、新疆维吾尔自治区、宁夏回族自治区、四川省、内蒙古自治区、贵州省、黑龙江省、辽宁省、吉林省、青海省、云南省、湖北省、河北省、广西壮族自治区、安徽省、天津市、甘肃省、重庆市、海南省、吉林省、西藏自治区、江西省	31
高端装备与新材料产业		广东省、安徽省、天津市	
高端装备制造产业	包含航空产业、新能源汽车产业	云南省、甘肃省、宁夏回族自治区、内蒙古自治区、黑龙江省	28
	包含航空产业，不包含新能源汽车产业	山东省、福建省、浙江省、北京市、湖南省、河南省、河北省、山西省、陕西省、广西壮族自治区、新疆维吾尔自治区、重庆市、贵州省、吉林省、辽宁省	
	不包含航空产业、新能源汽车产业	上海市、湖北省、江苏省、四川省、江西省	
航空航天产业（不包含高端装备制造产业里的航空产业）		上海市、江西省	2
新材料产业		山东省、福建省、浙江省、上海市、湖南省、河南省、江苏省、河北省、山西省、陕西省、云南省、广西壮族自治区、新疆维吾尔自治区、甘肃省、宁夏回族自治区、四川省、重庆市、内蒙古自治区、贵州省、海南省、黑龙江省、吉林省、辽宁省、青海省、江西省	25
绿色低碳产业（新能源汽车产业、新能源产业、节能环保产业）		广东省、山东省、湖南省、河南省、安徽省、天津市	6

续表

产业	省份	数量（个）
新能源汽车产业（新能源与智能网联汽车，不包括高端装备制造产业、绿色低碳产业里的新能源汽车产业）	福建省、浙江省、北京市、上海市、河北省、湖北省、江苏省、山西省、陕西省、广西壮族自治区、新疆维吾尔自治区、重庆市、贵州省、吉林省、辽宁省、四川省、江西省	17
新能源产业（能源互联网）	福建省、浙江省、山西省、四川省、陕西省、新疆维吾尔自治区、甘肃省、宁夏回族自治区、重庆市、内蒙古自治区、贵州省、海南省、黑龙江省、辽宁省、青海省、西藏自治区、江苏省、河北省、江西省	20
节能环保产业（煤化工）	福建省、浙江省、北京市、上海市、江苏省、河北省、山西省、陕西省、云南省、广西壮族自治区、新疆维吾尔自治区、宁夏回族自治区、四川省、重庆市、内蒙古自治区、贵州省、黑龙江省、吉林省、辽宁省、青海省、西藏自治区、甘肃省、江西省	24
数字创意产业	广东省、山东省、浙江省、湖南省、河南省、江苏省、宁夏回族自治区、四川省、天津市、贵州省、西藏自治区、陕西省、安徽省	13
现代海洋产业（空天海洋、海洋高新产业）	山东省、江苏省、福建省	3
人工智能（包括智能汽车）	浙江省、河北省	2
军民深度融合（商业航天、通用航空及水上飞行器、高技术船舶和海工装备等）	湖北省	1
战略性产业	广东省、北京市	2
未来产业	河北省	1

"十三五"战略性新兴产业发展相关规划中，新一代信息技术产业的重点方向有信息技术核心产业、大数据产业、"互联网+"产业、人工智能产业等。新一代信息技术产业在各区域的侧重略有差异。例如，西部地区政策支持力度较大的是基础设施。高端装备制造业的重点方向有航空产业、轨道交通产业、海洋工程装备产业、卫星及应用产业等。新材料产业的重点方向有先进高分子材料产业、特种金属功能材料产业、新型无机非金属材料产业、高端金属结构材料产业等。生物产业的重点方向有生物医药产业、生物医学产业、生物农业产业、生物制造产业、生物能源产业、生物服务产业等。新

能源汽车产业的重点方向有整车制造产业、动力电池产业、燃料电池汽车产业等。新能源新技术产业的重点方向有太阳能产业、风电产业、核电产业等。节能环保产业的重点方向有高效节能产业和先进环保产业、资源循环利用产业等。数字创意产业的重点方向有创新数字文化创意技术和装备的产业、丰富数字文化创意内容和形式的产业等。

第四章

江西省战略性新兴产业发展的集群支撑

集聚发展是战略性新兴产业发展的基本模式。江西省近几年的规划也在积极推进特色产业集群的发展，建设一批具有产业集群特征的科技园区和产业基地，形成创新经济集聚发展新格局。2018年，江西省77个省级重点产业集群完成主营业务收入15 325.5亿元，同比增长17.5%，全省主营业务收入过百亿元的产业集群达到55个，其中主营业务收入过千亿元的产业集群1个、主营业务收入过500亿元的产业集群5个。《江西省"十三五"工业园区和产业集群发展升级规划（2016—2020）》提出：到2020年，江西全省将培育100个重点产业集群，布局"一核四区百群"。

（1）一核。昌九一体化地区以重大前沿技术、重大装备为主，重点发展航空、汽车、石化、造船、电子信息、智能制造、大数据、云计算等产业集群。

（2）四区。中部吉抚地区重点发展电子信息、机械制造、生物医药等产业集群，以关键设备、关键零部件和关键材料为主，加强与其他地区配套协作发展；赣东北景鹰饶地区以机械装备、有色冶金、光伏新能源、光机电等产业集群为主攻方向，实现整机和零部件协调发展；赣西新宜萍地区以新能源、新材料、农产品加工为主，重点发展光伏、钢铁及金属新材料、绿色食品等产业集群；南部赣州地区依据赣州地区工业园区和产业集群特色，重点发展有色冶金、家具制造等产业集群。

（3）百群。培育壮大100个重点产业集群，以60个省级重点产业集群加快发展为基础，实施滚动发展计划，逐步培育壮大形成100个过百亿元产业集群。

截至2018年，江西省"千亿元级俱乐部"共有5个：2013年园区营业总收入突破1000亿元的南昌高新技术产业开发区；2014年园区营业总收入突破1000亿元的南昌经济技术开发区、九江经济技术开发区；2015年园区营业总收入突破1000亿元的南昌小蓝经济技术开发区；2017年园区营业总收入突破1000亿元的上饶经济技术开发区。截至2017年底，江西省共有主营业务收入超过500亿元的开发区19个，力争未来5年内大部分开发区突破1000亿元。

第一节　江西省对战略性新兴产业的承载概况

在商务部对国家级经济技术开发区的考评中，2016年江西省仅南昌经济技术开发区进入全国百强，2017年南昌经济技术开发区、赣州经济技术开发区、井冈山经济技术开发区、九江经济技术开发区、南昌小蓝经济技术开发区进入全国百强。江西省的100个工业园区聚焦战略性新兴产业、传统优势产业，每个工业园区明确了1个首位产业，企业向首位产业加快集聚，主导产业首位度明显提升。江西省以航空、光伏、锂电、电子信息、新能源汽车、新材料、生物医药、节能环保等新兴产业为首位产业的工业园区达到39个，占全省工业园区总量的39%。2018年，江西省工业园区实现主营业务收入30 000亿元，年均增长6%左右，其中过千亿元园区5个、过500亿元园区20个。

一、江西省国家级高新技术产业开发区战略性新兴产业发展概况

截至 2018 年，江西省国家级高新技术产业开发区共有 9 个：南昌高新技术产业开发区、景德镇高新技术产业开发区、新余高新技术产业开发区、鹰潭高新技术产业开发区、赣州高新技术产业开发区、吉安高新技术产业开发区、抚州高新技术产业开发区、丰城高新技术产业园区、九江共青城高新技术产业开发区。

（一）南昌高新技术产业开发区

南昌高新技术产业开发区于 1991 年 3 月创建，1992 年 11 月被国务院批准为国家级高新技术产业开发区，是江西省首个国家级高新技术产业开发区。2017 年，南昌高新技术产业开发区战略性新兴产业实现主营业务收入 1019.50 亿元，占开发区总收入的 2/3 以上。根据科技部火炬中心 2017 年统计，南昌高新技术产业开发区在全国 157 个国家级高新技术产业开发区中排名第 40 位。截至 2018 年，开发区有各类企业 6000 家，其中世界 500 强企业 15 家、上市公司 21 家。南昌高新技术产业开发区累计有 600 多个项目获得国家级科技计划立项，300 多项成果获得国家、省、市科学技术进步奖。开发区内的南昌大学联合区内企业晶能光电、中节能晶和照明研发的"硅衬底高光效 GaN 基蓝色发光二极管"获得 2015 年全国唯一的国家技术发明奖一等奖。南昌高新技术产业开发区拥有 26 个国家级创新平台和产业基地，国家级孵化器数量在全国排名第 15 位；拥有各类技术中心 120 多个，博士后工作站 15 个，国家重点实验室 2 个，院士工作站 6 个。南昌高新技术产业开发区"十三五"时期的发展目标是：力争园区营业总收入达到 5000 亿元，主营业务收入超过 3000 亿元，打造电子信息、生物医药、新材料 3 大千亿元产业，航空、智能装备及新能源、新一代信息技术 3 大 500 亿元产业，拥有高新技术企业 500 家、规模以上企业 300 家，推动园区综合排名进入全国前 30 位，进入全国国家级高新技术产业开发区第一梯队。

生物医药产业是南昌高新技术产业开发区的主导产业之一，是开发区产值最高、占比最大的产业。2018 年开发区生物医药产业实现主营业务收入465.80 亿元，约占江西全省生物医药产业主营业务收入的 1/3；拥有生物医药企业 160 多家，形成了医疗药品、医疗器械及保健品研发、生产、物流配送和营销的完整产业链。开发区已有以济民可信金水宝制药有限公司、江西江中制药（集团）有限责任公司、南昌弘益药业有限公司、江西闪亮制药有限公司等为代表的药品研发生产群体；以仁和药业股份有限公司、江西特康科技有限公司、江西 3L 医用制品集团股份有限公司等为代表的医疗器械生产群体；以江西汇仁集团医药科研营销有限公司、国药控股有限公司、江西赣药药业集团有限公司为代表的医药贸易销售群体。江西省医药龙头企业济民可信金水宝制药有限公司、江西江中制药（集团）有限责任公司等的总部均设在南昌高新技术产业开发区内。世界 500 强跨国医药巨头赛诺菲集团、全国医药研发服务外包排名第二的尚华医药集团、全国医疗检测排名第一的金域检测科技股份有限公司、全国第一个移动医疗诊断机构中科九峰移动医疗科技有限公司等一批国内外一流企业已经落户开发区。未来，南昌高新技术产业开发区将把生物医药产业打造成过千亿元产业集群，力争 2020 年达到1000 亿元。南昌高新技术产业开发区是科技部批准的全国第二个"国家医药国际创新园"和"中成药国家创新型产业集群试点园区"。开发区内拥有国家级工程中心中药固体中心、国家重点实验室南昌大学食品科学与技术国家重点实验室，拥有江西省干细胞重点实验室等 8 个省级重点实验室，拥有新型释药工程技术研究中心等 10 个省级工程技术研究中心。南昌高新技术产业开发区生物医药企业共承担国家级计划项目 71 个，其中"973 计划"项目 1个、"863 计划"项目 5 个、科技支撑计划项目 10 个、重大新药创新项目 4 个。开发区内医药企业共拥有 478 件专利，获得新药证书 17 个。

电子信息及光电产业是南昌高新技术产业开发区的主导产业之一。2018 年南昌高新技术产业开发区电子信息产业实现主营业务收入 565.64 亿元，力争到 2020 年实现主营业务收入 1000 亿元。南昌高新技术产业开发区是全国首批国家半导体照明产业化基地和"南昌光谷"核心区，也是全球

LED 第三条技术路线硅衬底技术走出实验室、实现产业化之地。开发区拥有晶能光电有限公司、联创电子有限公司、南昌欧菲生物识别技术有限公司、江西联创光电科技股份有限公司、江西东海蓝玉光电科技有限公司等电子信息企业近百家，以晶能光电有限公司、江西联创光电科技股份有限公司为龙头的 LED 产业已经形成了从衬底材料、外延片、芯片制造到封装及应用的完整产业链；在移动智能终端产业方面，开发区引进落户了国内手机原始设计制造商（original design manufacturer，ODM）排名前五的华勤通讯技术有限公司、闻泰科技股份有限公司、与德通信技术有限公司、龙旗科技有限公司、深圳天珑移动技术股份有限公司等，国内知名手机 OEM 企业江西红派科技有限公司和中国电子集团旗下振华通信设备有限公司，以及品牌手机小辣椒、糖果即将入驻中兴通讯股份有限公司努比亚智能终端生产基地项目，整机年产能将达到 2 亿台。同时，欧菲生物识别技术有限公司、联创电子有限公司、联思触控技术有限公司、业际光电股份有限公司、东海蓝玉光电科技有限公司等骨干企业集聚快速发展，覆盖触控显示、摄像头、指纹识别、IC 芯片设计制造等手机配件，手机产业链已在开发区内集聚了 80%，形成了"龙头企业顶天立地、配套企业铺天盖地"的局面。2017 年，开发区成立了江西省首个产业联盟——南昌高新技术产业开发区光电产业联盟。

江西省的大数据、新一代信息技术产业及软件服务外包等产业也大多聚集在南昌高新技术产业开发区。2016 年，南昌高新技术产业开发区新一代信息技术产业软件和信息技术服务业总营业收入 146 亿元，产业总量约占南昌市总数的 90%、江西省的 85%；2017 年，南昌高新技术产业开发区大数据及新一代信息技术产业总营业收入 170.2 亿元，产业总量占南昌市的 85%，占江西省的 80%。南昌高新技术产业开发区是江西省唯一的国家火炬计划软件产业基地，集中了 400 多家软件及服务外包企业，其中代表企业有：世界 500 强美国微软公司、德国贝塔斯曼欧唯特集团；全国软件龙头东软集团股份有限公司、中兴软件技术有限公司；互联网龙头企业阿里巴巴菜鸟网络江西运营中心、网易网络有限公司；本土企业思创数码科技股份有限公司、博微新技术有限公司、泰豪软件股份有限公司等。产业规模和企业数约占南昌市总数的 90%、江西省总数的 85%。打造了浙江大学科技园、昌大瑞丰产业园、中兴产业园、电力设计院软件园区等多个产业园。南昌高新技术产业开发区成为第三批国家智慧城市试点，未来将大力推进互联网＋汽车、互联网＋智能装备制造、互联网＋智慧产业项目、互联网＋大数据项目、互联网＋安防等互联网＋产业，打造国内领先的新一代信息技术产业基地。近年来，移动智能终端产业爆发式增长，引进落户了国内手机 ODM 排名前五的华勤通信技术有限公司、闻泰科技股份有限公司等 8 个整机项目及 30 多个配套项目，逐渐形成智能终端全产业链布局，实现智能终端产品"三分天下有其一"，成为全国最重要的移动智能终端产业基地之一。LED 产业链进一步延伸，引进了上市公司深圳兆驰股份有限公司、苏州新纳晶光电有限公司、卓翼科技股份有限公司和央企中国电子信息集团旗下合肥蓝光等芯片行业翘楚，以及中微半导体有限公司、中晟半导体设备有限公司等自主研发的MOCVD 核心设备项目。芯片产量将达到全国产量的 1/3，MOCVD 核心设备将打破国际垄断，使南昌高新技术产业开发区形成完整光电产业链，并成为全国唯一 LED 全产业链原创技术自主知识产权的开发区。

新材料产业是南昌高新技术产业开发区的主导产业之一。2017 年南昌高新技术产业开发区新材料产业实现主营业务收入 242.5 亿元，增长 40.3%；2018 年新材料产业实现主营业务收入 273.5 亿元，力争 2020 年新材料产业实现主营业务收入 400 亿元。南昌高新技术产业开发区重点推进铜资源、钨资源精深加工产业集群的建设：围绕铜资源建设了江铜铜管、耶兹铜箔、铜板带、漆包线等项目；围绕钨资源建设了百利精密刀具、钨棒及江钨浩运储氢合金粉项目；建有纳米克半导体发电材料、先材纳米纤维电池隔膜、方大新型铝材等项目。

智能装备及新能源汽车产业是南昌高新技术产业开发区的重点发展产业之一。2017 年，南昌高新技术产业开发区智能装备制造产业实现主营业务收入 89.8 亿元。作为省级智能制造产业基地，南昌高新技术产业开发区正在积极建设机器人和智能装备产业园，重点发展高档数控机床、智能机械臂、工业和服务型机器人等。宝群电子智能机械臂、工业 4.5 移动办公室、战斧消防机器人、中航洪都全自动移动底盘、智能现场处理机器人、阿斯可智能高速医药配液机器人等项目已经投产。总投资 100 亿元的观致新能源汽车项目及总投资 50 亿元的奇瑞新能源汽车项目实现签约落户,有望带动数百亿元的产业投资,形成新的产业集群。

航空产业也是南昌高新技术产业开发区的重点发展产业之一。南昌高新技术产业开发区入选全国首批 26 个通航产业综合示范区。2017 年南昌高新技术产业开发区航空产业实现主营业务收入 71.8 亿元。力争 2020 年航空产业产值达到 500 亿元。南昌高新技术产业开发区被国家发展改革委批准为国家航空高技术产业基地。该基地的南昌航空城总投资 300 亿元、占地 25 平方公里,引进落户了大洋通航运营基地、北航(南昌)航空航天产业基地、天祥通用航空股份有限公司、白云通用航空有限公司、华夏九州通用航空有限公司、幸福航空有限责任公司、鸿鹄航空有限公司等的飞机研发及制造项目,初步形成了以大飞机研发制造为主要支撑,通用航空、航空航天科研和公共服务等为补充的发展格局。2017 年,南昌航空城引进了国内首个、唯一由本土民营企业发起的、拥有独立自主知识产权的飞机型号——冠一航空 GA20 研制生产项目,以及北航通航研究院 10 千牛推力通航涡扇发动机,中发天信航空发动机科研生产基地等一批航空配套项目。

(二)景德镇高新技术产业开发区

景德镇高新技术产业开发区成立于 1994 年,是江西省首批省级开发区,2010 年升级为国家级高新技术产业开发区。2016 年,景德镇高新技术产业开发区实现主营业务收入 326 亿元左右;2017 年,景德镇高新技术产业开发区主营业务收入突破 500 亿元;2018 年,景德镇高新技术产业开发区实现主营业务收入 872.98 亿元。力争到 2020 年实现主营业务收入 1000 亿元,培育一批 100 亿元产业,扶持一批 10 亿元企业,每年引进一批亿元以上项目。

景德镇高新技术产业开发区的主导产业有航空产业、机械家电产业、汽车零部件产业,其中战略性新兴产业主要是航空产业。景德镇是国内最重要的直升机生产和研发基地之一。2018 年航空产业实现主营业务收入 201.56 亿元，同比增长 11.8%。截至 2018 年，景德镇高新技术产业开发区拥有 3 家整机制造企业和 30 多家航空配件企业。景德镇高新技术产业开发区入选全国首批 26 个通航产业综合示范区，突出航空主题，集中发展航空整机研发制造、航空零部件配套制造、航空文化旅游和综合服务产业，加快军民融合与产城融合的步伐，建设"国内一流、国际知名"的特色航空小镇。2016 年 11 月，景德镇昌飞航空零部件产业园举行奠基仪式，同时，江西昌恒航空科技有限公司、江西昌柘伟业航空装备技术有限公司、江西英洛菲特航空设备有限公司、景德镇军工思波智能科技发展有限公司、江西美德航空航天材料有限公司等 16 家企业的项目集中开工建设，景德镇高新技术产业开发区航空产业正朝着"投资近百亿元，制造数百架，打造千亿元产业"的目标迈进。

此外，景德镇高新技术产业开发区还有光伏产业（南京中电电气集团、江西威富尔新能源科技有限公司等）、LED 半导体照明产业、新材料高技术陶瓷产业、生物和新医药产业（天新药业有限公司、立信药业有限公司、富祥药业股份有限公司、金钥药业有限公司等一批全国知名的制药企业和焦化、江淮等国家大型化工制造企业）、清洁汽车及动力电池产业（江西昌河汽车有限责任公司、武汉致远集团投资的锂离子动力电池项目等），以及文化创意产业（陶瓷文化产业链）等战略性新兴产业，但还没形成一定的产业规模。

（三）新余高新技术产业开发区

新余高新技术产业开发区的前身为成立于 2001 年的新余市高新技术经济开发区；2006 年经江西省人民政府批准为省级开发区，更名为"新余经济开发区"；2009 年更名为"新余高新技术产业园区"；2010 年经国务院批准升级为国家级高新技术产业开发区。2017 年，新余高新技术产业开发区在全国高新技术产业开发区的排名从第 130 位上升至第 98 位。2018 年，新余高新技术产业开发区在全国高新技术产业开发区中排第 94 位。新余高新技术产业开发区是江西省锂电新材料产业基地、战略性新兴产业聚集区和江西省军民融合智能装备制造产业基地，也是国家硅材料及产业应用化基地、国家螺杆膨胀动力机高新技术产业化基地、全国光伏发电集中应用示范区、国家新型工业化产业示范基地、国家锂材料及应用高新技术产业化基地、国家光伏工程技术研究中心、国家光伏产业质检中心、中国新能源产业园区百强、国家光伏基础材料及应用产品质量监督检查中心、国家电子商务示范基地。新余高新技术产业开发区现有各类工业企业 400 多家，其中规模以上工业企业 173 家、高新技术企业 42 家。

新余高新技术产业开发区基本形成了光伏新能源、锂电新材料、光电信息、钢铁和高端装备制造、生物医药食品等主导产业，力争到"十三五"期末实现五大主导工业产业实现主营业务收入达到 1600 亿元左右。其中，光电信息产业达到 400 亿元、钢铁和高端装备制造产业达到 400 亿元、光伏新能源产业达到 450 亿元、新材料产业达到 200 亿元、生物医药食品产业达到 150 亿元。

光电信息产业。新余高新技术产业开发区光电信息企业数、主营业务收入均实现了"双百"目标。形成了以沃格光电股份有限公司为代表的触控显示产业。主要包括：以亿铂电子科技有限公司、协讯电子科技有限公司、铭基电子科技集团有限公司为代表的计算机及外部设备产业；以江西好英王光电有限公司为代表的 LED 产业；以盛泰光学有限公司为代表的通信终端及传输产业；以中能电气股份有限公司为代表的电子专用设备和仪器产业等产业链。

钢铁和高端装备制造产业。2017 年，新余高新技术产业开发区被认定为江西省军民融合智能装备制造产业基地。截至 2017 年，新余市装备制造产业企业有 124 家，其中规模以上装备制造企业有 65 家，占全市规模以上企业总数的 15.30%，产值超过 10 亿元的企业有 1 家，超过 5 亿元的企业有 11 家，已挂牌新三板企业 1 家，拟挂牌（上市）企业 3 家。2016 年，新余市规模以上工业企业主营业务收入 130.71 亿元、工业增加值 24.07 亿元。新余市装备制造产业包括电气机械及器材制造业、通用设备制造业、交通运输设备制造业和专用设备制造业等所有 7 个装备制造产业类别，其中通用设备制造业和电气机械及器材制造业是装备制造产业的支柱，主营业务收入占全产业总产值的 56%。新余市装备制造产业拥有 3 个省级企业技术中心、4 个驰名商标

（名牌产品）、18家高新技术企业，占全市高新技术企业的26%。新余市已经形成以园区为主阵地的装备制造产业"三大基地"：农机产业基地是以袁河经济技术开发区为主体；汽车零部件产业基地是以新余高新技术产业开发区为主，以弘旺汽车制动器制造有限公司、锦绣控股集团为龙头，实现汽车零部件产业集群发展；基础件生产基地是以袁河经济技术开发区为主。

光伏新能源产业。2012年底，新余高新技术产业开发区依托以赛维LDK太阳能高科技有限公司为龙头的一批光伏企业成立新能源产业园。经过积极实施一系列强链、补链措施，光伏产业不断壮大发展。截至2018年，新余高新技术产业开发区共有光伏产业企业30多家，形成了硅料-硅片-电池-组件-光伏应用的完整产业链，是江西省60个重点产业集群之一。除光伏产业外，新能源产业园还重点培育新能源汽车、天然气发电、储能电池等领域的产业动能。受欧美"双反"及产业产能过剩影响，近年来光伏产业整体持续低迷，加之2018年"531"光伏政策的出台，导致光伏产业面临行业洗牌的风险。

锂电新材料产业。截至2017年，新余高新技术产业开发区有锂电企业51家。2017年，全产业实现主营业务收入160.22亿元，新余高新技术产业开发区被授予"江西省锂电新材料产业基地"。2017年10月，新余高新技术产业开发区锂电新材料产业集聚区获批为"江西省战略性新兴产业集聚区"。2016年，新余高新技术产业开发区实现锂电产业主营业务收入71.3亿元，占江西省同产业主营业务收入的21.4%。2017年，新余锂盐产量占全球锂盐产量的17.97%，占全国锂盐产量的34.28%，销量占全球1/4以上，是国内最大的锂盐产品生产基地之一。2018年，新余市锂电企业实现主营业务收入221.60亿元，比2017年同期增长38.31%，成为新余市的主要经济增长点。其中规模以上企业18家、超1亿元企业8家、超10亿元企业3家，拥有赣锋锂业股份有限公司、雅保锂业有限公司、佳沃新能源有限公司、东鹏新材料有限责任公司、金锂科技有限公司等多家龙头骨干企业。基本形成以赣锋锂业股份有限公司、江锂科技有限公司、东鹏新材料有限责任公司为代表的锂盐，以金锂科技新材料有限责任公司、智锂科技有限公司为代表的正极材料，以斯诺新能源有限公司为代表的负极材料，以本一科技有限公司为代表的电解液，以东莞八洲通能源材料有限公司为代表的隔膜，以佳沃新能源有限公司、英泰能科技有限公司为代表的锂电池，以光大远航动力新能源有限公司、双华实业发展有限公司为代表的电池外壳这样一条比较完整的锂电池产业链。新余高新技术产业开发区现有国家博士后工作站 2 个、国家级工程研究中心 2 个、省级研发平台 6 个、国家技术创新示范企业 1 家。2016 年研发投入 3 亿元，占主营业务收入的 4.2%。新余高新技术产业开发区承担国家级项目 6 个、省级项目 16 个，荣获省部级以上科技奖励 8 项，主持起草国家标准 5 项，主持（参与）起草行业标准 28 项。2018 年新余市印发的《促进赣锋雅保龙头拉动打造全球锂电高地 30 条措施》提出：到 2020 年底，力争打通锂材料、锂电池、锂动力电池汽车全产业链，打造全球电池级碳酸锂及氢氧化锂等锂材料高地和锂动力与储能电池产业基地。

生物医药食品产业。新余高新技术产业开发区建有生物医药食品产业园，已入驻青春康源医药产业基地、普润食品等多个项目。

（四）鹰潭高新技术产业开发区

鹰潭高新技术产业开发区的前身为鹰潭市工业园区，成立于 2001 年，2006 年获批为省级工业园区，2012 年升级为国家级高新技术产业开发区。2017 年，鹰潭高新技术产业开发区实现工业主营业务收入 404 亿元；2018 年，鹰潭高新技术产业开发区实现工业主营业务收入 450 亿元。鹰潭高新技术产业开发区现有博士后创新实践基地 3 个、各类研发服务平台 44 个，其中国家级平台 2 个、省级平台 22 个，拥有授权专利 1935 件、高新技术企业 45 家。三川智慧科技股份有限公司、广信新材料股份有限公司分别获批国家级、省级智能制造示范企业。鹰潭高新技术产业开发区已构建出"铜基新材料、移动物联网（智能制造）、大健康"产业发展格局。

铜基新材料。鹰潭市是我国最大的铜产业基地。鹰潭市将铜基新材料产业定位为"首位产业"，大力发展铜基功能性、结构性新材料和终端应用产品加工。2017 年，鹰潭高新技术产业开发区铜加工企业主营业务收入占开发区总收入的 73%。铜基新材料产业是鹰潭市优势产业和支柱产业，产品涵盖电解铜、铜杆、铜棒、铜线、铜管、铜板带、铜阀及铜异型材等，代表企业有广信铜业股份有限公司、瑞兴铜业有限公司、兴业电子金属材料有限公司等 80 多家。鹰潭市 2018 年规模以上铜及涉铜企业有 106 家，工业增加值 279.5 亿元，同比增长 12.6%，占全市规模工业的 76.34%。铜基新材料企业集聚了江铜集团、万宝至马达有限公司、光宝集团、宁波兴业电子铜带有限公司、宏磊铜业股份有限公司等国内外知名企业。新材料产量约占全市铜材产量的 26.8%，产品涵盖新型铜合金、高纯单晶、铜基复合材料、智能记忆合金等九大类别的 60 多个品种，涉及电子信息、电力电器、移动通信、交通建筑、航空航天等高端应用领域。鹰潭市铜产业有科技创新平台 46 个，其中国家级科研平台 4 个（1 个国家级铜工程研究中心、2 个国家级企业技术中心、1 个国家级铜及铜产品检测中心）。

移动物联网（智能制造）。2017 年，中国鹰潭移动物联网产业园开园，产业园总投资 25 亿元，并获批第八批国家新型工业化产业示范基地。园区包括展示中心、物联网研究中心、开放实验室、独立实验室、创新创业孵化基地及生活配套区等，现已有中国信息通信研究院、中国移动通信集团公司、中国电信集团公司、中国联合网络通信集团有限公司等 30 多个（家）科研机构和物联网企业入驻。中国信息通信研究院鹰潭物联网研究中心、华为技术有限公司鹰潭服务中心及中国移动通信集团公司、中国电信集团公司、中国联合网络通信集团有限公司三大运营商的开放实验室等移动物联网研发平台相继建成；国家物联网通信产品质量监督检验中心、泰尔实验室等检测平台已投入运行。鹰潭移动物联网产业园"研发总部＋孵化基地＋标准厂房＋专业园区＋展示体验区"格局已经形成。

大健康产业。大健康产业已逐步发展成为鹰潭经济新的亮点产业，产品涉及医药、食品、生物制剂等，代表企业有华宝香精香料有限公司、河北养元智汇饮品股份有限公司、湖南吉智食品饮料有限公司、天施康中药股份有限公司、诚志生物工程有限公司等 50 多家。

（五）赣州高新技术产业开发区

赣州高新技术产业开发区成立于 2001 年，2015 年升级为国家级高新技术产业开发区。2015 年，赣州高新技术产业开发区规模以上工业企业完成工业主营业务收入 315 亿元，工业增加值 80 亿元。2016 年，赣州高新技术产业开发区主营业务收入 350 亿元。赣州高新技术产业开发区是新材料（稀有金属）国家新型工业化产业示范基地、国家钨和稀土新材料高新技术产业化基地、江西省钨和稀土产业基地、江西赣州稀有稀土金属循环经济产业基地。赣州高新技术产业开发区发展以稀土和钨深加工为主、生物食品和装备制造为辅的产业体系，全力打造新材料科技城。

钨和稀土新材料产业。2017 年，赣州高新技术产业开发区内拥有钨和稀土企业 62 家，其中规模以上企业 37 家。2017 年，赣州高新技术产业开发区首位产业（钨和稀土）主营业务收入 185.80 亿元，占赣州高新技术产业开发区工业经济总量的 56%，拥有诚正稀土新材料股份有限公司、红金稀土有限公司、世瑞新材料有限公司等重点龙头企业。赣州高新技术产业开发区正在加快推进军民融合产业基地和"中国稀金谷"建设。

（六）吉安高新技术产业开发区

2015 年，吉安高新技术产业开发区升级为国家级高新技术产业开发区，当年实现主营业务收入 300.90 亿元，工业增加值 70.80 亿元。吉安高新技术产业开发区有电子信息产业、精密机械制造产业、绿色食品产业、新能源新材料产业四大主导产业。其中电子信息产业以博硕科技有限公司、协讯电子科技有限公司、航盛电子股份有限公司、先歌音响有限公司等为龙头；绿色食品产业以燕京啤酒股份有限公司、吉安娃哈哈饮料有限公司、奕方农业科技有限公司等为龙头；精密机械制造产业以联创电缆科技有限公司、德亿电缆有限公司等为龙头；新能源新材料产业以中科锂能科技发展有限公司、力莱新能源科技有限公司、环球新材料科技有限公司等为龙头。

吉安高新技术产业开发区致力于打造"中国中部声谷"，加快发展电子信息（数字视听声学）产业作为首位产业，力争到 2020 年工业主营业务收入达到 1500 亿元。吉安高新技术产业开发区 2015 年数字视听产业主营业务收入 143.3 亿元，工业增加值 33.7 亿元，拥有协讯电子科技有限公司、博硕科技有限公司、先歌音响有限公司等一批龙头企业，富上美科技有限公司、富鸿金属有限公司、协联包装材料有限公司等 30 多家配套企业，主要产品有高端音响、移动多媒体、高频数据传输连接线、高保真微型受话器等。主营业务收入超过 5 亿元的视听企业达 5 家，其中先歌音响有限公司、协讯电子科技有限公司和博硕科技有限公司 3 家企业的主营业务收入超过 40 亿元。

（七）抚州高新技术产业开发区

抚州高新技术产业开发区的前身为抚州金巢经济开发区，于 1992 年创建，于 2012 年更名为"抚州高新技术产业开发区"，于 2015 年升级为国家级高新技术产业开发区，是国家精细化工高新技术产业化基地、江西省省级生物产业基地和省级汽车零部件产业基地，是江西省首批智能制造基地。2018 年，抚州高新技术产业开发区实现主营业务收入 447.1 亿元，同比增长 12.3%，在江西省排第 17 名。2018 年，抚州高新技术产业开发区在全国 169 个国家级高新技术产业开发区中综合评价排名第 100 名，较 2017 年前进 9 名。

信息技术产业是高新技术产业开发区的首位产业。2017 年，高新技术产业开发区信息技术产业主营业务收入突破 130 亿元，占三大产业产值的 43.4%。新一代信息技术产业群以森鸿科技股份有限公司、迪比科股份有限公司、德义半导体科技有限公司、创世纪超算数据中心、卓朗云计算数据中心为龙头。其中创世纪超算数据中心、卓朗云计算数据中心两个项目已在江西省独领风骚，有望成为全国有影响力的特色产业。作为首位产业，未来将重点发展信息技术服务、光电显示、新型半导体、信息装备制造四大领域。

汽车（含新能源汽车）及汽车零部件产业。抚州高新技术产业开发区汽车及零部件产业是省级重点工业产业集群。汽车及零部件（含新能源汽车）产业群以江铃底盘股份有限公司、江铃集团轻型汽车有限公司为龙头。随着大乘汽车产业园年产 20 万辆汽车（含新能源汽车）项目 2018 年底实现首车下线和新能源轿车、轻卡及改装车生产资质的获批，抚州高新技术产业开发区汽车领域翻开了新的篇章，具备了同时向传统汽车和新能源汽车两大领域冲刺的基础。

生物医药产业。在 2016 年国家级高新技术产业开发区生物医药产业综合竞争力排名前 50 强榜单中，抚州高新技术产业开发区列第 39 位。生物医药产业集群以博雅生物制药股份有限公司、珍视明药业有限公司、回音必制药股份有限公司、大福医疗科技股份有限公司等为龙头。产业类别有血液制品、中成药、化学药品、生物制药、医疗器械、药品包装材料及医药仓储物流等。抚州高新技术产业开发区现拥有规模以上医药工业企业 37 家，其中国家高新技术企业 8 家；拥有省级技术中心 4 个；建有院士工作站和博士后工作站各 1 个。

（八）丰城高新技术产业园区

丰城高新技术产业园区位于宜春市，其前身是丰城工业园，始建于 2001 年，于 2006 年成为省级工业园区。2011 年，丰城工业园区更名为"丰城高新技术产业园区"，于 2012 年成为重点省级工业园区，于 2018 年成为国家级高新技术产业开发区。2011 年，江西丰城高新技术产业园区中高新技术企业只有 2 家，省级研发平台只有 1 个。截至 2017 年，江西丰城高新技术产业园区中高新技术企业发展到 46 家，上市及上市背景企业有 29 家，世界 500 强企业有 2 家，省级研发平台发展到 11 个，规模以上企业达到 161 家。江西丰城高新技术产业园区的主营业务收入由 2011 年的 310 亿元增加到 2018 年的 635 亿元，翻了一番，其中高新技术产业产值 342 亿元，占园区工业总产值的 43%。园区力争到 2020 年实现主营业务收入 1000 亿元，高新技术产业产值占工业总产值 50% 以上。

园区呈现一区两园六基地格局。"一区"即丰城高新技术产业园区；"两园"即资源循环利用产业园、富硒产业园；"六基地"即高新技术产业孵化基地、精品陶瓷产业基地、总部经济基地、生物食品产业基地、资源循环基地、生态养生硒谷基地。产业类别涵盖了生物食品、医药化工、机械电子、精品陶瓷、能源建材、循环经济，富硒农产品加工等。早年园区传统产业以低端制造为主，生物食品、再生资源循环产业等领域主要集中在低价值环节。产业集中度低，"一企业一产业"特征较明显，医疗器械、高端装备制造、电子信息等产业只有 1～3 家企业。之后，园区确定了推动高端装备制造、生命健康和新材料三大新兴产业高端引领，重点引进高端装备制造、生命健康和新材料三大新兴产业的上下游关联企业。2015 年，再生资源循环产业主营业务收入 103.07 亿元，以格林美股份有限公司、中国瑞林工程技术有限公司等为龙头集聚和培育了 32 家企业；轨道交通等智能装备产业主营业务收入 110.29 亿元，聚集和培育了 42 家企业；精品陶瓷、新型建筑材料产业主营业务收入 136.84 亿元，聚集和培育了 46 家企业；生命健康产业主营业务收入 115.02 亿元，聚集和培育了 34 家企业。截至 2016 年底，该园区高装备制造、生命健康和新材料三大支柱产业占园区主营业务收入比重高达 87%。2018 年，丰城市循环经济高端装备制造、生命健康新能源新材料等四大主导产业主营业务收入完成 570.3 亿元，同比增长 19.8%，其中循环经济产业主营业务收入突破 300 亿元，达 321.5 亿元，增长 32.7%。

高端装备制造产业。华伍股份有限公司拥有 6 项发明专利、18 项专有技术；布兰森科技有限公司利用高频焊接工艺生产的新产品高频焊铜管获得多项国家专利，填补了国内工艺空白；力磁电子企业生产的谐振电感和一体成型储能电感专利产品及无线无源测温系统达到国际领先水平；好帮手电子科技有限公司拥有车载智能信息、多媒体娱乐、辅助驾驶等百款产品，获国家专利授权 200 多项，其专利、商标、品牌等无形资产价值达 50 亿元，成为中国汽车电子产业的领跑者。

生命健康产业。江西恒顶食品建成的大米蛋白肽生产线以低值副产物米渣为原料，成为国内首家食品级大米蛋白肽专业生产企业；天玉油脂研发的"植物油酸""硬脂酸"等产品通过江西省重点新产品鉴定，产品工艺国际领先；中澳食品公司的"母乳化婴儿用粉末油脂"产品填补国内空白，技术处于国内领先水平；开发区生物糖浆年产量达 20 万吨，占全国糖浆生产总量的 12%，是全国最大的大米糖浆生产基地。

新材料产业。广东唯美陶瓷有限公司、东鹏陶瓷股份有限公司、宏瑞新材料有限公司和上海斯米克焊材有限公司等一批行业龙头企业抢滩入驻；景新漆业与美国陶氏化学建立全面战略合作关系，成为江西省唯一全面使用全球标准化原料的涂料生产企业，其自主研发的"高耐污高耐候隔热复合涂料"通过省级重点新产品鉴定；天丰绿色环保材料是利用废物粉煤灰生产的绿色节能墙体材料，是国家重点推进项目。

（九）九江共青城高新技术产业开发区

九江共青城高新技术产业开发区的前身是共青开放开发区，成立于1992年，于2005年成为省级开发区，于2006年更名为"共青城经济开发区"，于2016年更名为"九江共青城高新技术产业园区"。2018年，九江共青城高新技术产业园区升级为国家级高新技术产业开发区，定名为"九江共青城高新技术产业开发区"。它是国家新型工业化产业示范基地。到2018年，开发区共有企业153家，其中规模以上工业企业80家、高新技术企业21家，形成了纺织服装、电子信息、新能源新材料三大主导产业。中信重工开诚智能装备有限公司、金酷科技有限公司等一批先进制造业加速成长。2017年，九江共青城高新技术产业开发区主营业务收入400亿元。

二、江西省国家级经济技术开发区战略性新兴产业发展概况

截至2018年，江西省共有10个国家级经济技术开发区：南昌经济技术开发区、赣州经济技术开发区、上饶经济技术开发区、南昌小蓝经济技术开发区、龙南经济技术开发区、九江经济技术开发区、井冈山经济技术开发区、萍乡经济技术开发区、宜春经济技术开发区、瑞金经济技术开发区。商务部对国家级经济技术开发区2017年度考评结果显示：南昌经济技术开发区、赣州经济技术开发区、井冈山经济技术开发区、九江经济技术开发区、南昌小蓝经济技术开发区均进入全国百强。

（一）南昌经济技术开发区

南昌经济技术开发区成立于1992年，于2000年被国务院批准为江西省

第一个国家级经济技术开发区。2016年6月6日，国家批复成立国家级赣江新区，南昌经济技术开发区成为赣江新区四个组团之一。2017年，南昌经济技术开发区分别在全国219个国家级经济技术开发区中排名第47位和全国365个国家级产业园中排名第34位，成为江西省唯一进入全国50强的国家级经济技术开发区和国家级产业园。2018年，南昌经济技术开发区规模以上工业企业主营业务收入1300.09亿元，开发区总收入3048.63亿元。

2018年，南昌经济技术开发区已经形成五大"百亿元产业"。其中，电子信息产业实现主营业务收入467亿元，医药食品产业实现主营业务收入226.83亿元，新材料产业实现主营业务收入206.12亿元，新能源汽车及汽车零部件产业实现主营业务收入193.99亿元，家电产业实现主营业务收入130.28亿元。南昌经济技术开发区还在加速培育形成80亿元现代物流产业基地、400亿元总部经济基地和600亿元商贸服务产业中心。

新能源汽车及汽车零部件产业是南昌经济技术开发区的主导产业之一。2018年新能源汽车及汽车零部件产业实现主营业务收入193.99亿元，拥有以江铃集团新能源汽车有限公司、百路佳客车有限公司为龙头的整车制造，以卡耐新能源有限公司、恒动新能源有限公司为主的电池制造，以格特拉克传动系统有限公司、铃格有色金属加工有限公司为主的传动系统制造，以保捷锻压有限公司、辉门零部件有限公司为主的车身构件制造，共集聚企业40多家，其中规模以上工业企业18家。未来将重点助推新能源汽车整车、驱动电机、电力控制、动力电池等核心企业发展，全力补齐新能源汽车全产业链。《南昌经开区新能源汽车产业基地概念规划（2016—2025）》提出：到2020年，新能源汽车产销规模超过30万辆，产值达到450亿元；到2025年，新能源汽车产业规模达到70万～100万辆，产值达到1000亿元。

电子信息产业也是南昌经济技术开发区的主导产业之一。2017年，南昌经济技术开发区电子信息产业主营业务收入首次突破300亿元大关，达到360.18亿元。南昌经济技术开发区电子信息产业主要涵盖移动智能终端和LED，主要有南昌欧菲光产业群项目（包括南昌欧菲光科技有限公司、光电技术有限责任公司、光显示技术有限公司、光学技术有限公司）和海派通讯智能手机生产项目。2013 年，南昌欧菲光产业群的产值已达 80 亿元，2014 年又新增投资 30 亿元，新增产值 72.50 亿元。欧菲光产业群已经形成以触控系统、高清微摄像系统为核心的一体化产业集群——南昌欧菲光产业群。

医药食品产业、智能制造产业发展非常迅速。2017 年，南昌经济技术开发区医药产业主营业务收入达到 240.63 亿元。江西明匠智能系统有限公司是一家从事机器人制造、智能立体仓储及工业大数据的企业，是江西省引进的首家 4.0 智能制造上市公司。此外，于 2016 年开工建设的品牌手机产业园成长为爆发式增长产业园，将着力打造成集研发、生产制造、供应链、运营总部、销售结算和品牌维护为一体的高科技智能终端产品产业园，建成后将成为江西省最大的、集智能手机的品牌、研发、供应链、生产、销售结算于一体的，专注于海外市场的综合性运营主体。

（二）赣州经济技术开发区

赣州经济技术开发区成立于 1990 年 7 月，于 2010 年被批准为国家级经济技术开发区。该经济技术开发区还被商务部、人力资源和社会保障部、海关总署认定为全国加工贸易梯度重点转移承接地。它是全国国家级经济技术开发区综合发展水平考核百强区。2018 年，全区实现规模以上工业主营业务收入 677.5 亿元。新能源汽车和电子信息两大产业占全区的工业份额升至 38%，首位产业集群效应日益凸显。全区有院士工作站 4 个、高层次人才 790 名。成功申报 63 个国家、省、市科技计划、重点新产品等项目。孚能科技（赣州）有限公司及该公司项目分别被评为 2017 年国家智能制造试点示范企业、智能制造综合标准化与新模式应用项目（江西省唯一），江西省新能源汽车零部件检测中心落户新能源汽车科技城。全区有被国家及相关部委认定的科技创新及基础服务平台等"国字号" 14 个。企业专利 1794 件，注册商标 2560 件。全区现有工业企业 518 家，其中规模以上工业企业 160 家，主营业务收入超 10 亿元的企业 16 家；高新技术企业 41 家；上市挂牌企业 9 家。

新能源汽车产业是赣州经济技术开发区的首位产业之一。全区现有新能源汽车及关键零部件生产企业 67 家，项目全部达产后，可具备年产 100 万辆整车、32.3 吉瓦·时锂动力电池、10 万台新能源汽车电机等产品的生产能力。根据 2017 年发布的《赣州新能源汽车科技城产业发展规划（2016—2025年）》，其发展目标是力争到 2025 年集聚新能源汽车产业链核心企业超百家、整车生产能力超 50 万辆、全产业链实现产值 1000 亿元，成为全国新能源汽车重点制造基地。新能源汽车产业已经在上游材料领域、中游关键零部件及设备等产业链关键环节具备一定的发展基础和优势，落户了孚能科技（赣州）有限公司（动力电池）、格特拉克传动系统有限公司赣州经济技术开发区分公司（汽车变速箱）、赣州有色冶金汽修有限公司（汽车改装）等知名企业，形成了以动力电池、驱动电机、变速器、整车改装为主的产业链。引进了国机智骏汽车、凯马汽车等 5 个整车项目及孚能科技、中车生一伦等 7 个关键零部件配套项目；落户了江西理工大学、赣南职业技术学院、南方新能源汽车工程研究中心等 6 所院校和研发中心、检验检测中心等 4 个配套项目；新能源汽车小镇招商全面启动。一座集制造、研学、产景于一体的综合型生态新能源汽车产业新城初具规模。

电子信息产业也是赣州经济技术开发区的首位产业之一。2018 年，赣州经济技术开发区规模以上企业实现主营业务收入 172.9 亿元。赣州经济技术开发区内的电子信息产业园共落户了电子信息企业 120 多家，其中规模以上企业 36 家，初步形成"整机＋芯片＋模组"的生态产业链。落户了江钨新型合金材料有限公司（高导电低氧光亮铜杆）、光宝力信科技（赣州）有限公司（微型变压器）、万宝至马达（江西）有限公司（微型电机）、赣州金信诺电缆技术有限公司（通信电缆）等知名企业，形成了以通信铜线、电缆、变压器、电机为主的产业链。从集聚的企业来看，赣州经济技术开发区以传统产业而非战略性新兴产业为主。

赣州经济技术开发区内的战略性新兴产业还有钨与稀土新材料、生物医药产业。钨和稀土等传统产业华丽转身，钨与稀土新材料方面落户了江西金力永磁科技有限公司（稀土永磁材料、高性能磁钢）、五矿三德（赣州）稀土材料有限公司（稀土合金材料）、赣州东磁稀土有限公司（稀土永磁材料、永磁电机）、赣州澳克泰工具技术有限公司（涂层刀片、钻具）等知名企业，形成了以永磁材料、合金材料、永磁电机为主的稀土新材料产业链和以硬质合金、硬面材料、涂层刀片、钻具为主的钨新材料产业链。2017 年，生物制药产业实现主营业务收入约 100 亿元，2020 年将达到 200 亿元。生物医药园区已落户了江西山香药业有限公司、江西弘立现代中药有限公司，江西赣南海欣药业股份有限公司、赣州润泰药业有限公司、江西青峰药业有限公司、江西友邦医药有限公司、江西弘立现代中药有限公司（针剂、片剂）、江西赣隆药业有限公司（药剂）等知名企业，形成了以中成药、药剂为主的产业链。大约有生物制药企业 20 家，其中已投产企业 16 家、在建 3 家（江西赣南海欣药业股份有限公司、赣州市珊瑚生物科技有限公司、江西厚德医药有限公司）、规模以上企业 4 家（江西赣隆药业有限公司、江西永昇生化制药有限责任公司、赣州华医动物药业有限公司、江西省四海医药科技有限公司）、上市公司 1 家（江西赣南海欣药业股份有限公司），产品涵盖中药饮片、中成药、保健品、生物提取液、药用辅料等 5 大类数百个品种，初步形成了一个千亩[①]的生物制药产业园区。

（三）上饶经济技术开发区

上饶经济技术开发区建于 2001 年，于 2010 年 11 月成为国家级经济技术开发区，先后获批国家加工贸易梯度转移重点承接地、台资企业转移承接基地、国家光伏高新技术产业化基地、国家光学高新技术产业化基地和江西省生态工业园区。2017 年，上饶经济技术开发区完成主营业务收入 1051 亿元，列江西省工业园区第 5 位。上饶经济技术开发区现有投产企业近 300 家，其中规模以上企业 139 家。

上饶经济技术开发区已经形成"两光一车"主导产业发展，2017 年，上饶"两光一车"企业数量达 84 家，主营业务收入完成 773.6 亿元，占开发区主营业务收入的 76%。[②]

2017 年，上饶经济技术开发区汽车产业实现主营业务收入 83 亿元，汽

---

① 　1 亩 ≈ 666.67 平方米。
② 　上饶经济技术开发区官方网站数据。

车产业形成以汉腾汽车有限公司、中汽瑞华新能源科技有限公司、博能上饶客车有限公司、爱驰亿维科技有限公司、长安跨越车辆有限公司、吉利新能源商用车有限公司等 6 个整车企业为龙头，包括 1 个发动机厂、60 多家配件企业在内的集聚格局。预计到 2020 年，上饶经济技术开发区将健全发动机、增程器、电池、电机、电控等 5 类核心零部件，落户 300 家零部件企业，建成 1 个新能源智能化汽车综合试验场，打造一个 10 平方公里的汽车特色产业城，实现 120 万台的汽车产能、1500 亿元的产值，建成"江西汽车城"。[①]

2017 年，上饶经济技术开发区光伏产业实现主营业务收入 603 亿元，形成了以晶科能源控股有限公司[②]为龙头，集聚 14 家光伏及关联企业，构建了除硅料生产外的完整主产业链。2017 年发布的《以上饶经济技术开发区为中心强化信江河谷城镇群产业合作共赢发展的若干意见》《上饶市信江河谷城镇群和滨湖板块工业产业发展规划》提出，力争到 2020 年，光伏产业成为"千亿元级"产业。

光学产业以凤凰光学控股有限公司[③]为龙头，形成光学加工、模具制造、精密金属、辅料配套企业捆绑发展产业格局，集聚了 130 多家光学中小微企业，力争到 2020 年光学产业主营业务收入突破 300 亿元[④]。

此外，上饶经济技术开发区瞄准的战略性新兴产业还有大数据、物联网、生物医药等新经济产业发展方向。2017 年，开发区先后引进投资 25 亿元的华芯集成电路项目、投资 50 亿元的宁波一舟大数据项目、裸眼 3D 项目等一批高尖端项目。

（四）南昌小蓝经济技术开发区

南昌小蓝经济技术开发区于 2002 年 3 月成立，于 2006 年 3 月成为省级

---

① 上饶经济技术开发区出台的《关于促进汽车零部件产业发展的若干意见》。
② 全球最大晶硅光伏企业，是全球为数不多的拥有"硅料加工－硅片－电池片－组件－应用"垂直一体化产业链的光伏企业。
③ 全球智慧安防设备销量第一中电海康的子公司。
④ 《以上饶经济技术开发区为中心强化信江河谷城镇群产业合作共赢发展的若干意见》《上饶市信江河谷城镇群和滨湖板块工业产业发展规划》。

开发区，于 2012 年 7 月升级为国家级经济技术开发区。2017 年，南昌小蓝经济技术开发区主营业务收入、工业总产值分别完成 1135.97 亿元、1282.48 亿元，综合实力稳居江西省开发区（工业园区）第一方阵（第 4 位）。2017 年，南昌小蓝经济技术开发区完成汽车及汽车零部件工业总产值和主营业务收入分别为 450 亿元、455 亿元，生产整车和主营业务收入分别将占江西省的 1/3、1/5。

南昌小蓝经济技术开发区的支柱产业有汽车及汽车零部件产业、食品饮料和生物医药产业。南昌小蓝经济技术开发区的"首位产业"是汽车及汽车零部件。集群聚集打造"汽车之城、动力之都"，唱响"江西汽车看南昌、南昌汽车在小蓝"品牌。汽车产业初步形成了以整车制造为龙头，产品研发和汽车外贸相支撑，零部件业务广覆盖的汽车产业集群发展格局。截至 2017 年，南昌小蓝经济技术开发区汽车及零部件产业集聚了江铃汽车股份有限公司、江铃控股有限公司、江铃新动力铸造有限公司、江铃改装车有限公司、江铃专用车辆厂有限公司、江铃特种车服务有限公司等 6 大整车企业，落户了五十铃发动机有限公司、韦世通空调有限公司、李尔内饰系统有限公司、佛吉亚排气系统有限公司等 163 家汽车零部件企业（其中世界 500 强企业 14 家），拥有国家级研发中心 2 个、省级研发中心 7 个、市级工程技术中心 12 个。南昌小蓝经济技术开发区还集聚有创新创业基地、中国科学院苏州纳米研究所南昌研究院、小蓝高新技术产业园、5 个院士工作站、50 多个市级及以上工程（技术）中心等产学研平台。

除汽车产业外，南昌小蓝经济技术开发区的战略性新兴产业还包括生物医药产业、新材料产业、新能源产业和集成电路等产业。

南昌小蓝经济技术开发区是江西省生物医药产业基地。现有入驻生物医药企业 36 家，投产生物医药企业 28 家，其中规模以上企业 18 家、上市企业 3 家（三鑫医疗科技股份有限公司、中牧实业股份有限公司、尚荣医疗股份有限公司）、高新技术企业 7 家，拥有生物医药类国家级企业技术中心 1 个、院士工作站 1 个，拥有省级企业技术中心、工程技术研究中心共 5 个，基本形成了以汇仁集团为龙头的现代中药、以济民可信金水宝制药有限公司为龙头的原料药、以中牧实业股份有限公司为龙头的现代化兽药、以三鑫医疗科技股份有限公司为龙头的医疗器械、以丰维一致医药连锁有限公司和创为信息科技有限公司龙头的医药销售，专业化分工、上下游产品配套的产业发展格局。还先后引进了北科生物科技有限公司、七海富泰生物科技有限公司、华清博恩生物科技有限公司等多个科技含量高、附加值高的项目。

新能源产业以江铃新能源汽车有限公司为代表，智能制造产业以飞尚科技有限公司、佳时特数控技术有限公司为代表，生物产业以北科生物科技有限公司为代表，数字创意产业以泰豪动漫有限公司为代表，集成电路产业以德瑞光电技术有限责任公司为代表，新材料产业以中国科学院苏州纳米所南昌研究院为代表。在航空产业方面，南昌小蓝经济技术开发区的南昌白龙马航空科技有限公司是一家具有整机生产制造能力的民营无人机企业，2017 年签约西安西德无人机、高科新农无人机、洛卡新材料、约翰迪尔机组制造等项目 9 个，总投资 23.50 亿元。

除战略性新兴产业外，南昌小蓝经济技术开发区还包括食品饮料等传统产业，且食品饮料产业集群是其第二大支柱产业。2017 年，食品饮料产业主营业务收入和工业总产值分别完成 167 亿元和 170 亿元。

南昌小蓝经济技术开发区落户企业 730 多家，其中世界 500 强企业 14 家（食品饮料类企业有 5 家，汽车产业类有 7 家，化工类和钢铁类各 1 家）、上市公司 30 多家（主要集中在汽车、医药和食品产业；本地企业有 4 家，在南昌小蓝经济技术开发区注册的企业有 2 家）。

（五）龙南经济技术开发区

龙南经济技术开发区创建于 2000 年，于 2006 年升级为省级开发区，于 2013 年升级为国家级经济技术开发区，是赣州市首个、江西省第二个设在县一级地区的国家级经济技术开发区，区内有海关、商检等正处级机构，口岸设施完备。2017 年，龙南经济技术开发区实现主营业务收入 268.47 亿元。截至 2017 年底，龙南经济技术开发区入驻工业企业 250 多家，其中规模以上企业 103 家、高新技术企业 22 家、新三板挂牌企业 1 家，形成了电子信息首位产业和稀土新材料、食品药品、现代轻工四大主导产业。龙南县是江西省绿色照明产业链最完整的县，是江西省玩具出口最多的县，也是江西省的食品药品生产基地，更是江西省唯一的生产性服务基地。截至 2017 年底，龙南经济技术开发区内有高新技术企业 22 家、省级工程技术研究中心 1 个、市级工程技术中心 9 个。

电子信息产业是龙南经济技术开发区的首位产业。2017 年，龙南经济开发区电子信息产业集群与龙南稀土精深加工业产业集群一起被列入江西省省级重点工业产业集群名录中。截至 2017 年，龙南经济技术开发区有电子信息企业 78 家，其中规模以上电子信息企业 18 家，全年实现主营业务收入 41.2 亿元。

龙南稀土产业基地是江西省最早被批准设立的稀土产业基地。该基地在 2007 年由江西省发改委批准设立，当时就集聚有 29 家稀土工业企业，当年就实现总产值 10.35 亿元。如今，龙南稀土产业基地已经形成从稀土资源开采、冶炼分离到加工应用的三位一体的格局。

（六）九江经济技术开发区

九江经济技术开发区成立于 1992 年，于 2010 年被批准为国家级经济技术开发区。2018 年，九江经济技术开发区完成工业主营业务收入 1149.9 亿元，综合实力位居全国 219 个国家级经济技术开发区百强。九江经济技术开发区内有各类企业 2000 多家，其中规模以上工业企业 130 家、上市公司 50 多家。九江经济技术开发区已基本形成高端装备制造、新能源新材料、智能家电、电子信息通信、环保节能与新能源汽车制造、快速消费品和新兴服务业"6+1"产业为主导的发展格局，主导产业产值超过全区总产值的 90%。现代装备制造产业以瑞智精密机电有限公司、中船海洋与防务装备股份有限公司为龙头；新材料产业、新能源产业分别以巨石九江公司、旭阳雷迪高科技股份有限公司为龙头；智能家电产业以艾美特电器有限公司和志高空调有限公司为龙头；电子信息通信产业以铨讯电子有限公司为龙头；环保节能与新能源汽车制造产业以北汽昌河汽车有限责任公司为龙头；快速消费品产业以天地壹号饮料股份有限公司为龙头；新兴服务业以上港集团九江港务有限公司为重点。九江经济技术开发区内集聚有国家行业领先研究所（中国船舶工业集团有限公司第 6354 所、中国船舶工业集团有限公司第 707 所、同方电子科技有限公司研究所等）、高新产业基地（国家船舶装备高新产业基地、国家玻纤新材料高新产业基地、省级电子信息高新产业基地）、创新联盟（省级船舶装备产业技术创新联盟、省级电子信息技术产业技术创新联盟）。

1. 节能环保与新能源汽车产业

九江经济技术开发区正在打造 3 大新能源及智能汽车整车制造生产基地之一——北汽昌河新能源汽车产业园。北汽昌河新能源汽车产业园主打研发、生产乘用、商用等新能源汽车，一期 5 万辆新能源汽车（含 PACK) 生产线已全部完工，远期将形成年产 30 万台整车产能。此外，建设与新能源及智能汽车产业配套的"三电"系统。

（1）电池方面。由全球最大电解液生产企业江天赐高新材料有限公司打造的九江新能源材料循环产业基地将建成从"锂辉石-碳酸锂-正极材料及电解液"的锂电新能源材料产业链，九江市还拥有生产电解铜箔的德福科技股份有限公司、生产隔膜的冠力新材料有限公司、生产电池电芯的迅通新能源科技有限公司等锂电池配套企业。

（2）电机方面。芜湖华炬电动汽车驱动电机项目已经投产。

（3）充电桩方面。茂硕新能源科技有限公司已经具体生产各型充电桩能力，并与北汽昌河新能源汽车项目实现配套。2016 年的《九江经济技术开发区新工业十年行动暨"十三五"产业发展规划》提出：节能汽车提升现有北汽昌河铃木汽车利亚纳、铃木派喜、福瑞达单双排等系列车型和 KB 系列发动机制造技术水平，新导入 MPV、SUV 等北京汽车集团有限公司自主品牌汽车，以及吉姆尼等日本铃木新车型，实现批量生产；新能源汽车重点支持北汽昌河汽车城西港区生产基地一期年产 5 万辆新能源汽车基地建设；智能网联汽车鼓励汽车及零部件制造企业参与跨产业协同发展的智能网联汽车自主创新体系，支持派路特科技发展车载平视显示器、车载夜视仪等智能网联汽车零部件；汽车零部件支持现有欣兴汽车内饰件、江隆汽车消声器、昌河远翅注塑件、启元机电离合器、宏德盛线束等汽车零部件做大做强，推进沙玛科全球汽车零部件采购加工包装中心项目将国内产品推向国际市场。

2. 高端装备制造产业

九江经济技术开发区高端装备制造产业集聚在 5 大领域，在发展现有装备制造产业板块的同时，积极引进高档数控机床、航空航天装备、先进轨道交通装备等高端装备制造产业项目。

（1）海洋工程装备。依托中船九江工业牵头的江西省船舶装备产业联盟和中船消防"院士工作站"、中船九江工业"博士后科研工作站"，重点支持中国船舶工业集团有限公司第 6354 所、海天设备制造有限公司、九江中船消防设备有限公司、七所精密机电科技有限公司、国科军工集团股份有限公司做大船舶压载水管理系统、惯导测试及运动仿真设备，船舶导航设备、船用锅炉、舰船消防设备、油水过滤装置等船舶配套设备产能规模，发展海洋工程装备及高技术船舶配套。

（2）电力装备。做大做强以赛晶电力电子集团有限公司、泰开电器设备有限公司、苏一特电气有限公司为代表的电力装备制造企业。

（3）压力容器。加快促进江西制氧机有限公司、九州节能环保工程有限公司、力达机电有限公司、现代压力容器有限公司等传统装备制造企业转型升级、技术创新，支持江西制氧机有限公司、九州节能环保工程有限公司、力达机电有限公司等发展成套空分设备、LNG 加气站、低温贮罐、罐式集装箱、特种压力容器、环保设备、空气压缩机等产能规模，积极引进大型、重型压力容器等关键设备制造项目。

（4）机电设备。重点支持永信制罐做大自动化制罐设备项目，支持麦克斯韦工业机器人、如洋精密三坐标测量机、欧科思瑞工业控制阀做强做优。

（5）节能电机。重点支持东胜电机、瑞展动能项目建设，做大永磁电机、感应电机、齿轮箱电机、串激电机、无刷直流电机、伺服驱动电机、工业自动化设备电机、新型高效电机、电机配件及相关电子控制与驱动系统等系列产品产能规模。

3. 新能源新材料产业

九江经济技术开发区的新能源新材料产业集聚在 6 大领域。

（1）玻纤复合材料。重点发展以巨石集团九江有限公司为龙头的复合材料产业集群，支持盛祥电子材料股份有限公司的玻纤布、德福电子有限公司的铜箔、明阳电路科技有限公司的电路、华祥科技股份有限公司的电路、爱升精密电路科技有限公司的软 / 硬电路板等做大规模。

（2）功能膜材。支持冠力新材料项目建设，着力发展太阳能电池膜、太阳能电池封装胶膜、锂电池隔膜、光电显示薄膜、汽车膜、建筑膜、反渗透水处理膜等功能性膜材料。

（3）光伏太阳能。重点发展以旭阳雷迪高科技股份有限公司为龙头的光伏产业集群，支持旭阳雷迪高科技股份有限公司的单晶硅片、上海超日太阳能科技股份有限公司的光伏电池、旭阳光电科技有限公司的太阳能光伏组件联大靠强、兼并重组做大规模，支持旭阳光伏系统有限公司积极参与发展太阳能发电工程，鼓励欧威实业有限公司、一男新能源科技有限公司为代表的太阳能光伏应用企业做大做强。

（4）锂电池。支持迅通新能源科技有限公司、星系源科技股份有限公司等电池企业做大做强。

（5）LED 光电。支持赛翡蓝宝石科技有限公司、迈杰电子科技有限公司、皓康光电科技有限公司、欧威实业有限公司、华锦光电科技股份有限公司等企业做大做强，帮扶正展光电有限公司、绿翔光电科技有限公司优化重组，联大靠强。

（6）半导体材料。

4. 电子信息通信产业

九江经济技术开发区的电子信息通信产业集聚在 4 大领域。

（1）通信设备。支持同方电子科技有限公司、智微亚科技有限公司、海纳通讯技术有限公司等企业与高等院校、科研院所组建新一代信息技术产业联盟，实施协同创新工程，做大"北斗"系列用户机、卫星广播接收机、无线自组织网络通信系统、短波通信系统、电磁频谱传感器、加固便携式计算机、交换机、室外无线网桥、室外无线终端、视频监控系统和通信设备等产品规模，加快海纳通讯设备项目建设。

（2）数码电子。重点支持铨讯电子有限公司高性能数码相机扩大产能，促其从 OEM/ODM 加工生产型向自主品牌转型升级。

（3）存储器件。重点支持飞存电子控制器芯片的设计、封装及提供给客户 DMS[①] 的定制化服务，发展闪存卡、U 盘、DRAM、固态硬盘、无线存储器、无线读卡器、无线音频接收器、智能物联 Wi-Fi 模块、系统存储、金融安全支付存储卡等创新型数码存储技术产品。

（4）工业软件。加快培育工业软件。

（七）井冈山经济技术开发区

井冈山经济技术开发区于 2001 年设立，2010 年升级为国家级经济技术开发区，2011 年获批国家出口加工区。井冈山经济技术开发区内有省级工程技术研究中心（重点实验室）30 个、高新技术企业 54 家。省级技术中心创建总数占吉安市的 52%，高新技术产业增加值占吉安市的 45%。2017 年新增专利申请 398 件，累计专利申请量达到 2321 件；新增授权 413 件，累计获得专利授权 1262 件。拥有国家新型工业化产业示范基地（电子信息）、国家加工贸易梯度转移重点承接地、国家台资企业转移承接地、国家循环化改造示范试点园区等 12 张"国"字号名片。其"一区四园"是以井冈山经济技术开发区为主体，整合吉州工业园区、吉安河东经济开发区和富滩工业园区。2019 年，实现"一区四园"主营业务收入 1037.20 亿元，突破千亿元大关，在 219 家国家级经济技术开发区综合考评中跻身前 50 强；全区规模工业增加值增长 9.50%，利用省外资金增长 9.40%。实际利用外资增长 8.14%。井冈山经济技术开发区构建了"1+3"的产业体系，"1"即打造电子信息首位产业，"3"即着力培育生物医药大健康、新材料新能源和先

---

① Design 设计、Module 模块、Service 服务。

进装备制造 3 大新兴产业。

电子信息产业是井冈山经济技术开发区的首位产业。2017 年，井冈山经济技术开发区电子信息主营业务收入达到 430 亿元，占吉安市全市电子信息主营业务收入的 40%，荣获江西省首批战略性新兴产业电子信息集聚区荣誉称号。重点聚焦 LED 绿色照明和智能终端两大产业集群，推进通信传输、高端线路板细分产业发展，打造全球最大的 LED 封装应用基地和全国有影响的智能硬件产业基地。园区内有 86 家电子信息企业，以红板（江西）有限公司、合力泰科技股份有限公司、柏兆电子有限责任公司为龙头，聚集了联创电缆科技股份有限公司、木林森股份有限公司、满坤电子有限公司、华文光电股份有限公司、优特利电子科技有限公司等企业。

生物医药大健康产业以天人生态股份有限公司为龙头，聚集了江西生物制品研究所、吉安同瑞生物科技有限公司、江西金顶药业有限公司、普正药业集团股份有限公司、新琪安科技股份有限公司等 32 家企业，形成了中成药、化学制剂、微生物农药等产业体系。

新材料新能源产业已经具备新能源动力汽车电池、节能门窗幕墙、光热光伏等生产能力，汇聚了威力新能源（吉安）有限公司、江西仪能科思科技发展有限公司、嘉寓新能源技术开发有限公司、江西华立源锂能科技股份有限公司、吉安市宏瑞兴科技有限公司等优质企业。

先进装备制造产业在高端数控机床、高压电缆、导航设备、汽车零部件等装备制造业领域形成了一定规模，拥有 26 家企业，包括江西联创电缆科技股份有限公司、吉安市瑞鹏飞精密科技有限公司、振宇达科技（吉安）有限公司、江西杰克机床有限公司、江西省吉安电缆有限公司等。

（八）萍乡经济技术开发区

萍乡经济技术开发区创建于 1992 年，于 1995 年被批准为省级开发区，于 2010 年 12 月 30 日升级为国家级经济技术开发区。2016 年，萍乡经济技术开发区地区生产总值为 148.69 亿元，园区工业主营业务收入首次突破 600 亿元，总量在江西省 17 个国家级园区排第 10 位，与 2015 年持平。2016 年，新材料、现代装备制造、食品医药等三大主导产业实现主营业务收入464.02亿元，占园区经济总量由2015年的66.3%提升到2016年的77.04%。2016年，萍乡经济技术开发区新增新三板上市企业3家，总数达到6家，超过萍乡全市的一半（萍乡全市11家）；新增国家高新技术企业4家，总量达31家，占萍乡全市的48.5%；新增规模以上工业企业11家，总数达到116家。2017年，萍乡经济技术开发区地区生产总值为175.66亿元，园区工业主营业务收入660亿元。萍乡经济技术开发区的《重点企业效益与质量倍增实施计划（2018—2020）》提出：力争到2020年，电子信息智能制造产业的产值达到50亿元、生物医药食品产业的产值达到75亿元、新材料产业的产值达到450亿元、现代装备制造产业的产值达到110亿元。

新材料是萍乡经济技术开发区的首位产业。萍乡经济技术开发区新材料产业集群获批为"2017年省级重点工业产业集群"，被科技部认定为"国家萍乡新材料产业化示范基地"。该基地拥有企业102家，其中规模以上企业52家；拥有国家高新技术企业6家，企业共开发新产品200多个，申报专利120多件，获批国家重点新产品6个，获批省级工程技术中心3个、市级工程技术中心6个。

（九）宜春经济技术开发区

宜春经济技术开发区于2003年规划建设，于2006年被批准为省级开发区，于2013年升级为国家级经济技术开发区。截至2017年底，共有注册企业1000多家，其中工业企业400多家，规模以上企业126家，共有国家高新技术企业62家、省级科技协同创新体6个。它是国家锂电新能源高新技术产业化基地、江西省机电产业基地、江西省医药产业基地和江西省现代服务业集聚区。宜春经济技术开发区逐步形成了以新能源、新材料、电子信息为主导的产业体系。

锂电新能源是宜春经济开发区的首位产业。2017年，锂电新能源产业主营业务收入突破100亿元，同比增长42.2%。已落户企业100多家，形成了"锂矿开采、锂云母加工、碳酸锂提取、锂电池材料生产、锂电池制造、新能源汽车生产"的全产业链，聚集了远东福斯特新能源有限公司、科陆电子科技股份有限公司、杉杉能源科技股份有限公司、清陶能源科技有限公司、宜春合纵锂业科技有限公司、正拓新能源科技股份有限公司、宜春赣锋锂业有限公司、江特客车厂有限公司、宜春客车厂有限公司等一大批锂电企业。2018年6月，宜春经济技术开发区以综合排名第一被评为全国"2017最佳投资环境锂电产业集群"。

此外，新材料产业聚集了30多家新材料企业，以兴发铝业（江西）有限公司、明冠新材料股份有限公司、盛富莱定向反光材料有限公司、雄塑科技实业（江西）有限公司等为龙头。电子信息产业聚集了创维电子器件（宜春）有限公司、宜春碧彩电子科技有限公司、六和电子（江西）有限公司等龙头骨干企业。

（十）瑞金经济技术开发区

瑞金经济技术开发区的前身为江西瑞金经济开发区，创建于2002年，于2012年成为省级经济技术开发区，于2013年成为国家级经济技术开发区。2017年，瑞金经济技术开发区实现主营业务收入198亿元，共有落户企业257家，其中投产工业企业95家，规模以上工业企业59家。初步形成了以瑞金市得邦照明有限公司、江西安讯实业股份有限公司、章乐电缆（瑞金）有限公司、方友电子科技有限公司、江西省新顿电源科技有限公司、江西瑞金金一电缆有限公司、江西瑞金金字电线电缆有限公司、佳华电池（瑞金）有限公司等为代表的电气机械及器材制造产业；以红都水产食品有限公司、九华药业有限公司、圣媛坊生物科技有限公司、三九集团瑞金健佰氏医药科技有限公司等为代表的食品药品加工产业。

2017年，瑞金经济技术开发区电气机械及器材制造产业实现主营业务收入130.7亿元，占园区规模以上主营业务收入的66.11%，成为当仁不让的首位产业。

三、江西省级工业园区战略性新兴产业发展概况

根据 2018 年版《中国开发区审核公告目录》，截至 2018 年，江西省省级工业园区、省级开发区总计约 80 个。

（一）青山湖高新技术产业园区

青山湖高新技术产业园区的前身是南昌昌东工业园区，成立于 2001 年，于 2012 年成为重点省级工业园区。2018 年，南昌昌东工业园区更名为"青山湖高新技术产业园区"。2017 年，园区地区生产总值 97 亿元。园区已经形成针织服装、食品饮料、医药化工、电子信息 4 个百亿元支柱产业，其销售收入占园区工业销售总收入的近 80%。截至 2017 年，入园企业 695 家：① 针织服装以华兴针织、博涵服装为代表，共有行业企业 160 多家，占南昌市纺织服装企业的 37.5%，规模纺织服装企业占南昌市百强企业 15 席，出口交货值占江西省纺织服装企业出口交货值的 1/4，文化衫出口量占全国文化衫出口量的 1/3，是"江西省纺织服装产业基地""江西省省级针纺服装特色工业园区""国家级纺织服装产业基地"；② 电子信息以深圳兆驰股份有限公司、艾立特光电科技有限公司、江西华夏光彩显示技术有限公司等为代表，共有行业企业 18 家，3 家软件企业进入江西省电子软件业前 10 名；③ 电子商务以好吖好电商产业园、魅丝蔻跨境电商产业园为代表；④ 食品饮料以雪津啤酒（南昌）有限公司、每伴食品有限公司为代表，共有行业企业 121 家，是"全省食品产业基地"；⑤ 医药化工产业以南昌百特生物高新技术股份有限公司、开心人大药房连锁有限公司、江西华润三九（南昌）药业有限公司、南昌市万华生化药业有限公司等为代表，共有行业企业 80 多家。2017 年制定的园区长远目标是：建设成为区域性先进制造业基地和现代服务业示范区。

（二）新建长堎工业园区

新建长堎工业园区位于南昌市，于 1991 年成立，于 1997 年成为省级开发区，于 2012 年被认定为江西省首批 18 个重点省级工业园之一。2016 年，

在江西省107个开发区规模以上主营业务收入中排名第14位,新建长堎工业园区主营业务收入甚至超过江西省17个国家级园区中的7个。2017年,园区工业总产值620亿元,主营业务收入605亿元,工业增加值135.45亿元。截至2017年底,园区共引进"四外"项目470多个,建成并投产企业390家,其中规模以上工业企业144家、上市公司13家。

园区形成了汽车及零部件产业集群、绿色食品产业集群(以南方食品有限公司、汪氏蜂蜜园有限公司、江西雨润食品有限公司为代表)、节能环保产业集群(以金达莱环保股份有限公司、江西中再生资源开发有限公司、远达环保有限公司为领头雁)、文化创意产业集群(以江西省出版集团、江西龙莹印务有限公司、江西桐青金属工艺品有限公司为代表)等四大产业集群。2017年,四大产业集群年产值已占全园区工业总产值的80%。此外,该工业园区倾力培育新能源汽车、物联网智能制造、新一代电子信息等三个战略性新兴产业。

汽车及零部件产业。以江西五十铃汽车有限公司、江铃集团晶马汽车有限公司、江西远成汽车技术股份有限公司、泉州汽配园为龙头。新建长堎工业园区将新能源汽车发展作为培育新动能、整合园区整车制造产业资源的重要抓手和发展新经济的重要内容,围绕"龙头企业—产业链—产业集群—产业基地"的发展思路,依托协鑫新能源汽车产业园项目带动示范,辐射新能源汽车的上、中、下游产业链。投资70亿元的聚酰亚胺锂电池隔离膜生产基地项目落户后,该园区构建了新能源汽车全产业链。

电子信息、物联网产业。引进雍邑光电科技有限公司、秉拓智能科技有限公司、华魏光纤传感技术有限公司、广州长天航空科技有限公司等科技创新型企业,打造新建智慧谷(创新科技园)、建设中国科学院物联网南昌中心,建设昌西"智囊硅谷"。园区引进了投资50亿元的乾照光电南昌基地项目,正在规划建设亚洲规模最大、现代化程度最高、生产成本最低的现代化半导体芯片制造基地。随着深圳普创天信科技发展有限公司、西新力传感科技有限公司、中科物联网科技创业投资有限公司等10多家高精尖技术创新型企业入驻,物联网新兴产业创新动能不断聚集。

（三）乐平工业园区

乐平工业园区位于景德镇市，于 2003 年成立，于 2014 年被授予国家级精细化工高新技术产业基地称号，于 2006 年成为省级开发区，于 2007 年被授予江西省省级精细化工产业基地。2015 年，乐平工业园区实现主营业务收入 309.17 亿元。2018 年，乐平工业园区成为景德镇地区唯一通过评估的省新型工业化产业基地。

园区以精细化工产业为主导产业。截至 2017 年，园区拥有精细化工、生物医药企业 60 家，其中与氯碱基础化工及衍生产品形成循环承接的 50 家，化工产品已达到 10 类 200 多种，天新药业有限公司的维生素 B_6、B_1 产量占据全球份额的 70% 和 40%，世龙实业股份有限公司是国内最大的 AC 发泡剂和氯化亚砜生产商，金龙化工有限公司的草甘膦产品在国内居于主导地位，宏柏化学科技有限公司的硅烷偶联剂产品占据世界主导地位。

（四）芦溪工业园区

芦溪工业园区位于萍乡市，前身为芦溪县科技工业园，成立于 2001 年，于 2006 年更名为"芦溪工业园区"，为省级工业园区。园区以电瓷产业集群为主，电力、先进装备制造、环保、机械加工、农产品精深加工、生物制药等多元化格局为一体。

电瓷产业是江西芦溪工业园区的主导产业。其电瓷产业基地已被列为江西省首批 20 个省级工业示范产业集群之一，是全国电瓷产业知名品牌创建示范区、全国电瓷产业基地、国家电瓷高新技术产业化基地、中国产学研合作创新示范基地。《芦溪县电瓷产业发展规划（2011—2020）》规定：县财政每年安排预算不少于 1000 万元建立电瓷产业集群发展专项扶持资金，设立 5 亿元的电瓷发展基金。近年来，芦溪县通过科技创新、延伸产业链、积极引导电瓷产业升级步伐。培育和引进了中材江西电瓷电气有限公司、江西高强电瓷集团有限公司、萍乡华维电瓷科技股份有限公司、江西强联电瓷股份有限公司、中国中铁电气化局集团公司、南京电气（萍乡）高压电瓷有限公司、中材高新材料股份有限公司、中材江西电瓷电气有限公司、浙江金利华电气股份有限公司等一批拥有核心技术和较强国际竞争力的知名电瓷企业，产品覆盖 40 多个系列的 600 多个品种，具备高、中、低档各类电瓷产品的研发和生产能力，形成了从瓷土开采到主导产品、附件生产制造等较完善的产业链，160KN 及以下线路瓷产品占国内市场份额的 80% 以上，占国际市场份额 20% 以上。"芦溪电瓷"荣获 2016 年全国区域品牌价值百强、中国最具潜力区域品牌 30 强。

中国建材（芦溪）产业园。该园区还形成了以中国华能集团有限公司、中国建筑材料集团有限公司、中国再生资源开发有限公司、中国中纺集团有限公司、中国大唐集团公司等央企为主导的能源建材聚集区。华能安源发电有限责任公司由华能集团有限公司投资兴建，一期投资达 54 亿元；瑞泰科技芦溪新材料有限公司由中国建材集团投资 3 亿元兴建，通过回收利用废旧电瓷产品，生产耐火保温材料；萍乡华溪再生资源利用开发有限公司由中国再生资源开发有限公司投资 3 亿元兴建，建设废钢、废纸、报废汽车拆解处理和废有色金属拆解加工基地；中材江西电瓷电气有限公司由中国中材集团有限公司投资 15 亿元兴建，打造全国知名的特高压电瓷基地；中材科技（萍乡）风电叶片有限公司由央企中国中材集团有限公司投资 3 亿元建设，从事低风速大型复合材料风电叶片生产。

此外，园区还聚集了先进装备制造、新能源产业、环保产业企业，如华能安源电厂、深圳方大新能源集团、江西紫金江发汽车有限公司、九牛汽车股份有限公司、江西博鑫精陶环保科技有限公司、方圆实业有限公司等。园区还在打造 300 亩现代化物流产业园——八达物流园，推动"互联网+"模式打造的电子商务产业链。

（五）永修云山经济开发区

永修云山经济开发区位于九江市，其前身为星火高新技术开发区和云山经济技术开发区，于 2006 年整合为永修云山经济开发区，是国家新型工业化有机硅产业示范基地、国家火炬计划有机硅材料产业基地、江西省省级有机硅产业基地。永修云山经济开发区下辖星火工业园、云山工业园、城南工业园、恒丰工业新区、马口产业园。星火工业园以打造氟、硅产业基地和国家级循环经济示范园区为目标；云山工业园重点发展有机食品、生物制药、纺织服装、新型建材等产业；城南工业园重点发展机械电子、办公文具、仓储物流等产业。

2017年，园区工业主营业务收入为420亿元。园区已形成了非金属新材料（有机硅）、新型建材、新型电子、新型特种纸、新型仿生制药五大支柱产业。2016年，五大支柱产业工业总产值333亿元。其中，非金属新材料产业（有机硅）工业总产值183亿元，新型建材产业工业总产值62亿元，新型电子产业工业总产值40亿元，新型机械制造产业工业总产值25亿元，新型仿生制药产业工业总产值23亿元。

园区"十三五"发展规划提出：到2020年，完成主营业务收入1600亿元，工业增加值达到345亿元，规模以上企业达到280家。到2020年，园区五大产业主营业务收入达到1380亿元。其中，以有机硅为主的非金属新材料产业主营业务收入突破800亿元，新型建材产业主营业务收入突破220亿元，新型电子产业主营业务收入突破160亿元，新型仿生制药产业主营业务收入突破120亿元，新型机械制造产业主营业务收入突破80亿元。

非金属新材料（有机硅）产业是园区的首位产业，也是战略性新兴产业。2016年，永修云山经济开发区星火工业园有企业120家，其中有机硅关联企业94家，产业关联度80%，形成了以星火有机硅厂、卡博特公司为龙头的上下游企业合作互利的产业链条。江西星火有机硅厂为亚洲最大、世界第三的有机硅生产企业；卡博特公司是世界最大的气相二氧化硅生产基地。

（六）德安高新技术产业园区

德安高新技术产业园区原名为"德安工业园区"，位于九江市，创建于2002年，2006年成为省级工业园区，2017年改名为"德安高新技术产业园区"。2017年，园区完成主营业务收入426.30亿元。其中，现代轻纺产业主营业务收入125亿元，电子机械产业主营业务收入101亿元。园区现已形成了"3+3"产业体系，即"现代轻纺、五金建材、矿产加工"三大传统产业加"电子机械、食品医药、新能源"三大战略性新兴产业。尤其是现代轻纺产业占据九江市纺织产业的一半,是"全省纺织服装产业基地"。园区力争到2020年主营业务收入达900亿~1000亿元,跃进千亿元园区行列。

电子机械产业是园区的战略性新兴产业之一。骨干企业有江西金酷科技有限公司、九江妙士酷实业有限公司、江西千磁科技股份有限公司、江西天禧电器有限公司。电子机械产业以温控器为优势产品,逐渐发展成为电子元器件、智能终端等多个品类的产业体电子机械温控器制造业,在全国范围内与海尔集团、格力集团、TCL集团等众多知名企业广泛合作,市场占有率占全国的25%。

食品医药产业也是园区的战略性新兴产业之一。骨干企业有上好佳(中国)有限公司、九江鸿立食品有限公司、江西美宝利医用敷料有限公司、江西同德医药有限责任公司。其中,上好佳(中国)有限公司是世界华商500强企业,是江西省农产品深加工龙头企业;江西美宝利医用敷料有限公司列全国行业内第5位、江西省第1位。

(七)分宜工业园区

分宜工业园区位于新余市,成立于2003年,于2006年成为省级工业园区。2017年,分宜工业园区完成主营业务收入131.6亿元。工业园区落户各类企业近200家,确立了四大重点发展产业——麻纺织产业、锂电新材料、光电信息产业、装备制造产业。其中,后三者属于战略性新兴产业。

在锂电新材料方面,分宜工业园区处于新余高新技术产业开发区"江西省锂电新材料产业基地"的辐射范围内。新余市出台的《关于促进动力与储能电池产业加快发展的意见》提出:新余高新技术产业开发区、分宜县都围绕动力与储能电池产业发展。在光电信息产业方面,分宜工业园区有江西盛泰光学有限公司、江西卓照光电股份有限公司、江西好英王光电有限公司等一批优质企业。在装备制造产业方面,分宜工业园区通过引导江西省分宜驱动桥有限公司、宏大煤矿电机制造有限公司、江西江锻重工有限公司等企业建立"产学研"一体化培育机制和加速产品升级换代。此外,分宜工业园区依靠江锻汽车配件制造技术发展汽车、电动车产业集群。

（八）余江工业园区

余江工业园区位于鹰潭市，成立于 2003 年，于 2006 年成为省级工业园区。2017 年，园区主营业务收入 240.95 亿元，已初步形成了以铜加工产业为主导，以雕刻、眼镜制造、绿色照明、新能源新材料、医药化工为特色的产业体系，构建了铜加工、眼镜、雕刻与轻工节能及新能源新材料等五个特色产业基地，代表性企业有耐乐铜业有限公司、江西金泰新能源有限公司、鹰潭阳光照明有限公司、荣嘉医疗器械实业有限公司等。力争到 2020 年，入园企业总数达 200 家，其中规模以上企业 60 家，实现主营业务收入 480 亿元。

（九）贵溪工业园区

贵溪工业园区位于鹰潭市，于 2002 年成立，经历了罗河开发区、贵溪工业园区、贵溪经济开发区三个发展阶段，2006 年成为省级开发区，并改名为"贵溪工业园区"。贵溪工业园区形成了铜产业、绿色新能源产业为主，智能制造、化工建材、医药食品等为辅的七大产业聚集格局。园区内设有院士工作站、博士后创新实践基地、北航强预冷航空发动机实验室、移动平台研发中心、中科新环境工程技术研究实验室等一批高端科研平台建成或在建。

园区内的战略性新兴产业有：① 铜精深加工产业，着重围绕信息通信产业的传输线、新能源产业的连接线等发展高端线缆线束产业，力争到 2020 年打造成百亿元产业集群；② 绿色新能源产业，重点围绕灯饰产业、铜线灯产业、家用照明和商用照明，力争在 3～5 年内打造成百亿元产业集群；③ 智能制造产业，重点以凯顺科技有限公司为龙头，建立铜产业"云平台"；④ 围绕高端线缆线束产业的装备制造，发展高端线缆线束智能制造产业。

（十）章贡高新技术产业园区

章贡高新技术产业园区的前身是沙河工业园，位于赣州市，建于 2001 年，2006 年成为省级工业园区，更名为"章贡经济开发区"，2013 年被列为省级重点工业园区，2018年更名为"章贡高新技术产业园区"。2018年，该园区全年主营业务收入突破500亿元。区内有高新技术企业65家，国家级、省级平台分别为12个、37个，院士工作站、博士后工作站共4个、国家级绿色工厂2家、国家科学技术进步奖二等奖2项。

园区将生物医药和电子信息产业作为首位产业重点发展。通过加快建设青峰药谷，打造大健康产业集群，构建生产制造、药材种植、医药贸易、大健康、公共服务五大板块，推进产业链前后延伸，青峰药谷建设纳入《中国制造2025》试点范围，园区生物医药产业被列为江西省重要产业集群，园区建有创新天然药物与中药注射剂国家重点实验室及国家级知识产权服务机构。此外，园区加快电子信息产业补链强链，推动有色金属新材料、智能制造等产业集聚发展。赣州群星机械有限公司是江西省首家工业机器人和智能装备研发与集成应用的高科技公司，自主拥有"桁架机器人""感应淬火装置"等方面的8项国家专利。

（十一）泰和工业园区

泰和工业园区位于吉安市，创建于2002年，于2011年成为省级生态工业园区创建试点单位，于2012年成为江西省18个省级重点工业园区之一。2011年，园区主营业务收入131亿元，工业增加值30亿元，冶金机械、液晶电子产业两大产业主营业务收入分别突破60亿元、15亿元，建材、食品、医药化工三大产业合计主营业务收入突破35亿元。2018年，园区主营业务收入274.56亿元，落户企业312家。其中电子信息产业主营业务收入214亿元，占整个园区的77.94%。

园区是江西省电子信息产业基地。触控显示器产业集群是江西省重点产业集群，以合力泰科技股份有限公司、邦力达电子科技有限公司、江西渴望科技有限公司、易路泰科技（江西）有限公司、江西联创宏声泰和电子有限公司为龙头，集聚有34家企业。2018年，园区正着力打造江西省乃至全国的触控产业基地。园区内的其他战略性新兴产业有：在冶金机械产业方面，已进驻新界机电有限公司、九鑫铜业有限公司、江西成威科技有限公司、江西高顿机电制造有限公司、吉安市迪鑫机电有限公司等相关企业近 40 家，引进资金 40 多亿元；在新能源、新材料产业方面，以江西金一泰有限公司电动汽车、江西欧亚非车业有限公司、江西华斯泰实业有限公司为龙头，浙江临安等地 10 多家节能灯企业也抱团转移落户园区。

（十二）上高工业园区

上高工业园区位于宜春市，于 2001 年建设，于 2013 年成为重点省级工业园区。2014 年，上高工业园区实现主营业务收入 450.3 亿元，工业增加值 114.2 亿元。2015 年，上高工业园区主营业务收入首次突破 500 亿元，达 510.07 亿元。2016 年，上高工业园区主营业务收入 555 亿元，总量居江西省第 15 位、宜春市第 2 位。2017 年，上高工业园区主营业务收入 572.8 亿元。绿色食品、鞋业、机械电子三大产业实现主营业务收入 428 亿元，占园区经济总量的 74.72%。其中，绿色食品产业实现主营业务收入 168 亿元，鞋业产业实现主营业务收入 150 亿元，机械电子产业实现主营业务收入 110 亿元。园区已经形成绿色食品、鞋业、机械电子、新型建材、医药化工、纺织服装 6 大产业，其中绿色食品和鞋业 2 个主导产业成功列入江西省 60 个重点产业集群。

（十三）樟树工业园区

樟树工业园区位于宜春市，于 2001 年兴建，于 2006 年成为省级工业园。截至 2017 年底，樟树工业园区落户企业 318 家，主打药、酒、盐和金属家具四大产业。2017 年，园区实现主营业务收入 587.7 亿元，工业增加值 152.2 亿元。

园区现有医药生产企业 82 家、流通企业 24 家。形成了药品生产加工、中药材种植、保健品研发、药品流通、电子商务、物流等相配套的医药产业集群基地，呈现药地、药企、药市、药会齐头并进，生产、加工、销售、科研一体化的医药产业发展格局，医药产业集群规模达 350 亿元，进入全国产业集群百强行列。酒业以江西四特集团为龙头。四特科技工业城已在园区竣工投产，跻身全国白酒十强。盐业以岩盐生产为龙头，以氯碱化工为基础，以精细化工为延伸，拥有江西蓝恒达化工有限公司、江西宏宇能源发展有限公司、江西晶昊盐化有限公司等一大批骨干企业。金属家具产业主打密集架、书架，约占全国市场份额的1/3。

（十四）崇仁工业园区

崇仁工业园区位于抚州市，原名为"崇仁县乡镇工业小区"，1996年开始建设，于2002年工业小区改名为"崇仁工业园区"，于2006年成为省级工业园区，于2008年被授予"江西省设备产业基地"。崇仁工业园区是输变电设备"国家新型工业化产业示范基地"。2018年，崇仁工业园区实现主营业务收入151亿元，园区现有国家高新技术企业31家，其中3家被评为"瞪羚企业"。崇仁自主创新研发的各类变电产品在全国同行业中规格品类最多、最全，拥有江西变电设备有限公司、抚州明正变电设备有限公司、抚州市赣电金具铁附件厂3家省级企业技术中心，抚州明正变电设备有限公司、江西赣电电气有限公司2个国家级高新技术企业，拥有国家专利产品98个。崇仁的变电设备在江西省的市场占有率高达80%，但在全国市场的占用率却不超过5%。

（十五）东乡经济开发区

东乡经济开发区位于抚州市，于1992年设立，由原红星经济开发区和原东乡县大富工业园区整合而成，更名为"东乡经济开发区"，于2005年成为省级经济开发区。2018年，开发区实现主营业务收入204.78亿元。现有上海永冠众诚新材料科技（集团）股份有限公司旗下江西永冠科技发展有限公司、恒安国际集团有限公司旗下恒安（江西）卫生用品有限公司、江苏雨润肉食品有限公司东乡分公司、江苏三木集团有限公司东乡分公司、江铜集团（东乡）铸造有限公司、四川科伦药业股份有限公司旗下江西科伦药业有限公司、杭州回音必集团抚州制药有限公司等一批国内知名企业，初步形成机电冶金、医药化工、轻工纺织、新能源、文化创意五大主导产业。

（十六）上饶高新技术产业开发区

上饶高新技术产业开发区的前身为广丰经济开发区，成立于 1996 年，于 2016 年更名为"上饶高新技术产业开发区"。2016 年，上饶高新技术产业开发区全年实现主营业务收入 600 亿元，工业增加值 160 亿元。上饶高新技术产业开发区内有三大主导产业（卷烟、金属新材料、黑滑石精深加工）、三大特色产业（家具制造、绿色食品、机械制造）、三大传统产业（纺织服装、纸业包装、烟花制造）。力争到 2020 年，家具制造产业主营业务收入达到 100 亿元；黑滑石精深加工产业主营业务收入达到 100 亿元；金属新材料产业主营业务收入突破 560 亿元；卷烟制造产业主营业务收入达到 100 亿元；机械制造产业主营业务收入达到 100 亿元。上饶高新技术产业开发区内战略性新兴产业有新能源、电子信息和新材料产业，着力打造电子信息、新材料两个百亿元产业集群。

力争到 2020 年，电子信息产业主营业务收入达到 150 亿元，并形成以电子信息服务为主线，以电子信息产品制造为基础的电子信息产业发展体系，重点引进手机、平板电脑、智能电视等智能终端设备生产企业及集成电路、数码配件、LED 发光管、电子元器件等零件配套生产企业，扶持江西同欣机械制造股份有限公司、江西寸金涂料有限公司等产业龙头企业。截至 2018 年，上饶高新技术产业开发区电子信息产业园已签约入驻 11 家高新技术企业，企业全部投产后可实现主营业务收入 120 亿元左右。

（十七）玉山经济开发区

玉山经济开发区位于上饶市，前身是玉山工业园区，成立于 2002 年，于 2012 年成为重点省级工业园区，于 2015 年更名为"玉山经济开发区"，于 2006 年成为省级工业园区。现有落户企业 381 家，其中规模以上企业 151 家、高新技术企业 18 家，拥有省级企业技术中心 2 个、市工程技术研究中心 8 个、省级众创空间 1 个。2017 年，玉山经济开发区主营业务收入 365.9 亿元。园区致力发展"231"产业，其产值占园区 80.41%："2"个战略性新兴产业为电子信息、装备制造；"3"个传统产业指有色金属、新型建材、纺织服装；

"1"个鼓励发展电子商务。其中，电子信息产业实现主营业务收入28.28亿元，装备制造产业实现主营业务收入47.12亿元，有色金属产业实现主营业务收入149.51亿元，新型建材产业实现主营业务收入50.67亿元，纺织服装产业实现主营业务收入18.63亿元，其他（如橱柜、家具、食品加工、化工等）产业实现主营业务收入70.95亿元，占比19.39%。2018年，玉山经济开发区实现主营业务收入341.02亿元。

电子信息产业是玉山经济开发区的首位产业之一。截至2018年，园区电子信息企业主要有江西众光照明科技有限公司、江西华丽丰科技有限公司、江西派力德照明有限公司等，主要生产LED、手机屏幕等产品。园区正在积极打造光电产业基地。

（十八）横峰经济开发区

横峰经济开发区位于上饶市，前身是横峰工业园区，于2002年建设，2012年更名为"横峰经济开发区"，于2006年成为省级工业园区。拥有"江西省有色金属加工产业基地"和"江西省动力和储能锂电池产业基地"称号。园区主要有有色金属精深加工、新能源、机械制造产业三大产业，其中有色金属精深加工产业居绝对的主导地位。2018年上半年，横峰经济开发区实现主营业务收入83.51亿元、工业增加值16.5亿元，其中有色金属精深加工产业实现主营业务收入75.15亿元，占横峰经济开发区主营业务收入的89.99%。截至2018年，横峰经济开发区共有企业68家，其中正式投产50家。

（十九）德兴高新技术产业园区

德兴高新技术产业园区位于上饶市，原名为"德兴经济开发区"，于1992年成为首批省级综合性经济开发区。2017年，德兴经济开发区更名为"德兴高新技术产业园区"。2018年，该园区主营业务收入167.94亿元，工业增加值38.7亿元；现有企业149家，其中规模以上企业93家、亿元以上企业23家、高新技术企业24家、各类研发机构20个，已经形成了有色金属、硫化工、先进机械制造、健康、遮阳5大主导产业。

5大主导产业中先进机械制造产业属于战略性新兴产业。德兴翔鹰航空工业有限公司是一家以飞机零部件、汽车零部件、舷外机及配件、摩托车零部件制造及销售为主的先进机械制造企业，生产的民用航空飞机垂尾等零部件的全球市场份额高达85%。2017年投资4亿元的翔鹰航空产业园项目开建；与无界投资控股联手打造了德兴光电机械制造产业园项目。

（二十）高安高新技术产业园区

高安高新技术产业园区位于宜春市，其前身是高安工业园，始建于2001年，于2017年改名"高安高新技术产业园区"，成为省级高新技术产业开发区。由高安新世纪工业城和江西建筑陶瓷产业基地两部分组成。

2017年，园区落户企业155家，工业总产值556.90亿元，主营业务收入547.37亿元，其中规模以上企业68家，工业总产值261.09亿元，主营业务收入257.23亿元。形成机械机电、建筑陶瓷、医药化工、纺织服装、LED光电五大主导产业，其中建筑陶瓷产业占绝对主导地位。

建筑陶瓷拥有8.5亿元的产能，整个产业链2016年营收346亿元。建筑陶瓷产业龙头企业有江西太阳陶瓷有限公司、江西瑞阳陶瓷有限公司，主营釉面砖、抛光砖、仿古砖等。为响应高安城市规划建设和园区产业规划发展，陶瓷企业今后将逐步通过转型升级和产业转移迁移出园区。

园区光电产业发展势头强劲，产业链初步形成。2017年，高安高新技术产业园区光电产业实现主营业务收入82.75亿元，光电产业市场份额在江西省实现了三分天下有其一的格局。2014年设立高安绿色光源高新技术产业化基地，成为江西省三大光电主产区之一。光电产业龙头企业主要有江西奥其斯科技有限公司、江西康铭盛有限公司、江西科慧明有限公司。

园区机械机电产业龙头企业主要有江西龙工机械有限公司、江西清华泰豪特种电机有限公司。医药化工产业龙头企业主要有江西正邦生物化工有限公司、江西三爱尔医用制品有限公司。

（二十一）湖口高新技术产业园区

其前身是湖口金砂湾工业园区，位于九江市，于2003年建立，于2015年获批省级高新技术产业园区，并更名"湖口金砂湾高新技术产业园区"。已形成金砂湾园区、银砂湾园区和海山科技园区"一园三区"的分布格局。2017年，园区规模以上工业主营业务收入首次突破500亿元，达到510亿元。截至2017年底，落户园区项目共有145个，其中亿元以上项目56个、10亿元以上项目21个、30亿～300亿元特大项目10个。作为省级精细化工高新技术产业化基地，未来3～5年，园区力争工业主营业务收入超千亿元，打造6个百亿元级龙头企业，培育3个过300亿元、1个过100亿元的产业集群。

截至2018年，已形成钢铁冶金、电力能源、化工化纤、电子信息、精密制造、食品医药"3+3"的产业发展结构。战略性新兴产业围绕电子信息、生物医药、精密制造等3个新兴产业主攻方向。

（二十二）瑞昌工业园区

瑞昌工业园区是省级开发区，其前身是瑞昌市黄金工业园，于2001年开始建设，于2013年更名为"瑞昌经济开发区"，于2006年成为省级开发区，更名为"瑞昌工业园区"。2017年，园区共有规模以上工业企业78家，工业主营业务收入436.69亿元，总量在江西省排名第23位。

其布局为"一园三区"：码头工业城规划定位为化工、造纸、木业家具、电缆及铜产品产业为一体的重工业区；大唐新区主要发展集电子产业、轻工产业、专业市场、仓储物流和总部经济于一体的新型开发区；城区工业区主要发展纺织服装、机械制造和食品产业。已初步形成以木业家具制造、装备制造、铜及铜产品制造、电缆制造、造纸及纸制品、化学品制造、纺织服装、建材制造八大产业为主的工业布局。

（二十三）修水工业园

修水工业园位于九江市，建于2001年，于2005年底经国家发展改革委等部委审核保留并公告成为省级工业园。修水工业园分为吴都项目区、芦塘项目区、太阳升项目区、修水（九江）工业园。2017 年，园区主营业务收入 262.71 亿元，有三个主导产业。其中，矿产品深加工产业依托钨、瓷土等优势矿产资源，做实产业链条，做强骨干企业，着力打造两个百亿元产业集群；机械电子产业有江西欧克科技有限公司、江西沃可视发展有限公司、江西天德机械制造有限公司、江西酷奇实业有限公司、江西鹏飞机电制造有限公司、江西万科顺五金灯饰有限公司等重点企业；有机食品和医药保健产业有江西盐津铺子食品有限公司、江西省英才食品科技有限公司、江西修水宁红集团公司、江西南洋茶业有限公司、江西修水山谷香粮油有限公司、江西华昂实业有限公司、江西家纳丝食品有限公司等食品加工企业。

（二十四）武宁工业园区

武宁工业园区位于九江市，创建于 2001 年，于 2006 年成为省级开发区，是江西省节能灯产业基地、江西省绿色照明高新技术产业示范园。2017 年共有入园企业 266 家，其中投产企业 222 家、规模以上企业 75 家，主营业务收入 300 亿元，工业增加值 68.5 亿元。其中，绿色光电产业实现主营业务收入 161.4 亿元。园区基本形成了绿色光电、矿产加工、生物医药、纺织服装、玻璃饰品五大支柱产业。

（二十五）宜丰工业园区

宜丰工业园区位于宜春市，于 2001 年开始建设，于 2006 年成为省级开发区，于 2008 年被列为省级竹加工产业基地，于 2011 年成为中国竹产业基地。2017 年，园区主营业务收入 340 亿元，工业增加值 73 亿元，规模以上企业达到 100 家，高新技术企业达到 11 家，已形成了竹木工艺、陶瓷建材、机械电子、鞋革制衣四个主导产业。

（二十六）鄱阳工业园

鄱阳工业园位于上饶市，于 2003 年开始建设，于 2006 年被评为省级开发区。2017 年 1~8 月，鄱阳工业园主营业务收入 188.5 亿元。园区有制衣、制鞋、五金机械、食品加工、医药化工和电子六个重点产业。

（二十七）永丰工业园区

永丰工业园始建于 2002 年，于 2016 年成为省级开发区。截至 2018 年，园区形成了石头经济、循环经济、生物医药三大产业。石头经济纳入了江西省 60 个重点工业产业集群，与循环经济一起进入全市百亿元产业行列，以江西广源化工有限责任公司为代表。循环经济产业以江西永丰博源实业有限公司为代表。医药食品产业培育出了江西美媛春药业股份有限公司、江西狼和医疗器械股份有限公司、江西地威药业有限公司等多个年销售收入过亿元的骨干龙头企业，医药食品产业建成了江西省单体规模最大的生物医药产业园。

（二十八）万载县工业园区

万载县工业园区位于宜春市，成立于 2001 年，为省级工业园区、省级有机食品加工基地。园区已初步形成绿色照明、有机食品、循环经济、机械电子、橡胶化工、新型建材等产业。2017 年，园区主营业务收入 298.44 亿元；至 2017 年底，园区共有签约入园企业 350 多家，其中灯饰企业 200 多家；园区正积极推进省级有机食品加工产业基地建设，承接绿色照明灯饰产业，全力打造中国中部地区最大的绿色照明生产、销售、研发中心。

（二十九）新余袁河经济开发区

新余袁河经济开发区是 2012 年由新余经济开发区、原良山工业基地和袁河工业基地进行整合而成的。它由袁河钢铁深加工园、良山特钢产业园、新钢产业园、现代装备制造园和循环经济产业园五大园区组成。2016 年成为省级产业园，是江西省的特钢产业基地、新材料省级战略性新兴产业基地。2018 年，园区主营业务收入突破 200 亿元。2017 年，园区完成主营业务收入 131.36 亿元。通过延伸钢铁产业链，新余袁河经济开发区已经初步形成农业装备制造产业、汽车零配件产业和新能源装备产业三大支柱产业，形成了以钢铁冶炼、钢材深加工、装备制造为主的比较完整的钢铁产业链。

（三十）南康经济开发区

南康经济开发区前身是南康工业园区，位于赣州市，创建于 2001 年，于 2006 年成为省级开发区，于 2013 年更名为"南康经济开发区"。南康是"中国中部家具产业基地"，家具是南康最重要的支柱产业。2017 年，南康经济开发区的主营业务收入为 288.67 亿元。截至 2018 年 7 月，园区内纳入统计的企业有 343 家，其中规模以上工业企业 332 家。其矿产品产业、服装产业、电子产业、新能源汽车产业规模相对较小。

（三十一）新干工业园区

新干工业园区位于吉安市，于 2006 年成为省级工业园。2017 年，园区主营业务收入 216.4 亿元。园区有盐卤药化、机电机械、箱包皮具、灯饰照明工业四个主导产业，正将盐卤药化、机电机械分别打造成百亿元产业集群；将箱包皮具、灯饰照明分别打造成 50 亿元产业集群。园区盐卤药化产业被列为江西省首批 20 个省级工业示范产业集群。

（三十二）万年高新技术产业园区

万年高新技术产业园区前身是万年工业园区，位于上饶市，于 2007 年建立，2015 年获批省级高新技术产业园区。2018 年主营业务收入 271.02 亿元。园区形成了电子信息、食品加工、纺织服装、生物新医药、新型建材五大主导产业。电子信息产业由江西佳维诚电子科技有限公司、江西联创（万年）电子有限公司领军；食品加工产业由江西万年皇阳贡米实业有限公司、江西真牛食品有限公司领军；纺织服装产业由江西昌硕户外休闲用品有限公司、江西大地走红伞业有限公司领军；新型建材产业以江西万年青水泥股份有限公司为龙头；生物新医药产业以江西君业生物制药有限公司为龙头。根据"一区三园"区划，丰收工业园主要发展电子信息、食品加工、纺织服装、电子商务产业；凤巢工业园主要发展生物新医药产业；万年青工业园主要发展以水泥制品为主的新型建材产业集群。截至 2018 年，入园企业总数达到 220 家，投产达到 165 家，规模以上企业总数达到 76 家，主营业务收入超过 10 亿元、5 亿元、1 亿元的企业分别达到 5 家、7 家和 36 家。

（三十三）彭泽工业园区

彭泽工业园区成立于 2002 年，于 2006 年成为省级开发区。园区重点发展船舶制造、棉纺服装、精细化工和建材矿山等四个支柱产业。2018 年，规模以上企业主营业务收入为 395.47 亿元。近年来，园区还大力培育发展生物医药、新材料、新能源、绿色食品等战略性新兴产业。生物医药产业代表企业有江西兄弟医药有限公司、江西仁明医药化工有限公司、江西禾益化工有限公司、江西科苑生物药业有限公司、江西元盛生物科技有限公司等药品前端企业，力争到 2020 年，实现生物医药产业主营业务收入 200 亿元。新材料产业代表企业有江西科为薄膜新型材料有限公司、九江润诚新材料有限公司、江西广恒胶化科技有限公司等龙头企业，力争到 2020 年，新材料产业实现主营业收入 100 亿元；新能源产业以中广核彭泽泉山风力发电有限公司为基础，加快推进浩山风电、太平关风电、棉船风电项目建设，力争到 2020 年，新能源产业实现主营业务收入 80 亿元；绿色食品产业力争到 2020 年实现主营业收入 20 亿元。

（三十四）吉州工业园区

吉州工业园区位于吉安市，于 2003 年设立，2006 年成为省级工业园。先后引进世界 500 强企业（日本住友电气工业株式会社）、全球"IT 百强"企业（深圳市中兴维先通设备有限公司、深圳市飞康技术有限公司、深圳长宝覆铜板科技有限公司、深圳华阳电子有限公司、河北吉泰环保机械有限公司）等 120 多家知名企业落户，建成投产企业 78 家，其中规模以上工业企业 75 家。园区共有高新技术企业 9 家［江西飞信光纤传感器件有限公司、摩比通讯技术（吉安）有限公司、江西新赣江药业有限公司、江西杰克机床有限公司、吉安电机制造有限责任公司、吉安市天利电声有限责任公司、江西电缆有限责任公司、吉安市吉州区合力泰液晶开发有限公司、江西同为科技有限公司]，其中17家企业拥有自主研发技术。园区有2个省级技术中心、4个市级工程技术研究中心、21个企业试验检测中心。电子通信信息产业以日本住友电气工业株式会社旗下的江西住电电装有限公司、摩比通讯技术（吉安）有限公司、吉安市吉州区立讯电子有限公司为龙头；机械制造加工产业以江西电缆有限责任公司、江西杰克机床有限公司、吉安电机制造有限责任公司为龙头；低碳新型材料产业以吉安市吉泰环保节能材料有限公司为龙头。

（三十五）景德镇陶瓷工业园区

景德镇陶瓷工业园区建设于2004年，于2006年成为省级开发区，于2008年成为国家火炬计划景德镇陶瓷新材料及制品产业基地，2011年成为江西省陶瓷产业基地。园区以陶瓷产业为主导，规划了四个重点产业园——高新技术陶瓷产业园、高档日用陶瓷及艺术瓷产业园、建筑卫生陶瓷产业园、LED产业园。先后有景德镇神飞特陶有限公司、景德镇海川特种陶瓷有限公司、景德镇和川粉体技术有限公司等一批高技术陶瓷企业及一批高档日用瓷企业落户园区。

（三十六）九江沙城工业园区

九江沙城工业园区于2002年成立，2006年成为省级工业园。2017年，园区主营业务收入为143.1亿元，已初步形成纺织服装、机械电子、冶金建材、食品加工等四大产业为主的工业体系。园区拥有规模以上企业42家。纺织服装产业以九江智盛纺织有限公司、九江米迪服饰发展有限公司为龙头；机械电子产业以江西创银科技有限公司为龙头；冶金建材以江西铜业公司城门山铜矿、九江鑫山水泥有限公司为龙头；食品加工以江西博莱集团、江西仙客来生物科技有限公司为龙头。

（三十七）吉水工业园区

吉水工业园区位于吉安市，于1997年设立，2006年成为省级工业园。

2017 年，园区主营业务收入 215.4 亿元。园区有电子信息、林化香料、绿色食品三大主导产业。园区依托电镀集控区平台优势，加快江西景旺精密电路有限公司二期工程、江西中电新材料科技有限公司等项目建设，力争电子信息产业产值突破百亿元。绿色食品产业以百威英博（吉水）啤酒有限公司、江西金田粮油集团有限公司等企业为龙头，打造赣中优质粮油集散地和啤酒生产基地。

（三十八）于都工业园区

于都工业园区的前身为楂林工业园，位于赣州市，于 2001 年设立，2006 年成为省级开发区，并更名为"于都工业园区"。园区 2017 年的主营业务收入为 203.1 亿元，主导产业有服装、机械电子、照明。2017 年，园区有纺织服装企业 470 家，其中规模以上纺织服装企业 36 家。园区服装服饰产业集群被列入江西省省级重点工业产业集群。

（三十九）兴国经济开发区

兴国经济开发区的前身为兴国工业园区，位于赣州市，建于 2001 年，于 2006 年成为省级工业园区，于 2010 年更名为"兴国经济开发区"。2017 年，园区实现主营业务收入 135.78 亿元。园区共有企业 195 家，其中规模以上企业 71 家。园区有机电制造、食品加工、氟化工、新型建材及矿产品加工、现代轻纺五大主导产业。机电制造产业以江西广蓝传动科技股份有限公司、江西锐兴通讯设备有限公司、江西联纲电子科技有限公司、赣州市金电电子设备有限公司等为代表，机电制造产业企业 30 家，2017 年机电制造产业主营业务收入 9.98 亿元；食品加工产业有江西国兴集团百丈泉食品饮料有限公司等 16 家企业，2017 年食品加工产业完成主营业务收入 18.87 亿元；氟化工产业以江西三美化工有限公司、兴国县中萤矿业有限公司、江西兴国金莹氟业有限责任公司、兴国东方华玉氟业有限公司、赣州鑫谷生物化工有限公司等 6 家企业，2017 年氟化工产业完成主营业务收入 14.97 亿元；新型建材及矿产品加工产业有江西兴国南方水泥有限公司、江西万年青水泥股份有限公司、江西赣州万年青商砼有限公司、江西宝华山实业集团、兴国建安混凝土有限公司、兴国兴旺混凝土有限公司、江西省闽兴实业有限公司、兴国人和建材有限公司、兴国锦利陶瓷有限公司等 35 家企业，2017 年新型建材产业完成主营业务收入 33.29 亿元；现代轻纺产业有威保（江西）运动器材有限公司兴国分公司、兴国沈氏服装有限公司、兴国县荣兴鞋业有限公司等 85 家企业，2017 年现代轻纺产业完成主营业务收入 58.67 亿元。

（四十）奉新工业园区

奉新工业园区位于宜春市，于 2001 年建立。截至 2017 年底，园区落户企业 234 家，主营业务收入达到 539.5 亿元。园区有亿元以上主营业务收入企业 64 家、规模以上工业企业 106 家。

奉新工业园区是成为全国九个"中国棉纺织名城"之一。纺织服装产业有规模以上企业 15 家，被列入江西省 60 个重点产业集群，占江西省总量的 46%。2017 年新材料产业实现主营业务收入 157.97 亿元，占园区经济总量的 29.27%。2017 年纺织产业实现主营业务收入 161.18 亿元，占园区经济总量的 29.86%。竹加工产业现有企业 13 家。

由于地位和作用不同，着重介绍上述 40 个省级工业园区和开发区，由于篇幅有限，江西省还有其他省级工业园区和开发区不再做详述，下面仅做简要介绍：2006 年，南昌昌南工业园区成为省级工业园区，园区有汽车零部件、医药、服装等主导产业；2006 年，莲花工业园区成为省级工业园区，园区有特种材料、建材、矿产等主导产业；庐山工业园区成为省级工业园区，园区有石材、文体用品、汽车配件等主导产业；大余工业园区成为省级工业园区，园区有有色金属、新材料、电子信息等主导产业；上犹工业园区成为省级工业园区，园区有新材料、精密模具、数控机床等主导产业；安远工业园区成为省级工业园区，园区有电子、农产品加工、矿产品加工等主导产业；定南工业园区成为省级工业园区，园区有电子、稀土等主导产业；全南工业园区成为省级工业园区，园区有矿产品加工、机械电子、新材料等主导产业；宁都工业园区成为省级工业园区，园区有轻纺服装、食品、矿产品加工等主导产业；会昌工业园区成为省级工业园区，园区有氟化工、生物制药、食品等主导产业；万安工业园区成为省级工业园区，园区有电子信息、生物医药、有色金属加工等主导产业；靖安工业园区成为省级工业园区，园区有竹木加工、有色金属、照明等主导产业；黎川工业园区成为省级工业园区，园区有陶瓷制品、合成革、制鞋等主导产业；南丰工业园区成为省级工业园区，园区有食品、酿酒、饮料、生物医药等主导产业；金溪工业园区成为省级工业园区，园区有化工、食品、纺织等主导产业；广昌工业园区成为省级工业园区，园区有电子信息、食品、机械等主导产业；婺源工业园区成为省级工业园区，园区有旅游商品、鞋服家纺、家具等主导产业；2016 年，萍乡湘东产业园成为省级工业园区，园区主导产业是工业陶瓷；崇义产业园成为省级工业园区，园区有矿产品深加工、食品、竹木加工等主导产业；寻乌产业园成为省级工业园区，园区有稀土、建材、食品等主导产业；石城产业园成为省级工业园区，园区有矿产品加工、轻纺、机械电子等主导产业；丰城循环经济产业园成为省级工业园区，园区主导产业是再生资源综合利用；2018 年，上饶信州产业园成为省级工业园区，园区有光学、汽车配件、苎麻纺织等主导产业。

四、江西省国家级新区的战略性新兴产业发展情况

2016 年 6 月 6 日，国务院同意设立江西赣江新区。江西赣江新区成为中部地区第 2 个、全国第 18 个国家级新区。国内其他 17 个国家级新区分别是上海浦东新区、天津滨海新区、重庆两江新区、浙江舟山群岛新区、甘肃兰州新区、广州南沙新区、陕西西咸新区、贵州贵安新区、青岛西海岸新区、大连金普新区、四川天府新区、湖南湘江新区、南京江北新区、福建福州新区、云南滇中新区、黑龙江哈尔滨新区、吉林长春新区。

赣江新区包括南昌经济技术开发区、南昌临空经济区和共青城市、永修县的部分街道、乡镇。2017 年地区生产总值为 667.29 亿元，规模以上工业主营业务收入为 2159.49 亿元。新区拥有国家级的南昌经济技术开发区，省级的南昌临空经济区、永修云山经济开发区、共青城高新技术产业园区、桑

海生物医药产业基地等产业园区，形成了光电信息、生物医药、智能装备制造、新能源与新材料、有机硅和现代轻纺等在国内外具有较强竞争力的优势产业集群。2017 年，六大主导产业有规模以上工业企业 356 家，主营业务收入 1721.62 亿元，占到新区规模以上工业主营业务收入的 67.3%。新区及周边集聚了江西省 3/5 的科研机构、2/3 的大中专院校和 70% 以上的科研工作人员，拥有 18 个国家级和 220 个省级重点实验室、工程（技术）研究中心、企业技术中心及一批众创空间和孵化器（其中国家级 7 个）。

新区的目标为，到 2020 年，地区生产总值达到 1000 亿元，工业主营业务收入达到 4000 亿元；到 2025 年，地区生产总值达到 2000 亿元，工业主营业务收入达到 10 000 亿元。打造"四组团"：昌北组团重点发展汽车及零部件制造、新能源、新材料及节能环保等战略性新兴产业，建设高端装备制造产业基地和科教研发基地；临空组团重点发展航空物流、先进装备制造、生物医药、电子信息产业，建设现代临空都市区和总部经济聚集区；永修组团重点发展有机硅新材料、现代都市农业、生态旅游、先进装备制造、电子信息和现代服务业，做强有机硅国家新型工业化产业基地和都市观光休闲农业示范带；共青组团重点发展电子电器、新能源、新材料、文化创意、旅游休闲、电子商务、纺织服装等产业，建设全国青年创业创新示范基地和国际生态文明交流平台。

五、江西省园区首位产业和主导产业的分布格局

江西省 99 个省级及以上园区 ① 的首位产业及主导产业如表 4-1 所示。10 个国家级经济技术开发区的首位产业分别是电子信息、汽车及零部件、新材料、电子电器、新能源汽车、电器机械器材、锂电新能源、光伏。9 个国家级高新技术产业开发区的首位产业分别是电子信息、生物医药、航空、光伏新能源、铜基新材料、钨和稀土新材料、新材料。江西省国家级园区中将电子信息作为首位产业的有 7 个，将新材料作为首位产业的有 4 个。

---

① 江西省唯一的国家级新区（赣江新区）的产业主要分布在南昌经济技术开发区、南昌临空经济区等园区。为避免重复，下文的首位产业和主导产业统计，赣江新区将不被纳入统计范畴。

表 4-1　江西省 99 个省级及以上园区的首位产业和主导产业

园区名称	（首位产业）/ 其他主导产业
南昌经济技术开发区	（电子信息）/ 新材料、汽车及零部件、医药
南昌小蓝经济技术开发区	（汽车及零部件）/ 食品饮料、生物医药、新能源、新材料
萍乡经济技术开发区	（新材料）/ 装备制造、医药、食品、电子信息智能制造
九江经济技术开发区	（电子电器）/ 节能环保及新能源汽车、装备制造、新能源新材料
赣州经济技术开发区	（新能源汽车）/ 电子信息、新材料（钨和稀土）、生物医药
龙南经济技术开发区	（电子信息）/ 新材料（稀土）、轻工、食品药品
瑞金经济技术开发区	（电气机械器材）/ 食品、服装纺织
井冈山经济技术开发区	（电子信息）/ 机械、生物医药、新能源新材料
宜春经济技术开发区	（锂电新能源）/ 机电、医药、新材料、电子信息
上饶经济技术开发区	（光伏）/ 光学、汽车
南昌高新技术产业开发区	（生物医药）/ 电子信息、新材料、航空产业、智能装备制造
景德镇高新技术产业开发区	（航空）/ 家电、化工、汽车零部件
新余高新技术产业开发区	（光伏新能源）/ 钢铁装备、锂电新材料、生物医药食品、光电信息
鹰潭高新技术产业开发区	（铜基新材料）/ 绿色水工、智能终端（物联网）
赣州高新技术产业开发区	（钨和稀土新材料）/ 食品
吉安高新技术产业开发区	（电子信息）/ 精密机械、绿色食品、新能源新材料
抚州高新技术产业开发区	（电子信息）/ 汽车及零部件、生物制药
丰城高新技术产业园区	（新材料）/ 装备制造、医药
九江共青城高新技术产业开发区	（电子信息）/ 纺织服装、新能源、新材料
南昌昌南工业园区	（汽车零部件）/ 医药、服装
青山湖高新技术产业园区	（服装）/ 电子信息、医药化工、食品饮料
新建长堎工业园区	（食品）/ 装备制造、医药、节能环保、新一代信息技术、汽车及零部件、文化创意
安义工业园区	（建材）/ 纺织服装、精细化工
进贤产业园	（医疗器械）/ 装备制造、电子信息
景德镇陶瓷工业园区	（陶瓷制品）/—
乐平工业园区	（精细化工）/—
萍乡湘东产业园	（工业陶瓷）/—
莲花工业园区	（特种材料）/ 建材、矿产
芦溪工业园区	（电子陶瓷）/ 机械、建材、新能源
九江沙城工业园区	（纺织服装）/ 电子电器、新材料（冶金建材）、装备制造、电子电器、食品

续表

园区名称	（首位产业）/其他主导产业
武宁工业园区	（绿色光电）/矿产品加工、生物医药
修水工业园区	（矿产品加工）/机械电子、食品
永修云山经济开发区	（有机硅）/建材、电子、新型仿生制药
德安高新技术产业园区	（轻纺）/电子电器（电子机械温控）、汽车零配件、新能源、食品医药
都昌工业园区	（服装鞋帽）/机械、农产品加工
湖口高新技术产业园区	（冶金）/材料、化工、能源、生物医药、精密制造、电子信息
彭泽工业园区	（棉纺服装）/船舶制造、精细化工、建材矿山、新能源、新材料、生物医药
瑞昌经济开发区	（木业家具制造）/造纸及纸制品、纺织服装、建材制造、船舶、新材料 （铜）、有色金属加工、装备制造
庐山工业园区	（石材）/文体用品、汽车配件
星子工业园区	（电子信息）/新能源、汽车配件
分宜工业园区	（麻纺织产业）/锂电新材料、光电信息、机械装备
新余袁河经济开发区	（装备制造产业）/—
余江工业园区	（铜材加工）/眼镜、雕刻
贵溪经济开发区	（铜材加工）/绿色新能源产业、化工、智能制造
赣州章贡经济开发区	（生物制药）/电子信息、装备制造、有色金属、汽车零部件
赣州南康经济开发区	（家具）/有色金属、电子信息
信丰工业园区	（电子信息）/食品、医药
大余工业园区	（有色金属）/新材料、电子信息
上犹工业园区	（新材料）/精密模具、数控机床
崇义产业园	（矿产品深加工）/食品、竹木加工
安远工业园区	（电子）/农产品加工、矿产品加工
定南工业园区	（电子）/稀土
全南工业园区	（矿产品加工）/机械电子、新材料
宁都工业园区	（轻纺服装）/食品、矿产品加工
于都工业园区	（服装）/机械电子、照明
兴国经济开发区	（机电）/食品、建材
会昌工业园区	（氟化工）/生物制药、食品
寻乌产业园	（稀土）/建材、食品
石城产业园	（矿产品加工）/轻纺、机械电子
吉州工业园区	（电子通信）/装备制造、低碳新兴材料
吉安河东经济开发区	（电子信息）/冶金、建材

续表

园区名称	（首位产业）/其他主导产业
吉水工业园区	（食品）/林产品加工、化工、电子信息
峡江工业园区	（金属制品）/生物医药、造纸
新干工业园区	（机械）/盐卤药化、箱包皮具、灯饰照明
永丰工业园区	（循环经济）/石材、生物医药
泰和工业园区	（电子信息）/机械、食品、新能源、新材料
遂川工业园区	（林产品加工）/电子信息、轻纺
万安工业园区	（电子信息）/生物医药、有色金属加工
安福工业园区	（液压机电）/食品、电子信息
永新工业园区	（皮制品）/铜制品、纺织
奉新工业园区	（纺织服装）/新材料、竹木加工
万载工业园区	（食品）/环保、机械电子、电子信息、新能源
上高工业园区	（食品）/制鞋、机电
宜丰工业园区	（新能源）/食品、建材
靖安工业园区	（竹木加工）/有色金属、照明
丰城循环经济产业园	（再生资源综合利用）/—
樟树工业园区	（医药）/食品、家具
高安高新技术产业园区	（建材）/光电、机电、医药化工
宜春袁州产业园	（生物医药）/锂电新能源、机电、电子信息
抚北工业园区	（有色金属加工）/非金属矿物制品、化工
东乡经济开发区	（纺织）/金属制品、生物制药、机电冶金、文化创意
南城工业园区	（机械）/食品、中医药、电子
黎川工业园区	（陶瓷制品）/合成革、制鞋
南丰工业园区	（食品）/酿酒、饮料、生物医药
崇仁工业园区	[机械（变电设备）]/生物医药、有色金属加工
宜黄工业园区	（塑料制品）/汽车零配件、造纸及纸制品
金溪工业园区	（化工）/食品、纺织
广昌工业园区	（电子信息）/食品、机械
上饶高新技术产业园区	（金属新材料）/电子信息、卷烟、黑滑石精深加工产业、机械制造
玉山经济开发区	（有色金属加工）/建材、机电
铅山工业园区	（有色金属加工）/化工
横峰经济开发区	（有色金属加工）/机械、新能源
弋阳高新技术产业园区	（有色金属加工）/生物医药、机械电子

续表

园区名称	（首位产业）/其他主导产业
余干高新技术产业园区	（电力能源）/有色金属加工、建材
鄱阳工业园区	（五金）/纺织服装、粮食加工、医药化工、电子
万年高新技术产业园区	（机械电子）/食品、纺织服装、生物医药、新型建材
婺源工业园区	（旅游商品）/鞋服家纺、家具
德兴高新技术产业园区	（黄金及加工）/有色金属加工、精细化工、先进机械制造
上饶信州产业园	（光学）/汽车配件、苎麻纺织

80 个江西省的省级工业园区中将战略性新兴产业作为首位产业的有：电子信息产业 4 个（信丰工业园区、吉安河东经济开发区、万安工业园区、广昌工业园区）、生物制药产业 3 个（赣州章贡经济开发区、樟树工业园区、宜春袁州产业园）、新材料产业 2 个（上犹工业园区、上饶高新技术产业园区）、循环经济产业 2 个（永丰工业园区、丰城循环经济产业园）、电子通信产业（吉州工业园区）、绿色光电产业（武宁工业园区）、新能源产业（宜丰工业园区）、有机硅产业（永修云山经济开发区），总共 15 个。江西省的省级工业园区首位产业仍然是以传统产业为主。

第二节　产业区分视角下江西省战略性新兴产业集群发展

一、节能环保产业

（一）已有产业集群及园区基础

截至 2018 年，江西省省级及以上园区将节能环保产业作为首位或主导产业发展的共有 13 个园区，分布在 5 个地级市。节能环保产业在江西省仅有 5 个重点产业集群：上饶横峰经济开发区的有色金属（铜）综合回收利用产业集群 2018 年的主营业务收入为 168.3 亿元；宜春市的高安光电产业集群 2017 年的主营业务收入突破 100 亿元；九江市武宁工业园区的武宁节能灯产业集

群 2017 年的绿色光电及配套产业主营业务收入为 162.4 亿元；南昌经济技术
开发区的光电产业集群 2017 年的主营业务收入为 300 亿元；宜春丰城高技术
产业园区的再生铝产业集群 2016 年的主营业务收入为 360 亿元。此外，南昌
新建长埲工业园区、宜春万载工业园区、九江经济技术开发区也分别将节能
环保产业、循环经济作为园区主导产业之一。九江经济技术开发区提出力争
到 2020 年节能环保产业产值超过 500 亿元，参见表 4-2。

表 4-2　省级及以上园区将节能环保产业作为首位或主导产业的布局

地级市	省级及以上园区	节能环保产业情况
九江市	九江经济技术开发区	到 2020 年，节能环保产业产值将超过 500 亿元
	武宁工业园区	2017 年绿色光电产业主营业务收入 162.4 亿元
南昌市	新建长埲工业园区	节能环保产业
吉安市	永丰工业园区	2016 年循环经济主营业务收入 143 亿元
宜春市	万载工业园区	循环经济
	高安高新技术产业园区	2016 年光电产业实现主营业务收入 68 亿元
	丰城循环经济产业园	再生铝产业集群 2015 年主营业务收入为 335 亿元，2016 年主营业务收入为 360 亿元
上饶市	横峰经济开发区	2015 年有色金属（铜）综合回收利用主营业务收入为 156.4 亿元
	上饶经济技术开发区	2017 年，光伏和光学产业主营业务收入为 628 亿元
	玉山经济开发区	2017 年光电产业主营业务收入 为 28.28 亿元
	上饶信州产业园	光学
新余市	分宜工业园区	光电产业
	新余高新技术产业开发区	2018 年，光电产业主营业务收入超过 300 亿元；到 2020 年，光电产业主营业务收入将达到 400 亿元

（二）江西省集群发展规划

根据《江西省"十三五"工业园区和产业集群发展升级规划（2016—
2020）》及《江西省加快节能环保产业发展行动计划（2016—2020）》，江西
省节能环保产业集群未来发展格局是：以南昌市为核心的节能环保产业研发
基地；以萍乡市为主的环保产业基地；以赣州市为主的资源综合利用产业基
地；以新余市为主的节能装备制造和环保服务业产业基地；做优赣州市节能
环保产业集聚区，参见表 4-3。

表 4-3 江西省节能环保产业集群发展规划

产业集群目标	规划提到的基础	打造目标
节能环保装备制造产业集群	南昌市在节能锅炉窑炉、高效电机及拖动设备、水污染治理设备等领域的产业优势	节能环保装备制造核心增长极
	九江市、抚州市在锅炉配件、高效节能电气器材、输变电设备等领域的产业基础	—
	新余市围绕螺杆膨胀机进行产业布局	—
	鹰潭市围绕智能水表进行产业布局	—
节能环保产品生产产业集群	以南昌市、九江市和景德镇市为重点，依托华意压缩、海立电器、奥克斯空调、志高空调等骨干企业	节能家电产业集群
	以南昌市、吉安市为重点，依托晶能光电、联创光电、晶和照明、木林森等骨干企业	半导体照明产业集群
	以萍乡市为重点，依托中天化工、格丰科材等骨干企业	环保材料产业集群
资源综合利用产业集群	—	支持赣州市重点发展稀土尾矿、钨尾矿资源回收综合利用产业
	—	支持新余市、贵溪市和丰城市（属宜春市）国家"城市矿产"示范基地重点发展再生钢铁、再生铜、再生铝、废旧家电、报废汽车等的拆解、冶炼和利用产业
	—	支持上饶市重点发展再生铜产业

　　江西省节能环保产业基地规划了10个，其中属于节能环保装备制造产业集群的有5个（涉及5个园区），属于节能环保产品生产产业集群的有3个（涉及6个园区），属于资源综合利用产业集群的有2个（涉及4个园区），参见表4-4。

表 4-4 江西省10大节能环保产业基地规划

依托园区	节能环保产业基地	所属类型
新余高新技术产业开发区	螺杆膨胀机基地	节能环保装备制造产业
南昌高新技术产业开发区	高效节能电机产业基地	节能环保装备制造产业
新建长埈工业园区	水污染治理设备产业基地	节能环保装备制造产业
鹰潭高新技术产业开发区	节水监测仪表产业基地	节能环保装备制造产业
南昌高新技术产业开发区、井冈山经济技术开发区	半导体照明产业基地	节能环保产品生产产业

续表

依托园区	节能环保产业基地	所属类型
萍乡经济技术开发区	重金属污染治理材料产业基地	节能环保产品生产产业
进贤工业园区	环保锅炉产业基地	节能环保装备制造产业
上饶经济技术开发区	再生铜产业基地	资源综合利用产业
景德镇高新技术产业开发区、南昌经济技术开发区、九江经济技术开发区	节能家电产业基地	节能环保产品生产产业
赣州高新技术产业开发区、章贡经济技术开发区、丰城高新技术产业园区	废旧家电、汽车回收、新能源汽车废旧动力蓄电池综合利用产业基地	资源综合利用产业

（三）小结

（1）截至 2018 年，江西省节能环保产业仅有 5 个重点产业集群，江西省级及以上园区仅有 13 个园区将节能环保产业作为首位或主导产业发展，节能环保产业的产业集群基础非常薄弱。江西省节能环保产业集群发展规划中提到的产业基础，无论是南昌市的装备制造、家电生产，还是其他地级市的节能设备生产，也显现了江西省节能环保产业集群基础的薄弱。

（2）江西省矿产丰富，是矿产开采和冶炼大省，矿产资源回收和综合利用是江西省节能环保产业发展的重心，有 2 个重点产业集群，6 个园区主导产业中的 4 个都是矿产回收和循环利用，也有环境倒逼的迫切需要。

（3）江西省现有节能环保产业规划的集群发展聚焦性较弱，存在"撒胡椒面"的问题，尤其是节能环保装备制造产业集群、节能环保产品生产产业集群，需要从"撒胡椒面"到"组团"新模式的进一步聚焦。

二、新能源产业

（一）已有产业集群及园区基础

江西省新能源产业重点产业集群有 3 个，分别是位于新余高新技术产业开发区的光伏产业集群、位于宜春市的锂电新能源产业集群、位于上饶经济技术开发区的光伏产业集群。其中，新余高新技术产业开发区的光伏产业集群在 2018 年的主营业务收入超过 300 亿元；上饶经济技术开发区的光伏产业集群在 2018 年的主营业务收入超过 600 亿元；2018 年，宜春市的锂电新能源产业集群主营业务收入近 300 亿元。

截至 2018 年，江西省省级及以上园区将新能源产业作为首位或主导产业发展的共有 19 个园区，分布在 8 个地级市，参见表 4-5。

表 4-5　省级及以上园区将新能源产业作为首位或主导产业的情况

地级市	省级及以上园区	新能源产业情况
南昌市	南昌小蓝经济技术开发区	新能源
新余市	新余高新技术产业开发区	到 2020 年，光伏新能源产业产值将达到 450 亿元
吉安市	井冈山经济技术开发区	新能源
	吉安高新技术产业开发区	新能源新材料
	泰和工业园区	新能源
萍乡市	芦溪工业园区	新能源
九江市	九江经济技术开发区	到 2020 年新能源新材料产业产值将达到 200 亿元
	九江共青城高新技术产业开发区	2018 年新能源新材料产值突破 300 亿元
	德安高新技术产业园区	新能源
	彭泽工业园区	到 2020 年，新能源主营业务收入将达到 80 亿元
	星子工业园区	新能源
鹰潭市	贵溪经济开发区	绿色新能源产业
宜春市	宜春经济技术开发区	2017 年锂电新能源产业主营业务收入突破 100 亿元
	万载工业园区	到 2020 年，新能源主营业务收入将达到 150 亿元
	宜丰工业园区	新能源
	宜春袁州产业园	锂电新能源
上饶市	上饶经济技术开发区	2017 年光伏产业主营业务收入为 603 亿元；到 2020 年，光伏产业将成为千亿元级产业
	上饶高新技术产业园区	新能源
	横峰经济开发区	新能源

（二）出台的集群发展规划

根据《江西省"十三五"工业园区和产业集群发展升级规划（2016—2020）》：光伏制造以新余市、上饶市、九江市、南昌市为重点；风电制造以赣州市、新余市、萍乡市为重点；光伏、风电应用因地制宜，形成在江西省各地发展的空间格局。具体为：宜春市出台了《江西省宜春市锂电新能源产业发展规划实施方案》，将加快锂电新能源产业发展，力争到2020年锂电新能源产业实现主营业务收入1000亿元；九江市将推进电力能源改造提升，力争2020年主营业务收入达到1000亿元；新余市致力打造光伏产业千亿元工程，也是新余市发展工业的"一号工程"；光伏产业是上饶市发展最优的支柱产业，也在致力打造千亿元光伏产业；吉安市"十三五"规划提出打造过百亿元的新能源产业基地。

（三）小结

江西省3大新能源产业重点集群中2个是光伏产业、1个是锂电新能源产业。最新的新能源集群规划提到的几个千亿元目标也聚焦在光伏产业和锂电新能源产业。最新集群规划基本是围绕已有重点产业集群、将新能源产业作为首位或主导产业的省级及以上园区展开。

三、新材料产业

（一）已有产业集群及园区基础

截至2018年，江西省新材料战略性新兴产业集聚区有新余高新技术产业开发区锂电新材料产业集聚区、赣州市高新技术产业开发区稀土和钨新材料产业集聚区。江西省有19个与材料产业相关的重点产业集群，其中新材料的重点产业集群仅有两个，参见表4-6。

表4-6　江西省新材料及相关产业重点产业集群

地级市	材料产业重点产业集群	地级市	材料产业重点产业集群
南昌市	安义铝合金塑钢型材产业集群	萍乡市	萍乡经济技术开发区新材料产业集群
九江市	江西星火有机硅产业集群	新余市	新余钢铁及钢材加工产业集群
	庐山玻纤及复合材料产业集群	鹰潭市	鹰潭铜合金材料产业集群
	九江沿江钢铁产业集群		贵溪铜及铜加工产业集群
景德镇市	景德镇陶瓷产业集群	赣州市	赣州开发区有色金属产业集群
萍乡市	湘东工业陶瓷产业集群		南康有色金属产业集群
	萍乡金属新材料产业集群（上栗）		赣州稀土磁性材料及永磁电机
	芦溪电瓷产业集群		崇义钨产业集群

地级市	材料产业重点产业集群	地级市	材料产业重点产业集群
宜春市	高安建筑陶瓷产业集群	抚州市	黎川工业园区陶瓷产业集群
上饶市	玉山新型建材产业集群		

截至 2018 年，江西省有 47 个园区将新材料及相关产业作为园区首位或主导产业，园区分布在江西省的 11 个地级市。47 个园区中有 22 个明确提到是新材料的园区，参见表 4-7。

表 4-7 省级及以上园区将新材料及相关产业作为园区首位或主导产业的情况

地级市	省级及以上园区	新材料产业情况
南昌市	南昌高新技术产业开发区	2016 年，新材料产业（含江铜集团）主营业务收入为 860 亿元；2017 年，新材料产业（不含江铜集团）主营业务收入为 242.5 亿元；到 2020 年，新材料产业将成为千亿元产业
	南昌经济技术开发区	2017 年，新材料产业主营业务收入为 211 亿元
	南昌小蓝经济技术开发区	新材料产业
景德镇市	景德镇陶瓷工业园区	陶瓷产业
萍乡市	萍乡经济技术开发区	2016 年，新材料产业主营业务收入为 218.4 亿元；到 2020 年，新材料产业产值将达到 450 亿元
	莲花工业园区	特种材料产业
	芦溪工业园区	2017 年，电瓷产业总产值超过 100 亿元
九江市	九江沙城工业园区	新材料（冶金建材）产业
	永修云山经济开发区	2016 年，非金属新材料产业（有机硅）工业总产值为 183 亿元；到 2020 年，以有机硅为主的非金属新材料产业主营业务收入将突破 800 亿元
	彭泽工业园区	2020 年，新材料产业将实现主营业务收入 100 亿元
	瑞昌经济开发区	新材料产业
新余市	新余高新技术产业开发区	2017 年，锂电新材料产业主营业务收入为 160.22 亿元；到 2020 年，锂电新材料产业主营业务收入将达到 200 亿元
	分宜工业园区	锂电新材料
鹰潭市	鹰潭高新技术产业开发区	2018 年，铜基新材料工业主营业务收入突破 500 亿元
	余江工业园区	铜加工产业
	贵溪经济开发区	铜精深加工产业
赣州市	赣州高新技术产业开发区	2017 年，（钨和稀土）主营业务收入为 185.8 亿元
	赣州经济技术开发区	钨与稀土新材料
	龙南经济技术开发区	稀土
	赣州章贡经济开发区	有色金属及新型电子材料

地级市	省级及以上园区	新材料产业情况
赣州市	赣州南康经济开发区	有色金属
	大余工业园区	有色金属、新材料
	上犹工业园区	新材料
	崇义产业园	矿产品深加工
	安远工业园区	矿产品加工
	定南工业园区	稀土
	全南工业园区	新材料
	宁都工业园区	矿产品加工
	寻乌产业园	稀土
吉安市	井冈山经济技术开发区	新材料
	吉州工业园区	低碳新型材料产业
	泰和工业园区	新材料产业
	万安工业园区	有色金属加工
宜春市	丰城高新技术产业园区	2016 年，新材料主营业务收入为 260 亿元
	宜春经济技术开发区	新材料产业
	奉新工业园区	2016 年，新材料产业主营业务收入为 158 亿元
	靖安工业园区	有色金属加工
抚州市	抚北工业园区	有色金属加工
	东乡经济开发区	金属制品
	崇仁工业园区	有色金属加工
上饶市	上饶高新技术产业园区	到 2020 年，金属新材料产业主营业务收入将突破 560 亿元
	玉山经济开发区	2017 年，有色金属产业主营业务收入为 149.51 亿元
	铅山工业园区	有色金属加工产业集群在 2015 年主营业务收入为 125 亿元
	横峰经济开发区	2018 年上半年，有色金属深加工（铜）主营业务收入为 75.15 亿元；2015 年，有色金属精深加工产业集群主营业务收入为 156 亿元
	弋阳高新技术产业园区	有色金属加工
	余干高新技术产业园区	有色金属加工
	德兴高新技术产业园区	黄金及加工、有色金属加工

对比上述两个表格可以发现，江西省基本是传统材料产业集群，但大部分园区都已经认识到传统材料产业到新材料产业转型升级的重要性，所以江西省近一半拥有良好基础的传统材料产业的园区都逐步向新材料产业转型。

（二）出台的集群发展规划

《江西省"十三五"工业园区和产业集群发展升级规划（2016—2020）》中提到的新材料产业格局为：陶瓷以景德镇市、萍乡市为主；铜新材料以南昌市、鹰潭市为中心；钨新材料以赣州市、九江市、宜春市为核心；稀土新材料以南昌市、赣州市为核心；陶瓷新材料以景德镇市、萍乡市为主要区域，参见表4-8。

表4-8 江西省"十三五"新材料产业集群规划

产业集群	分布区域
陶瓷产业集群	景德镇市、萍乡市
铜新材料产业集群	南昌市、鹰潭市
钨新材料产业集群	赣州市、九江市、宜春市
稀土新材料产业集群	南昌市、赣州市
陶瓷新材料产业集群	景德镇市、萍乡市

（三）小结

（1）江西省材料产业和新材料产业集群数量大，其中不少具有千亿元级产业规模。鹰潭市的3个园区都把铜加工产业列为首位产业。2018年，鹰潭市铜加工产业主营收入达到3285亿元，工业增加值达到280亿元；赣州市已经拥有钨和稀土千亿元级产业、铜铝有色金属百亿元级产业；上饶市工业园区在2015年材料产业和新材料产业主营业务收入过百亿元的产业集群就有4个，上饶高新技术产业园区金属新材料产业集群主营业务收入221亿元、横峰经济开发区有色金属精深加工产业集群主营业务收入156亿元、铅山工业园区有色金属加工产业集群主营业务收入125亿元、玉山经济开发区有色金属产业集群主营业务收入116亿元。

（2）部分地级市也将材料和新材料作为"十三五"规划的千亿元级主导产业打造。其中九江市将力争2020年钢铁有色精深加工产业主营业务收入将达到1200亿元；新余市致力于将锂电新材料产业打造成千亿元产业。

（3）江西省内多个地级市享有"世界铜都""中国稀金谷""中国陶瓷之都""中国新型玻纤暨复合材料产业基地""亚洲硅都"等美誉，依托这些美誉建立的产业集群仍以传统材料产业为主体,属于新材料产业的比例偏低,未来材料产业急需高标准转型升级,打造产业品牌,推进研发和产品创造等。

四、生物医药产业

(一)已有产业集群及园区基础

江西省生物医药重点产业集群有 5 个,分别是南昌小蓝医药产业集群、宜春市樟树医药产业集群、宜春市袁州医药产业集群、赣州章贡经济开发区生物医药产业集群、南昌进贤医疗器械产业集群。樟树医药产业集群在 2018 年的主营业务收入为 830 亿元。南昌小蓝医药产业集群、宜春市袁州医药产业集群 2018 年的主营业务收入分别超过 100 亿元、200 亿元。南昌进贤医疗器械产业集群 2018 年的主营业务收入为 155.21 亿元。

截至 2018 年,江西省有 38 个园区将生物医药及相关产业作为园区首位或主导产业,园区分布在江西省 10 个地级市。其中明确提到生物医药的园区有 21 个,一半左右的园区涉及相关产业,如食品医药、大健康产业、医药、医药化工、医疗器械、中医药等,参见表 4-9。

表 4-9　省级及以上园区将生物医药及相关产业作为首位或主导产业的情况

地级市	省级及以上园区	生物医药及相关产业情况
萍乡市	萍乡经济技术开发区	2016 年,食品医药产业工业主营业务收入为 56.72 亿元;到 2020 年,食品医药产业主营业务收入将达到 75 亿元
新余市	新余高新技术产业开发区	到 2020 年,食品医药产业主营业务收入将达到 150 亿元
鹰潭市	鹰潭高新技术产业开发区	大健康产业
南昌市	南昌高新技术产业开发区	2017 年,生物医药产业主营业务收入为 424.27 亿元,约占江西全省的 1/3
	南昌经济技术开发区	2017 年,生物医药产业主营业务收入为 240 亿元
	南昌小蓝经济技术开发区	生物医药产业
	南昌昌南工业园区	医药
	青山湖高新技术产业园区	医药化工百亿元产业
	新建长埮工业园区	医药
	进贤产业园	医疗器械

续表

地级市	省级及以上园区	生物医药及相关产业情况
九江市	德安高新技术产业园区	食品医药
	武宁工业园区	生物医药
	修水工业园区	有机食品和医药保健产业
	永修云山经济开发区	2016 年，新型仿生制药产业工业总产值为 23 亿元；到 2020 年，新型仿生制药产业主营业务收入将突破 120 亿元
	湖口高新技术产业园区	生物医药
	彭泽工业园区	到 2020 年，生物医药主营业务收入将实现 200 亿元
赣州市	赣州经济技术开发区	生物医药产业
	龙南经济技术开发区	食品药品
	瑞金经济技术开发区	食品药品加工产业
	赣州章贡经济开发区	生物制药
	信丰工业园区	医药
	会昌工业园区	生物制药
吉安市	井冈山经济技术开发区	生物医药、大健康产业
	峡江工业园区	生物医药
	永丰工业园区	2018 年，生物医药大健康产业实现主营业务收入 42 亿元
	万安工业园区	生物医药
宜春市	丰城高新技术产业园区	中医药
	樟树工业园区	2018 年，医药产业集群规模突破 800 亿元
	高安高新技术产业园区	医药化工
	宜春袁州产业园	生物医药
抚州市	抚州高新技术产业开发区	2018 年，生物医药产业主营业务收入突破 55 亿元
	东乡经济开发区	医药化工
	南城工业园区	中医药
	南丰工业园区	生物医药
	崇仁工业园区	生物医药
上饶市	弋阳高新技术产业园区	生物医药
	鄱阳工业园区	医药化工
	万年高新技术产业园区	生物医药

（二）出台的集群发展规划

1. 江西省的规划目标

《江西省"十三五"工业园区和产业集群发展升级规划（2016—2020）》将生物医药产业的空间格局分为"两区、一带、多园"。两区指宜春（樟树生物医药产业集聚区、袁州生物医药产业集聚区）和南昌进贤医疗器械产业集聚区；一带指宜新萍密集带。南昌高新技术产业开发区生物医药产业集群力争到2020年主营业务收入达到200亿元；小蓝医药产业集群力争到2020年主营业务收入达到250亿元；进贤医疗器械产业集群力争到2020年主营业务收入达到250亿元；樟树医药产业集群力争到2020年主营业务收入达到250亿元；袁州医药产业集群力争到2020年主营业务收入达到200亿元，参见表4-10。

表4-10　江西省"十三五"生物医药产业集群发展规划

产业集群	产业重点	产值目标（2020年）
南昌高新技术产业开发区生物医药产业集群	药品制剂和高性能医疗器械；以药物和医疗器械研发平台、孵化器平台、临床试验平台、注册和质量检测平台为核心的综合创新体系；现代医药物流营销配送中心	主营业务收入达到200亿元
小蓝医药产业集群	以中成药、化学药制剂、医疗器械等产品为主导的医药综合加工基地	主营业务收入达到250亿元
南昌进贤医疗器械产业集群	医疗器械、国内一次性注射器具重要生产基地；引进影像设备、治疗设备、消洗设备等产品	主营业务收入达到250亿元
樟树医药产业集群	围绕中医药突出做强中成药、中药饮片等核心产业；延伸做大与中医药相关联的药材种植、商贸物流、电子商务、文化旅游等配套产业	主营业务收入达到250亿元
袁州医药产业集群	药材种植、包装销售等配套产业链；中成药制造基地；生物医药、化学制剂、医疗器械产品的研发和引进	主营业务收入达到200亿元
临（川）东（乡）医药产业集群	以中成药为主导，生物制剂（血液制品）、化学药制剂及大输液为辅助	—
井冈山经济技术开发区生物医药产业集群	以中成药、化学药制剂、生物制剂为主导	—
赣州医药产业集群	以章贡区和赣州经济技术开发区为载体，以中成药、化学药制剂及健康类产品为主导	—

产业集群	产业重点	产值目标 （2020 年）
新余医药产业集群	以中成药为主导	——
景（德镇）乐（平）万（年）特色原料药制造产业集群	以维生素类、抗生素类、抗病毒类、甾体激素类等产品为主	——

2.各地级市的规划目标

南昌市的生物医药产业重点发展南昌高新技术产业开发区、南昌经济技术开发区桑海产业园、南昌小蓝经济技术开发区、南昌进贤医疗器械产业集群四大产业集聚区，致力于构建中成药、化学药、生物药和现代医疗器械全面发展格局。预计到 2020 年，南昌市的生物医药产业将突破 1000 亿元，其中南昌小蓝经济技术开发区生物医药产业集群突破 500 亿元、南昌进贤医疗器械产业集群突破 300 亿元。九江市依托良好的生物医药原材料基地，围绕生物和医药中间体、医疗器材、生物农业、生物食品制造四条产业链打造，预计到 2020 年九江市的生物医药产业主营业务收入将达到 450 亿元。2018年，上饶市制定了《上饶国际医疗旅游先行区发展规划》，上饶国际医疗旅游先行区是继海南博鳌、江苏常州之后国内第三个批准设立的医疗旅游先行区。萍乡经济技术开发区生物医药产业基地将打造以现代中药、化学药物、医药中间体、生态休闲食品为重点的食品医药产业群。

（三）小结

（1）江西省的绝大多数地级市都有生物医药产业集群发展的基础，南昌、九江、新余、抚州、上饶、宜春几个地级市区域内多个省级工业园区都是以生物医药为其主导产业的。

（2）江西省生物医药产业集群虽然分工明确，但是基本上都是以中成药、原材料等为主，医药装备器械、高端生物药等比例偏低。

（3）除了省级重点产业集群及南昌市、九江市的几个园区外，大部分园区的生物医药产业虽然是主导产业,但产业规模仍然很小,生物医药产业的集群发展仍有待进一步集聚。

五、航空产业

（一）已有产业集群及园区基础

截至 2018 年,江西省航空产业省级重点产业集群只有景德镇直升机产业集群。景德镇直升机产业集群在 2016 年的主营业务收入为 350 亿元。力争到 2020 年,景德镇市航空产业经济规模争取过 600 亿元。江西省仅有两个省级及以上园区将航空产业列为首位或主导产业。一个是景德镇高新技术产业开发区,另一个是南昌高新技术产业开发区。南昌高新技术产业开发区 2017 年的该项主营业务收入为 71.8 亿元。

（二）出台的集群发展规划

《江西省"十三五"工业园区和产业集群发展升级规划（2016—2020）》提出:培育壮大景德镇直升机产业集聚区,形成以南昌航空城、景德镇直升机产业园和九江红鹰飞机产业园"一城二园区"为核心,以通航机场、航空服务为带动的产业发展格局。其中,景德镇市将打造千亿元产值规模产业集群;南昌市到 2020 年的航空装备产业主营业务收入将突破 500 亿元。

（三）小结

（1）江西省航空产业集群、正在布局的省级及以上园区数量极少。这在一定程度上和航空产业本身的特性有关。

（2）通航产业被誉为"下一个万亿元黄金产业",江西省仍有很大发展潜力。江西省航空产业在 2017 年主营业务收入为 740 亿元,虽然保持了年均 20% 以上的增速,但产业规模仍然偏小。江西省需要合理布局航空小镇、通勤航空生态产业链、"通航＋旅游"、"通航＋体育"等新的产业业态,以壮大航空产业规模,形成更多的航空产业集群。

六、先进装备制造产业

(一)已有产业集群及园区基础

截至 2018 年,江西省与装备制造有关的重点产业集群有 3 个,分别是新余高新技术产业开发区机械装备产业集群、宜春机电产业集群、崇仁变电设备产业集群。崇仁变电设备产业集群 2018 年 1~9 月完成主营业务收入 166.2 亿元,力争到 2020 年变电设备产业产值规模争取过 500 亿元。3 个与装备制造有关的重点产业集群没有一个是高端(先进)装备制造。

江西省现有 42 个园区将装备制造及相关产业列为园区首位或主导产业,园区遍及江西省 10 个地级市。其中明确提到先进装备(机械)制造的园区 3 个、智能装备制造的园区 1 个、现代装备制造的园区 1 个、新型机械制造的园区 1 个、精密(机械)制造的园区 2 个、先进装备制造的园区 2 个,总共 10 个。其他 32 个园区都是简单的装备制造和机械电子生产,参见表 4-11。

表 4-11 江西省省级及以上园区将装备制造及相关产业作为首位或主导产业的情况

地级市	省级及以上园区	装备制造及相关产业情况
南昌市	南昌高新技术产业开发区	2017 年,智能装备制造产业实现主营业务收入 89.8 亿元;到 2020 年力争达到 500 亿元
南昌市	新建长堎工业园区	装备制造
	进贤产业园	装备制造
萍乡市	萍乡经济技术开发区	2016 年,萍乡经济技术开发区现代装备制造产业工业主营业务收入 93.01 亿元,到 2020 年力争达到 110 亿元
	芦溪工业园区	先进装备制造
九江市	九江经济技术开发区	到 2020 年装备制造产业产值力争达到 200 亿元
	九江沙城工业园区	装备制造
	修水工业园区	2017 年,机械电子产业总产值为 12.36 亿元
	永修云山经济开发区	2016 年,新型机械制造产业工业总产值 25 亿元;到 2020 年新型机械制造产业主营业务收入突破 80 亿元
	德安高新技术产业园区	2016 年,电子机械产业(电子机械温控器制造业)主营业务收入达到 105.6 亿元
	湖口高新技术产业园区	精密制造
	瑞昌经济开发区	装备制造

续表

地级市	省级及以上园区	装备制造及相关产业情况
新余市	新余高新技术产业开发区	2016年，规模以上钢铁和高端装备制造产业主营业务收入130.71亿元；到2020年钢铁和高端装备制造产业主营业务收入力争达到400亿元
	分宜工业园区	装备制造产业
	新余袁河经济开发区	装备制造产业
鹰潭市	贵溪经济开发区	智能制造产业
赣州市	瑞金经济技术开发区	2017年，瑞金经济技术开发区电气机械及器材制造产业工业主营业务收入为130.7亿元
	赣州章贡经济开发区	机械制造
	上犹工业园区	精密模具、数控机床
	全南工业园区	机械电子
	于都工业园区	机械电子
	兴国经济开发区	机电制造
	石城产业园	机械电子
吉安市	吉安高新技术产业开发区	精密机械制造产业
	井冈山经济技术开发区	先进装备制造产业
	吉州工业园区	机械制造加工业
	新干工业园区	机械
	泰和工业园区	冶金机械产业
	安福工业园区	液压机电
宜春市	丰城高新技术产业园区	2016年，高端装备制造主营业务收入为120亿元
	万载工业园区	机械电子
	上高工业园区	2017年，机电主营业务收入为110亿元
	高安高新技术产业园区	机械机电
	宜春袁州产业园	机电
抚州市	南城工业园区	机械
	崇仁工业园区	2017年，变电设备主营业务收入为116.6亿元
上饶市	上饶高新技术产业园区	到2020年，机械制造产业主营业务收入为100亿元
	玉山经济开发区	2017年，装备制造产业主营业务收入为47.12亿元
	横峰经济开发区	机械制造产业
	弋阳高新技术产业园区	机械电子
	万年高新技术产业园区	机械电子
	德兴高新技术产业园区	先进机械制造产业

（二）出台的集群发展规划

《江西省"十三五"工业园区和产业集群发展升级规划（2016—2020）》提出：培育壮大南昌先进装备制造产业集聚区、上饶光学产业集聚区和崇仁变电设备产业集聚区。建设南昌先进装备高端装备制造、昌九先进装备制造、赣东北特色产业、赣西高效矿山与工程机械和赣南原中央苏区特色产业五大先进装备制造产业基地。

（三）小结

（1）纳入国家高端装备制造产业的产业有智能制造装备产业、航空产业、卫星及应用产业、轨道交通装备产业、海洋工程装备产业等。显然，江西省先进装备重点产业集群除了航空产业重点产业集群外，尚未布局其他先进装备重点产业集群。

（2）江西省有不少省级产业园区把先进装备制造产业作为园区首位或主导产业之一，但是规模普遍偏小，最大的主营业务收入徘徊在 100 亿元上下。而且多数是先进装备制造产业的一个很具体的环节，大多缺少大型先进装备生产和研发能力。

七、新一代信息技术产业

（一）已有产业集群及园区基础

截至 2018 年，江西省有 9 个与信息技术相关的重点产业集群，分别是南昌高新技术产业开发区光电及通信产业集群、南昌高新技术产业开发区软件和信息服务业集群、九江共青城高新技术产业园手机产业集群、赣州信丰数字视听产业集群、井冈山经济技术开发区通信终端设备产业集群、吉安县数字视听产业集群、吉安吉州区通信传输系统产业集群、吉安泰和触控显示器产业集群、龙南经济开发区电子信息产业集群。

江西省有 37 个园区将信息技术及相关产业列为园区首位或主导产业，园区遍及江西省的 9 个地级市。其中明确提出将新一代电子信息技术产业列为园区首位或主导产业的仅有南昌高新技术产业开发区、新建长埈工业园区。大部分园区涉及的都是传统的信息技术产业，其中产业基础较好的地级市有南昌市、九江市、赣州市、吉安市、抚州市、上饶市等。吉安市 13 个园区中有 9 个园区把电子信息产业列为首位产业，参见表 4-12。

表 4-12   江西省省级及以上园区将信息技术及相关产业列为首位或主导产业的情况

地级市	省级及以上园区	信息技术及相关产业情况
萍乡市	萍乡经济技术开发区	到 2020 年，电子信息智能制造产值力争达到 50 亿元
鹰潭市	鹰潭高新技术产业开发区	到 2020 年，物联网及关联产业产值力争超过 500 亿元
南昌市	南昌高新技术产业开发区	2017 年，南昌高新技术产业开发区大数据及新一代信息技术产业营业收入为 170.2 亿元，产业总量占南昌市的 85%，占江西全省的 80%；到 2020 年，新一代信息技术力争成为 500 亿元产业
	南昌经济技术开发区	2017 年，电子信息产业主营业务收入为 360 亿元
	青山湖高新技术产业园区	电子信息产业为百亿元产业
	新建长埈工业园区	新一代电子信息
	进贤产业园	电子信息
九江市	九江共青城高新技术产业开发区	电子电器产业
	九江经济技术开发区	到 2020 年，电子信息通信产业产值力争达到 200 亿元
	永修云山经济开发区	2016 年，新型电子产业工业总产值为 40 亿元；到 2020 年，新型电子产业主营业务收入力争突破 160 亿元
	湖口高新技术产业园区	电子信息
	星子工业园区	电子信息
赣州市	赣州经济技术开发区	2017 年，规模以上电子信息企业实现主营业务收入 211 亿元
	龙南经济技术开发区	2017 年，规模以上电子信息企业实现主营业务收入 41.2 亿元
	赣州章贡经济开发区	电子信息产业
	赣州南康经济开发区	电子信息
	信丰工业园区	电子信息
	大余工业园区	电子信息
	安远工业园区	电子
	定南工业园区	电子
吉安市	吉安高新技术产业开发区	2018 年，电子信息产业主营业务收入为 265.8 亿元
	井冈山经济技术开发区	2017 年，电子信息产业主营业务收入达到 430 亿元
	吉州工业园区	电子通信信息业
	吉安河东经济开发区	电子信息

续表

地级市	省级及以上园区	信息技术及相关产业情况
吉安市	吉水工业园区	电子信息
	泰和工业园区	2016年，电子信息产业（触控显示器产业）主营业务收入首次突破100亿元，达到102亿元，占整个园区工业主营业务收入的40%
	遂川工业园区	电子信息
	万安工业园区	电子信息
	安福工业园区	电子信息
宜春市	宜春经济技术开发区	电子信息
	万载工业园区	到2020年，电子信息产业分别实现主营业务收入力争达到150亿元
	宜春袁州产业园	电子信息
抚州市	抚州高新技术产业开发区	2017年，信息技术产业主营业务收入突破130亿元，占三大产业产值的43.4%
	南城工业园区	电子
	广昌工业园区	电子信息
上饶市	上饶高新技术产业园区	到2020年，电子信息产业主营业务收入力争达到150亿元
	鄱阳工业园区	电子

（二）出台的集群发展规划

《江西省"十三五"工业园区和产业集群发展升级规划（2016—2020）》提出了江西省电子信息产业集群总体格局：以南昌为高端核心区（南昌高新技术产业开发区打造"江西硅谷"）、九江（共青城）、井冈山为重点发展区、吉泰走廊至赣州为配套产业带。电子信息产业集群包括南昌高新技术产业开发区光电及通信产业集群、南昌经济技术开发区光电产业集群、吉安经济技术开发区通信终端设备产业集群。根据南昌市"南昌光谷"建设规划，重点发展高新技术产业开发区、经济技术开发区和昌东工业区三大产业集聚区，到2020年，南昌电子信息产业力争突破1300亿元。其中，南昌高新技术产业开发区光电及通信产业集群建成500亿元以上产业集群；南昌经济技术开发区光电产业集群建成500亿元以上产业集群；南昌高新技术产业开发区软件及服务外包产业集群建成 300 亿元以上产业集群。

吉安市力争到 2020 年电子信息产业实现倍增计划，主营业务收入超过 1200 亿元。截至 2018 年，有 9 个园区把电子信息产业列为首位产业。

（三）小结

（1）江西省电子信息产业集群发展基础良好，集群规模不断壮大。南昌市 2012 年的电子信息产业主营业务收入为 173.5 亿元，2017 年达到 882.3 亿元，增幅达 408.5%，2018 年突破 1000 亿元。南昌市在全国电子信息产业向中西部转移大潮中异军突起，与郑州市、贵阳市的电子信息产业形成"三足鼎立"态势。

（2）江西省新一代信息技术产业的产业集群基础偏弱，仅南昌高新技术产业开发区有一定的集群。

八、新能源汽车产业

（一）已有产业集群及园区基础

截至 2018 年，江西省汽车及零部件产业共有 6 个重点产业集群，分别是南昌小蓝汽车及零部件产业集群、景德镇微型车及零部件产业集群、赣州章贡区汽车零部件产业集群、抚州金巢轻型汽车及零部件、赣州经济技术开发区新能源汽车产业集群、南昌经济技术开发区新能源汽车及汽车零部件产业集群。其中，南昌小蓝汽车及零部件产业集群在 2015 年的主营业务收入为 315 亿元，在 2016 年为 450 亿元；抚州高新技术产业开发区汽车及零部件产业集群在 2015 年的主营业务收入为 115 亿元。

截至 2018 年，江西省有 15 个园区将汽车及零部件产业作为园区首位或主导产业，园区分布在江西省的 6 个地级市，其中明确提出有新能源汽车的有 6 个园区分别在南昌、九江、赣州、抚州和上饶等地级市，参见表 4-13。

表 4-13　江西省省级及以上园区将汽车及零部件产业作为首位或主导产业的情况

地级市	省级及以上园区	汽车及零部件产业情况
景德镇市	景德镇高新技术产业开发区	汽车零部件产业
南昌市	南昌经济技术开发区	2017 年，新能源汽车及零部件主营业务收入为 162 亿元；到 2020 年，新能源汽车产值力争达到 450 亿元；到 2025 年，新能源汽车产值力争达到 1000 亿元
	南昌小蓝经济技术开发区	2017 年，南昌小蓝经济技术开发区完成汽车（含新能源汽车）及汽车零部件工业总产值和主营业务收入为 450 亿元、455 亿元，生产整车和主营业务收入分别将占江西全省 1/3、1/5
	南昌昌南工业园区	汽车零部件
	新建长堎工业园区	汽车及汽车零部件产业
九江市	九江经济技术开发区	到 2020 年，新能源汽车产业产值力争超过 500 亿元
	庐山工业园区	汽车配件
	星子工业园区	汽车配件
赣州市	赣州经济技术开发区	2018 年，新能源汽车产业及配套产业规模以上主营业务收入突破 200 亿元，到 2025 年，力争全产业链实现产值 1000 亿元
	赣州章贡经济开发区	汽车零部件
抚州市	抚州高新技术产业开发区	汽车（含新能源汽车）及汽车零部件产业
	宜黄工业园区	汽车零配件
上饶市	上饶经济技术开发区	2017 年，汽车（含新能源汽车）产业主营业务收入为 83 亿元；到 2020 年，汽车及配套产业主营业务收入力争达到 1500 亿元
	玉山经济开发区	机电汽配产业（轴承）到 2020 年力争达到营业收入超过 100 亿元
	上饶信州产业园	汽车配件

（二）出台的集群发展规划

《江西省"十三五"工业园区和产业集群发展升级规划（2016—2020）》提出：新能源汽车形成以南昌市、九江市、赣州市为聚集区的发展格局，锂电形成以宜春市、新余市、赣州市为主要集聚区的全产业链发展格局。南昌市规划汽车和新能源汽车产业重点发展南昌小蓝经济技术开发区、南昌经济技术开发区和新建长堎工业园区三个产业集聚区。到 2020 年主营业务收入力争突破 2000 亿元。其中，南昌小蓝经济技术开发区汽车及零部件产业集群主营业务收入超过 1000 亿元；新建区汽车和新能源汽车产业集群超过 300 亿元。赣州新能源汽车科技城规划力争到 2025 年全产业链实现产值超千亿元。上饶市向千亿元汽车产业群进军，预计到 2020 年，上饶经济技术开发区将实现 120 万台的汽车产能、1500 亿元的产值，建成"江西汽车城"。

（三）小结

江西省汽车及零部件产业共有 6 个重点产业集群，仅次于材料和信息技术重点产业集群。江西省的多个汽车及零部件产业集群都将新能源汽车整车制造及产业链延伸和补齐作为未来发展重点，并且有若干地级市的发展目标都定位在千亿元级。

九、文化创意产业

（一）已有产业集群及园区基础

截至 2018 年，江西省文化创意产业重点产业集群仅有进贤制笔文化用品产业集群。江西省仅有 2 个园区将文化创意产业作为园区主导产业，一个是南昌市的新建长堎工业园区，另一个是抚州市的东乡经济开发区。

（二）出台的集群发展规划

《江西省"十三五"工业园区和产业集群发展升级规划（2016—2020）》提出了"一都、三带、四基地"的文化创意产业发展格局。"一都"即南昌综合性创意都市，"三带"即鄱阳湖、沿沪昆高速、沿京九铁路特色文化创意产业带，"四基地"即赣北、赣东北、赣中南、赣西文化创意产业基地。

（三）小结

江西省文化创意产业的重点产业集群及将文化创意产业作为园区主导产业的园区数量，与航空产业一起居战略性新兴产业的末位。但是航空产业集群的规模明显更大。

第三节　江西省战略性新兴产业集聚测度研究

产业集群已经成为促进区域经济发展、提升区域经济综合竞争力的重要途径。产业集群是相关产业和支撑机构在地理位置上聚集的空间表现形式，而产业集聚是产业集群形成和产生效应的首要条件。产业集群是地理意义上的产业集聚。区位熵是测度产业集聚程度并判别产业集群存在可能性的一种分析方法，用来衡量区位熵的指标主要包括从业人数、产值、销售额、企业个数等。为了弥补选取一个指标所带来的不足，也为了更加准确地反映江西省的高新技术产业集聚度，本节选取从业人员区位熵和产值区位熵反映江西省高新技术产业的集聚度。

$$LQ = \frac{e_i / \sum_{i=1}^{n} e_i}{E_i / \sum_{i=1}^{n} E_i}$$

式中，LQ 表示区位熵；e_i 表示江西省高技术产业集群的从业人员或产值；$\sum_{i=1}^{n} e_i$ 表示江西省所有产业的从业人员和总产值；E_i 表示全国高技术产业的从业人员总数和总产值；$\sum_{i=1}^{n} E_i$ 表示全国所有产业的从业人员总数和总产值。

区位熵又称专门化率，是由哈盖特（P.Haggett）首先提出并运用于区位分析中。区位熵主要是用来衡量某一区域要素的空间分布情况，反映某一产业部门的专业化程度及某一区域在高层次区域的地位和作用等。在产业结构研究中，运用区位熵指标可以分析区域优势产业的状况。区位熵是反映一种产业的发展水平的指标，而不是反映产业的规模水平。若某个产业的区位熵大于 1，则说明该产业在该区域的发展水平高，对于该区域的发展有重要的作用，具有良好的发展状况；如果产业的区位熵大于 1.5，则该产业在当地具有明显的比较优势；区位熵小于 1，则相反。

"高技术产业"是 2009 年才出现的新名称。战略性新兴产业是在高技术产业的基础上发展而来的，统计的口径不一致且数据的可获性较差，本节用高技术产业的部分数据作为测算对象。

表 4-14　江西省高技术产业集群从业人员区位熵值

年份	江西省高技术产业从业人员（万人）	江西省从业人员（万人）	全国高技术产业从业人员（万人）	全国从业人员（万人）	产值区位熵（LQ1）
2000	9.72	2 060.9	392	72 085	0.87
2005	10.99	2 276.7	663	74 647	0.54
2011	24.00	2 532.6	1 147	76 420	0.63
2012	26.73	2 556.0	1 269	76 704	0.63
2013	27.75	2 588.7	1 294	76 977	0.64
2014	31.12	2 603.3	1 325	77 253	0.70
2015	36.68	2 615.8	1 354	77 451	0.80
2016	40.07	2 637.6	1 342	77 603	0.88

数据来源：《2017 中国高技术产业统计年鉴》《2017 江西统计年鉴》《2017 中国统计年鉴》。

注：考虑到各省份对战略性新兴产业的划分标准不一致，参照一些学者的做法，此处用高技术产业数据替代战略性新兴产业的产业数据。

从表 4-14 可以看出，2010～2016 年，江西省高技术产业从业人员区位熵 LQ1 均小于 1，在一定程度上说明了江西省高技术产业的集聚度很低，但是发展速度呈 "N" 趋势（图 4-1），高于全国的平均增长水平。

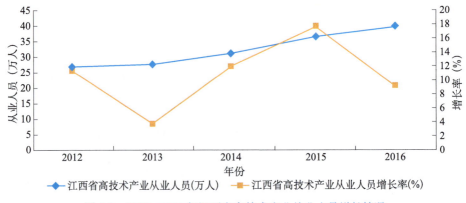

图 4-1　2012～2016 年江西省高技术产业从业人员增长情况

为了验证这一结论，并使分析结果更加真实，本处又选取全国及江西省 2000～2016 年的高技术产业产值计算产值区位熵，计算结果如表 4-15 所示。

表 4-15　江西省高技术产业集群产值区位熵值

年份	江西省高技术产业总产值（亿元）	江西省地区生产总值（亿元）	全国高技术产业总产值（亿元）	国内生产总值（亿元）	产值区位熵（LQ2）
2000	119.30	2 003.07	10 050	100 280.1	0.59
2005	234.03	4 073.32	33 916	187 318.9	0.32
2011	1 418.60	11 766.23	87 527	489 300.6	0.67
2012	1 932.40	13 023.81	102 284	540 367.4	0.78
2013	2 077.20	14 496.95	116 049	595 244.4	0.73
2014	2 611.90	15 812.48	127 368	643 974.0	0.84
2015	3 318.10	16 834.80	139 969	685 505.8	0.97
2016	3 913.60	18 499.00	153 796	744 127.0	1.02

数据来源：《2017 中国高技术产业统计年鉴》《2017 江西统计年鉴》《2017 中国统计年鉴》。

注：考虑到各省份对高技术产业的划分标准不一致，此处用高技术产业数据替代战略性新兴产业数据。

从表 4-15 可以看出，江西省高技术产业的集聚度较低，但有逐渐上升的趋势。产值计算的结果与从业人员计算的结果很相似。江西省每年的产值和从业人员都在增加，且高于全国的增长速度。这说明江西省原来集聚度不高，但是受政策等各种原因的限制，这种集聚水平正在不断地上升。江西省仍需采取适当的措施，抓住发展机遇，提高战略性新兴产业的集聚度。

从图 4-2 来看，江西省高技术产业产值的年增长率都在 7% 以上，产业产值区位熵均小于 1。由此可见，江西省高技术产业的集聚度很低。但是江

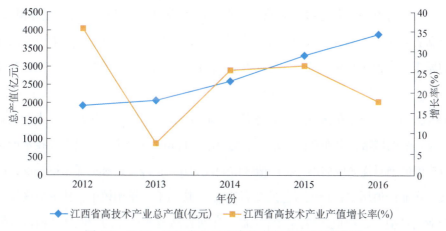

图 4-2　2012～2016 年江西省高技术产业产值增长情况

西省高技术产业的产值增长水平呈"N"趋势，产业产值区位熵有上涨，但幅度不是很大。

根据江西省各地级市高技术产业产值及高技术产业集群集聚的测算，得到江西省各市高技术产业产值区位熵值，参见表4-16。

表 4-16   2016 年江西省各地区高技术产业集群产值区位熵值

地级市	高技术产业产值（亿元）	地区生产总值（亿元）	产值区位熵（LQ4）
南昌市	416.19	4401.65	0.75
景德镇市	80.78	849.57	0.75
萍乡市	190.22	1001.80	1.50
九江市	299.98	2104.05	1.13
新余市	104.22	1036.19	0.80
鹰潭市	104.00	713.55	1.16
赣州市	269.39	2207.20	0.97
吉安市	289.58	1467.03	1.56
宜春市	271.33	1781.95	1.21
抚州市	101.66	1215.79	0.66
上饶市	219.16	1817.77	0.96

数据来源：《2017 江西统计年鉴》，江西省统计局。

注：区位熵 $LQ = \dfrac{e_i / \sum_{i=1}^{n} e_i}{E_i / \sum_{i=1}^{n} E_i}$，$e_i$ 表示各市高技术产业集群的产值；$\sum_{i=1}^{n} e_i$ 表示各市所有产业的总产值；E_i 表示 11 个市高技术产业的总产值；$\sum_{i=1}^{n} E_i$ 表示 11 个市所有产业的总产值。

（1）特点一：各地级市高技术产业的产值规模和产值区位熵的差异很大。根据表4-16对高技术产业区位熵进行分级。第一等级是高技术产业集中度较高的城市，产值区位熵大于1，分布在吉安市、萍乡市、宜春市、鹰潭市、九江市等5个市；第二等级是高技术产业集中度中等的城市，产值区位熵大于（含）0.8且小于1，分布在赣州市、上饶市、新余市3个市；第三等级是高技术产业集中度一般的城市，分布在南昌市、景德镇市、抚州市3个市。南昌市高技术产业以产值的绝对优势位居第一，产值区位熵仅为0.75；萍乡市和鹰潭市则相反，高技术产业产值居中，产值区位熵却高达1.5；抚州市、景德镇市、新余市高技术产业的产值低，产值区位熵同样也低。江西省高技术产业的产值和产值区位熵没有明显的关系，高技术产业产值高的地级市，高技术产业产值的区位熵可能很低，反之亦然。这与高技术产业占各地级市地区生产总值比例差异巨大有关。

（2）特点二：高技术产业布点数量选择与产值不相关。从高技术产业方面来看，节能环保产业、先进装备制造产业、文化创意产业分布的城市数量最多，覆盖了江西省100%的城市；新能源汽车产业只有5个地级市有布局，是覆盖比例最低的高技术产业。从分布方面来看，分布高技术产业数量较多的城市集中在南昌市、九江市、赣州市等地，高技术产业产值一直较高。当然，高技术产业的数量布局和产值规模不一定相关，分布高技术产业数量多的城市，发展高技术产业更要结合城市自身的特征，形成产业发展的优势。

（3）特点三：部分地级市战略性新兴产业已形成产业化体系。航空产业集中在南昌市、景德镇市、九江市等重点区域；新能源汽车产业主要集中在南昌市、萍乡市、九江市、赣州市、上饶市等，参见表4-17。

表4-17 江西省战略性新兴产业各市分布

地级市	节能环保	新能源	新材料	生物医药	航空	先进装备制造	新一代信息技术	新能源汽车	文化创意	绿色食品
南昌市	*	*	*	*	*	*	*	*	*	*
景德镇市	*	#	*	*	*	*	#	–	*	#
萍乡市	*	*	*	+	+	*	#	*	*	#
九江市	*	*	*	#	*	*	*	*	*	*
新余市	*	#	#	*	+	*	*	–	*	#
鹰潭市	*	#	*	#	*	*	#	–	*	#
赣州市	*	*	*	*	*	*	*	*	*	*
吉安市	*	#	#	*	#	*	*	–	*	*
宜春市	*	#	+	*	+	*	#	–	*	*
抚州市	*	#	*	*	*	*	*	+	*	*
上饶市	*	*	*	+	#	*	#	*	*	#

注：*表示该地区重点发展的战略性新兴产业，且已有一定的发展基础；#表示该地区有该战略性新兴产业，但不是发展重点，且规模很小；+表示该地区近期规划或引进了该战略性新兴产业，但只是零星的；–表示该地区没有此产业。

（4）特点四：各产业面临的市场环境压力明显。锂电与电动汽车产业规模只占全国的千分之一；新材料、节能环保、先进装备制造、新能源成为"叫好不挣钱"的产业；航空、生物医药、绿色食品、文化创意等江西省优势特色产业，在中部地区也没有绝对优势。

第五章
江西省战略性新兴产业发展的企业支撑

第一节　江西省上市公司的战略性新兴产业发展

根据东方财富 Choice 数据统计，截至 2018 年 8 月，全国 31 个省份（不含香港、澳门、台湾地区）共有 A 股上市公司 3366 家。广东省以 547 家居全国之首，占全国的 16.25%。其中前 5 个省份的数量共占全国数量的 55.61%，依次是广东省、浙江省、江苏省、北京市、上海市，参见表 5-1。全国战略性新兴产业上市公司超过 1100 家，占全部上市公司的 1/3。据深圳证券交易所统计，截至 2018 年 12 月，深圳证券交易所上市公司中高新技术企业超过七成。

表 5-1　全国 31 省份（不含香港、澳门、台湾地区）上市公司数量

排名	省份	数量（家）	占比（%）
1	广东省	547	16.25
2	浙江省	395	11.73
3	江苏省	363	10.78
4	北京市	302	8.97
5	上海市	265	7.87
6	山东省	188	5.59
7	福建省	127	3.77

排名	省份	数量（家）	占比（%）
8	四川省	113	3.36
9	安徽省	102	3.03
10	湖北省	96	2.85
11	湖南省	96	2.85
12	河南省	77	2.29
13	辽宁省	74	2.20
14	河北省	55	1.63
15	新疆维吾尔自治区	51	1.52
16	天津市	48	1.43
17	重庆市	48	1.43
18	陕西省	46	1.37
19	吉林省	42	1.25
20	江西省	38	1.13
21	山西省	38	1.13
22	广西壮族自治区	36	1.07
23	黑龙江省	35	1.04
24	云南省	32	0.95
25	甘肃省	31	0.92
26	海南省	30	0.89
27	贵州省	26	0.77
28	内蒙古自治区	25	0.74
29	西藏自治区	15	0.45
30	宁夏回族自治区	13	0.39
31	青海省	12	0.36

截至 2018 年 9 月 28 日，江西省共有 43 家上市公司（表 5-2）。以两年为一个单位，1993 年 /1994 年、2005 年 /2006 年各有 1 家，2007 年 /2008 年有 2 家，而 1999 年 /2000 年、2003 年 /2004 年、2009 年 /2010 年、2011 年 /2012 年各有 4 家。此外，1995 年 /1996 年、1997 年 /1998 年各有 5 家，2001 年 /2002 年、2015 年 /2016 年各有 4 家，2017 年有 2 家，2018 年有 4 家，其中也存在上市公司退出的现象。

表 5-2　江西省 43 家上市公司基本概况（2018 年 9 月 28 日）

公司中文名称	注册地	所属产业	总市值（亿元）
江铃汽车股份有限公司	南昌市青云谱区	汽车制造业	98.15
江中药业股份有限公司	南昌高新技术产业开发区	医药制造业	66.23
仁和药业股份有限公司	南昌高新技术产业开发区	医药制造业	84.80
昆吾九鼎投资控股股份有限公司	南昌市湾里区	其他金融业	56.79
江西赣能股份有限公司	南昌高新技术产业开发区	电力、热力生产和供应业	41.27
江西赣粤高速公路股份有限公司	南昌市西湖区	道路运输业	96.45
诚志股份有限公司	南昌经济技术开发区	化学原料及化学制品制造业	184.19
江西洪都航空工业股份有限公司	南昌高新技术产业开发区	铁路、船舶、航空航天和其他运输设备制造业	67.27
江西联创光电科技股份有限公司	南昌高新技术产业开发区	计算机、通信和其他电子设备制造业	37.16
泰豪科技股份有限公司	南昌高新技术产业开发区	电气机械和器材制造业	53.10
江西长运股份有限公司	南昌市西湖区	道路运输业	13.99
方大特钢科技股份有限公司	南昌高新技术产业开发区	黑色金属冶炼及压延加工业	157.46
江西洪城水业股份有限公司	南昌市西湖区	水的生产和供应业	47.38
联创电子科技股份有限公司	南昌高新技术产业开发区	计算机、通信和其他电子设备制造业	54.64
江西正邦科技股份有限公司	南昌高新技术产业开发区	农副食品加工业	95.43
江西恒大高新技术股份有限公司	南昌高新技术产业开发区	化学原料及化学制品制造业	18.88
江西煌上煌集团食品股份有限公司	南昌小蓝经济开发区	农副食品加工业	61.25
江西三鑫医疗科技股份有限公司	南昌小蓝经济开发区	专用设备制造业	15.41
江西国泰民爆集团股份有限公司	南昌高新技术产业开发区	化学原料及化学制品制造业	23.77
江西银行股份有限公司	南昌市红谷滩新区	金融业	369.89
江西黑猫炭黑股份有限公司	景德镇市昌江区	化学原料及化学制品制造业	54.89
长虹华意压缩机股份有限公司	景德镇高新技术产业开发区	通用设备制造业	29.30
江西世龙实业股份有限公司	景德镇市乐平市	化学原料及化学制品制造业	18.65
江西富祥药业股份有限公司	景德镇市昌江区鱼丽工业区	医药制造业	37.80
江西特种电机股份有限公司	宜春市袁州区	专用设备制造业	109.89
江西华伍制动器股份有限公司	宜春市丰城高新技术产业园区	专用设备制造业	19.24
江西同和药业股份有限公司	宜春市奉新县奉新工业园区	医药制造业	15.55
中文天地出版传媒股份有限公司	上饶市信州区	新闻和出版业	150.33

续表

公司中文名称	注册地	所属产业	总市值（亿元）
江西万年青水泥股份有限公司	上饶市万年县	非金属矿物制品业	73.05
凤凰光学股份有限公司	上饶市凤凰西大道	仪器仪表制造业	21.63
天音通信控股股份有限公司	赣州经济技术开发区	批发业	67.45
崇义章源钨业股份有限公司	赣州市崇义县	有色金属冶炼和压延加工业	56.93
江西昌九生物化工股份有限公司	赣州市章贡区	化学原料及化学制品制造业	17.01
江西金力永磁科技股份有限公司	赣州经济技术开发区	计算机、通信和其他电子设备	46.96
江西铜业股份有限公司	鹰潭市贵溪市	有色金属冶炼和压延加工业	501.06
三川智慧科技股份有限公司	鹰潭高新技术产业开发区	仪器仪表制造业	35.99
新余钢铁股份有限公司	新余高新技术产业开发区	黑色金属冶炼及压延加工业	188.13
江西赣锋锂业股份有限公司	新余袁河经济开发区	有色金属冶炼和压延加工业	362.23
江西新余国科科技股份有限公司	新余市仙女湖区	其他制造业	26.78
江西沃格光电股份有限公司	新余高新技术产业开发区	计算机、通信和其他电子设备制造业	50.55
安源煤业集团股份有限公司	萍乡市安源区	煤炭开采和洗选业	21.98
博雅生物制药集团股份有限公司	抚州市抚州高新技术产业开发区	医药制造业	128.83
九江银行股份有限公司	九江市濂溪区	金融业	255.18

江西省材料产业、生物及医药产业、装备制造产业上市公司数量多，均为 6 家，电子信息产业排第 4 位，有 3 家。节能环保产业、新能源产业、航空产业、汽车产业和文化创意产业均只有 1 家上市公司，参见表 5-3。

表 5-3　分产业的战略性新兴产业上市公司情况

产业	上市公司数量（家）	公司名称
节能环保产业	1	江西洪城水业股份有限公司
新能源产业	1	江西赣锋锂业股份有限公司
材料产业	6	方大特钢科技股份有限公司、江西恒大高新技术股份有限公司、江西金力永磁科技股份有限公司、崇义章源钨业股份有限公司、江西铜业股份有限公司、新余钢铁股份有限公司
生物及医药产业	6	江中药业股份有限公司、仁和药业股份有限公司、江西三鑫医疗股份有限公司、江西富祥药业股份有限公司、江西同和药业股份有限公司、博雅生物制药集团股份有限公司

续表

产业	上市公司数量（家）	公司名称
航空产业	1	江西洪都航空工业股份有限公司
装备制造产业	6	泰豪科技股份有限公司、江西国泰民爆集团股份有限公司、长虹华意压缩机股份有限公司、江西特种电机股份有限公司、江西华伍制动器股份有限公司、三川智慧科技股份有限公司
电子信息产业	3	江西联创光电科技股份有限公司、联创电子科技股份有限公司、江西沃格光电股份有限公司
汽车产业	1	江铃汽车股份有限公司
文化创意产业	1	中文天地出版传媒股份有限公司

注：本表用材料产业、生物及医药产业、装备制造产业、电子信息产业、汽车产业分别代替新材料产业、生物医药产业、先进装备制造产业、新一代信息技术产业和新能源汽车产业。江西省上述产业的分界线相对模糊，且相对属于战略性新兴产业技术链的底端，即使相关企业进入了战略性新兴产业范畴，其核心主体还是传统产业。

第二节 江西省高新技术企业的战略性新兴产业发展

江西省有大中型高新技术企业 286 家，在全国排名第 8 位。在全国范围，广东省高新技术企业的数量最多，有 2300 家，其次是江苏省、浙江省、河南省、山东省、上海市、四川省。江西省高新技术企业的平均规模相对较小，缺少大型龙头企业。

高新技术企业需要每 3 年申请一次，本节统计了 2015～2017 年江西省获批的高新技术企业。根据科技部高新技术企业认定管理工作网，到 2017 年底，江西省约有 2185 家高新技术企业，各战略性新兴产业的情况如下所述。

一、节能环保产业

入选 2015～2017 年科技部高新技术企业的江西省节能环保企业有 99 家，分布在江西省 11 个地级市，数量排名前三位的是南昌市、赣州市、宜春市，分别有 26 家、17 家、12 家。江西省内的废弃资源综合利用、LED 照明、环保技术研发及应用、新型环保建筑材料、水污染处理技术等 5 个领域集聚高新技术企业分别为 26 家、10 家、7 家、6 家和 5 家。南昌高新技术产业开发区、龙南经济技术开发区、贵溪工业园区内分别集聚节能环保产业的高新技术企业 9 家、4 家和 4 家。整体而言，江西省节能环保产业的高新技术企业基础最好的是稀土、钕铁硼等矿产资源废弃物的综合利用，但是企业园区集聚度不高，地级市集聚度也一般水平。节能环保产业高新技术企业集聚较多的南昌高新技术产业开发区，区内节能环保企业主营业务领域也比较分散。具体参见表 5-4 及附表 1。

表 5-4　入选 2015 ～ 2017 年科技部高新技术企业的节能环保企业对比

地级市	企业数量（家）	主要集聚业务（≥ 4 家企业）	主要集群园区（≥ 4 家企业）
南昌市	26	节能环保研发（4 家），多个领域较分散	南昌高新技术产业开发区（9 家）
九江市	6	分散	—
上饶市	8	废弃资源综合利用（6 家）	—
抚州市	3	分散	—
宜春市	12	分散	—
吉安市	7	分散	—
赣州市	17	稀土废弃物（4 家），钕铁硼废料的回收利用（5 家）	龙南经济技术开发区（4 家）
景德镇市	2	分散	—
萍乡市	5	分散	—
新余市	6	分散	—
鹰潭市	7	分散	贵溪工业园区（4 家）
合计	99	废弃资源综合利用（26 家）、LED 照明（10 家）、环保技术研发及应用（7 家）、新型环保建筑材料（6 家）、水污染处理技术（5 家）	—

注：本表格没有包括节能环保装备制造产业。企业业务依据其主营业务统计。

二、新能源产业

入选 2015～2017 年科技部高新技术企业的江西省新能源企业有 81 家，

分布在江西省 10 个地级市（景德镇市除外），数量排前两位的是宜春市、新余市，分别有 20 家、18 家。其中，锂离子电池、光伏太阳能领域在江西省有一定的高新技术企业集聚基础，分别集聚高新技术企业 28 家、21 家。新余高新技术产业开发区、宜春经济技术开发区、新余袁河经济开发区、新余市渝水区、奉新工业园区、上饶经济技术开发区有一定的新能源产业高新技术企业集聚，分别是 7 家、5 家、4 家、4 家、4 家和 4 家。整体而言，江西省新能源产业高新技术企业基础最好的是锂离子电池、光伏太阳能，企业园区集聚度不高，但是地级市集聚度很高。新能源产业高新技术企业集聚较多的是新余高新技术产业开发区，但区内新能源企业主营业务领域比较分散。具体参见表 5-5 及附表 2。

表 5-5　入选 2015～2017 年科技部高新技术企业的新能源企业对比

地级市	企业数量（家）	主要集聚业务（≥4 家企业）	主要集群园区（≥4 家企业）
南昌市	5	分散	—
九江市	5	分散	—
上饶市	6	光伏太阳能（4 家）	上饶经济技术开发区（4 家）
抚州市	5	分散	—
宜春市	20	锂离子电池（11 家）	宜春经济技术开发区（5 家）、奉新工业园区（4 家）
吉安市	8	锂离子电池（5 家）	—
赣州市	7	分散	—
景德镇市	0	0	0
萍乡市	4	分散	—
新余市	18	光伏太阳能（6 家）	新余高新技术产业开发区（7 家）、新余袁河经济开发区（4 家）、新余市渝水区（4 家）
鹰潭市	3	分散	—
合计	81	锂离子电池（28 家）、光伏太阳能（21 家）	—

注：包括新能源材料，不包含新能源汽车。企业业务依据其主营业务统计。

三、新材料产业

入选 2015～2017 年科技部高新技术企业的江西省新材料企业有 206 家，分布在江西省 11 个地级市，数量排名前五的是赣州市、鹰潭市、九江市、宜春市、南昌市和上饶市，分别有 60 家、31 家、23 家、21 家、19 家和 15 家。其中，铜材料、稀土、钨、其他有色金属等领域有很好的高新技术企业集聚基础，分别集聚高新技术企业 31 家、14 家、14 家和 23 家。南昌高新技术产业开发区、安义工业园区、湖口金砂湾高新技术产业园区、宜春经济技术开发区、丰城高新技术产业园区、赣州高新技术产业园区、赣州经济技术开发区、龙南经济技术开发区、大余工业园区、赣州市章贡区、萍乡经济技术开发区、贵溪工业园区、鹰潭市月湖区工业园区都有一定的材料产业高新技术企业集聚。整体而言，江西省新材料产业高新技术企业基础最好的铜材料、稀土、钨、其他有色金属，企业园区集聚度和地级市集聚度都很高。江西省新材料产业以基础性自然资源开发及简单生产加工为主，主营业务是新材料领域的高新技术企业仅为 42 家，其中纳米材料 8 家、有机硅产品 7 家、陶瓷新材料 4 家、玻璃纤维 4 家，占整个新材料企业数量的比例很低。具体参见表 5-6 及附表 3。

表 5-6　入选 2015 ～ 2017 年科技部高新技术企业的新材料企业对比

地级市	企业数量（家）	主要集聚业务（≥ 4 家企业）	主要集群园区（≥ 4 家企业）	新材料领域（企业数量）
南昌市	19	分散	南昌高新技术产业开发区（4 家）、南昌市安义县工业园区（4 家）	纳米材料（2 家）、新兴高分子原材料（2 家）、新型金属材料（1 家）
九江市	23	有机硅产品（5 家）	湖口金砂湾高新技术产业园区（4 家）	有机硅（5 家）、高科技陶瓷材料（3 家）、玻璃纤维（2 家）
上饶市	15	分散	—	有机硅（2 家）、纳米材料（2 家）
抚州市	9	分散	—	玻璃纤维（1 家）
宜春市	21	分散	宜春经济技术开发区（4 家）、丰城高新技术产业园区（4 家）	纳米材料（3 家）、精密陶瓷（1 家）

续表

地级市	企业数量（家）	主要集聚业务 （≥4家企业）	主要集群园区 （≥4家企业）	新材料领域 （企业数量）
吉安市	12	分散	—	功能高分子材料（1家）
赣州市	60	稀土（14家）、钨（12家）、其他有色金属（10家）	赣州高新技术产业园区（8家）、赣州经济技术开发区（8家）、龙南经济技术开发区（6家）、大余工业园区（5家）、赣州市章贡区（5家）	稀土功能材料（13家）、玻璃纤维（1家）
景德镇市	3	分散	—	高温增强材料（1家）
萍乡市	9	分散	萍乡经济技术开发区（5家）	纳米光电材料（1家）、陶瓷新材料（1家）
新余市	4	分散	—	—
鹰潭市	31	铜材料（25家）	贵溪工业园区（13家）、鹰潭市月湖区工业园区（4家）	
合计	206	铜材料（31家）、稀土（14家）、钨（14家）、其他有色金属（23家）、有机硅产品（7家）、纳米材料（8家）、陶瓷新材料（4家）、玻璃纤维（4家）	—	42

注：不包括节能环保新材料、新能源材料、化工材料。企业业务依据其主营业务统计。

四、生物医药产业

入选2015～2017年科技部高新技术企业的江西省生物医药企业有205家，分布在江西省11个地级市，数量排前五位的是南昌市、宜春市、吉安市、抚州市和九江市，分别有52家、36家、28家、23家和19家。其中，颗粒剂和片剂等、医药原料及中间体的生产、医疗器械生产等领域集聚高新技术企业分别约44家、31家和25家。南昌高新技术产业开发区、南昌小蓝经济技术开发区、进贤经济技术开发区、南昌经济技术开发区、上饶市铅山县工业园区、宜春市袁州医药工业园、宜春市樟树市城北工业园区都有一定的生物医药产业高新技术企业集聚。整体而言，江西省生物医药产业高新技术企业基础最好的是颗粒剂和片剂等、医药原料及中间体的生产、医疗器械生产等领域，企业园区集聚度和地级市集聚度一般。江西省生物医药产业以传统生产加工为主，生物医药领域的高新技术企业仅 10 家，其中生物技术开发 9 家、细胞工程技术研究 1 家，占整个生物医药企业数量的比例很低。具体参见表 5-7 及附表 4。

表 5-7　入选 2015 ～ 2017 年科技部高新技术企业的生物医药企业对比

地级市	企业数量（家）	主要集聚业务（≥ 4 家企业）	主要集群园区（≥ 4 家企业）	生物医药领域
南昌市	52	医疗器械生产（16 家）、颗粒剂和片剂等（11 家）、生物技术开发（7 家）、原料药及中间体的生产（4 家）	南昌高新技术产业开发区（17 家）、南昌小蓝经济技术开发区（6 家）、进贤经济技术开发区（5 家）、南昌经济技术开发区（5 家）	生物技术开发（7 家）
九江市	19	分散	—	生物技术研发（2 家）
上饶市	13	医药原料及中间体的生产（6 家）	上饶市铅山县工业园区（4 家）	细胞工程技术研究（1 家）
抚州市	23	原料药及中间体的生产（7 家）	—	—
宜春市	36	原料药及中间体的生产（5 家）、医疗器械生产（4 家）、颗粒剂和片剂等（11 家）	宜春市袁州医药工业园（7 家）、宜春市樟树市城北工业园区（8 家）	—
吉安市	28	分散	—	—
赣州市	11	分散	—	—
景德镇市	4	分散	—	—
萍乡市	3	分散	—	—
新余市	5	分散	—	—
鹰潭市	11	分散	—	—
合计	205	颗粒剂和片剂等（44 家）、医药原料及中间体的生产（31 家）、医疗器械生产（25 家）、生物技术开发（9 家）	—	10

注：企业业务依据其主营业务统计。

五、航空产业

入选 2015～2017 年科技部高新技术企业的江西省航空产业企业有 25 家，分别分布在江西省 5 个地级市，数量排前两位的是南昌市、景德镇市，均是 10 家企业。从事整机生产的企业有 3 家。其中：江西洪都航空工业股份有限公司主要是基础教练机、通用飞机设计和研制；江西昌河航空工业有限公司主要是直升机生产和销售；江西中轻智能设备有限公司主要是无人机研发和制造。江西省其他 23 家企业的主营业务是配件设计生产、各类航空服务等。江西省仅南昌高新技术产业开发区有一定的航空产业高新技术企业集聚。具体参见表 5-8 及附表 5。

表 5-8　入选 2015 ～ 2017 年科技部高新技术企业的江西省航空产业企业对比

地级市	企业数量（家）	主要集聚业务 （≥ 4 家企业）	主要集群园区 （≥ 4 家企业）	整机生产企业数量 （家）
南昌市	10	分散	南昌高新技术产业开发区（5家）	1
九江市	0	0	0	0
上饶市	3	分散	—	0
抚州市	0	0	0	0
宜春市	0	0	0	0
吉安市	0	0	0	0
赣州市	1	分散	—	0
景德镇市	10	分散	—	1
萍乡市	0	0	0	0
新余市	0	0	0	0
鹰潭市	1	分散	—	1
合计	25	—	—	3

注：企业业务依据其主营业务统计。

六、先进装备制造产业

入选 2015～2017 年科技部高新技术企业的江西省装备制造企业有 201

家，分布在江西省 11 个地级市，数量排前五位的是南昌市、赣州市、宜春市、九江市和上饶市，分别有 62 家、30 家、26 家、18 家和 18 家。其中，矿山设备、输变电设备等领域有很好的高新技术企业集聚基础，集聚高新技术企业都是 27 家。南昌小蓝经济技术开发区、南昌高新技术产业开发区、南昌经济技术开发区、九江经济技术开发区、上饶经济技术开发区、抚州市崇仁工业园区、宜春经济技术开发区、赣州经济技术开发区、赣州市石城县古樟工业园、萍乡经济技术开发区都有一定的装备制造产业高新技术企业集聚。整体而言，江西省装备制造产业高新技术企业基础最好的是矿山设备、输变电设备领域，企业园区集聚度和地级市集聚度都较好。江西省装备制造产业以传统生产加工为主，智能制造、高端装备制造领域的高新技术企业仅 9 家，其中数控设备和自动化系统 7 家、工业机器人领域 2 家，占整个装备制造企业数量的比例很低。具体参见表 5-9 及附表 6。

表 5-9　入选 2015 ～ 2017 年科技部高新技术企业的装备制造产业企业对比

地级市	企业数量（家）	主要集聚业务（≥ 4 家企业）	主要集群园区（≥ 4 家企业）	先进装备制造领域
南昌市	62	电力变压器（13 家）、矿用机械（8 家），其他分散	南昌小蓝经济技术开发区（20 家）、南昌高新技术产业开发区（15 家）、南昌经济技术开发区（9 家）	工业机器人系统工程（1 家）
九江市	18	分散	九江经济技术开发区（5 家）	数控设备（1 家）
上饶市	18	矿山设备（4 家），其他分散	上饶经济技术开发区（4 家）	数控机械设备（1 家）
抚州市	17	变压器等输变电设备（9 家）	抚州市崇仁工业园区（9 家）	—
宜春市	26	分散	宜春经济技术开发区（6 家）	工业智能机器人研发（1 家）
吉安市	5	分散	—	—
赣州市	30	矿山机械（8 家），其他分散	赣州经济技术开发区（10 家）、赣州市石城县古樟工业园（4 家）	自动化系统和设备（3 家）

地级市	企业数量（家）	主要集聚业务（≥4家企业）	主要集群园区（≥4家企业）	先进装备制造领域
景德镇市	2	分散	—	—
萍乡市	12	分散	萍乡经济技术开发区（6家）	—
新余市	6	分散	—	—
鹰潭市	5	分散	—	自动化设备（2家）
合计	201	矿山设备（27家）、输变电设备（27家）、农业机械（4家）	—	工业机器人（2家）、数控设备和自动化系统（7家）

注：企业业务依据其主营业务统计。

七、新一代信息技术产业

入选 2015～2017 年科技部高新技术企业的电子信息产业企业有 310 家，分布在江西省 11 个地级市，数量排前三位的是南昌市、吉安市、赣州市，分别有 161 家、45 家和 36 家。其中：电子产品和配件生产有高新技术企业 135 家；计算机软开发、计算机网络系统工程和信息系统集成有高新技术企业 98 家；网上贸易销售和电子商务有高新技术企业 8 家。南昌高新技术产业开发区、南昌经济技术开发区、九江经济技术开发区、上饶经济技术开发区、井冈山经济技术开发区、赣州经济技术开发区、信丰工业园区、新余高新技术产业开发区都有一定的电子信息产业高新技术企业集聚，尤以南昌高新技术产业开发区一枝独秀，具有 89 家电子信息高新技术企业。整体而言，江西省电子信息产业的企业园区集聚度和地级市集聚度都较好。江西省电子信息产业偏硬件生产，主要在吉安市、赣州市和南昌市三地，软件开发主要集中在南昌高新技术产业开发区，电子商务等应用极少。具体参见表 5-10 及附表 7。

表 5-10　入选 2015 ～ 2017 年科技部高新技术企业的电子信息产业企业对比

地级市	企业数量（家）	主要集聚业务（≥ 4 家企业）	主要集群园区（≥ 4 家企业）
南昌市	161	计算机软开发、计算机网络系统工程和信息系统集成（75 家）、电子产品和配件生产（20 家）、网上贸易销售和电子商务（6 家）	南昌高新技术产业开发区（89 家）、南昌经济技术开发区（11 家）
九江市	20	电子产品和配件生产（14 家）、计算机软开发、计算机网络系统工程和信息系统集成（5 家）	九江经济技术开发区（4 家）
上饶市	14	电子产品和配件生产（11 家）	上饶经济技术开发区（6 家）
抚州市	5	分散	—
宜春市	10	电子产品和配件生产（7 家）	
赣州市	36	电子产品和配件生产（27 家）、计算机软开发、计算机网络系统工程和信息系统集成（8 家）	赣州经济技术开发区（6 家）、信丰工业园区（5 家）
景德镇市	3	分散	—
萍乡市	3	分散	—
新余市	6	分散	新余高新技术产业开发区（4 家）
鹰潭市	7	分散	—
吉安市	45	电子产品和配件生产（41 家），其他分散	井冈山经济技术开发区（11 家）
合计	311	电子产品和配件生产（135 家）、计算机软开发、计算机网络系统工程和信息系统集成（99 家）、网上贸易销售和电子商务（8 家）	—

注：企业业务依据其主营业务统计。

八、新能源汽车产业

入选 2015～2017 年科技部高新技术企业的江西省汽车企业有 96 家，分布在江西省 11 个地级市，数量排前两位的是南昌市、上饶市，分别有 46 家、9 家。从事汽车整车生产的企业有 10 家。其中：能生产新能源汽车整车的企业有 9 家，分别是江铃汽车股份有限公司、江西江铃集团特种专用车有限公司、江西江铃集团新能源汽车有限公司、江西江铃集团晶马汽车有限公司、江西凯马百路佳客车有限公司、江西博能上饶客车有限公司、汉腾汽车有限公司、江西玖发新能源汽车有限公司、安源客车制造有限公司。江西省其他86家企业的主营业务主要是汽车零部件生产。江西省仅南昌小蓝经济技术开发区有一定的汽车产业高新技术企业集聚。具体参见表5-11及附表8。

表5-11　入选2015～2017年科技部高新技术企业的汽车产业企业对比

地级市	企业数量（家）	汽车整车生产企业数（家）	主要集群园区（≥4家企业）	新能源汽车生产企业数（家）
南昌市	46	5	南昌小蓝经济技术开发区（19家）	5
九江市	5	0	—	0
上饶市	9	2	上饶经济技术开发区（5家）	2
抚州市	6	0	—	0
宜春市	5	1	—	0
吉安市	7	0	—	0
赣州市	5	1	—	1
景德镇市	3	0	—	0
萍乡市	2	1	—	1
新余市	4	0	—	0
鹰潭市	4	0	—	0
合计	96	10		9

九、文化创意产业

入选2015～2017年科技部高新技术企业的江西省文化创意产业企业有14家，分布在江西省6个地级市，数量最多的是南昌市（9家）。江西省文化创意产业主营业务涵盖广告、电视节目制作、动漫、工艺美术、游戏开发等，但都没有形成产业集聚。具体参见表5-12及附表9。

表5-12　入选2015～2017年科技部高新技术企业的江西省文化创意产业企业对比

地级市	企业数量（家）	主要集聚业务（≥4家企业）	主要集群园区（≥4家企业）
南昌市	9	分散	—
九江市	0	0	0
上饶市	1	分散	—

续表

地级市	企业数量（家）	主要集聚业务 （≥ 4 家企业）	主要集群园区 （≥ 4 家企业）
抚州市	1	分散	—
宜春市	0	0	0
吉安市	1	分散	—
赣州市	0	0	0
景德镇市	1	分散	—
萍乡市	1	分散	—
新余市	0	0	0
鹰潭市	0	0	0
合计	14	分散	—

第六章
江西省战略性新兴产业发展的技术支撑

第一节　江西省科技实力及省际对比

　　发展战略性新兴产业必须依靠先进适用的核心技术，而这一核心技术并非仅仅依靠引进或简单模仿，而必须依靠本地企业或科研机构的自主创新。中国科学技术发展战略研究院在浦江创新论坛发布了《中国区域科技创新评价报告2018》。研究显示，2018年，江西省区域创新能力在全国排在第19位，在中部6省中仅优于山西省、河南省。江西省科技成果产业化率低，企业技术创新能力不强，掌握的关键核心技术少。2010年，江西省已建（在建）国家重点实验室、工程技术研究中心、省部共建国家重点实验室培育基地、国家认定企业技术中心等共15个，建成省级认定企业技术中心、重点实验室和工程技术研究中心等共211个。截至2017年9月，江西省建立各类科技创新平台1146个，其中国家级或省级重点实验室94个、研发中心366个、工程（技术）中心520个。根据《江西省"十三五"工业园区和产业集群发展升级规划（2016—2020）》，每百家企业省级及以上研发机构达到15个，全省国家技术创新示范企业达到7家，企业研发经费占主营业务收入的比重达到 1%。2016 年江西省人民政府办公厅印发的《江西省战略性新兴产业倍增计划（2016—2020 年）》提出：到 2020 年，以战略性新兴产业为重点，力争建设 10 个国际一流的创新中心、10 个国内领先的创新中心和 50 个工业设计中心，新建 50 个国家级创新平台和载体。

一、技术市场

根据《2018 中国统计年鉴》，2009 年江西省技术市场成交额不到 10 亿元，2017 年江西省技术市场成交额约为 96.21 亿元，约占全国的 0.72%。江西省的技术市场基数很小，近年来的增速相对较快，参见图 6-1。

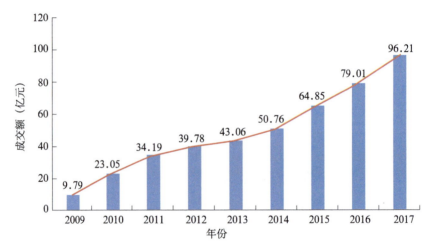

图 6-1　2017 年江西省的技术市场成交额

数据来源：《2018 中国统计年鉴》表 20-22，第 660 页

2017 年，江西省的技术市场成交额居全国第 17 位，依次低于北京市、湖北省、广东省、陕西省、上海市、江苏省、天津市、山东省、四川省、辽宁省、浙江省、安徽省、吉林省、湖南省、甘肃省、黑龙江省。显然，技术市场成交额与各省经济体量排序差异很大，科研成果大省不一定是经济大省。这也意味着江西省未来应高度关注跨省技术买入，参见图 6-2。

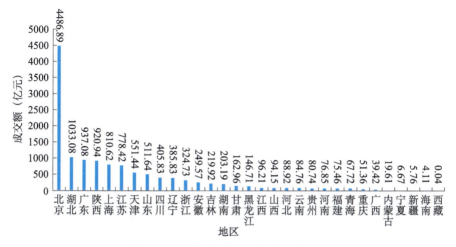

图 6-2　2017 年各地区技术市场成交额

数据来源：《2018 中国统计年鉴》，表 20-22，第 660 页

二、研发机构

根据《2018 中国科技统计年鉴》，2017 年，江西省的研发机构有 114 个，约占全国的 3.21%。江西省的研发机构数量居全国第 15 位，依次低于北京市、广东省、山东省、四川省、山西省、辽宁省、黑龙江省、江苏省、上海市、河南省、湖南省、广西壮族自治区、云南省、湖北省。北京市的研发机构数量最多，高达 391 个。江西省的高新技术企业的研发机构数量尚可，研究机构的平均人口规模相对较少，参见图 6-3。

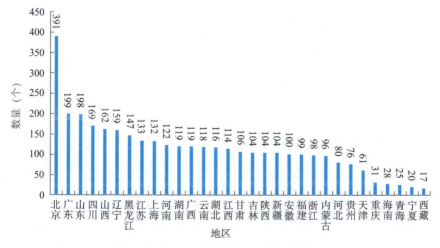

图 6-3　2017 年全国各地区研发机构情况

数据来源：《2018 中国科技统计年鉴》，表 3-3，第 64 页

三、研发人员

根据《2018 中国科技统计年鉴》，2017 年江西省的研发人员全时当量为 6242 人年，约占全国的 1.35%。各地区研发人员全时当量最高的地区是北京市，为 119 429 人年，其他超过江西省的省份依次为四川省、上海市、陕西省、江苏省、广东省、辽宁省、河南省、湖北省、山东省、天津市、安徽省、河北省、浙江省、吉林省、云南省、湖南省、甘肃省、黑龙江省，江西省居第 20 位，参见图 6-4。

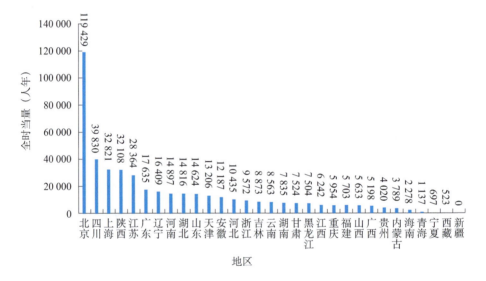

图 6-4　2017 年各地区研发人员总量

数据来源:《2018 中国科技统计年鉴》，表 3-3，第 64 页

根据《2018 中国科技统计年鉴》，2017 年江西省的机构从业人员为 12 538 人，约占全国的 1.62%。高技术产业科研人数最多的省份是广东省，有 262 122 人，机构人员数最多的是北京市，有 170 666 人，四川省以 76 330 人居第 2 位，排在江西省之前的依次有江苏省、陕西省、上海市、河南省、广东省、湖北省、辽宁省、天津市、安徽省、山东省、河北省、浙江省、山西省、湖南省、黑龙江省，江西省居第 18 位，参见图 6-5。

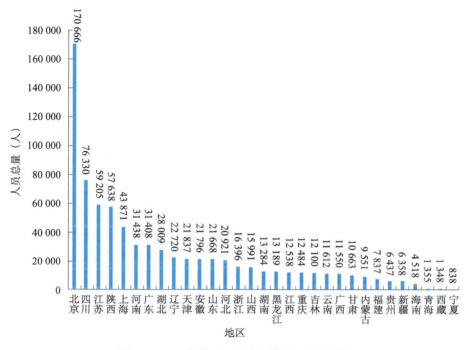

图 6-5　2017 年各地区研发机构从业人员总量

数据来源：《2018 中国科技统计年鉴》，表 3-3，第 64 页

四、科研经费比较

根据《2018 中国科技统计年鉴》，2017 年江西省的研发经费内部支出为
15.23 亿元，约占全国的 0.63%。研发经费内部支出最多的省份是北京市，有
741.24 亿元，其他超过江西省的省份依次有上海市、四川省、陕西省、江苏
省、广东省、湖北省、辽宁省、安徽省、天津市、山东省、河北省、浙江省、
河南省、湖南省、云南省、吉林省、甘肃省、福建省、黑龙江省、重庆市、广
西壮族自治区，江西省居第 23 位，参见表 6-1。

表 6-1　2017 年各地区研发经费内部支出情况

地区	研发经费内部支出（亿元）			
	基础研究	应用研究	试验发展	合计
北京市	150.18	232.34	358.72	741.24
天津市	8.11	19.36	24.00	51.47
河北省	2.70	11.22	34.88	48.79

续表

地区	研发经费内部支出（亿元）			
	基础研究	应用研究	试验发展	合计
山西省	2.19	4.47	6.47	13.13
内蒙古自治区	1.96	4.34	6.27	12.56
辽宁省	10.32	28.76	40.13	79.22
吉林省	6.59	8.47	14.38	29.44
黑龙江省	5.13	5.92	11.69	22.74
上海市	39.43	74.03	207.02	320.49
江苏省	13.85	51.94	98.77	164.57
浙江省	3.20	11.60	21.45	36.24
安徽省	17.61	17.98	22.76	58.35
福建省	10.73	7.14	5.29	23.16
江西省	1.07	2.30	11.86	15.23
山东省	12.21	15.15	23.12	50.48
河南省	3.08	9.23	23.13	35.45
湖北省	8.89	38.76	34.30	81.95
湖南省	1.84	9.99	19.97	31.81
广东省	21.23	22.40	40.21	83.84
广西壮族自治区	3.13	6.87	7.14	17.14
海南省	6.07	4.36	0.90	11.34
重庆市	3.23	6.27	9.34	18.84
四川省	17.69	38.76	164.69	221.14
贵州省	3.25	2.48	3.97	9.70
云南省	9.23	7.44	13.27	29.94
西藏自治区	0.49	0.40	0.58	1.47
陕西省	7.12	44.14	132.02	183.28
甘肃省	9.55	7.43	10.70	27.68
青海省	0.86	0.79	1.27	2.92
宁夏回族自治区	0.28	0.70	1.36	2.34
新疆维吾尔自治区	3.16	4.37	2.20	9.73

数据来源：《2018 中国科技统计年鉴》，表 3-7，第 76 页

根据《2018 中国科技统计年鉴》，2017 年江西省的基础研究支出为 1.07 亿元，约占全国的 0.28%，基础研究支出最多的省份是北京市，有 150.18

亿元，其他超过江西省的省份有上海市、广东省、四川省、安徽省、江苏省、山东省、福建省、辽宁省、甘肃省、云南省、湖北省、天津市、陕西省、吉林省、海南省、黑龙江省、贵州省、重庆市、浙江省、新疆维吾尔自治区、广西壮族自治区、河南省、河北省、山西省、内蒙古自治区、湖南省，江西省排第 28 位，参见图 6-6。

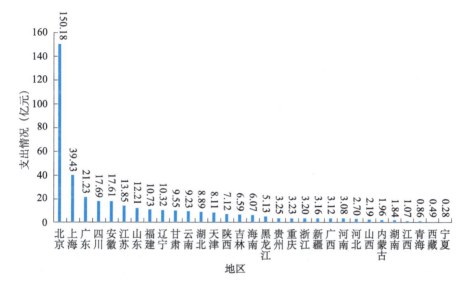

图 6-6　2017 年各地区基础研究支出情况

数据来源：《2018 中国科技统计年鉴》，表 3-7，第 76 页

根据《2018 中国科技统计年鉴》，2017 年江西省的应用研究支出为 2.30 亿元，约占全国的 0.33%，应用研究支出最多的省份是北京市，有 232.34 亿元，其他超过江西省的省份有上海市、江苏省、陕西省、四川省、湖北省、辽宁省、广东省、天津市、安徽省、山东省、浙江省、河北省、湖南省、河南省、吉林省、云南省、甘肃省、福建省、广西壮族自治区、重庆市、黑龙江省、山西省、新疆维吾尔自治区、海南省、内蒙古自治区、贵州省，江西省排第 28 位，参见图 6-7。

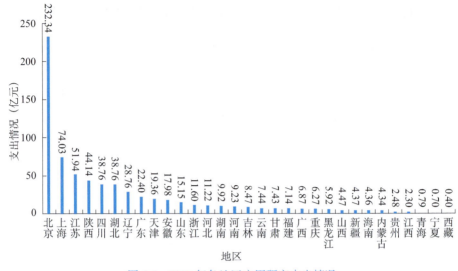

图 6-7　2017 年各地区应用研究支出情况

数据来源：《2018 中国科技统计年鉴》，表 3-7，第 76 页

2017 年江西省的试验发展支出为 11.86 亿元，约占全国的 0.88%，试验研究支出最多的省份是北京市，有 358.72 亿元，其他超过江西省的省份有上海市、四川省、陕西省、江苏省、广东省、辽宁省、河北省、湖北省、天津市、河南省、山东省、安徽省、浙江省、湖南省、吉林省、云南省，江西省排第 18 位，参见图 6-8。

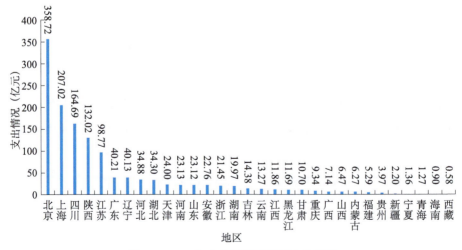

图 6-8　2017 年各地区试验发展支出情况

数据来源：《2018 中国科技统计年鉴》，表 3-7，第 76 页

五、发明专利数对比

根据《2018 中国统计年鉴》，江西省规模以上工业企业有效发明专利数为 10 806 件，约占全国的 1.16%。规模以上工业企业有效发明专利数最多的省份是广东省，有 289 238 件，其他多于江西省的省份有江苏省、山东省、安徽省、浙江省、上海市、北京市、四川省、湖南省、湖北省、福建省、天津市、河南省、辽宁省、陕西省、河北省、重庆市，江西省居第 18 位，参见图 6-9。

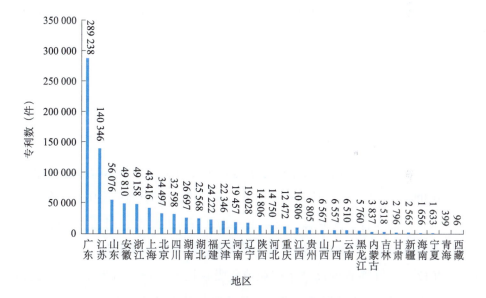

图 6-9　2017 年规模以上企业有效发明专利数

数据来源：《2018 中国统计年鉴》，表 20-7，第 638 页

根据《2018 中国科技统计年鉴》，江西省有效发明专利数为 94 531 件，约占全国的 1.49%。全国有效发明专利数最多的省份是广东省，有 1 165 677 件，其他多于江西省的省份有广东省、江苏省、浙江省、北京市、山东省、上海市、福建省、四川省、安徽省、河南省、湖北省、天津市、湖南省、河北省、重庆市、陕西省、辽宁省，江西省居第 18 位，参见图 6-10。

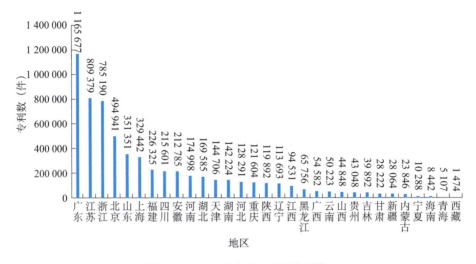

图 6-10　2017 年各地区有效专利数

数据来源：《2018 中国科技统计年鉴》，表 8-3，第 205 页

六、技术引进和改造对比

2017 年，江西省的高技术产业引进技术经费支出为 1950 万元，约占全国的 0.30%。江西省的高技术产业引进技术经费支出居全国第 16 位，依次低于广东省、福建省、江苏省、天津市、北京市、上海市、湖北省、辽宁省、四川省、山东省、安徽省、浙江省、云南省、河北省、重庆市。

2017 年，江西省的高技术产业消化吸收技术经费支出为 8 万元，约占全国的 0.01%。江西省的高技术产业消化吸收技术经费支出居全国第 20 位，依次低于江苏省、福建省、山东省、上海市、河北省、浙江省、湖北省、广东省、河南省、辽宁省、四川省、湖南省、安徽省、陕西省、重庆市、北京市、吉林省、黑龙江省、广西壮族自治区。

2017 年，江西省的高技术产业购买境内技术经费支出为 1328 万元，约占全国的 0.17%。江西省的高技术产业购买境内技术经费支出全国排第 23 位，依次低于广东省、山东省、四川省、江苏省、浙江省、福建省、湖北省、安徽省、辽宁省、重庆市、河南省、河北省、陕西省、北京市、湖南省、上海市、天津市、云南省、海南省、山西省、贵州省、甘肃省。

2017 年，江西省的高技术产业技术改造经费支出 22 919 万元，约占全国的 0.48%。江西省的高技术产业技术改造经费支出居全国第 19 位，依次低于广东省、江苏省、福建省、山东省、湖南省、四川省、浙江省、陕西省、贵州省、辽宁省、安徽省、黑龙江省、湖北省、河南省、天津市、上海市、河北省、重庆市，参见表 6-2。

表 6-2　2017 年各地区高技术产业技术获取和技术改造　单位：万元

地区	引进技术经费支出	消化吸收经费支出	购买境内技术经费支出	技术改造经费支出
北京市	31 448	100	6 454	17 251
天津市	35 815	1	3 935	50 290
河北省	3 668	4 621	9 552	41 351
山西省	0	0	2 186	22 566
内蒙古自治区	0	0	0	3 877
辽宁省	13 396	683	10 780	96 743
吉林省	0	56	50	10 933
黑龙江省	52	30	1 143	71 275
上海市	24 037	4 908	4 779	48 950
江苏省	72 511	17 475	38 008	865 553
浙江省	6 273	4 199	24 931	207 508
安徽省	6 574	352	11 196	78 562
福建省	97 962	8 449	18 473	653 190
江西省	1 950	8	1 328	22 919
山东省	11 252	5 033	151 030	409 409
河南省	1 348	863	10 404	52 248
湖北省	23 518	3 639	12 267	52 683
湖南省	1 725	576	5 818	368 452
广东省	293 797	3 331	387 728	987 945
广西壮族自治区	62	26	305	6 436
海南省	0	0	2 329	5 858
重庆市	3 155	131	10 568	35 199
四川省	11 671	577	44 800	349 930
贵州省	308	7	2 164	101 183
云南省	3 887	0	2 966	20 228
西藏自治区	0	0	0	12

地区	引进技术 经费支出	消化吸收 经费支出	购买境内 技术经费支出	技术改造 经费支出
陕西省	1 117	263	7 777	159 368
甘肃省	645	0	2 013	553
青海省	0	0	124	475
宁夏回族自治区	0	0	0	18 284
新疆维吾尔自治区	0	0	470	975

数据来源：《2018 中国科技统计年鉴》，表 5-10，第 149 页

七、新产品和新模式的对比

2017 年，江西省的规模以上工业企业新产品开发经费支出为 294.96 亿元，约占全国的 2.19%。江西省的规模以上工业企业新产品开发经费支出全国排第 16 位，依次低于广东省、江苏省、山东省、浙江省、上海市、安徽省、湖南省、湖北省、福建省、河北省，参见图 6-11。

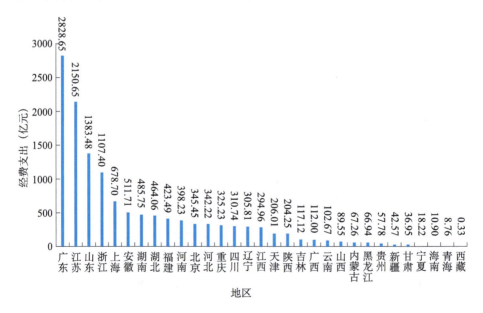

图 6-11　2017 年规模以上工业企业新产品开发经费支出

数据来源：《2018 中国统计年鉴》表 20-10，第 641 页

2017 年，江西省的规模以上工业企业新产品销售收入为 3857.17 亿元，约

占全国的 2.01%。江西省的规模以上工业企业新产品销售收入全国排第 15 位，依次低于广东省、江苏省、浙江省、山东省、上海市、安徽省、湖南省、湖北省、河南省、重庆市、河北省、福建省、北京市、天津市，参见图 6-12。

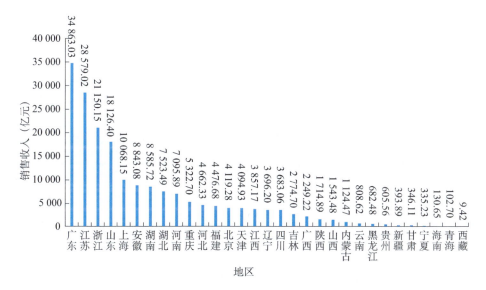

图 6-12　规模以上工业企业新产品销售收入

数据来源：《2018 中国统计年鉴》表 20-10，第 641 页

八、小结

（1）江西省整体科技实力偏弱。无论是技术市场、研发人员、科研经费、发明专利、技术引进和改造，还是新产品和新模式，江西省均处于全国第 15～第 23 位，占全国的比例大多在 2% 以下，在中部省份中处于靠后位置。

（2）江西省的研发机构平均规模偏小。江西省的研发机构数占全国 3.21%，在全国排第 15 位，相对较靠前。科研人员总量和科研经费占全国比例分别是 1.35% 和 0.63%，全国排名分别是第 20 位和第 23 位，这说明江西省的研发机构平均规模小于全国平均规模。

（3）江西省技术引进和改造经费占全国比重最低。高技术产业引进技术、消化吸收技术、购买境内技术、技术改造的经费支出占全国的比例仅 0.30%、0.01%、0.17%、0.48%，远低于其他指标。此外，这四个指标的全国排名不低于其他指标，这说明科研大省在这四项指标的投入比例远超科研弱省，科研大省更重视技术引进和改造。

（4）江西省的规模以上工业企业相对重视新产品和新模式的投入。规模以上工业企业新产品开发经费支出和新产品销售收入占全国的比例分别在2.19%、2.01%，排名分别居全国第16位和第15位，比省内其他科研指标排名均表现要好（表6-3）。

表 6-3　江西省的科技实力处于全国的概况

分类	具体指标	占全国的比例	全国排名
技术市场	技术市场成交额	0.72%	17
研发机构	研发机构数	3.21%	15
研发人员	研发人员总量	1.35%	20
	研发从业人员总量	1.62%	18
科研经费	研发经费内部支出	0.63%	23
	基础研究	0.28%	28
	应用研究	0.33%	28
	试验发展	0.88%	18
发明专利	规模以上工业企业有效发明专利数	1.16%	18
	各地区发明专利数	1.49%	18
科研经费	研发经费内部支出	0.63%	23
技术引进和改造	高技术产业引进技术经费支出	0.30%	16
	高技术产业消化吸收技术经费支出	0.01%	20
	高技术产业购买境内技术经费支出	0.17%	23
	高技术产业技术改造经费支出	0.48%	17
新产品和新模式	规模以上工业企业新产品开发经费支出	2.19%	16
	规模以上工业企业新产品销售收入	2.01%	15

第二节　产业区分视角下江西省战略性新兴产业发展科研支撑

截至2018年，江西省共有国家重点实验室5个、省重点实验室169个、国家工程技术研究中心8个、省工程技术研究中心358个。这些科技支撑在不同产业的分布情况如下所述。

一、节能环保产业

江西省科技支撑在节能环保产业的分布情况为：

（1）江西省节能环保产业共有 5 个省级战略性新兴产业科技协同创新体平台，即南昌市的江西联融新光源协同创新有限公司，萍乡市的江西维龙科技协同创新有限公司、江西同庆烟气治理科技协同创新有限公司，上饶市的江西新金叶科技协同创新有限公司，吉安市的江西华柏节能照明科技协同创新有限公司。核心技术大体有废旧有色金属材料、贵金属材料的回收，节能照明技术开发、LED 器件封装及光源自动化生产等。

（2）江西省节能环保产业共有 2 个国家级高新技术产业化基地，即南昌国家半导体照明工程高新技术产业化基地、萍乡环保材料及装备高新技术产业化基地。

（3）江西省节能环保产业共有 5 个省级高新技术产业化基地，即九江市的武宁县绿色光电高新技术产业化基地、宜春市的万载 LED 灯具灯饰高新技术产业化基地、宜春市的高安绿色光源高新技术产业化基地、宜春市的丰城工业材料循环利用高新技术产业化基地、鹰潭绿色水工高新技术产业化基地。

（4）江西省节能环保产业共有 17 个省级工程研究中心（实验室）。属地分布较多的有：南昌市 10 个、宜春市 4 个。行业类别分布较多的有：涉及金属矿产回收的 4 个、涉及水土方面的 3 个、涉及建筑的 3 个、涉及光电的 2 个、涉及配电的 2 个，参见表6-4。

表6-4　江西省节能环保产业省级工程研究中心（实验室）

地级市	节能环保产业省级工程研究中心（实验室）
南昌市	江西省水利土木特种加固与安全监控工程研究中心
	江西省节能建材与建筑结构工程研究中心
	江西省水工程安全与资源高效利用工程研究中心
	江西省大容量节能变压器制造技术工程研究中心
	江西省光电检测技术工程实验室
	江西省土壤微生物修复工程研究中心
	江西省高效节能锅炉工程研究中心

地级市	节能环保产业省级工程研究中心（实验室）
南昌市	江西省节能环保汽车护理用品新材料工程研究中心
	江西省近零能耗建筑工程实验室
	江西省重金属污染物控制与资源化工程实验室
九江市	江西省空间网格盒式装配建筑工程研究中心
上饶市	江西省矿冶固废资源综合利用技术工程研究中心
抚州市	江西省节能配电变压器及互感器制造技术工程研究中心
宜春市	江西省城市矿产开发及污染控制工程研究中心
	江西省半导体照明光组件技术工程研究中心
	江西省稀贵金属再生资源综合利用工程研究中心
	江西省管道连接件工程技术研究中心

（5）江西省节能环保产业仅有 4 个国家地方联合工程研究中心（工程实验室），即南昌市的核辐射探测技术国家地方联合工程研究中心、鄱阳湖流域水工程安全与资源高效利用国家地方联合工程实验室、无损检测与光电传感技术及应用国家地方联合工程实验室、硅衬底氮化镓电子器件制造技术国家地方联合工程研究中心。

（6）江西省节能环保产业有 8 个省级国际科技合作基地，参见表 6-5。

表 6-5　江西省节能环保产业省级国际科技合作基地

地级市	节能环保产业省级国际科技合作基地
南昌市	核资源与环境教育部重点实验室
	可持续发展国际科技合作基地
	江西省森林资源培育与林业可持续经营国际科技合作基地
	江西省国际低碳生态技术转移中心
九江市	数字生态城国际科技合作基地
	园林国际科技合作基地
	江西省流体污染控制联合研究中心
鹰潭市	江西贵雅照明有限公司

（7）江西省节能环保产业没有国家级企业技术中心。

（8）江西省节能环保产业有 15 个省级企业技术中心。属地分布较多的有：南昌市 5 个，九江市 3 个，吉安市、上饶市各 2 个。其中涉及光电照明的有 7 个，参见表 6-6。

表 6-6 江西省节能环保产业省级企业技术中心

地级市	节能环保产业省级企业技术中心
南昌市	江西金达莱环保股份有限公司
	中节能晶和照明有限公司
	南昌水业集团有限责任公司
	江西联创光电科技股份有限公司
	晶能光电（江西）有限公司
九江市	九江赛晶科技股份有限公司
	九江力山环保科技有限公司
	九江世明玻璃有限公司
萍乡市	萍乡市新安工业有限责任公司
上饶市	江西新金叶实业有限公司
	江西众光照明科技有限公司
鹰潭市	鹰潭阳光照明有限公司
吉安市	北极光（江西）科技照明有限公司
	吉安县鑫泰科技有限公司
宜春市	江西格林美资源循环有限公司

（9）江西省节能环保产业有省级重点实验室 16 个，其中南昌市有 14 个。省级重点实验室大部分涉及水土和大气污染防治，参见表 6-7。

表 6-7 江西省节能环保产业省级重点实验室

地级市	节能环保产业省级重点实验室
南昌市	江西省核资源与环境重点实验室（省部共建国家重点实验室培育基地）
	江西省鄱阳湖综合治理与资源开发重点实验室
	江西省持久性污染控制与资源循环利用重点实验室
	江西省水文水资源与水环境重点实验室
	江西省生物多样性与生态工程重点实验室
	江西省矿冶环境污染控制重点实验室
	江西省鄱阳湖水资源与环境重点实验室
	江西省电子电镀废水处理与资源化重点实验室
	江西省汽车噪声与振动重点实验室
	江西省农业废弃物综合利用重点实验室
	江西省退化生态系统修复与流域生态水文重点实验室

续表

地级市	节能环保产业省级重点实验室
南昌市	江西省环境岩土与工程灾害控制重点实验室
	江西省超低能耗建筑重点实验室
	江西省大气污染成因与控制重点实验室
鹰潭市	江西省红壤生态重点实验室
吉安市	江西省区域生态过程与信息重点实验室

（10）江西省节能环保产业有省级工程技术研究中心 36 个。属地分布较多的有：南昌市 13 个，萍乡市和宜春市各 5 个，九江市、上饶市和赣州市各 3 个。行业类别分布较多的有：金属回收利用类的 9 个，光电照明类的 5 个，水土和空气类的 5 个，核辐射等类的 3 个，参见表 6-8。

表 6-8　江西省节能环保产业省级工程技术研究中心

地级市	节能环保产业省级工程技术研究中心
南昌市	江西省环境保护工程技术研究中心
	江西省核素检测与辐射环境评价工程技术研究中心
	江西省核辐射探测及应用工程技术研究中心
	江西省水污染控制及其能源利用工程技术研究中心
	江西省水工安全工程技术研究中心
	江西省半导体照明应用与检测工程技术研究中心
	江西省低碳电力工程技术研究中心
	江西省半导体照明封装工程技术研究中心
	江西省重金属污染生态修复工程技术研究中心
	江西省水工结构工程技术研究中心
	江西省低热值余能利用工程技术研究中心
	江西省环境辐射检测设备工程技术研究中心
	江西省环境监测设备工程技术研究中心
九江市	江西省流体污染控制工程技术研究中心
	江西省生态化工工程技术研究中心
	江西省油脂化工工程技术研究中心
景德镇市	江西省高效节能压缩机工程技术研究中心
萍乡市	江西省汽车尾气净化器及催化剂工程技术研究中心
	江西省环保材料与装备工程技术研究中心
	江西省通风除尘工程技术研究中心

续表

地级市	节能环保产业省级工程技术研究中心
萍乡市	江西省建材工业催化剂及载体工程技术研究中心
	江西省工业窑炉烟气综合治理工程技术研究中心
上饶市	江西省铜二次资源综合利用工程技术研究中心
	江西省有色金属废渣综合利用工程技术研究中心
	江西省难处理黄金资源综合利用工程技术研究中心
吉安市	江西省 LED-COB 照明组件工程技术研究中心
赣州市	江西省降噪保真电声工程技术研究中心
	江西省稀土二次资源利用工程技术研究中心
	江西省锆资源综合利用工程技术研究中心
抚州市	江西省有色金属再生利用工程技术研究中心
宜春市	江西省锂资源综合利用工程技术研究中心
	江西省半导体照明光组件工程技术研究中心
	江西省集成化节能起重机工程技术研究中心
	江西省城市矿产污染控制与循环利用工程技术研究中心
	江西省有色金属冶炼废物综合利用工程技术研究中心
鹰潭市	江西省半导体照明驱动与应用工程技术研究中心

（11）江西省节能环保产业有国家工程技术研究中心 2 个，即南昌市的国家硅基 LED 工程技术研究中心和国家红壤改良工程技术研究中心。

江西省节能环保产业省级技术平台主要分布在南昌市，其次是宜春市和九江市。其中南昌市省级技术平台数量接近占江西省的一半，参见表6-9。

表6-9 江西省节能环保产业省级技术平台的分布　　单位：个

地级市	战略性新兴产业科技协同创新体平台	省级高新技术产业化基地	省级工程研究中心（实验室）	省级国际科技合作基地	省级企业技术中心	省级重点实验室	省级工程技术研究中心	合计
南昌市	1	0	10	4	5	14	13	47
九江市	0	1	1	3	3	0	3	11
上饶市	1	0	1	0	2	0	3	7
抚州市	0	0	1	0	0	0	1	2
宜春市	0	3	4	0	1	0	5	13
吉安市	1	0	0	0	2	1	1	5

续表

地级市	战略性新兴产业科技协同创新体平台	省级高新技术产业化基地	省级工程研究中心（实验室）	省级国际科技合作基地	省级企业技术中心	省级重点实验室	省级工程技术研究中心	合计
赣州市	0	0	0	0	0	0	3	3
景德镇市	0	0	0	0	0	0	1	1
萍乡市	2	0	0	0	1	0	5	8
新余市	0	0	0	0	0	0	0	0
鹰潭市	0	1	0	1	1	1	1	5
合计	5	5	17	8	15	16	36	102

江西省节能环保产业国家级技术平台仅 8 个，其中 7 个分布在南昌市，此外萍乡市有 1 个，参见表 6-10。

表 6-10 江西省节能环保产业国家级技术平台的分布　　单位：个

地级市	国家级高新技术产业化基地	国家地方联合工程研究中心（工程实验室）	国家级企业技术中心	国家工程技术研究中心	国家重点实验室	合计
南昌市	1	4	0	2	0	7
九江市	0	0	0	0	0	0
上饶市	0	0	0	0	0	0
抚州市	0	0	0	0	0	0
宜春市	0	0	0	0	0	0
吉安市	0	0	0	0	0	0
赣州市	0	0	0	0	0	0
景德镇市	0	0	0	0	0	0
萍乡市	1	0	0	0	0	1
新余市	0	0	0	0	0	0
鹰潭市	0	0	0	0	0	0
合计	2	4	0	2	0	8

二、新能源产业

江西省科技支撑在新能源产业的分布情况为：

（1）江西省新能源产业仅有 3 个省级战略性新兴产业科技协同创新体平

台，即吉安市的江西仪能新能源微电网协同创新有限公司、上饶市的江西晶科科技协同创新有限公司、宜春市的江西省福能动力电池协同创新有限公司。

（2）江西省新能源产业共有4个国家级高新技术产业化基地，即新余市的国家光伏高新技术产业化基地、上饶市的国家光伏高新技术产业化基地、吉安市的国家风电设备高新技术产业化基地、宜春市的国家锂电新能源高新技术产业化基地。

（3）江西省新能源产业没有省级高新技术产业化基地。

（4）江西省新能源产业仅有3个省级工程研究中心（实验室），即上饶市的江西省晶硅电池组件制造及发电应用工程研究中心、宜春市的复合材料锂电池制造技术国家地方联合工程研究中心、赣州市的江西省高功率动力锂电池工程研究中心。

（5）江西省新能源产业有1个国家地方联合工程研究中心（工程实验室），即宜春市的复合材料锂电池制造技术国家地方联合工程研究中心。

（6）江西省新能源产业有1个省级国际科技合作基地，即位于九江市的江西省太阳能电池组件及系统联合研究中心。

（7）江西省新能源产业有1个国家级企业技术中心，即上饶市的晶科能源公司技术中心。

（8）江西省新能源产业有10个省级企业技术中心，分布在8个地级市，较为分散，参见表6-11。

表6-11　江西省新能源产业省级企业技术中心

地级市	新能源产业省级企业技术中心
南昌市	江西大族能源科技股份有限公司
新余市	江西瑞晶太阳能科技有限公司
上饶市	晶科能源有限公司
	江西展宇新能源股份有限公司
鹰潭市	中赣新能源股份有限公司
吉安市	吉安市优特利科技有限公司
赣州市	孚能科技（赣州）有限公司

续表

地级市	新能源产业省级企业技术中心
抚州市	江西伊发电力科技有限公司
	江西迪比科股份有限公司
宜春市	江西正拓新能源科技有限公司

（9）江西省新能源产业有 7 个省级重点实验室，其中 6 个分布在南昌市，即江西省新能源化学重点实验室、江西省电能存储与转换重点实验室、江西省动力电池及材料重点实验室、江西省太阳能光电材料重点实验室、江西省太阳能光伏重点实验室、江西省聚变能与信息控制重点实验室。另一个是新余市的江西省太阳电池新材料与应用重点实验室。

（10）江西省新能源产业有 12 个省级工程技术研究中心。属地分布较多的有：宜春市 4 个，南昌市、抚州市、新余市各 2 个。行业类别分布较多的有：涉及锂离子电池的 6 个，涉及光伏的 2 个，参见表 6-12。

表 6-12　江西省新能源产业省级工程技术研究中心

地级市	新能源产业省级工程技术研究中心
南昌市	江西省光伏发电及系统工程技术研究中心
	江西省高效发电机工程技术研究中心
新余市	江西省锂电新材料工程技术研究中心
	江西省光伏电池及组件工程技术研究中心
吉安市	江西省锂离子储能工程技术研究中心
抚州市	江西省新能源工艺及装备工程技术研究中心
	江西省动力电池及总成工程技术研究中心
宜春市	江西省锂离子电池材料工程技术研究中心
	江西省锂离子动力电池工程技术研究中心
	江西省熔盐储能材料工程技术研究中心
	江西省锂离子电池负极材料工程技术研究中心
九江市	江西省锂离子电池电解液工程技术研究中心

（11）江西省新能源产业仅有 1 个国家工程技术研究中心，即新余的国家光伏工程技术研究中心。

江西省新能源产业省级技术平台主要分布在南昌市、宜春市、上饶市和抚州市等，参见表 6-13。

表 6-13　江西省新能源产业省级技术平台的分布　　　　单位：个

地级市	战略性新兴产业科技协同创新体平台	省级高新技术产业化基地	省级工程研究中心（实验室）	省级国际科技合作基地	省级企业技术中心	省级重点实验室	省级工程技术研究中心	合计
南昌市	0	0	0	0	1	6	2	9
九江市	0	0	0	1	0	0	1	2
上饶市	1	0	1	0	2	0	0	4
抚州市	0	0	0	0	2	0	2	4
宜春市	1	0	1	0	1	0	4	7
吉安市	1	0	0	0	1	0	1	3
赣州市	0	0	1	0	1	0	0	2
景德镇市	0	0	0	0	0	0	0	0
萍乡市	0	0	0	0	0	0	0	0
新余市	0	0	0	0	1	1	2	4
鹰潭市	0	0	0	0	1	0	0	1
合计	3	0	3	1	10	7	12	36

　　江西省新能源产业国家级技术平台数量很少，全省仅 7 个，上饶市、宜春市和新余市分别有 2 个，参见表 6-14。

表 6-14　江西省新能源产业国家级技术平台的分布　　　　单位：个

地级市	国家级高新技术产业化基地	国家地方联合工程研究中心（工程实验室）	国家级企业技术中心	国家工程技术研究中心	国家重点实验室	合计
南昌市	0	0	0	0	0	0
九江市	0	0	0	0	0	0
上饶市	1	0	1	0	0	2
抚州市	0	0	0	0	0	0
宜春市	1	1	0	0	0	2
吉安市	1	0	0	0	0	1
赣州市	0	0	0	0	0	0
景德镇市	0	0	0	0	0	0
萍乡市	0	0	0	0	0	0
新余市	1	0	0	1	0	2

续表

地级市	国家级高新技术产业化基地	国家地方联合工程研究中心（工程实验室）	国家级企业技术中心	国家工程技术研究中心	国家重点实验室	合计
鹰潭市	0	0	0	0	0	0
合计	4	1	1	1	0	7

三、新材料产业

江西省科技支撑在新材料产业的分布情况为：

（1）江西省材料产业共有 16 个省级战略性新兴产业科技协同创新体平台。属地分布较多的有：吉安市 5 个，萍乡市、宜春市各 3 个，参见表 6-15。

表 6-15　江西省材料产业省级战略性新兴产业科技协同创新体平台

地级市	材料产业省级战略性新兴产业科技协同创新体平台
南昌市	江西科得玻璃钢科技协同创新有限公司
九江市	九江中科鑫星科技协同创新有限公司
萍乡市	江西金葵新材料科技有限公司
	江西慧泰粉末注射成型科技协同创新有限公司
	江西中创阻燃新材料科技协同创新体有限公司
鹰潭市	江西瑞顺超细铜线科技协同创新有限公司
	江西省广杰科技协同创新有限公司
吉安市	江西井圣塑料光纤科技协同创新有限公司
	江西太极超微细碳酸钙新材料协同创新有限公司
	江西松源香料科技协同创新有限公司
	江西富隆挠性线路板科技协同创新体有限公司
	江西久正树脂新材料科技协同创新有限公司
抚州市	江西创赢香精香料科技协同创新有限公司
宜春市	江西盛汇光学科技协同创新有限公司
	江西中磁科技协同创新有限公司
	江西锂星科技协同创新有限公司

（2）江西省材料产业共有 15 个国家级高新技术产业化基地。属地分布较多的有：萍乡市 4 个，赣州市和九江市各 3 个，参见表 6-16。

表 6-16　江西省材料产业国家级高新技术产业化基地

地级市	材料产业国家级高新技术产业化基地
九江市	九江国家玻璃纤维及复合材料高新技术产业化基地
	国家火炬计划九江星火有机硅产业基地
	江西湖口精细化工高新技术产业化基地
景德镇市	景德镇国家精细化工高新技术产业化基地
	国家火炬计划景德镇陶瓷新材料及制品产业基地
萍乡市	萍乡国家新材料高新技术产业化基地
	萍乡国家工业陶瓷高新技术产业化基地
	萍乡国家电瓷高新技术产业化基地
	国家火炬萍乡粉末冶金特色产业基地
新余市	新余国家锂材料及应用高新技术产业化基地
鹰潭市	鹰潭国家新材料高新技术产业化基地
赣州市	龙南国家发光材料及稀土应用高新技术产业化基地
	赣州国家钨和稀土新材料高新技术产业化基地
	国家火炬计划赣州稀土与钨新材料产业基地
抚州市	抚州国家精细化工高新技术产业化基地

（3）江西省材料产业共有 5 个省级高新技术产业化基地，新余市的分宜金属新材料高新技术产业化基地、鹰潭市的铜基新材料高新技术产业化基地、抚州市的黎川县陶瓷材料高新技术产业化基地、抚州市的金溪芳烃化工高新技术产业化基地、景德镇市的江西乐平精细化工高新技术产业化基地。

（4）江西省材料产业共有 28 个省级工程研究中心（实验室）。属地分布较多的有：南昌市 14 个，景德镇市 3 个，参见表 6-17。

表 6-17　江西省材料产业省级工程研究中心（实验室）

地级市	材料产业省级工程研究中心（实验室）
南昌市	江西省电瓷工程研究中心
	江西省微纳材料与传感工程实验室
	江西省硅基发光材料与器件制造技术工程研究中心
	江西省半导体专用化学品工程研究中心
	江西省水性涂料工程实验室
	江西省树脂基复合材料工程研究中心

续表

地级市	材料产业省级工程研究中心（实验室）
南昌市	江西省铷铯资源综合利用及材料工程研究中心
	江西省稀土材料前驱体工程实验室
	江西省超高性能混凝土工程研究中心
	江西省耐磨抗蚀材料制造技术工程研究中心
	江西省先进功能薄膜材料工程实验室
	江西省高分子能源材料工程实验室
	江西省分子筛膜材料工程实验室
	江西省微纳材料与传感工程实验室
九江市	江西省稀有金属钽铌新材料工程研究中心
景德镇市	江西省陶瓷散热新材料工程研究中心
	江西省陶瓷材料加工技术工程实验室
	江西省能量存储与转换陶瓷材料工程实验室
萍乡市	江西省化工陶瓷应用技术工程研究中心
	江西省高压绝缘材料工程研究中心
新余市	锂基新材料国家地方联合工程研究中心（江西）
	江西省铷铯资源综合利用及材料工程研究中心
鹰潭市	江西省高导铜合金新材料工程研究中心
	江西省铋碲新材料工程研究中心
吉安市	江西省无机超细粉体工程研究中心
	江西省高阻隔性药用包装材料工程研究中心
赣州市	江西省钨与稀土功能合金材料工程实验室
	江西省稀土永磁材料及器件工程研究中心

（5）江西省材料产业有 5 个国家地方联合工程研究中心（工程实验室），即南昌市的半导体专用化学品制造技术国家地方联合工程研究中心和分子筛膜材料国家地方联合工程实验室、景德镇市的陶瓷新材料国家地方联合工程研究中心、赣州市的钨与稀土采冶及深加工技术国家地方联合工程研究中心、宜春市的锂基新材料国家地方联合工程研究中心。

（6）江西省材料产业有 7 个省级国际科技合作基地，参见表 6-18。

表 6-18　江西省材料产业省级国际科技合作基地

地级市	材料产业省级国际科技合作基地
南昌市	江西省无机膜材料国际科技合作基地
	江西新功能材料国际科技合作基地
景德镇市	高技术陶瓷国际科技合作基地
	江西省陶瓷检测评估联合研究中心
萍乡市	江西省高压绝缘材料研究开发国际科技合作基地
新余市	江西省锂基新材料对外联合研究中心
宜春市	江西省锂云母资源综合利用联合研究中心

（7）江西省材料产业有 6 个国家级企业技术中心，即南昌市的江西稀有金属钨业控股集团有限公司技术中心和江西铜业集团公司技术中心、九江市的蓝星化工新材料股份有限公司江西星火有机硅厂技术中心、新余市的钢铁集团有限责任公司技术中心、赣州市的崇义章源钨业股份有限公司技术中心和江西钨业集团公司技术中心。

（8）江西省材料产业有 69 个省级企业技术中心。属地分布较多的有：赣州市 15 个，南昌市、景德镇市、萍乡市各 8 个，鹰潭市 6 个，新余市、上饶市、抚州市各 5 个，九江市 4 个，参见表 6-19。涉及的材料领域有铜、钢、钨、铝、硅、锂、稀土、陶瓷、电瓷等。

表 6-19　江西省材料产业省级企业技术中心

地级市	材料产业省级企业技术中心
南昌市	江西铜业集团公司
	方大特钢科技股份有限公司
	南昌硬质合金有限责任公司
	江西稀有金属钨业控股集团有限公司
	江西钨业集团有限公司
	江西雄鹰铝业股份有限公司
	江西晶安高科技股份有限公司
	江西科得新材料股份有限公司
九江市	江西蓝星星火有机硅有限公司
	巨石集团九江有限公司
	九江天赐高新材料有限公司

续表

地级市	材料产业省级企业技术中心
九江市	江西晨光新材料有限公司
景德镇市	江西世龙实业股份有限公司
	江西江维高科股份有限公司
	景德镇陶瓷股份有限公司
	景德镇市鹏飞建陶有限责任公司
	江西景德半导体新材料有限公司
	江西金龙化工有限公司
	景德镇宏柏化学科技有限公司
	江西黑猫炭黑股份有限公司
萍乡市	江西新胜新材料股份有限公司
	江西萍钢实业股份有限公司
	江西萍乡龙发实业股份有限公司
	萍乡市黄冠化工有限公司
	萍乡市中天化工有限公司
	中材江西电瓷电气有限公司
	萍乡百斯特电瓷有限公司
	江西永特合金有限公司
新余市	江西恩克新材料股份有限公司
	新余钢铁集团有限公司
	江西赣锋锂业股份有限公司
	江西江锂新材料科技有限公司
	中冶南方（新余）冷轧新材料技术有限公司
上饶市	上饶市天佳新型材料有限公司
	中国黄金集团江西金山矿业有限公司
	江西耐普矿机新材料股份有限公司
	江西鸥迪铜业有限公司
	江西中昱新材料科技有限公司
鹰潭市	江西耐乐铜业有限公司
	红旗集团江西铜业公司
	江西广信新材料股份有限公司
	鹰潭江南铜业有限公司

续表

地级市	材料产业省级企业技术中心
鹰潭市	江西凯安智能股份有限公司
	鹰潭市众鑫成铜业有限公司
吉安市	江西广源化工有限责任公司
	江西威科油脂化学有限公司
赣州市	崇义章源钨业股份有限公司
	赣州虔东稀土集团股份有限公司
	赣州逸豪优美科实业有限公司
	龙南龙钇重稀土科技股份有限公司
	江西耀升钨业股份有限公司
	江西悦安超细金属有限公司
	赣州虹飞钨钼材料有限公司
	赣县世瑞新材料有限公司
	赣州晨光稀土新材料股份有限公司
	上犹县沿湖玻纤有限公司
	信丰县包钢新利稀土有限责任公司
	赣州海盛钨钼集团有限公司
	赣州腾远钴业有限公司
	江西森阳科技股份有限公司
	江西金力永磁科技股份有限公司
抚州市	江西万泰铝业有限公司
	江西添光钛业有限公司
	江西环球陶瓷有限公司
	江西抚州国泰特种化工有限责任公司
	江西高信有机化工有限公司
宜春市	江西富利高陶瓷有限公司
	江西大有科技有限公司
	江西紫宸科技有限公司

（9）江西省材料产业有21个省级重点实验室。属地分布较多的有：南昌市11个，赣州市4个，参见表6-20。

表 6-20　江西省材料产业省级重点实验室

地级市	材料产业省级重点实验室
南昌市	江西省发光材料重点实验室
	江西省精细化工重点实验室
	江西省有机功能分子重点实验室
	江西省材料表面工程重点实验室
	江西省铜钨新材料重点实验室
	江西省先进陶瓷材料重点实验室
	江西省金属材料微结构调控重点实验室
	江西省高性能精确成形重点实验室
	江西省微纳材料与传感器件重点实验室
	江西省二维功能材料及器件重点实验室
	江西省轻质高强结构材料重点实验室
九江市	江西省微结构功能材料重点实验室
上饶市	江西省塑料制备成型重点实验室
吉安市	江西省配位化学重点实验室
赣州市	江西省矿业工程重点实验室
	江西省稀土陶瓷材料重点实验室
	江西省稀土磁性材料及器件重点实验室
	江西省稀土荧光材料及器件重点实验室
萍乡市	江西省高压绝缘材料重点实验室
新余市	江西省锂电材料及应用重点实验室（江西省锂电新材料工程技术研究中心）
景德镇市	江西省燃料电池材料与器件重点实验室

（10）江西省材料产业有 60 个省级工程技术研究中心。属地分布较多的有：南昌市 15 个，萍乡市 8 个，九江市、鹰潭市、赣州市、宜春市各 6 个，上饶市 5 个，参见表 6-21。材料产业涉及领域分散。

表 6-21　江西省材料产业省级工程技术研究中心

地级市	材料产业省级工程技术研究中心
南昌市	江西省理化测试工程技术研究中心
	江西省稀土材料工程技术研究中心
	江西省有色冶金工程技术研究中心
	江西省有色金属加工工程技术研究中心

续表

地级市	材料产业省级工程技术研究中心
南昌市	江西省无机膜材料工程技术研究中心
	江西省樟树工程技术研究中心
	江西省纳米纤维工程技术研究中心
	江西省铝型材工程技术研究中心
	江西省无机非金属粉体填料工程技术研究中心
	江西省耐磨抗蚀材料工程技术研究中心
	江西省弹簧钢工程技术研究中心
	江西省钴镍铜精细加工工程技术研究中心
	江西省轨道交通关键材料工程技术研究中心
	江西省道路材料与结构工程技术研究中心
	江西省粘结钕铁硼磁性材料工程技术研究中心
九江市	江西省有机硅工程技术研究中心
	江西省材料表面再制造工程技术研究中心
	江西省玻璃纤维及制品工程技术研究中心
	江西省 LED 封装材料工程技术研究中心
	江西省多功能氧化锆材料工程技术研究中心
	江西省有机硅烷偶联剂工程技术研究中心
景德镇市	江西省炭黑工程技术研究中心
萍乡市	江西省单分子多孔环保材料工程技术研究中心
	江西省化工填料工程技术研究中心
	江西省混凝土外加剂工程技术研究中心
	江西省电瓷工程技术研究中心
	江西省玻璃绝缘子工程技术研究中心
	江西省塑料助剂工程技术研究中心
	江西省工业陶瓷工程技术研究中心
	江西省高分子添加剂工程技术研究中心
新余市	江西省石英陶瓷材料工程技术研究中心
	江西省镍冶炼及加工工程技术研究中心
	江西省能源用钢工程技术研究中心
上饶市	江西省多孔纳米氧化硅材料工程技术研究中心
	江西省特种铜材工程技术研究中心

续表

地级市	材料产业省级工程技术研究中心
上饶市	江西省氟化工新材料工程技术研究中心
	江西省贵金属催化剂工程技术研究中心
	江西省户外防护新纺材料工程技术研究中心
鹰潭市	江西省银铜合金材料工程技术研究中心
	江西省铜基复合线材工程技术研究中心
	江西省先进铜材工程技术研究中心
	江西省光学薄膜工程技术研究中心
	江西省高精度铜带工程技术研究中心
	江西省精密铜管工程技术研究中心
吉安市	江西省松香树脂工程技术研究中心
	江西省单晶铜合金材料工程技术研究中心
赣州市	江西省南方稀土应用工程技术研究中心
	江西省镁合金材料工程技术研究中心
	江西省钨制品工程技术研究中心
	江西省钨钢合金工程技术研究中心
	江西省重稀土冶金工业添加剂工程技术研究中心
	江西省钴系列材料工程技术研究中心
抚州市	江西省香精香料工程技术研究中心
	江西省水性树脂及合成革工程技术研究中心
宜春市	江西省抗电磁干扰材料及元器件工程技术研究中心
	江西省竹制电子品工程技术研究中心
	江西省光电复合材料工程技术研究中心
	江西省建筑卫生陶瓷工程技术研究中心
	江西省橡胶助剂工程技术研究中心
	江西省反光材料工程技术研究中心

（11）江西省材料产业有 3 个国家工程技术研究中心，即景德镇的国家日用及建筑陶瓷工程技术研究中心、赣州的国家离子型稀土资源高效开发利用工程技术研究中心、南昌的国家铜冶炼及加工工程技术研究中心。

江西省材料产业省级技术平台数量较多，主要分布在南昌市、赣州市、萍乡市等，参见表 6-22。

表6-22　江西省材料产业省级技术平台的分布　　　单位：个

地级市	战略性新兴产业科技协同创新体平台	省级高新技术产业化基地	省级工程研究中心（实验室）	省级国际科技合作基地	省级企业技术中心	省级重点实验室	省级工程技术研究中心	合计
南昌市	1	0	14	2	8	11	15	51
九江市	1	0	1	0	4	1	6	13
上饶市	0	0	0	0	5	1	5	11
抚州市	1	2	0	0	5	0	2	10
宜春市	3	0	0	1	3	0	6	13
吉安市	5	0	2	0	2	1	2	12
赣州市	0	0	2	0	15	4	6	27
景德镇市	0	1	3	2	8	1	1	16
萍乡市	3	0	2	1	8	1	8	23
新余市	0	1	2	1	5	1	3	13
鹰潭市	2	1	2	0	6	0	6	17
合计	16	5	28	7	69	21	60	206

　　江西省材料产业国家级技术平台的数量仅29个，最多的是赣州市，其次是南昌市、九江市、景德镇市和萍乡市，参见表6-23。

表6-23　江西省材料产业国家级技术平台的分布　　　单位：个

地级市	国家级高新技术产业化基地	国家地方联合工程研究中心（工程实验室）	国家级企业技术中心	国家工程技术研究中心	国家重点实验室	合计
南昌市	0	2	2	1	0	5
九江市	3	0	1	0	0	4
上饶市	0	0	0	0	0	0
抚州市	1	0	0	0	0	1
宜春市	0	1	0	0	0	1
吉安市	0	0	0	1	0	1
赣州市	3	1	2	0	0	6
景德镇市	2	1	0	1	0	4
萍乡市	4	0	0	0	0	4
新余市	1	0	1	0	0	2
鹰潭市	1	0	0	0	0	1
合计	15	5	6	3	0	29

四、生物医药产业

江西省科技支撑在生物医药产业的分布情况为：

（1）江西省生物医药产业共有 7 个省级战略性新兴产业科技协同创新体平台，即南昌市的江西浩佰迪生物协同创新科技有限公司、九江市的江西昂泰生物医药科技协同创新股份有限公司、萍乡市的江西华昊水稻协同创新科技有限公司、新余市的江西青春康源协同创新中药炮制有限公司、鹰潭市的江西九草铁皮石斛科技协同创新有限公司、吉安市的江西普正植物药科技协同创新有限公司、赣州市的江西科维协同创新药物有限公司。

（2）江西省生物医药产业没有国家级高新技术产业化基地。

（3）江西省生物医药产业仅有 1 个省级高新技术产业化基地，宜春的袁州生物医药高新技术产业化基地。

（4）江西省生物医药产业有 17 个省级工程研究中心（实验室）。属地分布较多的有：南昌市 9 个，抚州市和宜春市各 3 个，参见表 6-24。生物医药产业涉及领域比较分散。

表 6-24　江西省生物医药产业省级工程研究中心（实验室）

地级市	生物医药产业省级工程研究中心（实验室）
南昌市	江西省靶向给药技术工程研究中心
	江西省天然药物工程研究中心
	江西省血液分析仪器及试剂工程研究中心
	江西省蛋白类生物药工程研究中心
	江西省铁皮石斛工程研究中心
	江西省中药精油产业化关键技术工程研究中心
	江西省药食同源植物功效成分提取与高效利用工程实验室
	江西省人体干细胞应用技术工程研究中心
	江西省单克隆抗体物研发工程实验室
鹰潭市	江西省中药提取分离工艺技术工程研究中心
吉安市	江西省人类疾病斑马鱼模型与药物筛选工程实验室
抚州市	江西省手性药物工程研究中心
	江西省血液制品工程研究中心
	江西省眼科药品及保健护理品工程研究中心
宜春市	江西省药用真菌生物技术工程研究中心

续表

地级市	生物医药产业省级工程研究中心（实验室）
宜春市	江西省昆虫病毒生物工程研究中心
	江西省樟帮中药饮片炮制技术工程研究中心

（5）江西省生物医药产业有 4 个国家地方联合工程研究中心（工程实验室），即吉安的真菌源生物农药国家地方联合工程研究中心（江西）、抚州的江西省手性药物工程研究中心、宜春的江西省昆虫病毒生物工程研究中心和江西省药用真菌生物技术工程研究中心。

（6）江西省生物医药产业有 1 个省级国际科技合作基地，鹰潭的江西省中药注射剂安全评价联合研究中心。

（7）江西省生物医药产业没有国家级企业技术中心。

（8）江西省生物医药产业有 45 个省级企业技术中心。属地分布较多的有：抚州市 10 个，南昌市 9 个，宜春市 7 个，吉安市 6 个，九江市 4 个，参见表 6-25。

表 6-25 江西省生物医药产业省级企业技术中心

地级市	生物医药产业省级企业技术中心
南昌市	江西制药有限责任公司
	江中药业股份有限公司
	江西国药有限责任公司
	江西汇仁药业有限公司
	江西三鑫医疗科技股份有限公司
	江西特康科技有限公司
	南昌百特生物高新技术股份有限公司
	江西浩然生物医药有限公司
	江西天佳生物工程股份有限公司
九江市	九江中星医药化工有限公司
	江西仙客来生物科技有限公司
	江西仁明医药化工有限公司
	九江礼涞生物科技有限公司
景德镇市	江西天新药业有限公司
	江西富祥药业股份有限公司

续表

地级市	生物医药产业省级企业技术中心
上饶市	江西君业生物制药有限公司
鹰潭市	江西天施康中药股份有限公司
	鹰潭荣嘉集团医疗器械实业有限公司
吉安市	江西海天药业有限公司
	江西新瑞丰生化有限公司
	江西天人生态股份有限公司
	吉安市新琪安科技有限公司
	江西生物制品研究所
	江西普正制药有限公司
赣州市	江西赣南海欣药业股份有限公司
	江西青峰药业有限公司
	赣州八维生物科技有限公司
抚州市	回音必集团（江西）东亚制药有限公司
	江西博雅生物制药股份有限公司
	江西珍视明药业有限公司
	江西科伦药业有限公司
	抚州三和医药化工有限公司
	江西施美制药有限公司
	回音必集团（抚州）制药有限公司
	江西盛伟实业有限公司
	江西赣亮医药原料有限公司
	江西银涛药业有限公司
宜春市	仁和（集团）发展有限公司
	江西正邦生物化工股份有限公司
	济民可信金水宝制药有限公司
	江西德上科技药业有限公司
	江西百神药业股份有限公司
	江西科伦医疗器械制造有限公司
	江西丰临医疗科技股份有限公司

（9）江西省生物医药产业有61个省级重点实验室，其中南昌市有56个，基本都是围绕医院的各类学科建设，参见表6-26。

表6-26　江西省生物医药产业省级重点实验室

地级市	生物医药产业省级重点实验室
南昌市	江西省免疫与生物治疗重点实验室
	江西省分子医学重点实验室
	江西省肿瘤转化医学重点实验室
	江西省干细胞重点实验室
	江西省中药种质资源重点实验室
	江西省分子生物学与基因工程重点实验室
	江西省消化病重点实验室
	江西省现代中药制剂及质量控制重点实验室
	江西省神经科学重点实验室
	江西省脑血管药理重点实验室
	江西省转化医学重点实验室
	江西省临床药物代谢动力学重点实验室
	江西省心血管系统重点实验室
	江西省呼吸病重点实验室
	江西省心理与认知科学重点实验室
	江西省女性生殖健康重点实验室
	江西省泌尿外科重点实验室
	江西省基础药理学重点实验室
	江西省中药药理学重点实验室
	江西省颌面整形与再造重点实验室
	江西省神经外科重点实验室
	江西省化学生物学重点实验室
	江西省血液肿瘤细胞生物学重点实验室
	江西省眼科学重点实验室
	江西省药物安全评价重点实验室
	江西省动物营养重点实验室
	江西省血液学重点实验室
	江西省传统中药炮制重点实验室

续表

地级市	生物医药产业省级重点实验室
南昌市	江西省生物加工过程重点实验室
	江西省肾脏病重点实验室
	江西省口腔生物医学重点实验室
	江西省中医病因生物学重点实验室
	江西省乳腺疾病重点实验室
	江西省神经内科重点实验室
	江西省药食同源植物资源高值化利用重点实验室
	江西省分子诊断与精准医学重点实验室
	江西省自主神经功能与疾病重点实验室
	江西省生殖生理与病理重点实验室
	江西省中医肺科学重点实验室
	江西省肝脏再生医学重点实验室
	江西省肿瘤病原学和分子病理学重点实验室
	江西省体质健康与运动干预重点实验室
	江西省民族药质量标准与评价重点实验室
	江西省畜禽疫病诊断与防控重点实验室
	江西省麻醉学重点实验室
	江西省警犬良种繁育与行为科学重点实验室
	江西省地方鸡种遗传改良重点实验室
	江西省肿瘤转移与精准治疗重点实验室
	江西省预防医学重点实验室
	江西省预防医学重点实验室
	江西省药物靶点与新药筛选重点实验室
	江西省药物分子设计与评价重点实验室
	江西省器官发育生物学重点实验室
	江西省食源性疾病诊断溯源重点实验室
	江西省肿瘤临床转化重点实验室
	江西省检验医学重点实验室
九江市	江西省系统生物医学重点实验室
景德镇市	江西省特色资源生物多样性重点实验室
赣州市	江西省有机药物化学重点实验室

续表

地级市	生物医药产业省级重点实验室
抚州市	江西省血液制品重点实验室
宜春市	江西省天然药物活性成分研究重点实验室

（10）江西省生物医药产业有 52 个省级工程技术研究中心。属地分布较多的有：南昌市 19 个，宜春市 7 个，抚州市和上饶市各 5 个，景德镇市和鹰潭市各 4 个，参见表 6-27。

表 6-27　江西省生物医药产业省级工程技术研究中心

地级市	生物医药产业省级工程技术研究中心
南昌市	江西省生物化工工程技术研究中心
	江西省非处方中药工程技术研究中心
	江西省化学药物中间体工程技术研究中心
	江西省中药质量标准工程技术研究中心
	江西省生物质转化工程技术研究中心
	江西省临床检验仪器和体外诊断试剂工程技术研究中心
	江西省心脏血管疾病工程技术研究中心
	江西省新型释药工程技术研究中心
	江西省创面修复工程技术研究中心
	江西省医用高分子材料及制品工程技术研究中心
	江西省肝胆疾病工程技术研究中心
	江西省人工关节工程技术研究中心
	江西省中药消炎药工程技术研究中心
	江西省蛋白类药物工程技术研究中心
	江西省骨与神经再生康复工程技术研究中心
	江西省人工听觉工程技术研究中心
	江西省肾脏病工程技术研究中心
	江西省恶性肿瘤诊治工程技术研究中心
	江西省羊膜库干细胞工程技术研究中心
九江市	江西省猪用兽药工程技术研究中心
	江西省食（药）用菌工程技术研究中心
景德镇市	江西省维生素工程技术研究中心
	江西省磷精细化工工程技术研究中心
	江西省培南类抗生素工程技术研究中心

地级市	生物医药产业省级工程技术研究中心
景德镇市	江西省抗病毒类药物中间体工程技术研究中心
萍乡市	江西省药用辅料工程技术研究中心
上饶市	江西省覆盆子工程技术研究中心
	江西省输注医疗器械工程技术研究中心
	江西省靶向药物工程技术研究中心
	江西省干细胞工程技术研究中心
	江西省甾体激素工程技术研究中心
鹰潭市	江西省中药口服液体制剂工程技术研究中心
	江西省中药注射剂工程技术研究中心
	江西省铁皮石斛工程技术研究中心
	江西省生物发酵医药中间体工程技术研究中心
吉安市	江西省微生物农药工程技术研究中心
	江西省生物化学农药工程技术研究中心
赣州市	江西省中药栓剂工程技术研究中心
	江西省抗乙肝病毒药物工程技术研究中心
	江西省结石防治工程技术研究中心
抚州市	江西省手性药物工程技术研究中心
	江西省眼健康用品工程技术研究中心
	江西省大容量注射剂工程技术研究中心
	江西省甾族化学工程技术研究中心
	江西省抗过敏药物工程技术研究中心
宜春市	江西省樟帮中药饮片炮制工程技术研究中心
	江西省中药保健品工程技术研究中心
	江西省医疗器械工程技术研究中心
	江西省中药提取物及制剂工程技术研究中心
	江西省特色原料药工程技术研究中心
	江西省制药固体制剂装备工程技术研究中心
	江西省毒性中药饮片工程技术研究中心

（11）江西省生物医药产业有1个国家工程研究中心（实验室），即位于南昌市的中药固体制剂制造技术国家工程研究中心（国家地方联合的除外）。

（12）江西省生物医药产业有2个国家重点实验室，即南昌市的创新药物与高校节能降耗制药设备国家重点实验室、赣州市的创新天然药物与中药注射剂国家重点实验室。

江西省生物医药产业一半以上省级技术平台集中在南昌市，其他分布较多的有抚州市和宜春市，参见表6-28。

表 6-28　江西省生物医药产业省级技术平台的分布　　　单位：个

地级市	战略性新兴产业科技协同创新体平台	省级高新技术产业化基地	省级工程研究中心（实验室）	省级国际科技合作基地	省级企业技术中心	省级重点实验室	省级工程技术研究中心	合计
南昌市	1	0	9	0	9	56	19	94
九江市	1	0	0	0	4	1	2	8
上饶市	0	0	0	0	2		5	7
抚州市	0	0	3	0	10	1	5	19
宜春市	0	1	3	0	7	1	6	18
吉安市	1	0	1	0	6		2	10
赣州市	1	0	0	0	3	1	3	8
景德镇市	0	0	0	0	2		4	7
萍乡市	1	0	0	0	0		1	2
新余市	1	0	0	0	0		1	2
鹰潭市	1	0	1	1	2	0	4	9
合计	7	1	17	1	45	61	52	185

江西省生物医药产业国家级技术平台仅7个，南昌市和宜春市各有2个，参见表6-29。

表 6-29　江西省生物医药产业国家级技术平台的分布　　　单位：个

地级市	国家级高新技术产业化基地	国家地方联合工程研究中心（工程实验室）	国家级企业技术中心	国家工程技术研究中心	国家重点实验室	合计
南昌市	0	0	0	1	1	2
九江市	0	0	0	0	0	0
上饶市	0	0	0	0	0	0
抚州市	0	1	0	0	0	1
宜春市	0	2	0	0	0	2
吉安市	0	1	0	0	0	1

续表

地级市	国家级高新技术产业化基地	国家地方联合工程研究中心（工程实验室）	国家级企业技术中心	国家工程技术研究中心	国家重点实验室	合计
赣州市	0	0	0	0	1	1
景德镇市	0	0	0	0	0	0
萍乡市	0	0	0	0	0	0
新余市	0	0	0	0	0	0
鹰潭市	0	0	0	0	0	0
合计	0	4	0	1	2	7

五、航空产业

江西省科技支撑在航空产业的分布情况为：

（1）江西省航空产业没有省级战略性新兴产业科技协同创新体平台。

（2）江西省航空产业共有1个国家级高新技术产业化基地，即景德镇国家直升机高新技术产业化基地。

（3）江西省航空产业没有省级高新技术产业化基地。

（4）江西省航空产业仅有2个省级工程研究中心（实验室），即南昌市的江西省航空制造数字化仿真工程研究中心和江西省航空构件制造技术工程实验室。

（5）江西省航空产业没有国家地方联合工程研究中心（工程实验室）。

（6）江西省航空产业有2个省级国际科技合作基地，即景德镇市的中国直升机设计研究所和昌河飞机工业（集团）有限公司设立的国际科技合作基地。

（7）江西省航空产业有2个国家级企业技术中心，即南昌市的江西洪都航空工业集团有限责任公司技术中心、景德镇市的江西昌河航空工业有限公司技术中心。

（8）江西省航空产业有3个省级企业技术中心，即南昌市的中航工业江西洪都航空工业集团有限责任公司、景德镇市的江西昌河航空工业有限公司和江西景航航空锻铸有限公司。

（9）江西省航空产业没有省级重点实验室。

（10）江西省航空产业有2个省级工程技术研究中心，即南昌市的江西省航空材料工程技术研究中心和江西省飞行训练与人效工程技术研究中心。

江西省航空产业省级技术平台很少，仅南昌市有5个，景德镇市有4个，参见表6-30。

表6-30　江西省航空产业省级技术平台的分布　　单位：个

地级市	战略性新兴产业科技协同创新体平台	省级高新技术产业化基地	省级工程研究中心（实验室）	省级国际科技合作基地	省级企业技术中心	省级重点实验室	省级工程技术研究中心	合计
南昌市	0	0	2	0	1	0	2	5
九江市	0	0	0	0	0	0	0	0
上饶市	0	0	0	0	0	0	0	0
抚州市	0	0	0	0	0	0	0	0
宜春市	0	0	0	0	0	0	0	0
吉安市	0	0	0	0	0	0	0	0
赣州市	0	0	0	0	0	0	0	0
景德镇市	0	0	0	2	2	0	0	4
萍乡市	0	0	0	0	0	0	0	0
新余市	0	0	0	0	0	0	0	0
鹰潭市	0	0	0	0	0	0	0	0
合计	0	0	2	2	3	0	2	9

江西省航空产业国家级技术平台仅3个，其中南昌市有2个、景德镇市有1个，参见表6-31。

表6-31　江西省航空产业国家级技术平台的分布　　单位：个

地级市	国家级高新技术产业化基地	国家地方联合工程研究中心（工程实验室）	国家级企业技术中心	国家工程技术研究中心	国家重点实验室	合计
南昌市	1	0	1	0	0	2
九江市	0	0	0	0	0	0
上饶市	0	0	0	0	0	0

续表

地级市	国家级高新技术产业化基地	国家地方联合工程研究中心（工程实验室）	国家级企业技术中心	国家工程技术研究中心	国家重点实验室	合计
抚州市	0	0	0	0	0	0
宜春市	0	0	0	0	0	0
吉安市	0	0	0	0	0	0
赣州市	0	0	0	0	0	0
景德镇市	0	0	1	0	0	1
萍乡市	0	0	0	0	0	0
新余市	0	0	0	0	0	0
鹰潭市	0	0	0	0	0	0
合计	1	0	2	0	0	3

六、先进装备制造产业

江西省科技支撑在先进装备制造产业的分布情况为：

（1）江西省先进装备制造产业共有 5 个省级战略性新兴产业科技协同创新体平台，即南昌市的恒动 K 发动机协同创新研究院、恒天动力有限公司，萍乡市的江西井巷机械装备技术协同创新有限公司和江西博源数字液压科技协同创新有限公司，鹰潭市的江西凯顺科技经济协同创新有限公司，抚州市的江西明正科技协同创新有限公司。

（2）江西省先进装备制造产业共有 2 个国家级高新技术产业化基地，即九江市的国家船舶配套设备高新技术产业化基地、新余市的国家螺杆膨胀动力机高新技术产业化基地。

（3）江西省先进装备制造产业有 1 个省级高新技术产业化基地，即南昌高新技术产业开发区光机电高新技术产业化基地。

（4）江西省先进装备制造产业共有 15 个省级工程研究中心（实验室），其中南昌市有 11 个，参见表 6-32。

表 6-32　江西省先进装备制造产业省级工程研究中心（实验室）

地级市	先进装备制造省级工程研究中心（实验室）
南昌市	江西省精密镀膜工程研究中心
	江西省轨道交通电气化与自动化工程研究中心
	江西省铁道测控技术工程研究中心
	江西省有色冶金高端智能装备工程研究中心
	江西省精密挤压模具及加工技术工程研究中心
	江西省金属表面强化技术工程实验室
	江西省地下工程探（检）测技术设备工程研究中心
	江西省土木工程结构耐久性评估与预控实验室
	江西省金属 3D 打印工程研究中心
	江西省民爆器材与爆破技术工程研究中心
	江西省基础设施安全监测工程研究中心
新余市	江西省螺杆膨胀机制造技术工程研究中心
	江西省人工影响天气和气象装备工程研究中心
鹰潭市	江西省铜基复合线材加工技术工程研究中心
吉安市	江西省汽车覆盖件五金模具制造技术工程研究中心

（5）江西省先进装备制造产业没有国家地方联合工程研究中心（工程实验室）。

（6）江西省先进装备制造产业有 2 个省级国际科技合作基地，即九江市的江西省船舶操纵控制联合研究中心、宜春市的江西省固结磨具国际科技合作基地。

（7）江西省先进装备制造产业有 2 个国家级企业技术中心，即南昌市的泰豪科技股份有限公司技术中心、鹰潭市的江西三川水表股份有限公司技术中心。

（8）江西省先进装备制造产业有 43 个省级企业技术中心。属地分布较多的有：南昌市 9 个，九江市 8 个，景德镇市、新余市、抚州市和宜春市各 4 个，萍乡市和赣州市各 3 个，参见表 6-33。

表 6-33　江西省先进装备制造产业省级企业技术中心

地级市	先进装备制造产业省级企业技术中心
南昌市	江联重工股份有限公司

续表

地级市	先进装备制造产业省级企业技术中心
南昌市	江西奈尔斯西蒙斯赫根赛特中机有限公司
	恒天动力有限公司
	江西恒大高新技术股份有限公司
	南昌齐洛瓦电器（集团）总公司
	江西变压器科技股份有限公司
	江西日月明测控科技股份有限公司
	江西飞尚科技有限公司
	南昌矿山机械有限公司
九江市	九江中船消防设备有限公司
	江西江州联合造船有限责任公司
	同方江新造船有限公司
	江西银河表计有限公司
	九江银星船股份有限公司
	江西华东船业有限公司
	九江翔升造船有限公司
	江西中船航海仪器有限公司
景德镇市	华意压缩机股份有限公司
	江西中景集团有限公司
	江西德乐信电子有限公司
	江西万平真空电器有限公司
萍乡市	萍乡市德博科技发展有限公司
	江西蓝翔重工有限公司
	安源管道实业有限公司
新余市	江西新余国科科技有限公司
	江西新余国泰特种化工有限责任公司
	江西省分宜驱动桥有限公司
	亚洲富士长林电梯（新余）有限公司
上饶市	江西福事特液压有限公司
鹰潭市	三川智慧科技股份有限公司
吉安市	安福唯冠油压机械有限公司
	江西杰克机床有限公司
赣州市	赣州发电设备成套制造有限公司

续表

地级市	先进装备制造产业省级企业技术中心
赣州市	赣州群星机械有限公司
	江西气体压缩机有限公司
抚州市	江西变电设备有限公司
	江西明正变电设备有限公司
	江西赣电电气有限公司
	江西亚珀电气有限公司
宜春市	江西特种电机股份有限公司
	江西卓尔金属设备集团有限公司
	江西光正金属设备集团有限公司
	江西远大保险设备实业集团有限公司

（9）江西省先进装备制造产业有 11 个省级重点实验室，其中南昌市有 8 个，参见表 6-34。

表 6-34　江西省先进装备制造产业省级重点实验室

地级市	先进装备制造产业省级重点实验室
南昌市	江西省机器人与焊接自动化重点实验室
	江西省载运工具与装备重点实验室
	江西省质谱科学与仪器重点实验室
	江西省先进控制与优化重点实验室
	江西省精密驱动与控制重点实验室
	江西省岩土工程基础设施安全与控制重点实验室
	江西省轨道交通基础设施安全与维护重点实验室
	江西省聚合物微纳制造与器件重点实验室
九江市	江西省船舶操纵控制技术重点实验室
	江西省数控技术与应用重点实验室
赣州市	江西省磁选装备重点实验室

（10）江西省装备制造产业有 38 个省级工程技术研究中心。属地分布较多的有：南昌市 16 个，宜春市 6 个，抚州市 4 个，萍乡市和新余市各 3 个，参见表 6-35。

表 6-35　江西省先进装备制造产业省级工程技术研究中心

地级市	先进装备制造产业省级工程技术研究中心
南昌市	江西省机械工程技术研究中心
	江西省测试与控制工程技术研究中心
	江西省智能电气工程技术研究中心
	江西省起重搬运设备工程技术研究中心
	江西省智能交通工程技术研究中心
	江西省制造业信息化工程技术研究中心
	江西省集散控制工程技术研究中心
	江西省民爆器材工程技术研究中心
	江西省无损检测工程技术研究中心
	江西省计量测试与检测工程技术研究中心
	江西省基础设施在线安全监测工程技术研究中心
	江西省工业安全工程技术研究中心
	江西省智能机器人工程技术研究中心
	江西省螺杆膨胀机工程技术研究中心
	江西省有色冶金智能装备工程技术研究中心
	江西省矿物加工装备工程技术研究中心
九江市	江西省惯性测试工程技术研究中心
	江西省旋转传输工程技术研究中心
景德镇市	江西省印刷机械工程技术研究中心
萍乡市	江西省井下掘进装备工程技术研究中心
	江西省工程机械数字液压系统工程技术研究中心
	江西省涡轮增压器核心零部件工程技术研究中心
新余市	江西省船用钢工程技术研究中心
	江西省危险品特种装备工程技术研究中心
	江西省工程机械驱动桥工程技术研究中心
吉安市	江西省液压系统工程技术研究中心
	江西省数控高速磨床工程技术研究中心
赣州市	江西省矿冶机电工程技术研究中心
抚州市	江西省精密仪器制造工程技术研究中心
	江西省变电设备工程技术研究中心

续表

地级市	先进装备制造产业省级工程技术研究中心
抚州市	江西省智能配电设备工程技术研究中心
	江西省互感器工程技术研究中心
宜春市	江西省磨料磨具工程技术研究中心
	江西省工业制动器工程技术研究中心
	江西省特种电机工程技术研究中心
	江西省金属家具工程技术研究中心
	江西省数控刀具工程技术研究中心
	江西省轨道交通清洗剂工程技术研究中心

江西省先进装备制造产业省级技术平台有 115 个，主要分布在南昌市，其次是九江市和宜春市，参见表 6-36。

表 6-36　江西省先进装备制造产业省级技术平台的分布　　单位：个

地级市	战略性新兴产业科技协同创新体平台	省级高新技术产业化基地	省级工程研究中心（实验室）	省级国际科技合作基地	省级企业技术中心	省级重点实验室	省级工程技术研究中心	合计
南昌市	1	1	11	0	9	8	16	46
九江市	0	0	0	1	8	2	2	13
上饶市	0	0	0	0	1	0	0	1
抚州市	1	0	0	0	4	0	4	9
宜春市	0	0	0	1	4	0	6	11
吉安市	0	0	1	0	2	0	2	5
赣州市	0	0	0	0	3	1	1	5
景德镇市	0	0	0	0	4	0	1	5
萍乡市	2	0	0	0	3	0	3	8
新余市	0	0	2	0	4	0	3	9
鹰潭市	1	0	1	0	1	0	0	3
合计	5	1	15	2	43	11	38	115

江西省先进装备制造产业国家级技术平台仅 4 个，分别在南昌市、九江市、新余市和鹰潭市，参见表 6-37。

表 6-37　江西省先进装备制造产业国家级技术平台的分布　　单位：个

地级市	国家级高新技术产业化基地	国家地方联合工程研究中心（工程实验室）	国家级企业技术中心	国家工程技术研究中心	国家重点实验室	合计
南昌市	0	0	1	0	0	1
九江市	1	0	0	0	0	1
上饶市	0	0	0	0	0	0
抚州市	0	0	0	0	0	0
宜春市	0	0	0	0	0	0
吉安市	0	0	0	0	0	0
赣州市	0	0	0	0	0	0
景德镇市	0	0	0	0	0	0
萍乡市	0	0	0	0	0	0
新余市	1	0	0	0	0	1
鹰潭市	0	0	1	0	0	1
合计	2	0	2	0	0	4

七、新一代信息技术产业

江西省科技支撑在新一代信息技术产业的分布情况为：

（1）江西省新一代信息技术产业共有 6 个省级战略性新兴产业科技协同创新体平台，即南昌市的江西中磊支付科技协同创新有限公司、江西新媒体协同创新股份有限公司、江西联星显示创新体有限公司、江西车仆电子科技协同创新有限公司和江西晶亮光电科技协同创新有限公司，九江市的共青城超群科技协同创新股份有限公司。

（2）江西省新一代信息技术产业共有 3 个国家级高新技术产业化基地，即南昌市的金庐软件园、上饶市的国家光学高新技术产业化基地、吉安市的国家电子信息高新技术产业化基地。

（3）江西省新一代信息技术产业有 1 个省级高新技术产业化基地，即九江市的江西共青城移动通信高新技术产业化基地。

（4）江西省新一代信息技术产业有 16 个省级工程研究中心（实验室）。

属地分布较多的有：南昌市 8 个，吉安市 6 个，参见表 6-38。

表 6-38　江西省新一代信息技术产业省级工程研究中心（实验室）

地级市	新一代信息技术产业省级工程研究中心（实验室）
南昌市	江西省电子政务管理系统工程研究中心
	江西省触摸屏制造技术工程研究中心
	江西省电子政务云平台与应用工程研究中心
	江西省计算机图形图像技术工程研究中心
	江西省雷达智能感知技术工程研究中心
	江西省电子商务企业服务工程实验室
	江西省车联网关键技术工程实验室
	江西省放射性地学大数据技术工程实验室
吉安市	江西省蓝光光盘工程研究中心
	江西省高频线缆连接组件工程技术中心
	江西省新型显示技术工程研究中心
	江西省农作物生长物联网技术工程实验室
	江西省高密度柔性线路板制造技术工程研究中心
	江西省高密度刚性线路板制造技术工程研究中心
赣州市	江西省智慧城市应用软件工程研究中心
	江西省高性能通信线缆制造技术工程研究中心

（5）江西省新一代信息技术产业有 1 个国家地方联合工程研究中心（工程实验室），即南昌市的基础设施安全监测与评估国家地方联合工程研究中心。

（6）江西省新一代信息技术产业有 4 个省级国际科技合作基地，即南昌市的江西省网络化支撑软件国际科技合作基地和江西省无线通信与传感器网络国际科技合作基地，新余市的江西省微型摄像模组联合研究中心，宜春市的江西省新能源微电网互联技术国际科技合作基地。

（7）江西省新一代信息技术产业没有国家级企业技术中心。

（8）江西省新一代信息技术产业有 23 个省级企业技术中心。属地分布较多的有：南昌市 6 个，吉安市 11 个，参见表 6-39。

表 6-39   江西省新一代信息技术产业省级企业技术中心

地级市	新一代信息技术产业省级企业技术中心
南昌市	北方联创通信有限公司
	江西联创宏声电子股份有限公司
	思创数码科技股份有限公司
	中投科信科技股份有限公司
	江西博微新技术有限公司
	中广核贝谷科技股份有限公司
九江市	同方电子科技有限公司
新余市	江西盛泰光学有限公司
	江西沃格光电科技有限公司
上饶市	凤凰光学股份有限公司
吉安市	江西联创电缆科技股份有限公司
	江西电缆有限责任公司
	吉安市荣泰电讯科技有限公司
	江西合力泰科技有限公司
	江西蓝微电子科技有限公司
	江西大圣塑料光纤有限公司
	红板（江西）有限公司
	吉安市满坤科技有限公司
	永丰航盛电子有限公司
	江西创成电子有限公司
	江西泽发光电有限公司
赣州市	赣州市德普特科技有限公司
	江西瑞金金字电线电缆有限公司

（9）江西省新一代信息技术产业有 10 个省级重点实验室，其中南昌市有 9 个，参见表 6-40。

表 6-40   江西省新一代信息技术产业省级重点实验室

地级市	新一代信息技术产业省级重点实验室
南昌市	江西省光电子与通信重点实验室
	江西省高性能计算技术重点实验室
	江西省数字国土重点实验室
	江西省地球空间信息重点实验室

续表

地级市	新一代信息技术产业省级重点实验室
南昌市	江西省图像处理与模式识别重点实验室
	江西省射频通信与传感器网络重点实验室
	江西省智能信息系统重点实验室
	江西省数字媒体重点实验室
	江西省电子数据取证重点实验室
赣州市	江西省数值模拟与仿真技术重点实验室

（10）江西省新一代信息技术产业有 27 个省级工程技术研究中心，属地分布较多的有：南昌市 15 个，吉安市 6 个，参见表 6-41。

表 6-41　江西省新一代信息技术产业省级工程技术研究中心

地级市	新一代信息技术产业省级工程技术研究中心
南昌市	江西省信息网络工程技术研究中心
	江西省分布计算工程技术研究中心
	江西省遥感应用工程技术研究中心
	江西省电子商务工程技术研究中心
	江西省电子政务工程技术研究中心
	江西省嵌入式系统工程技术研究中心
	江西省通信网络检测工程技术研究中心
	江西省光电检测工程技术研究中心
	江西省红外光谱应用工程技术研究中心
	江西省触摸屏工程技术研究中心
	江西省物联网与大数据工程技术研究中心
	江西省测绘地理信息工程技术研究中心
	江西省云呼叫通信应用工程技术研究中心
	江西省核地学数据科学与系统工程技术研究中心
	江西省医疗大数据工程技术研究中心
九江市	江西省智能手机工程技术研究中心
	江西省特种无线电通信工程技术研究中心
景德镇市	江西省陶瓷企业信息化工程技术研究中心
新余市	江西省微型摄像模组工程技术研究中心
	江西省 TFT-LCD 玻璃面板镀膜工程技术研究中心
吉安市	江西省光电线缆工程技术研究中心

续表

地级市	新一代信息技术产业省级工程技术研究中心
吉安市	江西省高频线缆连接组件工程技术研究中心
	江西省通信用塑料光纤工程技术研究中心
	江西省柔性线路板工程技术研究中心
	江西省高端印制电路板工程技术研究中心
	江西省电脑及手机电缆组件工程技术研究中心
赣州市	江西省光学镜头工程技术研究中心

江西省新一代信息技术产业省级技术平台有 87 个，其中南昌市占全省一半以上，吉安市约占全省的 1/4，参见表 6-42。

表 6-42　江西省新一代信息技术产业省级技术平台的分布　单位：个

地级市	战略性新兴产业科技协同创新体平台	省级高新技术产业化基地	省级工程研究中心（实验室）	省级国际科技合作基地	省级企业技术中心	省级重点实验室	省级工程技术研究中心	合计
南昌市	5	0	8	2	6	9	15	45
九江市	1	1	0	0	1	0	2	5
上饶市	0	0	0	0	1	0	0	1
抚州市	0	0	0	0	0	0	0	0
宜春市	0	0	0	1	0	0	0	1
吉安市	0	0	6	0	11	0	6	23
赣州市	0	0	2	0	2	1	1	6
景德镇市	0	0	0	0	0	0	1	1
萍乡市	0	0	0	0	0	0	0	0
新余市	0	0	0	1	2	0	2	5
鹰潭市	0	0	0	0	0	0	0	0
合计	6	1	16	4	23	10	27	87

江西省新一代信息技术产业国家级技术平台仅 4 个，其中南昌市有 2 个，上饶市和吉安市各 1 个，参见表 6-43。

表 6-43　江西省新一代信息技术产业国家级技术平台的分布　　单位：个

地级市	国家级高新技术产业化基地	国家地方联合工程研究中心（工程实验室）	国家级企业技术中心	国家工程技术研究中心	国家重点实验室	合计
南昌市	1	1	0	0	0	2
九江市	0	0	0	0	0	0
上饶市	1	0	0	0	0	1
抚州市	0	0	0	0	0	0
宜春市	0	0	0	0	0	0
吉安市	1	0	0	0	0	1
赣州市	0	0	0	0	0	0
景德镇市	0	0	0	0	0	0
萍乡市	0	0	0	0	0	0
新余市	0	0	0	0	0	0
鹰潭市	0	0	0	0	0	0
合计	3	1	0	0	0	4

八、新能源汽车产业

江西省科技支撑在新能源汽车产业的分布情况为：

（1）江西省新能源汽车产业共有 1 个省级战略性新兴产业科技协同创新体平台，即上饶市的江西波星科技协同创新股份有限公司。

（2）江西省新能源汽车产业没有国家级高新技术产业化基地。

（3）江西省新能源汽车产业没有省级高新技术产业化基地。

（4）江西省汽车产业有 7 个省级工程研究中心（实验室），其中南昌市有 4 个，参见表 6-44。

表 6-44　江西省汽车产业省级工程研究中心（实验室）

地级市	汽车产业省级工程研究中心（实验室）
南昌市	江西省新能源城市客车工程研究中心
	江西省行车安全辅助工程实验室
	江西省汽车零部件数字化制造技术工程实验室
	江西省多功能乘用车结构设计工程研究中心

续表

地级市	汽车产业省级工程研究中心（实验室）
上饶市	江西省新能源汽车动力总成工程研究中心
赣州市	江西省新能源电动汽车电传动系统工程研究中心
抚州市	江西省车桥技术工程研究中心

（5）江西省新能源汽车产业没有国家地方联合工程研究中心（工程实验室）。

（6）江西省新能源汽车产业有1个省级国际科技合作基地，即南昌市的江西省汽车噪声、振动及舒适性性能国际科技合作基地。

（7）江西省新能源汽车产业有2个国家级企业技术中心，即南昌市的江铃汽车股份有限公司技术中心、抚州市的江西江铃底盘股份有限公司技术中心。

（8）江西省新能源汽车产业有20个省级企业技术中心，属地分布较多的有：南昌市11个，抚州市4个，参见表6-45。

表6-45 江西省新能源汽车产业省级企业技术中心

地级市	新能源汽车产业省级企业技术中心
南昌市	江铃汽车股份有限公司
	江铃控股有限公司
	恒天动力有限公司
	江西江铃汽车集团改装车有限公司
	江西凯马百路佳客车有限公司
	江西江铃专用车辆厂有限公司
	江西江铃集团奥威汽车零部件有限公司
	格特拉克（江西）传动系统有限公司
	江西远成汽车技术股份有限公司
	江铃汽车集团江西工程建设有限公司
	江西江铃李尔内饰系统有限公司
上饶市	江西博能上饶客车有限公司
	江西同欣机械制造股份有限公司
赣州市	江西省广蓝传动科技股份有限公司
	赣州经纬汽车零部件有限公司
抚州市	江西江铃集团轻型汽车有限公司

续表

地级市	新能源汽车产业省级企业技术中心
抚州市	江西江铃底盘股份有限公司
	江西肯特实业有限公司
	江西荣成机械制造有限公司
宜春市	江西樟树市福铃内燃机配件有限公司

（9）江西省新能源汽车产业没有省级重点实验室。

（10）江西省新能源汽车产业有 9 个省级工程技术研究中心，其中南昌市有 5 个，参见表 6-46。

表 6-46　江西省新能源汽车产业省级工程技术研究中心

地级市	新能源汽车产业省级工程技术研究中心
南昌市	江西省汽车电子工程技术研究中心
	江西省特种车辆工程技术研究中心
	江西省汽车噪声振动及舒适性工程技术研究中心
	江西省汽车安全工程技术研究中心
	江西省新能源客车工程技术研究中心
景德镇市	江西省小排量汽油发动机工程技术研究中心
赣州市	江西省新能源汽车动力电池工程技术研究中心
	江西省汽车变速箱拨叉工程技术研究中心
抚州市	江西省车桥工程技术研究中心

江西省新能源汽车产业省级技术平台 38 个，其中南昌市有 21 个，占全省的一半以上，其次是抚州市有 6 个和赣州市有 5 个，参见表 6-47。

表 6-47　江西省新能源汽车产业省级技术平台的分布　　　单位：个

地级市	战略性新兴产业科技协同创新体平台	省级高新技术产业化基地	省级工程研究中心（实验室）	省级国际科技合作基地	省级企业技术中心	省级重点实验室	省级工程技术研究中心	合计
南昌市	0	0	4	1	11	0	5	21
九江市	0	0	0	0	0	0	0	0
上饶市	1	0	1	0	2	0	0	4
抚州市	0	0	1	0	4	0	1	6
宜春市	0	0	0	0	1	0	0	1

续表

地级市	战略性新兴产业科技协同创新体平台	省级高新技术产业化基地	省级工程研究中心（实验室）	省级国际科技合作基地	省级企业技术中心	省级重点实验室	省级工程技术研究中心	合计
吉安市	0	0	0	0	0	0	0	0
赣州市	0	0	1	0	2	0	2	5
景德镇市	0	0	0	0	0	0	1	1
萍乡市	0	0	0	0	0	0	0	0
新余市	0	0	0	0	0	0	0	0
鹰潭市	0	0	0	0	0	0	0	0
合计	1	0	7	1	20	0	9	38

江西省新能源汽车产业国家级技术平台仅 2 个，其中南昌市有 1 个，抚州市有 1 个，参见表 6-48。

表 6-48 江西省新能源汽车产业国家级技术平台的分布   单位：个

地级市	国家级高新技术产业化基地	国家地方联合工程研究中心（工程实验室）	国家级企业技术中心	国家工程技术研究中心	国家重点实验室	合计
南昌市	0	0	1	0	0	1
九江市	0	0	0	0	0	0
上饶市	0	0	0	0	0	0
抚州市	0	0	1	0	0	1
宜春市	0	0	0	0	0	0
吉安市	0	0	0	0	0	0
赣州市	0	0	0	0	0	0
景德镇市	0	0	0	0	0	0
萍乡市	0	0	0	0	0	0
新余市	0	0	0	0	0	0
鹰潭市	0	0	0	0	0	0
合计	0	0	2	0	0	2

九、文化创意产业

江西省科技支撑在文化创意产业的分布情况为：

（1）江西省文化创意产业没有省级战略性新兴产业科技协同创新体平台。

（2）江西省文化创意产业仅有1个国家级高新技术产业化基地，即南昌国家文化和科技融合示范基地。

（3）江西省文化创意产业没有省级高新技术产业化基地。

（4）江西省文化创意产业仅有1个省级工程研究中心（实验室），即宜春市的江西省建筑陶瓷设计与工艺技术工程研究中心。

（5）江西省文化创意产业没有国家地方联合工程研究中心（工程实验室）。

（6）江西省文化创意产业没有省级国际科技合作基地。

（7）江西省文化创意产业没有国家级企业技术中心。

（8）江西省文化创意产业没有省级企业技术中心。

（9）江西省文化创意产业有1个省级重点实验室，即南昌市的江西省动漫创意与数字娱乐重点实验室。

（10）江西省文化创意产业有3个省级工程技术研究中心，即南昌市的江西省数字出版工程技术研究中心、鹰潭市的江西省黄蜡石工程技术研究中心、吉安市的江西省吉州窑陶瓷工艺工程技术研究中心。

江西省文化创意产业省级技术平台仅5个，其中南昌市有2个，参见表6-49。

表 6-49　江西省文化创意产业省级技术平台的地市分布　　单位：个

地级市	战略性新兴产业科技协同创新体平台	省级高新技术产业化基地	省级工程研究中心（实验室）	省级国际科技合作基地	省级企业技术中心	省级重点实验室	省级工程技术研究中心	合计
南昌市	0	0	0	0	0	1	1	2
九江市	0	0	0	0	0	0	0	0
上饶市	0	0	0	0	0	0	0	0

续表

地级市	战略性新兴产业科技协同创新体平台	省级高新技术产业化基地	省级工程研究中心（实验室）	省级国际科技合作基地	省级企业技术中心	省级重点实验室	省级工程技术研究中心	合计
抚州市	0	0	0	0	0	0	0	0
宜春市	0	0	1	0	0	0	0	1
吉安市	0	0	0	0	0	0	1	1
赣州市	0	0	0	0	0	0	0	0
景德镇市	0	0	0	0	0	0	0	0
萍乡市	0	0	0	0	0	0	0	0
新余市	0	0	0	0	0	0	0	0
鹰潭市	0	0	0	0	0	0	1	1
合计	0	0	1	0	0	1	3	5

江西省文化创意产业国家级技术平台仅 1 个，位于南昌市，参见表 6-50。

表 6-50　江西省文化创意产业国家级技术平台的分布　　单位：个

地级市	国家级高新技术产业化基地	国家地方联合工程研究中心（工程实验室）	国家级企业技术中心	国家工程技术研究中心	国家重点实验室	合计
南昌市	1	0	0	0	0	1
九江市	0	0	0	0	0	0
上饶市	0	0	0	0	0	0
抚州市	0	0	0	0	0	0
宜春市	0	0	0	0	0	0
吉安市	0	0	0	0	0	0
赣州市	0	0	0	0	0	0
景德镇市	0	0	0	0	0	0
萍乡市	0	0	0	0	0	0
新余市	0	0	0	0	0	0
鹰潭市	0	0	0	0	0	0
合计	1	0	0	0	0	1

第三节　小　　结

（1）江西省战略性新兴产业中科研技术支撑载体数量最多的是新材料产业，有 206 个省级技术支撑平台、29 个国家级技术支撑平台。

（2）江西省战略性新兴产业中科研技术支撑载体数量最少的是文化创意产业，有 4 个省级技术支撑平台、1 个国家级技术支撑平台。

（3）省级技术支撑平台数量从多到少依次是：新材料产业、生物医药产业、先进装备制造产业、节能环保产业、新一代信息技术产业、新能源汽车产业、新能源产业、航空产业、文化创意产业。

（4）国家级技术支撑平台数量从多到少依次是：新材料产业、节能环保产业、新能源产业、生物医药产业、先进装备制造产业、新一代信息技术产业、航空产业、新能源汽车产业、文化创意产业。

（5）省级和国家级技术支撑平台数量从多到少依次是：新材料产业、生物医药产业、先进装备制造产业、节能环保产业、新一代信息技术产业、新能源产业、新能源汽车产业、航空产业、文化创意产业，参见表 6-51。

表 6-51　江西省战略性新兴产业科技支撑的概况　　　单位：个

技术支撑类型	节能环保产业	新能源产业	材料产业	生物医药产业	航空产业	装备制造产业	信息技术产业	汽车产业	文化创意产业
省级技术支撑									
省级战略性新兴产业科技协同创新体平台	5	3	16	7	0	5	6	1	0
省级高新技术产业化基地	5	0	5	1	0	1	1	0	0
省级工程研究中心（实验室）	17	3	28	17	2	15	16	7	1
省级国际科技合作基地	8	1	7	1	2	2	4	1	0
省级企业技术中心	15	10	69	45	3	43	23	20	0
省级重点实验室	16	7	21	61	0	11	10	0	0

续表

技术支撑类型	节能环保产业	新能源产业	材料产业	生物医药产业	航空产业	装备制造产业	信息技术产业	汽车产业	文化创意产业
省级工程技术研究中心	36	12	60	52	2	38	27	9	2
省级合计	102	36	206	184	9	115	87	38	4
国家级技术支撑									
国家级高新技术产业化基地	2	4	15	0	1	2	3	0	1
国家地方联合工程研究中心（工程实验室）	4	1	5	4	0	0	1	0	0
国家级企业技术中心	0	1	6	0	2	2	0	2	0
国家工程技术研究中心	2	1	3	0	0	0	0	0	0
国家工程研究中心（实验室）	0	0	0	1	0	0	0	0	0
国家级合计	8	7	29	5	3	4	4	2	1
省级和国家级合计	110	43	235	191	12	119	91	40	5

注：本表用材料产业、生物医药产业、装备制造产业、信息技术产业、汽车产业分别代替新材料产业、生物新医药产业、先进装备制造产业、新一代信息技术产业和新能源汽车产业。这是由于江西省上述产业的分界线较模糊，且大多属于战略性新兴产业技术链的底端。通俗来讲，就是部分平台虽然被划入战略性新兴产业范畴，但是其核心主体还是传统产业。

第一节　江西省战略性新兴产业选择和培育的基础

一、战略性新兴产业的规模和前景支撑

（一）各战略性新兴产业的国际地位

根据本书第一章和第三章的有关内容，从各战略性新兴产业的全球市场规模和在全球的技术地位这两个指标进行综合判断。第一梯队为新能源产业和新材料产业，这两大产业的全球市场规模和技术水平都排在 9 大战略性新兴产业的第一梯队；第二梯队为先进装备制造产业、新一代信息技术产业和新能源汽车产业，这三大产业均在全球有不错的市场规模，但是技术水平跟进不够；第三梯队为节能环保产业、生物医药产业、航空产业和文化创意产业，这四大产业的全球市场规模小，且技术相对落后。

---

① 本章的电子信息产业统一改为新一代信息技术产业；高端装备制造产业统一改为先进装备制造产业。

（二）各战略性新兴产业的相对规模

根据本书第三章的有关内容，从各战略性新兴产业国内规模占比这个指标判断。第一梯队为新材料产业和航空产业，这两大产业的国内规模占比很高；第二梯队为新能源产业、生物医药产业、新能源汽车产业，这三大产业的国内规模占比处中等；第三梯队为节能环保产业、先进装备制造产业、新一代信息技术产业、文化创意产业，这四大产业的国内规模占比很小。

（三）各战略性新兴产业的国内同构

根据各省份"十三五"战略性新兴产业发展的相关规划来判断产业同构。第一梯队为文化创意产业、新能源汽车产业和航空产业，发展这三大产业的省份少于 20 个；第二梯队为节能环保产业、新能源产业和新材料产业，发展这三大产业的省份为 20~25 个；第三梯队为生物医药产业、新一代信息技术产业和先进装备制造产业，发展这三大产业的省份超过 25 个。

（四）各战略性新兴产业的绝对规模

根据本书第三章的有关内容，从各战略性新兴产业规模这个指标判断。第一梯队为新材料产业、生物医药产业和新一代信息技术产业，这三大产业的产值规模均超过 1500 亿元；第二梯队为节能环保产业和新能源产业，这两大产业的产值规模在 1000 亿~1500 亿元；第三梯队为航空产业、先进装备制造产业、新能源汽车产业和文化创意产业，这四大产业的产值规模均低于 1000 亿元。

（五）小结

根据各战略性新兴产业的国际地位、各战略性新兴产业的相对规模、各战略性新兴产业的国内同构、各战略性新兴产业的绝对规模，本书认为江西省战略性新兴产业规模和前景排名第一的是新材料产业，其次是新能源产业，其三是航空产业和新能源汽车产业，其四是生物医药产业和新一代信息技术产业，其五是节能环保产业和文化创意产业，排名最后的是先进装备制造产业，参见表 7-1。

表 7-1　江西省战略性新兴产业的规模和前景　　　　单位：分

规模前景 产业	国际地位	相对规模	国内同构	绝对规模	合计
节能环保产业	1	1	2	2	6
新能源产业	3	2	2	2	9
新材料产业	3	3	2	3	11
生物医药产业	1	2	1	3	7
航空产业	1	3	3	1	8
先进装备制造产业	2	1	1	1	5
新一代信息技术产业	2	1	1	3	7
新能源汽车产业	2	2	3	1	8
文化创意产业	1	1	3	1	6

注：处于第一梯队的为 3 分，处于第二梯队的为 2 分，处于第三梯队的为 1 分。

二、战略性新兴产业集群支撑

（一）江西省战略性新兴产业的重点产业集群基础

江西省战略性新兴产业的重点产业集群基础最好的是新材料产业，其次是新一代信息技术产业，排名最后的是航空产业和文化创意产业，参见表 7-2。

表 7-2　省级重点产业集群的分产业和分地级市布局　　　　单位：个

产业 地级市	节能 环保	新能源	新材料	生物 医药	航空	先进装 备制造	新一代 信息技术	新能源 汽车	文化 创意
南昌市	1	0	1	2	0	0	2	2	1
九江市	1	0	3	0	0	0	1	0	0
上饶市	1	1	1	0	0	0	0	0	0
抚州市	0	0	0	0	0	1	0	1	0
宜春市	2	1	1	2	0	1	0	0	0
吉安市	0	0	0	0	0	0	4	0	0
赣州市	0	0	4	1	0	0	2	2	0
景德镇市	0	0	1	0	1	0	0	1	0

续表

产业 地级市	节能环保	新能源	新材料	生物医药	航空	先进装备制造	新一代信息技术	新能源汽车	文化创意
萍乡市	0	0	5	0	0	0	0	0	0
新余市	0	1	0	0	0	1	0	0	0
鹰潭市	0	0	2	0	0	0	0	0	0
合计	5	3	19	5	1	3	9	6	1

（二）江西省战略性新兴产业的园区首位或主导产业基础

新材料产业是省级及以上园区首位或主导产业数量最多的，有 47 个，其次是先进装备制造产业，再次是生物医药产业，排名最后的是文化创意产业和航空产业，参见表 7-3。

表 7-3 省级及以上园区的首位或主导产业的分产业和分地级市布局 单位：个

产业 地级市	节能环保	新能源	新材料	生物医药	航空	先进装备制造	新一代信息技术	新能源汽车	文化创意
南昌市	1	1	3	7	1	3	5	4	1
九江市	2	5	4	6	0	7	6	3	0
上饶市	4	3	7	3	0	6	2	3	0
抚州市	0	0	3	5	0	2	2	2	1
宜春市	3	4	4	4	0	5	3	0	0
吉安市	1	3	4	4	0	6	9	0	0
赣州市	0	0	13	6	0	7	8	2	0
景德镇市	0	0	1	0	1	0	0	1	0
萍乡市	0	1	3	1	0	2	1	0	0
新余市	2	1	2	1	0	3	0	0	0
鹰潭市	0	1	3	1	0	1	1	0	0
合计	13	19	47	38	2	42	37	15	2

（三）小结

综合江西省战略性新兴产业重点产业集群基础、江西省战略性新兴产业作为园区首位或主导产业的基础，本书认为江西省战略性新兴产业集群基础最好的是新材料产业，其次是新一代信息技术产业，再次是生物医药产业，排名最后的是航空产业和文化创意产业，参见表 7-4。

表 7-4　江西省战略性新兴产业的集群支撑　　　　单位：分

产业 ＼ 集群支撑	重点产业集群	首位或主导产业	合计
节能环保产业	5.5	3	8.5
新能源产业	3.5	5	8.5
新材料产业	9	9	18
生物医药产业	5.5	7	12.5
航空产业	1.5	1.5	3
先进装备制造产业	3.5	8	11.5
新一代信息技术产业	8	6	14
新能源汽车产业	7	4	11
文化创意产业	1.5	1.5	3

注：对省内 9 大战略性新兴产业分别按照重点集群数量、作为省级及以上园区的首位或主导产业的次数进行排名，排第 1 位的为 9 分，排第 2 位的为 8 分，以此类推，排第 9 位的为 1 分，并列排名的分值平均分配。

三、战略性新兴产业企业支撑

（一）江西省战略性新兴产业的上市公司

江西省战略性新兴产业上市公司数量最多的是新材料产业、生物医药产业和先进装备制造产业，均是 6 家，而节能环保产业、新能源产业、航空产业、新能源汽车产业和文化创意产业均只有 1 家上市公司，参见表 7-5。

表 7-5　业务含新兴产业的上市公司分产业和分地级市情况　　单位：家

地级市 ＼ 产业	节能环保	新能源	新材料	生物医药	航空	先进装备制造	新一代信息技术	新能源汽车	文化创意
南昌市	1	0	2	3	1	2	2	1	0
九江市	0	0	0	0	0	0	0	0	0
上饶市	0	0	0	0	0	0	0	0	1
抚州市	0	0	0	1	0	0	0	0	0
宜春市	0	0	0	1	0	2	0	0	0
吉安市	0	0	0	0	0	0	0	0	0
赣州市	0	0	2	0	0	0	0	0	0

续表

产业 / 地级市	节能环保	新能源	新材料	生物医药	航空	先进装备制造	新一代信息技术	新能源汽车	文化创意
景德镇市	0	0	0	1	0	1	0	0	0
萍乡市	0	0	0	0	0	0	0	0	0
新余市	0	1	1	0	0	0	1	0	0
鹰潭市	0	0	1	0	0	1	0	0	0
合计	1	1	6	6	1	6	3	1	1

（二）江西省战略性新兴产业的高新技术企业

江西省新一代信息技术产业的高新技术企业是数量最多的，有310家，其次是新材料产业和生物医药产业。文化创意产业的高新技术企业数量最少，参见表7-6。

表7-6　业务含新兴产业的高新技术企业分产业和分地级市情况　单位：家

产业 / 地级市	节能环保	新能源	新材料	生物医药	航空	先进装备制造	新一代信息技术	新能源汽车	文化创意
南昌市	26	5	19	52	10	62	161	46	9
九江市	6	5	23	19	0	18	20	5	0
上饶市	8	6	15	13	3	18	14	9	1
抚州市	3	5	9	23	0	17	5	6	1
宜春市	12	20	21	36	0	26	10	5	0
吉安市	7	8	12	28	0	5	45	7	1
赣州市	17	7	60	11	1	30	36	5	0
景德镇市	2	0	3	4	10	2	3	3	1
萍乡市	5	4	9	3	0	12	3	2	1
新余市	6	18	4	5	0	6	6	4	0
鹰潭市	7	3	31	11	1	5	7	4	0
合计	99	81	206	205	25	201	310	96	14

（三）小结

综合江西省战略性新兴产业的上市公司、江西省战略性新兴产业的高新技术企业，本书认为江西省战略性新兴产业企业基础最好的是新材料产业和生物医药产业，其次是先进装备制造产业和新一代信息技术产业，企业基础最差的是文化创意产业，参见表 7-7。

表 7-7 江西省战略性新兴产业的企业支撑 单位：分

产业 \ 企业支撑	上市公司	高新技术企业	合计
节能环保产业	3	5	8
新能源产业	3	3	6
新材料产业	8	8	16
生物医药产业	8	7	15
航空产业	3	2	5
先进装备制造产业	8	6	14
新一代信息技术产业	5	9	14
新能源汽车产业	3	4	7
文化创意产业	3	1	4

注：打分规则同表 7-4。

四、战略性新兴产业技术支撑

（一）江西省战略性新兴产业的省级技术平台

江西省新材料产业的省级技术平台数量最多，有 206 个，其次是生物医药产业，再次是先进装备制造产业，省级技术平台最少的是文化创意产业，参见表 7-8。

表 7-8 战略性新兴产业省级技术平台的分产业和分地级市情况 单位：个

产业 \ 地级市	节能环保	新能源	新材料	生物医药	航空	先进装备制造	新一代信息技术	新能源汽车	文化创意
南昌市	47	9	51	94	5	46	45	21	2
九江市	11	2	13	8	0	13	5	0	0
上饶市	7	4	11	7	0	1	1	4	0
抚州市	2	4	10	19	0	9	0	6	0
宜春市	13	7	13	18	0	11	1	1	1
吉安市	5	3	12	10	0	5	23	0	1
赣州市	3	2	27	8	0	5	6	5	0

产业 地级市	节能 环保	新能源	新材料	生物 医药	航空	先进装 备制造	新一代 信息技术	新能源 汽车	文化 创意
景德镇市	1	0	16	7	4	5	1	1	0
萍乡市	8	0	23	2	0	8	0	0	0
新余市	0	4	13	2	0	9	5	0	0
鹰潭市	5	1	17	9	0	3	0	0	1
合计	102	36	206	184	9	115	87	38	5

注：省级技术平台包括战略性新兴产业科技协同创新体平台、省级高新技术产业化基地、省级工程研究中心（实验室）、省级国际科技合作基地、省级企业技术中心、省级重点实验室和省级工程技术研究中心。

（二）江西省战略性新兴产业的国家级技术平台

江西省新材料产业的国家级技术平台数量最多，其次是节能环保产业，再次是新能源产业、生物医药产业。国家级技术平台数量最少的是文化创意产业，参见表7-9。

表 7-9　战略性新兴产业国家级技术平台的分产业和分地级市情况　单位：个

产业 地级市	节能 环保	新能源	新材料	生物 医药	航空	先进装 备制造	新一代 信息技术	新能源 汽车	文化 创意
南昌市	7	0	5	2	2	1	2	1	1
九江市	0	0	4	0	0	1	0	0	0
上饶市	0	2	0	0	0	0	1	0	0
抚州市	0	0	1	1	0	0	0	1	0
宜春市	0	2	1	2	0	0	0	0	0
吉安市	0	1	1	1	0	0	1	0	0
赣州市	0	0	6	1	0	0	0	0	0
景德镇市	0	0	4	0	0	1	0	0	0
萍乡市	1	0	4	0	0	0	0	0	0
新余市	0	2	2	0	0	1	0	0	0
鹰潭市	0	0	1	0	0	0	1	0	0
合计	8	7	29	7	3	4	4	2	1

注：国家级技术平台包括国家级高新技术产业化基地、国家地方联合工程研究中心（工程实验室）、国家级企业技术中心、国家工程技术研究中心、国家重点实验室。

（三）小结

综合江西省战略性新兴产业的省级技术平台、江西省战略性新兴产业的国家级技术平台，本书认为江西省战略性新兴产业技术基础最好的是新材料产业，其次是生物医药产业，再次是节能环保产业，技术基础最差的是文化创意产业，参见表 7-10。

表 7-10　江西省战略性新兴产业的技术支撑　　　　单位：分

产业＼技术支撑	省级技术平台	国家级技术平台	合计
节能环保产业	6	8	14
新能源产业	3	6.5	9.5
新材料产业	9	9	18
生物医药产业	8	6.5	14.5
航空产业	2	3	5
先进装备制造产业	7	4.5	11.5
新一代信息技术产业	5	4.5	9.5
新能源汽车产业	4	2	6
文化创意产业	1	1	2

注：打分规则同表 7-4。

第二节　江西省战略性新兴产业选择实证分析

一、分产业的选择

综合上一节对江西省战略性新兴产业的规模和前景支撑、集群支撑、企业支撑及技术支撑的排名，结合其他省份将新能源汽车产业和航空产业划入先进装备制造产业的做法，本书认为未来江西省战略性新兴产业发展的第一梯队（20 分以上）是新材料产业、生物医药产业、新一代信息技术产业；第二梯队（10～20 分）是新能源产业、先进装备制造产业、节能环保产业；第三梯队（10 分以下）是文化创意产业，参见表 7-11。

表 7-11　江西省战略性新兴产业四大支撑及选择　　　　单位：分

支撑类别 产业	规模和前景支撑	集群支撑	企业支撑	技术支撑	合计
新材料产业	9	9	9	9	36
生物医药产业	4.5	7	8	8	27.5
新一代信息技术产业	4.5	8	6.5	4.5	23.5
先进装备制造产业	1	6	6.5	6	19.5
新能源产业	8	3.5	3	4.5	19
新能源汽车产业	6.5	5	4	3	18.5
节能环保产业	2.5	3.5	5	7	18
航空产业	6.5	1.5	2	2	12
文化创意产业	2.5	1.5	1	1	6

注：排第1位的打9分，排第2位的打8分，以此类推，排第9位的打1分，并列排名的分值平均分配，合计分为各分值的累加。

对比 2016 年江西省人民政府办公厅印发的《江西省战略性新兴产业倍增计划（2016—2020 年）》提出的："领跑方阵"包括新一代信息技术产业、生物医药产业、航空产业；"新兴方阵"包括节能环保产业、新能源产业、新材料产业、先进装备制造产业；"潜力方阵"包括新能源汽车产业、智能机电产业、集成电路产业。本书对各战略性新兴产业的规模和前景支撑、集群支撑、企业支撑、技术支撑四大维度进行综合考量，产业划分标准与2016 年江西省人民政府办公厅的划分大体吻合，但也做了一些调整：①综合大多数省份的做法，将航空产业、智能机电产业、新能源汽车产业统一并入先进装备制造产业，将其一并列入第一梯队；②考虑到新材料产业的良好产业发展基础，将新材料产业列入第一方阵；③将集成电路产业并入新一代信息技术产业。

（一）第一梯队

整体上具有很好的集群支撑和企业支撑，没有明显的短板。

1.新材料产业

相对江西省内其他战略性新兴产业而言，江西省新材料产业的 4 大支撑条件都很好，是江西省规模最大且最具优势的产业，产业规模占江西省的一半，应放在第一梯队的首位发展。存在的最大问题是，新材料产业仅仅是嫁接在传统材料产业上的一点萌芽，技术和产品领域的创新幅度突破力度仍不大。

综合集群支撑、企业支撑和技术支撑，江西省新材料产业在各地级市的发展优先顺序依次是赣州市、南昌市、九江市、鹰潭市、萍乡市、宜春市、上饶市、景德镇市、新余市、吉安市、抚州市，其中吉安市和新余市并列第9名。即赣州市的新材料产业发展基础最好，抚州市的新材料产业发展基础最差，参见表7-12。

表 7-12　江西省新材料产业的发展实力对比　　　　单位：分

地级市＼类别	集群支撑		企业支撑		技术支撑		合计
	重点产业集群	首位或主导产业	上市公司	高新技术企业	省级技术平台	国家级技术平台	
南昌市	5	4.5	10.5	7	11	10	48
九江市	9	8	4	9	5	8	43
上饶市	5	10	4	6	2	1	28
抚州市	5	4.5	4	3.5	1	3.5	21.5
宜春市	5	8	4	5	5	3.5	33.5
吉安市	1.5	8	4	5	3	3.5	25
赣州市	10	11	10.5	11	10	11	63.5
景德镇市	5	1	4	1	7	8	26
萍乡市	11	4.5	4	3.5	9	8	40
新余市	1.5	2	8.5	2	6	6	25
鹰潭市	8	4.5	8.5	10	8	3.5	42.5

注：排第1位的打11分，排第2位的打10分，以此类推，排第11位的打1分，并列排名的分值平均分配。考虑到规模和前景支撑缺乏地级市层面的数据支撑，而集群支撑、企业支撑和技术支撑又能很好的反应产业规模情况，本文具体到地级市层面的排序，统一用集群支撑、企业支撑和技术支撑三个维度计算排序。

2.生物医药产业

相对江西省内其他战略性新兴产业而言，江西省生物医药产业省内集群、企业和技术支撑都很好，其面临最大的问题是来自国内外的竞争压力。

综合集群支撑、企业支撑和技术支撑，江西省生物医药产业在各地级市的发展优先顺序依次是南昌市、宜春市、抚州市、赣州市、吉安市、九江市、上饶市、鹰潭市、景德镇市、新余市、萍乡市。即南昌市的生物医药产业发展基础最好，萍乡市的生物医药产业发展基础最差，参见表7-13。

表7-13　江西省生物医药产业的地级市发展实力对比　　　单位：分

类别 地级市	集群支撑		企业支撑		技术支撑		合计
	重点产业集群	首位或主导产业	上市公司	高新技术企业	省级技术平台	国家级技术平台	
南昌市	10.5	11	11	11	11	10.5	65
九江市	4.5	9.5	4	7	5.5	3.5	34
上饶市	4.5	5	4	6	3.5	3.5	26.5
抚州市	4.5	8	9	8	10	8	47.5
宜春市	10.5	6.5	9	10	9	10.5	55.5
吉安市	4.5	6.5	4	9	8	8	40
赣州市	9	9.5	4	4.5	5.5	8	40.5
景德镇市	4.5	1	9	2	3.5	3.5	23.5
萍乡市	4.5	2	4	1	1.5	3.5	16.5
新余市	4.5	2	4	3	1.5	3.5	18.5
鹰潭市	4.5	2	4	4.5	7	3.5	25.5

注：打分规则同表7-12。

3. 新一代信息技术产业

相对江西省内其他战略性新兴产业而言，江西省新一代信息技术产业的集群和企业支撑很好，比较弱的是规模和前景支撑、技术支撑。

综合集群支撑、企业支撑和技术支撑，江西省新一代信息技术产业在各地级市的发展优先顺序依次是南昌市、吉安市、赣州市、九江市、上饶市、宜春市、新余市、抚州市、鹰潭市、景德镇市、萍乡市，其中抚州市和鹰潭市并列第9名。即南昌市的新一代信息技术产业发展基础最好，萍乡市的新一代信息技术产业发展基础最差，参见表7-14。

表 7-14　江西省新一代信息技术产业的地级市发展实力对比　　单位：分

类别 地级市	集群支撑		企业支撑		技术支撑		合计
	重点产业 集群	首位或主导 产业	上市公司	高新技术 企业	省级技术 平台	国家级技术 平台	
南昌市	9.5	8	11	11	11	11	61.5
九江市	8	9	5	8	7.5	4.5	42
上饶市	4	5.5	5	7	5	9.5	36
抚州市	4	5.5	5	3	2	4.5	24
宜春市	4	7	5	6	5	4.5	31.5
吉安市	11	11	5	10	10	9.5	56.5
赣州市	9.5	10	5	9	9	4.5	47
景德镇市	4	1.5	5	1.5	5	4.5	21.5
萍乡市	4	3.5	5	1.5	2	4.5	20.5
新余市	4	1.5	10	4	7.5	4.5	31.5
鹰潭市	4	3.5	5	5	2	4.5	24

注：打分规则同表 7-12。

4. 先进装备制造产业

（1）先进装备制造产业（不包含新能源汽车产业和航空制造产业）。相对江西省内其他战略性新兴产业而言，江西省先进装备制造产业的规模和前景最差，其 3 大支撑处于中上水平。

综合集群支撑、企业支撑和技术支撑，江西省先进装备制造产业在各地级市的发展优先顺序依次是南昌市、宜春市、九江市、新余市、赣州市、抚州市、上饶市、鹰潭市、吉安市、萍乡市、景德镇市。南昌市的先进装备制造产业发展基础最好，景德镇市的先进装备制造产业发展基础最差，参见表 7-15。

表 7-15　江西省先进装备制造产业的地级市发展实力对比　　单位：分

类别 地级市	集群支撑		企业支撑		技术支撑		合计
	重点产业 集群	首位或主导 产业	上市公司	高新技术 企业	省级技术 平台	国家级 技术平台	
南昌市	4.5	5.5	10.5	11	11	9.5	52
九江市	4.5	10.5	4	7.5	10	9.5	46
上饶市	4.5	8.5	4	7.5	1	4	29.5

类别\地级市	集群支撑		企业支撑		技术支撑		合计
	重点产业集群	首位或主导产业	上市公司	高新技术企业	省级技术平台	国家级技术平台	
抚州市	10	3.5	4	6	7.5	4	35
宜春市	10	7	10.5	9	9	4	49.5
吉安市	4.5	8.5	4	2.5	4	4	27.5
赣州市	4.5	10.5	4	10	4	4	37
景德镇市	4.5	1	8.5	1	4	4	23
萍乡市	4.5	3.5	4	5	6	4	27
新余市	10	5.5	4	4	7.5	9.5	40.5
鹰潭市	4.5	2	8.5	2.5	2	9.5	29

注：打分规则同表 7-12。

(2) 新能源汽车产业。相对江西省内其他战略性新兴产业而言，江西省新能源汽车产业的企业和技术支撑处于中等水平。规模和前景支撑、集群支撑处于中上水平。

综合集群支撑、企业支撑和技术支撑，江西省新能源汽车产业在各地级市的发展优先顺序依次是南昌市、抚州市、赣州市、上饶市、景德镇市、九江市、宜春市、吉安市、新余市、鹰潭市、萍乡市，其中新余市和鹰潭市并列第9名。即南昌市的新能源汽车产业发展基础最好，参见表 7-16。

表 7-16　江西省新能源汽车产业的地级市发展实力对比　　单位：分

类别\地级市	集群支撑		企业支撑		技术支撑		合计
	重点产业集群	首位或主导产业	上市公司	高新技术企业	省级技术平台	国家级技术平台	
南昌市	10.5	11	11	11	11	10.5	65
九江市	4	9.5	5.5	6	3	5	33
上饶市	4	9.5	5.5	10	8	5	42
抚州市	8.5	7.5	5.5	8	10	10.5	50
宜春市	4	3	5.5	6	6.5	5	30
吉安市	4	3	5.5	3	3	5	29.5
赣州市	10.5	7.5	5.5	6	9	5	43.5
景德镇市	8.5	6	5.5	2	6.5	5	33.5

续表

地级市　　类别	集群支撑		企业支撑		技术支撑		合计
	重点产业集群	首位或主导产业	上市公司	高新技术企业	省级技术平台	国家级技术平台	
萍乡市	4	3	5.5	1	3	5	21.5
新余市	4	3	5.5	3.5	3	5	24
鹰潭市	4	3	5.5	3.5	3	5	24

注：打分规则同表 7-12。

（3）航空产业。相对江西省内其他战略性新兴产业而言，江西省航空产业集群支撑、企业支撑和技术支撑均处于中下水平。

综合集群支撑、企业支撑和技术支撑，江西省航空产业在各地级市的发展优先顺序依次是南昌市、景德镇市、上饶市、赣州市、鹰潭市、九江市、抚州市、宜春市、吉安市、萍乡市、新余市，其中，赣州市和鹰潭市并列第4名，九江市、抚州市、宜春市、吉安市、萍乡市、新余市并列第6名。即南昌市的航空产业发展基础最好，参见表 7-17。

表 7-17　江西省航空产业的地级市发展实力对比　　单位：分

地级市　　类别	集群支撑		企业支撑		技术支撑		合计
	重点产业集群	首位或主导产业	上市公司	高新技术企业	省级技术平台	国家级技术平台	
南昌市	5.5	10.5	11	10.5	11	11	59.5
九江市	5.5	5	5.5	3.5	5	5	29.5
上饶市	5.5	5	5.5	9	5	5	35
抚州市	5.5	5	5.5	3.5	5	5	29.5
宜春市	5.5	5	5.5	3.5	5	5	29.5
吉安市	5.5	5	5.5	3.5	5	5	29.5
赣州市	5.5	5	5.5	7.5	5	5	33.5
景德镇市	11	10.5	5.5	10.5	10	10	57.5
萍乡市	5.5	5	5.5	3.5	5	5	29.5
新余市	5.5	5	5.5	3.5	5	5	29.5
鹰潭市	5.5	5	5.5	7.5	5	5	33.5

注：打分规则同表 7-12。

（二）第二梯队

四大支撑至少有 2～3 个比较明显的短板。

1. 新能源产业

相对其他战略性新兴产业而言，江西省新能源产业的规模和前景很好，其 3 大支撑处于中下水平。

综合集群支撑、企业支撑和技术支撑，江西省新能源产业在各地级市的发展优先顺序依次是宜春市、新余市、上饶市、吉安市、南昌市、九江市、抚州市、赣州市、鹰潭市、萍乡市、景德镇市。即宜春市的新能源产业发展基础最好，景德镇市的新能源产业发展基础最差，参见表 7-18。

表 7-18　江西省新能源产业的地级市发展实力对比　　　单位：分

类别 地级市	集群支撑		企业支撑		技术支撑		合计
	重点产业集群	首位或主导产业	上市公司	高新技术企业	省级技术平台	国家级技术平台	
南昌市	4.5	5.5	5.5	5	11	4	35.5
九江市	4.5	11	5.5	5	4.5	4	34.5
上饶市	10	8.5	5.5	7	8	10	49
抚州市	4.5	2	5.5	5	8	4	29
宜春市	10	10	5.5	11	10	10	56.5
吉安市	4.5	8.5	5.5	9	6	8	41.5
赣州市	4.5	2	5.5	8	4.5	4	28.5
景德镇市	4.5	2	5.5	1	1.5	4	18.5
萍乡市	4.5	5.5	5.5	3	1.5	4	24
新余市	10	5.5	11	10	8	10	54.5
鹰潭市	4.5	5.5	5.5	2	3	4	24.5

注：打分规则同表 7-12。

2. 节能环保产业

相对其他战略性新兴产业而言，江西省节能环保产业的技术支撑很好，规模和前景支撑处于中下水平。

综合集群支撑、企业支撑和技术支撑，江西省节能环保产业在各地级市的发展优先顺序依次是南昌市、宜春市、上饶市、九江市、萍乡市、吉安市、赣州市、鹰潭市、新余市、抚州市、景德镇市。即南昌市的节能环保产业发展基础最好，参见表7-19。

表7-19　江西省节能环保产业的地级市发展实力对比　　单位：分

地级市\类别	集群支撑		企业支撑		技术支撑		合计
	重点产业集群	首位或主导产业	上市公司	高新技术企业	省级技术平台	国家级技术平台	
南昌市	9	6.5	11	11	11	11	59.5
九江市	9	8.5	5.5	4.5	9	5	41.5
上饶市	9	11	5.5	8	7	5	45.5
抚州市	4	3	5.5	2	3	5	22.5
宜春市	11	10	5.5	9	10	5	50.5
吉安市	4	6.5	5.5	6.5	5.5	5	33
赣州市	4	3	5.5	10	4	5	31.5
景德镇市	4	3	5.5	1	2	5	20.5
萍乡市	4	3	5.5	3	8	10	33.5
新余市	4	8.5	5.5	4.5	1	5	28.5
鹰潭市	4	3	5.5	6.5	5.5	5	29.5

注：打分规则同表7-12。

（三）第三梯队

文化创意产业

四大支撑都很弱。相对其他战略性新兴产业而言，江西省文化创意产业的集群支撑、企业支撑和技术支撑均垫底，规模和前景支撑排在倒数第2名。

综合集群支撑、企业支撑和技术支撑，江西省文化创意产业在各地级市的发展优先顺序依次是南昌市、上饶市、抚州市、吉安市、宜春市、景德镇市、萍乡市、鹰潭市、九江市、赣州市、新余市，其中，上饶市和抚州市并列第2名，宜春市、景德镇市、萍乡市和鹰潭市并列第5名，九江市、赣州市和新余市并列第9名。即南昌市的文化创意产业发展基础最好，参见表7-20。

表 7-20　江西省文化创意产业的地级市发展实力对比　　　　单位：分

类别 地级市	集群支撑		企业支撑		技术支撑		合计
	重点产业 集群	首位或主导 产业	上市公司	高新技术 企业	省级技术 平台	国家级技术 平台	
南昌市	11	10.5	5.5	11	11	11	60
九江市	5.5	5	5.5	3	4	5.5	28.5
上饶市	5.5	5	11	8	4	5.5	39
抚州市	5.5	10.5	5.5	8	4	5.5	39
宜春市	5.5	5	5.5	3	9	5.5	33.5
吉安市	5.5	5	5.5	8	9	5.5	38.5
赣州市	5.5	5	5.5	3	4	5.5	28.5
景德镇市	5.5	5	5.5	8	4	5.5	33.5
萍乡市	5.5	5	5.5	8	4	5.5	33.5
新余市	5.5	5	5.5	3	4	5.5	28.5
鹰潭市	5.5	5	5.5	3	9	5.5	33.5

注：打分规则同表 7-12。

二、各地级市发展战略性新兴产业的路径选择

（一）南昌市

综合集群支撑、企业支撑和技术支撑综合评价，南昌市各战略性新兴产业发展优先顺序依次是生物医药产业、新一代信息技术产业、新材料产业、节能环保产业、新能源汽车产业、先进装备制造产业、航空产业、文化创意产业、新能源产业。即南昌市的生物医药产业发展基础最好，新能源产业发展基础最差，参见表 7-21。

表 7-21　南昌市战略性新兴产业发展排名　　　　单位：分

产业支撑	产业	节能 环保	新能源	新材料	生物 医药	航空	先进装 备制造	新一代 信息技术	新能源 汽车	文化 创意
集群 支撑	重点产业集群	5	2	5	8	2	2	8	8	5
	首位或主导产业	2.5	2.5	5.5	9	2.5	5.5	8	7	2.5
企业 支撑	上市公司	4	1.5	7	9	4	7	7	4	1.5
	高新技术企业	5	1	4	7	3	8	9	6	2

续表

产业支撑 \ 产业		节能环保	新能源	新材料	生物医药	航空	先进装备制造	新一代信息技术	新能源汽车	文化创意
技术支撑	省级技术平台	7	3	8	9	2	6	5	4	1
	国家级技术平台	9	1	8	6	6	3	6	3	3
合计		32.5	11	37.5	48	19.5	31.5	43	32	15

注：排第1位的为9分，排第2位的为8分，以此类推，排第9位的为1分，并列排名的分值平均分配。

（二）九江市

综合集群支撑、企业支撑和技术支撑综合评估，九江市各战略性新兴产业发展优先顺序依次是新材料产业、先进装备制造产业、新一代信息技术产业、生物医药产业、节能环保产业、新能源产业、新能源汽车产业、航空产业、文化创意产业，其中航空产业和文化创意产业并列第8名。即九江市的新材料产业发展基础最好，航空产业和文化创意产业发展基础最差，见表7-22。

表 7-22　九江市战略性新兴产业发展排名　　　　单位：分

产业支撑 \ 产业		节能环保	新能源	新材料	生物医药	航空	先进装备制造	新一代信息技术	新能源汽车	文化创意
集群支撑	重点产业集群	7.5	3	9	3	3	3	7.5	3	3
	首位或主导产业	3	6	5	7.5	1.5	9	7.5	4	1.5
企业支撑	上市公司	5	5	5	5	5	5	5	5	5
	高新技术企业	5	3.5	9	7	1.5	6	8	3.5	1.5
技术支撑	省级技术平台	7	4	8.5	6	2	8.5	5	2	2
	国家级技术平台	4	4	9	4	2	8	4	4	4
合计		31.5	25.5	45.5	32.5	17	39.5	37	21.5	17

注：打分规则同表7-21。

（三）上饶市

综合集群支撑、企业支撑和技术支撑综合评估，上饶市各战略性新兴产业发展优先顺序依次是新材料产业、节能环保产业、新能源产业、先进装备制造产业、生物医药产业、新一代信息技术产业、新能源汽车产业、文化创意产业、航空产业，其中节能环保产业和新能源产业并列第 2 名。即上饶市的新材料产业发展基础最好，航空产业发展基础最差，见表 7-23。

表 7-23　上饶市战略性新兴产业发展排名　　　　　单位：分

产业支撑	产业	节能环保	新能源	新材料	生物医药	航空	先进装备制造	新一代信息技术	新能源汽车	文化创意
集群支撑	重点产业集群	8	8	8	3.5	3.5	3.5	3.5	3.5	3.5
	首位或主导产业	7	5	9	5	1.5	8	3	5	1.5
企业支撑	上市公司	4.5	4.5	4.5	4.5	4.5	4.5	4.5	4.5	9
	高新技术企业	4	3	8	6	2	9	7	5	1
技术支撑	省级技术平台	7.5	5.5	9	7.5	1.5	3.5	3.5	5.5	1.5
	国家级技术平台	4	9	4	4	4	4	8	4	4
合计		35	35	42.5	30.5	17	32.5	29.5	27.5	20.5

注：打分规则同表 7-21。

（四）抚州市

综合集群支撑、企业支撑和技术支撑综合评价，抚州市各战略性新兴产业发展优先顺序依次是生物医药产业、新材料产业、新能源汽车产业、先进装备制造产业、新一代信息技术产业、新能源产业、节能环保产业、文化创意产业、航空产业。即抚州市的生物医药产业发展基础最好，航空产业发展基础最差，见表 7-24。

表 7-24　抚州市战略性新兴产业发展排名　　　　　单位：分

产业支撑	产业	节能环保	新能源	新材料	生物医药	航空	先进装备制造	新一代信息技术	新能源汽车	文化创意
集群支撑	重点产业集群	3.5	3.5	8	3.5	3.5	8	3.5	8	3.5
	首位或主导产业	2	2	8	9	2	6	6	6	4
企业支撑	上市公司	4.5	4.5	4.5	9	4.5	4.5	4.5	4.5	4.5
	高新技术企业	3	4.5	7	8	1	8	4.5	8	2
技术支撑	省级技术平台	4	5	8	9	2	7	2	6	2
	国家级技术平台	3.5	3.5	8	4	3.5	3.5	3.5	8	3.5
合计		20.5	23	43.5	47.5	16.5	37	24	38.5	19.5

注：打分规则同表 7-21。

（五）宜春市

综合集群支撑、企业支撑和技术支撑综合评价，宜春市各战略性新兴产业发展优先顺序依次是生物医药产业、先进装备制造产业、新材料产业、新能源产业、节能环保产业、新一代信息技术产业、新能源汽车产业、文化创意产业、航空产业。即宜春市的生物医药产业发展基础最好，航空产业发展基础最差，见表7-25。

表7-25　宜春市战略性新兴产业发展排名　　　　　单位：分

产业支撑	产业	节能环保	新能源	新材料	生物医药	航空	先进装备制造	新一代信息技术	新能源汽车	文化创意
集群支撑	重点产业集群	8.5	6	6	8.5	2.5	6	2.5	2.5	2.5
	首位或主导产业	4.5	7	7	7	2	9	4.5	2	2
企业支撑	上市公司	4	4	4	8	4	9	4	4	4
	高新技术企业	5	6	7	9	1.5	8	4	3	1.5
技术支撑	省级技术平台	7.5	5	7.5	8	1	6	3	3	3
	国家级技术平台	3.5	8.5	7	8.5	3.5	3.5	3.5	3.5	3.5
合计		33	36.5	38.5	50	14.5	41.5	21.5	18	16.5

注：打分规则同表7-21。

（六）吉安市

综合集群支撑、企业支撑和技术支撑，吉安市各战略性新兴产业发展优先顺序依次是新一代信息技术产业、新材料产业、生物医药产业、新能源产业、先进装备制造产业、节能环保产业、新能源汽车产业、文化创意产业、航空产业，其中新材料产业和生物医药产业并列第2名。即吉安市的新一代信息技术产业发展基础最好，航空产业发展基础最差，见表7-26。

表7-26　吉安市战略性新兴产业发展排名　　　　　单位：分

产业支撑	产业	节能环保	新能源	新材料	生物医药	航空	先进装备制造	新一代信息技术	新能源汽车	文化创意
集群支撑	重点产业集群	4	4	4	4	4	4	9	4	4
	首位或主导产业	4	5	6.5	6.5	2	8	9	2	2
企业支撑	上市公司	5	5	5	5	5	5	5	5	5
	高新技术企业	4.5	6	7	8	1	3	9	4.5	2

续表

产业支撑 \ 产业		节能环保	新能源	新材料	生物医药	航空	先进装备制造	新一代信息技术	新能源汽车	文化创意
技术支撑	省级技术平台	5.5	4	8	7	1.5	5.5	9	1.5	3
	国家级技术平台	3	7.5	7.5	7.5	3	3	7.5	3	3
合计		26	31.5	38	38	16.5	28.5	48.5	20	19

注：打分规则同表 7-21。

（七）赣州市

综合集群支撑、企业支撑和技术支撑综合评价，赣州市各战略性新兴产业发展优先顺序依次是新材料产业、新一代信息技术产业、生物医药产业、先进装备制造产业、新能源汽车产业、节能环保产业、新能源产业、航空产业、文化创意产业。即赣州市的新材料产业发展基础最好，文化创意产业发展基础最差，见表 7-27。

表 7-27 赣州市战略性新兴产业发展排名   单位：分

产业支撑 \ 产业		节能环保	新能源	新材料	生物医药	航空	先进装备制造	新一代信息技术	新能源汽车	文化创意
集群支撑	重点产业集群	3	3	9	6	3	3	7.5	7.5	3
	首位或主导产业	2.5	2.5	9	6	2.5	7	8	5	2.5
企业支撑	上市公司	4.5	4.5	9	4.5	4.5	4.5	4.5	4.5	4.5
	高新技术企业	6	4	9	5	2	7	8	3	1
技术支撑	省级技术平台	4	3	9	8	1.5	5.5	7	5.5	1.5
	国家级技术平台	4	4	9	8	4	4	4	4	4
合计		24	21	54	37.5	17.5	31	39	29.5	16.5

注：打分规则同表 7-21。

（八）景德镇市

综合集群支撑、企业支撑和技术支撑综合评价，景德镇市各战略性新兴产业发展优先顺序依次是新材料产业、航空产业、生物医药产业、新能源汽车产业、先进装备制造产业、新一代信息技术产业、节能环保产业、文化创意产业、新能源产业。即景德镇市的新材料产业发展基础最好，新能源产业发展基础最差，见表 7-28。

表 7-28　景德镇市战略性新兴产业发展排名　　　　　单位：分

产业支撑	产业	节能环保	新能源	新材料	生物医药	航空	先进装备制造	新一代信息技术	新能源汽车	文化创意
集群支撑	重点产业集群	3.5	3.5	8	3.5	8	3.5	3.5	8	3.5
	首位或主导产业	3.5	3.5	8	3.5	8	3.5	3.5	8	3.5
企业支撑	上市公司	4	4	4	8.5	4	8.5	4	4	4
	高新技术企业	3.5	1	6	8	9	3.5	6	6	2
技术支撑	省级技术平台	4	1.5	9	8	6	7	4	4	1.5
	国家级技术平台	4	4	9	4	8	4	4	4	4
合计		22.5	17.5	44	35.5	43	30	25	34	18.5

注：打分规则同表 7-21。

（九）萍乡市

综合集群支撑、企业支撑和技术支撑综合评价，萍乡市各战略性新兴产业发展优先顺序依次是新材料产业、先进装备制造产业、节能环保产业、生物医药产业、新能源产业、新一代信息技术产业、新能源汽车产业、文化创意产业、航空产业。即萍乡市的新材料产业发展基础最好，航空产业发展基础最差，见表 7-29。

表 7-29　萍乡市战略性新兴产业发展排名　　　　　单位：分

产业支撑	产业	节能环保	新能源	新材料	生物医药	航空	先进装备制造	新一代信息技术	新能源汽车	文化创意
集群支撑	重点产业集群	4.5	4.5	9	4.5	4.5	4.5	4.5	4.5	4.5
	首位或主导产业	2.5	6	9	6	2.5	8	6	2.5	2.5
企业支撑	上市公司	5	5	5	5	5	5	5	5	5
	高新技术企业	7	6	8	4.5	2	9	4.5	3	2
技术支撑	省级技术平台	7.5	3	9	6	2	7.5	3	3	3
	国家级技术平台	8	4	9	4	4	4	4	4	4
合计		34.5	28.5	49	30	20	38	27	22	21

注：打分规则同表 7-21。

（十）新余市

综合集群支撑、企业支撑和技术支撑综合评估，新余市各战略性新兴产业发展优先顺序依次是新能源产业、先进装备制造产业、新材料产业、新一代信息技术产业、节能环保产业、生物医药产业、新能源汽车产业、航空产业、文化创意产业，其中航空产业和文化创意产业并列第 8 名。即新余市的新能源产业发展基础最好，航空产业和文化创意产业发展基础最差，见表 7-30。

表 7-30　新余市战略性新兴产业发展排名　　　　单位：分

产业支撑	产业	节能环保	新能源	新材料	生物医药	航空	先进装备制造	新一代信息技术	新能源汽车	文化创意
集群支撑	重点产业集群	4	8.5	4	4	4	8.5	4	4	4
	首位或主导产业	7.5	5.5	7.5	5.5	2.5	9	2.5	2.5	2.5
企业支撑	上市公司	3.5	8	8	3.5	3.5	3.5	8	3.5	3.5
	高新技术企业	7	9	3.5	5	1.5	7	7	3.5	1.5
技术支撑	省级技术平台	2.5	6	9	5	2.5	8	7	2.5	2.5
	国家级技术平台	3.5	8.5	8.5	3.5	3.5	7	3.5	3.5	3.5
合计		28	45.5	40.5	26.5	17.5	43	32	19.5	17.5

注：打分规则同表 7-21。

（十一）鹰潭市

综合集群支撑、企业支撑和技术支撑综合评估，鹰潭市各战略性新兴产业发展优先顺序依次是新材料产业、先进装备制造产业、生物医药产业、节能环保产业、新一代信息技术产业、新能源产业、新能源汽车产业、文化创意产业、航空产业。即鹰潭市的新材料产业发展基础最好，航空产业发展基础最差，见表 7-31。

表 7-31　鹰潭市战略性新兴产业发展排名　　　　单位：分

产业支撑	产业	节能环保	新能源	新材料	生物医药	航空	先进装备制造	新一代信息技术	新能源汽车	文化创意
集群支撑	重点产业集群	4.5	4.5	9	4.5	4.5	4.5	4.5	4.5	4.5
	首位或主导产业	2.5	6.5	9	6.5	2.5	6.5	6.5	2.5	2.5

续表

产业支撑＼产业		节能环保	新能源	新材料	生物医药	航空	先进装备制造	新一代信息技术	新能源汽车	文化创意
企业支撑	上市公司	4	4	8.5	4	4	8.5	4	4	4
	高新技术企业	6.5	3	9	8	2	5	6.5	4	1
技术支撑	省级技术平台	7	4.5	9	8	2	6	2	2	4.5
	国家级技术平台	4	4	8.5	4	2	8.5	4	4	4
合计		28.5	26.5	53	35	19	39	27.5	21	20.5

注：打分规则同表 7-21。

第三节　江西省战略性新兴产业高、中、低集群发展方案

一、分产业和分地级市的排序

（一）分产业的排序

江西省节能环保产业发展基础排前 3 位的地级市有南昌市、宜春市、上饶市；新能源产业发展基础排前 3 位的地级市有宜春市、新余市、上饶市；新材料产业发展基础排前 3 位的地级市有赣州市、南昌市、九江市；生物医药产业发展基础排前 3 位的地级市有南昌市、宜春市、抚州市；航空产业发展基础排前 3 位的地级市有南昌市、景德镇市、上饶市；先进装备制造产业发展基础排前 3 位的地级市有南昌市、宜春市、九江市；新一代信息技术产业发展基础排前 3 位的地级市有南昌市、吉安市、赣州市；新能源汽车产业发展基础排前 3 位的地级市有南昌市、抚州市、赣州市；文化创意产业发展基础排前 3 位的地级市有南昌市、上饶市、抚州市。

其中，南昌市的节能环保产业、生物医药产业、航空产业、先进装备制造产业、新一代信息技术产业、新能源汽车产业和文化创意产业等 7 个产业均排江西省第 1 名，新材料产业排江西省第 2 名。宜春市、上饶市均有 4 个

产业排名江西省前 3；抚州市、赣州市均有 3 个产业排名江西省前 3；九江市有 2 个产业排名江西省前 3；吉安市、新余市、景德镇市均有 1 个产业排名江西省前 3；萍乡市和鹰潭市没有产业排名江西省前 3，见表 7-32。

表 7-32 各战略性新兴产业的地级市发展排名

产业 发展 排序	节能 环保	新能源	新材料	生物 医药	航空	先进装 备制造	新一代 信息技术	新能源 汽车	文化 创意
1	南昌市	宜春市	赣州市	南昌市	南昌市	南昌市	南昌市	南昌市	南昌市
2	宜春市	新余市	南昌市	宜春市	景德镇市	宜春市	吉安市	抚州市	上饶市
3	上饶市	上饶市	九江市	抚州市	上饶市	九江市	赣州市	赣州市	抚州市
4	九江市	吉安市	鹰潭市	赣州市	赣州市	新余市	九江市	上饶市	吉安市
5	萍乡市	南昌市	萍乡市	吉安市	鹰潭市	赣州市	上饶市	景德镇市	宜春市
6	吉安市	九江市	宜春市	九江市	九江市	抚州市	宜春市	九江市	景德镇市
7	赣州市	抚州市	上饶市	上饶市	抚州市	上饶市	新余市	宜春市	萍乡市
8	鹰潭市	赣州市	景德镇市	鹰潭市	宜春市	鹰潭市	抚州市	吉安市	鹰潭市
9	新余市	鹰潭市	吉安市	景德镇市	吉安市	吉安市	鹰潭市	新余市	九江市
10	抚州市	萍乡市	新余市	新余市	萍乡市	萍乡市	景德镇市	鹰潭市	赣州市
11	景德镇市	景德镇市	抚州市	萍乡市	新余市	景德镇市	萍乡市	萍乡市	新余市

注：表中"1~11"指综合集群支撑、企业支撑和技术支撑，该产业在 11 个地级市的发展排名从第 1 位到第 11 位。其中，新材料产业，吉安市和新余市并列第 9 名；航空产业，赣州市和鹰潭市并列第 4 名，九江市、抚州市、宜春市、吉安市、萍乡市、新余市并列第 6 名；新一代信息技术产业，抚州市和鹰潭市并列第 8 名；新能源汽车产业，新余市和鹰潭市并列第 9 名；文化创意产业，上饶市和抚州市并列第 2 名，宜春市、景德镇市、萍乡市和鹰潭市并列第 5 名，九江市、赣州市和新余市并列第 9 名。

（二）分地级市的排序

南昌市发展排前 3 位的战略性新兴产业有生物医药产业、新一代信息技术产业、新材料产业；九江市发展排前 3 位的战略性新兴产业有新材料产业、先进装备制造产业、新一代信息技术产业；上饶市发展排前 3 位的战略性新兴产业有新材料产业、节能环保产业、新能源产业；抚州市发展排前 3 位的战略性新兴产业有生物医药产业、新材料产业、新能源汽车产业；宜春市发展排前 3 位的战略性新兴产业有生物医药产业、先进装备制造产业、新材料产业；吉安市发展排前 3 位的战略性新兴产业有新一代信息技术产业、新材料产业、生物医药产业；赣州市发展排前 3 位的战略性新兴产业有新材料产业、新一代信息技术产业、生物医药产业；景德镇市发展排前 3 位的战略性新兴产业有新材料产业、航空产业、生物医药产业；萍乡市发展排前 3 位的战略性新兴产业有新材料产业、先进装备制造产业、节能环保产业；新余市发展排前 3 位的战略性新兴产业有新能源产业、先进装备制造产业、新材料产业；鹰潭市发展排前 3 位的战略性新兴产业有新材料产业、先进装备制造产业、生物医药产业。

其中，新材料产业排在 11 个地级市的产业发展前 3 位；生物医药产业排在 7 个地级市的产业发展前 3 位；先进装备制造产业排在 5 个地级市的产业发展前 3 位；新一代信息技术产业排在 4 个地级市的产业发展前 3 位；节能环保产业、新能源产业排在 2 个地级市的产业发展前 3 位；新能源汽车产业、航空产业排在 1 个地级市的产业发展前 3 位；文化创意产业没有排在任何 1 个地级市的产业发展前 3 位，见表 7-33。

表 7-33　各地级市的战略性新兴产业发展排名

发展排序 / 地级市	1	2	3	4	5	6	7	8	9
南昌市	生物医药	新一代信息技术	新材料	节能环保	新能源汽车	先进装备制造	航空	文化创意	新能源
九江市	新材料	先进装备制造	新一代信息技术	生物医药	节能环保	新能源	新能源汽车	航空	文化创意
上饶市	新材料	节能环保	新能源	先进装备制造	生物医药	新一代信息技术	新能源汽车	文化创意	航空
抚州市	生物医药	新材料	新能源汽车	先进装备制造	新一代信息技术	新能源	节能环保	文化创意	航空
宜春市	生物医药	先进装备制造	新材料	新能源	节能环保	新一代信息技术	新能源汽车	文化创意	航空
吉安市	新一代信息技术	新材料	生物医药	新能源	先进装备制造	节能环保	新能源汽车	文化创意	航空
赣州市	新材料	新一代信息技术	生物医药	先进装备制造	新能源汽车	节能环保	新能源	航空	文化创意
景德镇市	新材料	航空	生物医药	新能源汽车	先进装备制造	新一代信息技术	节能环保	文化创意	新能源

续表

发展排序 地级市	1	2	3	4	5	6	7	8	9
萍乡市	新材料	先进装备制造	节能环保	生物医药	新能源	新一代信息技术	新能源汽车	文化创意	航空
新余市	新能源	先进装备制造	新材料	新一代信息技术	节能环保	生物医药	新能源汽车	航空	文化创意
鹰潭市	新材料	先进装备制造	生物医药	节能环保	新一代信息技术	新能源	新能源汽车	文化创意	航空

注：表中"1~9"指综合集群支撑、企业支撑和技术支撑，9大战略性新兴产业在各地级市从第1位到第9位的发展排名。其中，九江市的航空产业和文化创意产业并列第8名；上饶市的节能环保产业和新能源产业并列第2名；吉安市的新材料产业和生物医药产业并列第2名；新余市的航空产业和文化创意产业并列第8名。

（三）对比分产业和分地级市的排序

江西省各地级市之间的战略性新兴产业发展极不均衡，南昌市的战略性新兴产业发展最集中，有8个战略性新兴产业排名江西省前3，有2个地级市没有战略性新兴产业排名江西省前3；江西省各战略性新兴产业之间发展也极不均衡，发展最好的新材料产业排在11个地级市的战略性新兴产业发展前3位，文化创意产业没有排在任何1个地级市的前3位。

二、低集群发展方案

即分产业的排序和分地级市的排序，两者之一处于前5，就作为该地级市战略性新兴产业发展重点，其他战略性新兴产业建议就近转移到其他重点打造该产业的地级市发展。

在该方案下，南昌市、上饶市可以重点发展9个战略性新兴产业；鹰潭市可以重点发展7个战略性新兴产业；抚州市、宜春市、吉安市、赣州市、景德镇市、萍乡市均可以重点发展6个战略性新兴产业；九江市、新余市均可以重点发展5个战略性新兴产业。其中，重点发展新材料产业、先进装备制造产业的地级市有11个；重点发展生物医药产业的地级市有10

个；重点发展新一代信息技术产业、文化创意产业的地级市有 8 个；重点
发展节能环保产业的地级市均有 7 个；重点发展新能源产业的地级市均有 6
个；重点发展新能源汽车产业、航空产业的地级市均有 5 个，见表 7-34。

表 7-34 低集群发展方案下各地级市战略性新兴产业发展选择

发展重点 地级市	战略性新兴产业发展重点	战略性新兴产业转出
南昌市	生物医药产业、新一代信息技术产业、新材料产业、节能环保产业、新能源汽车产业、先进装备制造产业、航空产业、文化创意产业、新能源产业	—
九江市	新材料产业、先进装备制造产业、新一代信息技术产业、生物医药产业、节能环保产业、	新能源汽车产业、航空产业、新能源产业、文化创意产业
上饶市	新材料产业、节能环保产业、新能源产业、航空产业、文化创意产业、生物医药产业、先进装备制造产业、新一代信息技术产业、新能源汽车产业	—
抚州市	生物医药产业、新材料产业、新能源汽车产业、新一代信息技术产业、先进装备制造产业、文化创意产业	节能环保产业、航空产业、新能源产业
宜春市	生物医药产业、先进装备制造产业、新材料产业、节能环保产业、新能源产业、文化创意产业	新一代信息技术产业、新能源汽车产业、航空产业
吉安市	新一代信息技术产业、新材料产业、生物医药产业、新能源产业、先进装备制造产业、文化创意产业	节能环保产业、新能源汽车产业、航空产业
赣州市	新材料产业、新一代信息技术产业、生物医药产业、新能源汽车产业、先进装备制造产业、航空产业	节能环保产业、文化创意产业、新能源产业
景德镇市	新材料产业、航空产业、生物医药产业、新能源汽车产业、先进装备制造产业、文化创意产业	新一代信息技术产业、节能环保产业、新能源产业
萍乡市	新材料产业、先进装备制造产业、节能环保产业、生物医药产业、新能源产业、文化创意产业	新一代信息技术产业、新能源汽车产业、航空产业
新余市	新能源产业、先进装备制造产业、新材料产业、新一代信息技术产业、节能环保产业	生物医药产业、新能源汽车产业、航空产业、文化创意产业
鹰潭市	新材料产业、先进装备制造产业、生物医药产业、新一代信息技术产业、节能环保产业、航空产业、文化创意产业	新能源汽车产业、新能源产业

三、中等集群发展方案

即分产业的排序和分地级市的排序，两者均处于前 5 位或其中之一处于前 2 位，才作为未来战略性新兴产业发展重点，其他战略性新兴产业可以转移到其他选择重点打造该产业的地级市发展。

在该方案下，南昌市可以重点发展 7 个战略性新兴产业；九江市可以重点发展 4 个战略性新兴产业；上饶市可以重点发展 4 个战略性新兴产业；抚州市可以重点发展 4 个战略性新兴产业；宜春市可以重点发展 4 个战略性新兴产业；吉安市可以重点发展 4 个战略性新兴产业；赣州市可以重点发展 5 个战略性新兴产业；景德镇市可以重点发展 3 个战略性新兴产业；萍乡市可以重点发展 3 个战略性新兴产业；新余市可以重点发展 2 个战略性新兴产业；鹰潭市可以重点发展 2 个战略性新兴产业。其中，重点发展新材料产业的地级市有 9 个；重点发展先进装备制造产业的地级市有 7 个；重点发展生物医药产业、节能环保产业的地级市均有 5 个；重点发展新一代信息技术产业、新能源汽车产业、新能源产业的地级市均有 4 个；重点发展航空产业、文化创意产业的地级市均有 3 个，见表 7-35。

表 7-35　中等集群发展方案下各地级市战略性新兴产业发展选择

发展重点 / 地级市	战略性新兴产业发展重点	战略性新兴产业转出
南昌市	生物医药产业、新一代信息技术产业、新材料产业、节能环保产业、新能源汽车产业、先进装备制造业、航空产业、文化创意产业、	新能源产业
九江市	新材料产业、先进装备制造产业、新一代信息技术产业、节能环保产业	生物医药产业、新能源汽车产业、航空产业、新能源产业、文化创意产业
上饶市	节能环保产业、新能源产业、新材料产业、文化创意产业	生物医药产业、新一代信息技术产业、新能源汽车产业、先进装备制造产业、航空产业
抚州市	生物医药产业、新能源汽车产业、新材料产业、文化创意产业	新一代信息技术产业、节能环保产业、先进装备制造产业、航空产业新能源产业
宜春市	生物医药产业、先进装备制造产业、新能源产业、节能环保产业	新一代信息技术产业、新材料产业、新能源汽车产业、航空产业、文化创意产业

续表

发展重点 地级市	战略性新兴产业发展重点	战略性新兴产业转出
吉安市	新一代信息技术产业、生物医药产业、新能源产业、新材料产业	节能环保产业、新能源汽车产业、先进装备制造产业、航空产业、文化创意产业
赣州市	新材料产业、新一代信息技术产业、生物医药产业、先进装备制造产业、新能源汽车产业	节能环保产业、航空产业、文化创意产业、新能源产业
景德镇市	航空产业、新能源汽车产业、新材料产业	生物医药产业、新一代信息技术产业、节能环保产业、先进装备制造产业、文化创意产业、新能源产业
萍乡市	新材料产业、节能环保产业、先进装备制造产业	生物医药产业、新一代信息技术产业、新能源汽车产业、航空产业、文化创意产业、新能源产业
新余市	新能源产业、先进装备制造产业	生物医药产业、新一代信息技术产业、新材料产业、节能环保产业、新能源汽车产业、航空产业、文化创意产业
鹰潭市	新材料产业、先进装备制造产业	生物医药产业、新一代信息技术产业、节能环保产业、新能源汽车产业、航空产业、文化创意产业、新能源产业

四、高集群发展方案

即分产业的排序和分地级市的排序，两者均处于前 5 位，才作为未来战略性新兴产业发展重点，其他战略性新兴产业可以转移到其他选择重点打造该产业的地级市发展。

该方案下，南昌市、赣州市均可以重点发展 5 个战略性新兴产业；九江市、宜春市均可以重点发展 4 个战略性新兴产业；上饶市、抚州市、吉安市、景德镇市、新余市、萍乡市均可以重点发展 2 个战略性新兴产业；鹰潭市可以重点发展 1 个战略性新兴产业。其中，重点发展新材料产业、生物医药产业、节能环保产业的地级市有 5 个；重点发展先进装备制造产业、新一代信息技术产业、新能源汽车产业的地级市有 4 个；重点发展新能源产业的地级市有 3 个；重点发展航空产业的地级市有 1 个；没有地级市重点发展文化创意产业，见表 7-36。

表 7-36 高集群发展方案下各地级市战略性新兴产业发展选择

发展重点 / 地级市	战略性新兴产业发展重点	战略性新兴产业转出
南昌市	生物医药产业、新一代信息技术产业、新材料产业、节能环保产业、新能源汽车产业	先进装备制造产业、航空产业、文化创意产业、新能源产业
九江市	新材料产业、先进装备制造产业、新一代信息技术产业、节能环保产业	生物医药产业、新材料产业、新能源汽车产业、先进装备制造产业、航空产业、文化创意产业、新能源产业
上饶市	节能环保产业、新能源产业	生物医药产业、新一代信息技术产业、新材料产业、先进装备制造产业、航空产业、文化创意产业、新能源产业
抚州市	生物医药产业、新能源汽车产业	新一代信息技术产业、新材料产业、节能环保产业、先进装备制造产业、航空产业、文化创意产业、新能源产业
宜春市	生物医药产业、先进装备制造产业、新能源产业、节能环保产业	新一代信息技术产业、新材料产业、新能源汽车产业、航空产业、文化创意产业
吉安市	新一代信息技术产业、生物医药产业	新材料产业、节能环保产业、新能源汽车产业、先进装备制造产业、航空产业、文化创意产业、新能源产业
赣州市	新材料产业、新一代信息技术产业、生物医药产业、先进装备制造产业、新能源汽车产业	节能环保产业、航空产业、文化创意产业、新能源产业
景德镇市	航空产业、新能源汽车产业	生物医药产业、新一代信息技术产业、新材料产业、节能环保产业、先进装备制造产业、文化创意产业、新能源产业
萍乡市	新材料产业、节能环保产业	生物医药产业、新一代信息技术产业、新能源汽车产业、先进装备制造产业、航空产业、文化创意产业、新能源产业
新余市	新能源产业、先进装备制造产业	生物医药产业、新一代信息技术产业、新材料产业、节能环保产业、新能源汽车产业、航空产业、文化创意产业
鹰潭市	新材料产业	生物医药产业、新一代信息技术产业、节能环保产业、新能源汽车产业、先进装备制造产业、航空产业、文化创意产业、新能源产业

此外，基于高集群发展方案下没有地级市重点发展文化创意产业，建议像鹰潭市这类战略性新兴产业竞争力不足的地级市将文化创意产业作为重点发展。

第八章

江西省战略性新兴产业培育的对策建议

第一节　江西省战略性新兴产业发展对策建议总述

　　江西省战略性新兴产业提质增效取得一定成效，产业的创新能力有所提高，部分产业正从价值链的低端向中高端发展，但整体创新能力不强的现象依然存在。江西省高新技术产业发展因"路径依赖"仍聚焦在传统制造，企业对战略性、前瞻性技术探索和研发不积极等问题普遍存在。江西省的科技实力与发达省份的差距有所拉大，战略性新兴产业高端空心失位、低端重复建设问题突出，高端产业发展受制于人，今后面临的外部发展环境将更加严峻。江西省战略性新兴产业要将重心放在质量和核心竞争力的提高上，"总量追赶"和"质量追赶"齐头并进，尤其要促进产业链和价值链向上攀升，通过构建有利于产业创新发展的生态体制，创新开拓新产品和新的商业模式，改变战略性新兴产业"跟随者"的角色。

一、多途径打造高端个性化战略性新兴产业新动能

江西省大部分战略性新兴产业企业的主营业务仍局限于传统低端产业，已有的战略性新兴产业明显存在统计虚高的问题。首先，江西省历来是农业大省，先进工业制造业一直偏弱，产业科技创新能力不足。其次，江西省物产（尤其是矿产资源）丰富，企业大多聚焦在原材料生产和简单加工的层次，缺乏产业链攀升的动力。其三，江西省的不少工业制造业企业都是承接沿海省份产业转移，承载的沿海转移产业在一定时期内有明显的国内市场分层，导致这些企业存在技术依赖和产业转型刚性的问题，阻碍了江西省对后发优势时机的把握，后发优势逆转成为后发劣势，导致其再次面临落后的窘境。虽然技术是战略性新兴产业发展的关键，但用纯技术理论来指导江西省战略性新兴产业发展，可能会将创新追赶的机会局限在狭窄的范围内，依托产业裂变和嫁接等多种途径形成高端个性化新动能才是上策。基于广义途径的战略性新兴产业的形成，可以从技术、市场、商业模式、技术组织、业务组合等多个方面推进。

（1）依托智能化技术手段深化"产业升级计划"，合理支持 VR、人工智能、大数据等在相应战略性新兴产业领域的嫁接应用，改变江西省大部分战略性新兴产业处于价值链底端的局面。政策引领并强化江西省物联网与战略性新兴产业的耦合度，实现物联网应用的多点开花，搭建产业数据中心，催生江西省更多产业的智能化发展。依托大数据推进"产业云脑计划"建设，为零散的物联网应用搭建起数据共享的平台层。

（2）融入更多先进理念是未来战略性新兴产业的大势所趋。当前越来越多的产业竞争形势是"外行干掉内行，先进理念干掉传统理念"。江西省要投入更大政策支撑力度，探索以新技术、新业态、新模式为媒介，促进战略性新兴产业向高端化、绿色化和个性化方向发展。例如，鼓励汽车产业向新能源化、智能化、网联化和共享化等新业态探索，鼓励从"以客户为中心"转变为"以用户为中心"，从市场定位、产品研发，生产销售乃至售后服务整个价值链的各个环节，建立起"以用户为中心"的战略性新兴产业发展方向。

（3）坚持厚植于传统优势产业，创新于传统优势，少一点儿"弯道超车"的急躁。江西省作为经济发展相对落后、技术创新能力较弱的省份，一定要避免追随产业潮流、不断变换产业发展方向，而要保持专注发展的战略定力，定位那些有长期经验积累和技术储备的产业，运用新技术、新模式、新业态的嫁接融入，一步一个脚印地向前迈进。对于技术密集型的产业，不但需要时间和耐心，还需要传统产业的肥沃土壤，避免单纯为扶持战略性新兴产业的发展而发展，正确的方式是助推传统优势动能和新动能联动发展、融合发展，以此萌生丰富多样的战略性新兴产业。

（4）江西省还可以选择交叉创新战略性新兴产业发展新领域。探索更多战略性新兴产业之间相互融合发展的应用技术创新。例如，传统材料产业和节能环保材料、新能源材料、新医用材料、先进装备材料等的交叉创新；装备制造和材料装备、节能装备、医药装备、汽车装备等的交叉创新；环保节能产业与材料回收利用、能源回收利用、医疗废物、装备固废等的交叉创新。从交叉产业的创新来培育造就企业，形成产业集聚发展态势，也是形成战略性新兴产业新动能、新业态的完美"蝶变"过程，也是开放式产业链协同创新的崭新实践。

二、打造战略性新兴产业高新尖集群

通过对江西省9个国家级高新技术开发区、10个国家级经济技术开发区、80个省级工业园区、赣江新区及江西省重点产业集群的梳理，我们发现，江西省战略性新兴产业高新尖集群极其匮乏。已有的战略性新兴产业集群集聚度普遍偏低，大多处于低成本型集群状态，鲜有达到创新型产业集群的高度。一些园区表象上是集聚了很多同类型的企业，可以在企业之间互利协助，但知识外溢几乎不存在，这主要是由于集聚的企业技术层级不高，企业之间的产业关联度较差，企业普遍规模偏小等。未来，可以从以下几个方面推进发展。

（1）对江西省战略性新兴产业园区全面"裁员"，扩大单个战略性新兴产业集群的规模，增强战略性新兴产业园区的新兴产业首位度。战略性新兴产业只有集聚到一定的规模，才有建设高新尖集群的基础。江西省除少数国家级高新技术开发区和经济技术开发区有几个战略性新兴产业高新尖集群的样子，大部分省级工业园区的战略性新兴产业都存在散、小、技术落后的问题。江西省经济体量不大，但江西省的经济技术开发区、高新技术产业开发区和工业园区等数量不少，小园区空心化现象明显。而江西省战略性新兴产业体量更小，且战略性新兴产业的技术门槛更高，集群太多不太可能发展好。江西省战略性新兴产业集群过多的后果就是园区战略性新兴产业定位低端且同质化，相互竞争产生内耗。通过梳理江西省各类园区的战略性新兴产业，我们发现，许多园区专业化分工不明确，园区主导产业并不是按照本地产业发展基础和生产要素的比较优势进行遴选，而是贪大求全或喜新厌旧，盲目囊括热门战略性新兴产业。整体来看，"拆东墙补西墙"的问题仍然存在，对同类项目和企业恶性争夺，区域核心竞争力并没有提升。此外，同质化涌入某一产业，且是门槛较低的产业，很容易形成某一领域的产能过剩。建议对江西省园区重新洗牌，以倾向性政策引导园区就近梳理合并，缩小发展战略性新兴产业的园区数量，扩大单个园区战略性新兴产业的首位度。尤其是遏制园区贪大求全、同时选准多个主攻产业的现象。建议将战略性新兴产业实力较弱园区的战略性新兴产业并入实力较强的园区发展，将新兴产业园区的传统产业移入级别较低且实力较弱的园区。对于江西省大部分地级市，战略性新兴产业园区甚至可以裁撤到1~3个，即每个地级市打造1~3个新兴产业集聚航母。

（2）遏制低成本型产业集群，专注创新型产业集群建设。基于廉价原材料和廉价劳动力的低成本集聚，或者是大量生产同类产品的中小企业集聚，对战略性新兴产业发展不会起到明显的推动作用。事实上，江西省不少战略性新兴产业集群就处于低成本型水平，集群内部竞争激烈而交流合作机会贫乏，企业技术创新程度普遍较低，集群的技术溢出效应弱。例如，江西省半导体照明企业多为小企业，企业互补性较弱；通过产业转移形成的吉安数据连接线制造、南昌移动智能终端生产等战略性新兴产业集群都存在着同样的问题。专注创新型产业集群建设是战略性新兴产业不断发展的动力源之一，创新型集群以技术创新、产品创新为主要特征，集群内企业会主动发展合作关系，充分利用相互间的研究基础和资源，通过交互式作用进行创新。江西省要对不同类型产业集群区别对待，给出差异化政策支持。要以最大的力度支持自主研发型产业集群，支持来自集群内部的技术创新，培育更多战略性新兴产业技术发展的策源地。重点支持引进技术研发型产业集群。虽然此类产业集群中扩散的大部分技术从集群外引进，但是对于基础科研较弱的江西省，也是退而求其次的最佳选择。此外，对产品外围设计与生产型产业集群也要鼓励发展，模仿式创新在一定时期内也是江西省必然要经历的阶段。

（3）加快知识和技术在战略性新兴产业集群内的传播，引导众多创新主体集聚，丰富集群内的灵活创新性要素。遵循产业集群形成、演进和升级的内在规律：培育更多新兴业态的企业；聚集一批创业创新活跃的小微企业群体；以龙头型企业带动整个区域企业链条的联动；促进新兴的"独角兽企业"或"瞪羚企业"的产生；建设一定数量的平台型企业来带动和支持新兴产业的发展。产业集群所集聚的能量只有在不断地强化和协同中才能保持旺盛的生命力，推进各类科技公司、各创新主体之间频繁互动，创造区域不竭的创新活力。促进产业集群的市场需求能够实现跨时空的扩张；保障产业集群有足够的人力资源、资金资源、自然资源、基础设施等，并且能实现低成本和高质量的获取；有相关与支持性产业的配套措施；出台更多积极的产业政策和良好的制度等。

（4）集全省之力成功打造1～2个有国际影响力的战略性新兴产业集群。相较于发达省份打造一批具有国际影响力的战略性新兴产业集群，江西省集全省之力打造1～2个有国际影响力的战略性新兴产业集群是必要且可行的。按照发挥优势、凸显特色、聚焦突破、错位发展的思路，江西举全省之力集结1～2个有规模、有技术、有前景的国际性战略性新兴产业集群，改变高新技术领域"跟随者"角色，为江西省发展提供一个更高的平台，促使江西省从中部省份中凸显优势，也为江西省吸引国际性人才和其他资源提供载体。将这1~2个预打造有国际影响力的战略性新兴产业集群作为中部省份崛起的又一个创新探索的试点，积极向国家争取更多优惠政策集，将全球创新资源和市场资源导入江西省，尤其是国际形势变化带来的重大机遇，利用试点政策红利将其变成可能；建立专门的强大招商引资队伍、招才引智队伍，引进掌握核心技术的人才和企业，引进具有国际影响力的企业总部，集合一切可能占领该产业链中最具附加值和最具控制力的高端环节，打造1~2个真正有国际影响力的战略性新兴产业集群。

三、构建战略性新兴企业共生链

企业是产业的基本骨骼，战略性新兴产业的竞争在某种意义上是优秀的企业生态体系的竞争。构建战略性新兴产业企业共生链，是战略性新兴产业发展的重要举措之一。

根据战略性新兴产业发展特点，培育最优的企业集群生态体系。一是培育金字塔型企业生态体系。对于技术门槛较高、龙头地位凸显的战略性新兴产业，最佳的企业集群状态是金字塔型。例如，航空产业、新能源汽车产业、先进装备制造产业以一个或几个大型整机企业为核心龙头，周围的中小企业以不同形式围绕大企业开展生产服务，他们的发展和主营业务依赖龙头企业的发展。这种企业集群生态体系的发展着重解决的是整机龙头企业的规模和竞争力，以及辅助企业和龙头企业的业务衔接和分工合作。二是培育多核型企业生态体系。其特点是该产业有多个核心企业，规模、引力和影响范围相当，分别对该产业的其他中小企业发挥辐射作用。例如，江西省的新材料产业有铜材料、钨材料、稀土材料、锂电材料等多个核心，这些核心间的关系比较松散，相互之间没有严格的依从关系。类似的还有生物医药产业。江西多核型企业生态体系面临的最大问题就是龙头企业主营业务中传统产业的比例太高，龙头企业的带动辐射作用甚微。三是培育网络型企业生态体系。该体系是指该产业的企业规模和辐射相近，没有明显的依附从属关系，如新一代信息技术产业、节能环保产业、新能源产业、文化创意产业等。江西网络型企业生态体系最大的问题就是企业各自为战，技术门槛过低，且企业大多满足现状，向战略性新兴产业转型的动力不足。各种类型企业生态体系都有自己的最佳架构。梳理江西省战略性新兴产业企业集群现状，我们发现，江西省不同战略性新兴产业企业集群的企业短板差异明显，即缺少龙头企业、缺少高新技术企业、缺少零部件企业、缺少原材料企业、缺少服务型企业、缺少新业态新商业模式类的平台型企业，需要根据各企业集群生态体系具体判断，给出差异化政策方案。

出台相关政策，扶持各企业集群形成独具特色的企业衍生体系，繁殖出更多充满创新力的中小企业。江西省战略性新兴产业企业集群存在企业衍生不活跃的问题。在正常情况下，每个产业集聚区域内集中了大量企业，这些企业的独特需求往往会催生新兴企业，有从母企业或"支柱型"企业中脱离而出成立的新企业，有在技术、市场、产品销售、咨询服务等方面为满足已有企业而诞生的服务型企业。这种企业衍生模式如果有良好的政策环境支持，可以让新企业的诞生速度加快，而且凭借密切的关系能加强集群内企业彼此间的互利合作，降低交易成本，实现更多的知识外溢。通过让更多战略性新兴产业企业"从新芽长成大树"或是"老树开出新花"，进一步让已有的企业集群生态体系更繁荣和更可持续发展。对于企业主体衍生较弱、高新技术企业新增速度偏慢的江西省而言，积极调研并探索出台更多切实可行的政策，扶持更多衍生企业意义更重大。有些省份在这个方面已有一些成功探索，江西省可以合理借鉴引入。例如，近些年一些地区推行的新兴企业集群注册登记"一址多照"模式就非常有利于集群内的微小企业的衍生和成长。

鼓励集群内的企业间有更多的交流与合作，在交流合作中实现更专业化分工。江西省战略性新兴产业企业集群存在企业互动性不足的问题。建设更具有开放化和多元化的环境，企业在这里可以依托集群内部提供的技术、上下游产业链、中介等要素，实现集群所带来的资源和信息共享，能在技术溢出的效应下提升自身效用。让更多的企业能利用集群中的其他企业、大学和各种服务机构，通过各种渠道进行技术转让、资源共享和资本投入，以使好的创意快速转变为产品。江西省要"抓住产业链的关键环节"，加大企业重组改革力度，针对企业改造、兼并、重组、升级来缩小在产业价值链底端的行动，在政策扶持、资金投入、技术攻关等方面给出硬性扶持。鼓励企业在专业化分工上下功夫，依托企业集群生态体系的运作，让更多的企业专注于自身所长，突出自身的异质性和比较优势，促使单一企业在单一环节生产上精益求精，全心全意建设品牌。面对技术创新更迭速度变快和竞争日益激烈的市场环境，鼓励龙头企业强强联合集中研发力量和技术资源。

实现江西省"独角兽企业"零的突破，上市公司和"瞪羚企业"数量都有大幅增加。"独角兽企业"一般都是新业态和新商业模式的产物，"独角兽企业"几乎都出现在地区生产总值"万亿元级俱乐部"城市中。以江西省的经济基础，短期合理的目标是"独角兽企业"数量突破零，重心放在上市公司和"瞪羚企业"的培育上，尤其是战略性新兴产业企业的上市和"瞪羚企业"培育。江西省在上市公司培育上相对缓慢，亟待建立配套成熟的辅导上市公司制度机制，建议成立由省人民政府牵头负责企业上市的部门，对金融办、证券监管、人民银行及相关政府职能部门统一调度，帮助企业顺利上市。此外，将"瞪羚企业"的培育、评选和扶持范围锁定在江西省重点发展的战略性新兴产业领域。企业类型既可以是高新技术的国有企业，也可以是民营企业，既可以是高新技术的大中企业，也可以是中小企业。要着力建立"瞪羚企业"培育库，出台"瞪羚企业"培育计划工作方案。

四、强化产业技术的差异化策略

江西省战略性新兴产业缺乏核心技术支撑，战略性新兴产业在核心技术上"软肋"较多。江西省经济增长更依靠资本投资拉动，技术投资不足，企业技术投资意愿和积极性不高，内生增长动力较弱。江西省科技发展的总体水平较低，科技实力和周边省份仍有相当大的差距。江西省战略性新兴产业的技术创新能力排在全国和中部地区省份偏后位置，技术短板阻碍产业链的布局和核心竞争力的形成，不但需要突破关键核心技术，还要按照产业链发展需要突破一批辅助性技术。

（1）针对长期和短期给出差距化的产业技术定位。长期必须在原创性、核心技术有所突破。除那些已经形成产业规模的战略性新兴产业要有原创性、核心技术的突破，也要关注下一代战略性新兴产业。战略性新兴产业前期技术轨道具有不确定性，因此对技术战略的选择要十分慎重，在主轨道竞争中争取突破的同时，也不放弃在分支轨道上寻求机会，鼓励和引导多样化探索，以求从中培育脱颖而出者。短期内要使除技术以外的创新红利最大化，提升江西省战略性新兴产业的产业化能力。一般情况下，产业自主研发能力弱，产业发展主要依赖引进或模仿。随着创新内涵的多样化，技术创新、产品创新、工艺创新、管理创新、商业模式创新、业态创新、产业创新的内涵正在不断外延。针对当前江西省战略性新兴产业基础科研实力弱、产业技术供给不足的问题，江西省短期内可以致力用新业态、新商业模式等创新模式来弥补原创性、核心技术不足的问题，增强多样化的产业化能力，开辟战略性新兴产业的独特发展道路。

（2）根据产业集中度建立差别化的产业技术战略。针对江西省产业集中度高的产业，如生物医药产业、新一代信息技术产业等，应建立以产业骨干企业技术研发机构为主导的产业技术创新支撑系统。它们在产业技术创新支撑体系建设方面已有很多成功的经验，拥有一定数量的企业自主科研机构。政府在推动该类产业的创新载体建设时，始终坚持以企业为核心主体，其他大学和科研院所等主体积极配合企业的"产学研用"协同创新模式或"技术创新平台公司"模式。针对产业集中度不高的产业，如节能环保产业、文化创意产业等，需要在整合各产业原有的创新基础上，针对具体产业特点，采用集中与分布相结合、物理平台与网络平台相结合的方式，建立多样化产业技术创新供给模式。此外，要选取优势大学和科研院所、优秀团队来组成产业的技术支撑体系，辐射相关企业。

（3）对全省的技术支撑短板进行全方位摸底，找出江西省与国内其他省份的技术差距，针对技术支撑短板给出差异性补齐政策。例如，2018年，江西省的技术市场成交额约占全国的0.72%，排全国第18位，建设切实有效的技术交易市场迫在眉睫，政府需要致力鼓励各企业、高校院所进驻交易市场，引入各类科技服务机构入驻交易市场，并采取相应的资金、税收和场地等扶持政策。此外，江西省高新技术企业研发机构数量尚可，但研究机构平均科研人员规模小、平均经费投入少；相比全国平均水平，江西省高新技术产业科研经费人员劳务费占比低于仪器费和设备费；江西省高新技术产业引进技术经费支出、消化吸收技术经费支出、购买境内技术经费支出、技术改造经费支出等远低于其他技术指标；相对全国平均水平，科研投入的成果产出效率低；江西省生物医药产业主营业务收入和利润总额排名较靠前，但新药研发所需的核心技术及专利较少；江西省传统装备制造业技术含量较低，主要零部件依靠进口，缺少关键及核心技术自主创新。这些都需要找出背后的问题症结，出台针对性应对政策。

（4）建设重大科技基础设施和重大创新平台，打造1～2个领域战略性新兴产业技术策源地。目前，江西省有国家级品牌的创新载体数量很少、比较分散。战略性新兴产业没有一定的重大科技基础设施和重大创新平台的支撑，小型创新载体数量众多，创新资源较分散。作为科研弱省，江西省可以重点通过在1～2个领域启动实施省重大科技基础设施建设计划，建设成1～2个领域的国家重大科技基础设施的重要集聚区，如大科学计划。依托重大科技基础设施开展前沿技术研究，争取让国家在江西省布局建设综合性国家科学中心。加强国家级战略性新兴产业创新平台建设，鼓励和支持企业以多种方式与国内外有实力的科研院所、高等院校联合建立科技创新机构，加快建立一批国家级重点实验室、企业技术中心、工程研究中心、工程技术研究中心、公共技术平台、公共检测平台、科技信息共享平台和技术产权交易平台。加快新型研发机构培育和支持力度，引进建设符合江西省战略性新兴产业需求、具有江西产业特色的新型研发机构，鼓励骨干企业牵头组建技术创新联盟。此外，为避免载体建设诱导的发展模式及"铺摊子"粗放型的财政支持方式，江西省所有的创新载体建设都必须有效地融入江西省战略性新兴产业培育的需求，打造江西省战略性新兴产业技术策源地，持续引领战略性新兴产业在相关领域的原创性、颠覆性、支撑性知识技术的开发。通过发布战略性新兴产业重大关键共性技术发展导向目录，引导江西省重大科技基础设施和重大创新平台支持目录中的相关重大关键共性技术突破。

五、重视监管预警和风险规避

江西省战略性新兴产业的发展需要进一步落实统计监测工作，在此基础上帮助生产企业、研究机构及政府部门形成正确的决策，同时加强监管预测、参与行业标准制定、适时发布监管预警、避免产业低端过剩等措施来有效规避行业风险，避免行政干预过多隐藏的政策风险，都是发展战略性新兴产业需要重视的。

（1）统计监测是保障战略性新兴产业健康发展的晴雨表。江西省要建立战略性新兴产业统计指标监测体系，及时发布监测数据。江西省战略性新兴产业统计监测还过于简单笼统，不利于政府政策引导和学者研究。通过本书的梳理发现，一些战略性新兴产业企业的主营业务并不是高技术、高收益的产业，而是以传统的技术、工艺和组织方式承接新兴产业中的加工组装环节，也被纳入江西省战略性新兴产业统计范畴。这无疑夸大了战略性新兴产业的实际发展水平。江西省要认真做好战略性新兴产业发展形势的监测和分析，通过这一重要的基础工作及时发现产业发展中的倾向性和苗头性问题，加强信息引导，促进江西省战略性新兴产业健康发展。各有关部门要用创新型思维认真完成战略性新兴产业的统计监测工作；落实监测统计制度，保障数据审核与发布的严谨性，尤其是在行业甄别、产品归类、指标填报等方面加强对源头数据的审核把关；强化部门合作，江西省的发改委、工信委等相关部门要数据互通，完善战略性新兴产业企业名录库和主营业务监测，实现数据动态更新；将高质量数据合理对外公开，并鼓励数据资源的有效利用并以服务于决策咨询。

（2）及时通报江西省部分战略性新兴产业的高端产业低端化、低端产能过剩的问题。战略性新兴产业发展有自身的特点和规律，并不是参与就等于发展了战略性新兴产业，投资了就能从战略性新兴产业中获利。与一些经济欠发达的省份一样，江西省内一些地方不顾条件是否具备、准备是否充分，不分轻重搞"平推"。在战略性新兴产业发展选择上，少数企业和政府部门往往倾向于简单选择在短期内能迅速发展的战略性新兴产业，导致高端产业低端化和产能过剩。这样"揠苗助长"式地发展战略性新兴产业、不计条件盲目发展战略性新兴产业的后果是容易导致企业罹患"政策依赖症"。江西省的光伏产业就是最好的例子。江西省要在战略性新兴产业的统计监测基础上设立战略性新兴产业产能过剩预警机制、技术低端化提醒机制，防止江西省产业政策盲目地促进产业"做大"而非"做强"，"开新车走老路"，产业仍在低端徘徊。主动应对后发优势逆转，对江西省重点发展产业未来科学和技术进行前瞻性研究，技术预测的时间跨度为 5～30 年。通过技术预测为产业技术升级和企业制定发展战略提供指导性信息。针对出现预警的产业，财政、税收、金融、技术等方面的配套政策及时跟进。

（3）针对江西省重点发展的战略性新兴产业，积极参与技术和产业标准的制定，以更好地服务和监管江西省企业发展。传统产业的发展模式是"产品化→标准化→产业群"，新兴产业的发展模式是"标准先行，然后再产品化、产业群"。一些战略性新兴产业由于技术标准制定、更新过慢，仍然沿用旧标准衡量检测新技术、新产品，明显制约了这些产业的发展和市场应用。由于缺少相关技术标准，一些产业出现"捡到篮里都是菜"的现象，影响了科技创新的健康发展和产品的市场推广效果。为适应新技术、新产业、新业态、新模式蓬勃发展，江西省要鼓励有实力的企业和科研机构积极参与标准化讨论，引领江西省特色战略性新兴产业的长足发展。

（4）重视产业引导和支持的同时，尽量避免行政干预过度隐藏的风险。发展战略性新兴产业，必须依据客观经济发展规律、国内外市场情况、江西省已有基础等。不要盲目和冲动支持企业投资战略性新兴产业，要加大对新兴产业投资项目的可行性研究和分析，特别是技术上的评价和考量。研究发现，江西省部分企业挤入战略性新兴产业，凭借的只是产业的"新"，而没有落实技术的"新"。因此，不少进入战略性新兴产业的企业没有在技术上获得优势，更多的是想借着产业的"新"捞眼前利益，也暴露出政策的漏洞。如果新兴产业在技术上没有优势，是称不上新兴产业的，如果照着"老套路"发展战略性新兴产业，只会造成新兴产业畸形发展，让政府背上不该背的包袱。江西旭阳雷迪高科技股份有限公司、赛维 LDK 太阳能高科技有限公司的发展历程都是实证。此外，政府过度干预还表现在地方保护主义上，某些产业设定具有明显地方保护色彩的准入门槛、技术标准、政策补贴等。建议未来的产业政策引导体现更多的差异化，更务实、更依循市场规律，辅助市场而不是替代市场。战略性新兴产业发展能力既来自内部的技术和管理，又来自对外部市场的适应，战略性新兴产业的政策着力点应当从技术和市场两个方面同时发力，实现市场和技术能力的互动循环。例如，对于处于领先地位的产业，政府应该支持高校从事相关的基础领域研发，支持企业组成公共平台开展研发活动；对于处于追赶位置的战略性新兴产业，产业政策重在帮助企业进行技术并购和对外招商引资；对于已经逐步丧失比较优势的产业，政府应该鼓励企业转型；对一些具备实力的高新技术产业，政策和企业自身应该关注其知识产权保护；一些涉及江西省发展命脉的战略性产业，应该积极争取国家扶持以加大发展力度。此外，产业政策延续性差的问题在江西省同样存在。这不仅受政策制定者任期行为的影响，也与政策本身同实际环境和产业、企业发展的真实需求存在偏差相关。今后，江西省战略性新兴产业政策的制定更要立足于产业和企业，通过多方面有关主体的参与和互动充分了解其真实的政策需求，并将其作为政策制定的出发点和政策实施的立足点。

第二节　江西省各战略性新兴产业的培育建议

一、第一梯队的培育

本书研究认为，未来江西省战略性新兴产业发展的第一梯队是新材料产业、生物医药产业、新一代信息技术产业、先进装备制造产业（包含新能源汽车产业、航空产业）。对于第一梯队的培育，可以"两条腿同时迈进"，一是通过"高新技术化"成为高新技术产业后再转型成为战略性新兴产业，二是通过在原有基础上"做大做强"，后在战略性新兴产业领域寻找投资机会。

（一）江西省新材料产业的培育

对比省内其他战略性新兴产业，江西省新材料产业无论是产业规模和前景支撑、集群支撑、企业支撑，还是技术支撑，均处于相对优势。江西省内多个地级市享有"世界铜都""世界硅都""亚洲锂都""中国稀金谷"的称号，江西省新材料产业发展势头强劲。总体而言，江西省新材料产业培育的关键是实现"材料"到"新材料"的跨越，实现从资源优势到技术优势的蜕变，实现产业技术和应用的突破，这才是其可持续增长的保障。具体建议如下：

（1）从江西省资源优势出发，继续"做大"传统重点领域，包括铜材料、稀土材料、钨材料、锂材料、陶瓷材料等领域；

（2）为避免陷入低端产能过剩和高端产能不足的"双困"局面，鼓励通过"高新技术化"引领企业"做强"，拉大资源依附型低端材料和高端材料的政策红利差距，避免企业满足于低端生存而徘徊不前的现象；

（3）深化江西省新材料产业的应用领域，尤其是新型合金材料的应用，推进其在大飞机、高铁、新能源汽车、生物医用、电子信息和节能环保等领域的应用突破，进一步扩大高端材料的生产体量；

（4）克服江西省在技术引进、消化吸收和再创新能力上不足的通病，向国内外相关领域的最新技术看齐，引进世界一流的技术，生产世界一流的产品，逐步代替需要大量进口的高端新材料，实现江西省的自给自足，并输出到国内其他省份；

（5）对省内新材料产业给予更精准的统计，避免落后产能计入新材料产业，制定政策严格限制资源型材料粗加工的比例；

（6）进一步整合省内材料、新材料产业园区，就近整合抱团缩减新材料产业园区数量，增加新材料产业园区的体量。将没有核心技术的低端材料产业园区并入战略性新兴产业园区统筹发展。

（二）江西省生物医药产业的培育

近些年，江西省生物医药产业发展势头很好。在该领域，江西省与发达省份的差距较小，是江西省有可能实现跨越式发展的领域。对比省内其他战略性新兴产业，生物医药产业发展的最大短板是国际化水平低、国内产业同构严重、高端生物制药规模小、技术创新较弱。江西省生物医药产业未来的努力重心：一是世界一流技术的引入，二是地区优势特色的建立。具体建议如下：

（1）中国在生物医药领域与国外差距很大，建议集聚江西省内力量争取国外企业和技术的引进，生物药物领域可以引入美国、欧洲、日本的企业和技术，生物医学工程可以引入美国、德国、日本的企业和技术，以此带动整个江西的生物医药产业迈入更高的技术平台；

（2）江西省生物医药产业的研发平台很多集中在省内各大医院，企业的研发主体地位仍较低，江西省生物医药领域政策应更关注产学研一体化的落地生根，引导科研机构的科研成果更切实地服务于企业，帮助企业创造更多的新产品；

（3）省内生物医药上市公司这类龙头企业的主营产品很大部分仍是基础保健用品等低端产品，建议改变按企业类别的笼统扶持方式，对省内生物医药产业的补贴应细化到具体产品，真正发挥政策红利对高端生物医药产品研发、对整个生物医药产品结构调整的推动，减少原料型药品的生产比例；

（4）进一步整合省内生物医药产业园区，就近整合抱团缩减生物医药产业园区数量，增加生物医药产业园区的体量，延伸生物医药产业链条，构建立体化的产业生产体系。同时，各园区量身打造自身优势特色领域，避免省内低端重复竞争。

（三）江西省新一代信息技术产业的培育

江西省新一代信息技术产业的最大问题是产业集中在电子核心基础产业（软件、集成电路、计算机产业及新型显示设备）上，即南昌市以计算机软件开发、计算机网络系统工程和信息系统集成为主导，吉安市、赣州市等地级市以电子产品和配件生产为主导。更高层次的现代信息网络和现代信息服务产业发展很薄弱，这两大领域的成长也成为江西省新一代信息技术产业未来能否持续增长的关键。具体建议：

（1）加快突破和引入核心技术，围绕智能信息产业关键环节和重点领域，计算机视听觉、生物特征识别、复杂环境识别、新型人机交互、自然语言理解、机器翻译、智能决策控制等技术的研发、引入和产业化力度，切实增强智能信息技术和产业的发展能力；

（2）促进融合配套发展，推进新一代信息技术产业模式创新，围绕产业链促进融合发展，着力推动软硬融合、制造与服务融合、网络与产品融合，强化产业链各环节配套发展，建立健全智能信息产业体系；

（3）激发传统产业新活力，深化智能信息技术与农业、医疗、交通、能源、金融、安防等领域的融合，积极开展典型智能化应用示范；

（4）重视国外企业和技术引进，物联网、云计算、下一代通信网络领域可着力引入美国、日本、韩国的企业和技术；

（5）改变江西省新一代信息技术产业各地级市、各产业园区各自分散发展、产业链条短的现状，建立以南昌市为龙头，以吉安市、赣州市等为多翼，全省合力延长补齐一条产业链，发挥南昌市对各地级市的技术辐射作用，各地级市辅助南昌市做大做强。

（四）江西省先进装备制造产业（包含新能源汽车产业、航空制造产业）的培育

原先，江西省先进装备制造产业的划分包括新能源汽车产业、航空制造产业，后期又将这两个产业单列，其他省份的做法有单列的也有合并的。基于这两个产业是江西省先进装备制造产业最核心的两块，本书将其合并叙述。具体建议为：

（1）明确江西省先进装备制造产业的新能源汽车、航空制造产业、矿山设备、输变电设备四大发展方向，加快形成规模；

（2）全面提升新能源汽车整车性能与技术水平，加速智能化技术应用创新，加快推动智能网联汽车产业化，推进智能交通网络建设；

（3）大力推进石墨烯锂电池技术研发，着力突破电池成组和系统集成技术，超前布局研发下一代动力电池和新体系动力电池；

（4）鉴于日本在混合动力汽车、燃料电池汽车产业方面具有世界绝对的领先优势，新能源汽车可积极引进日本企业和技术；

（5）推进通用航空产品产业化、系列化发展，加快推进无人机、飞行器等的研发和制造，提高航空产业各种元器件的自主制造水平；

（6）完善通用航空产业配套体系，加快发展先进卫星遥感、通信、导航技术，支持南昌市、景德镇市推动航空应用产业链向上下游延伸；

（7）鉴于航空产业与国外的差距，注重支持企业加大技术引进力度，实现引进消化吸收再创新，引进国外航空产业技术，尽可能与美国波音公司、欧洲空中客车公司等国际巨头展开合作，尤其是引入美国、德国和日本公司掌握的航空发动机的研发或应用技术；

（8）合理布局航空小镇、通勤航空生态产业链、"通航＋旅游"、"通航＋体育"等新的产业业态，以壮大航空产业规模，形成更多的航空产业集群；

（9）督促各地级市实施精准招商，在摸清各地级市装备制造产业发展布局基础上，编制产业链指导目录，加强对各地招商引资重大项目的差异化统筹指导；

（10）争取更多国家创新资源在江西省布局配置，提升装备制造企业的核心竞争力，整合省内外已有优势创新力量，新建一批国家级的重点实验室、工程中心、企业技术中心、新型研发机构，解决装备制造产业发展中遇到的共性技术难题，大力培育装备制造产业国家高新技术企业；

（11）落实首台（套）重大装备研发与使用奖补扶持政策，打造一批装备制造产业领域的"江西品牌"，稳步提升品牌国际影响力；

（12）鼓励工业设计企业进行供应链功能整合，延伸服务范围，推动以工业设计为导向的服务型制造，培育装备制造领域工业设计龙头企业；

（13）优先支持龙头骨干企业实施技术改造项目，鼓励支持大企业以资源共享、合作运营等方式扶持带动中小企业发展；

（14）引导支持中小企业对接配套行业龙头企业，促进大、中、小企业集群式融通发展，推动江西省先进装备制造产业集约集聚发展。

二、第二梯队的培育

本书研究认为，未来江西省战略性新兴产业发展的第二梯队是节能环保产业、新能源产业。新能源产业和节能环保产业均是未来社会发展的趋势，具有正向的社会溢出效应，但它们的市场竞争力仍然薄弱，在很长一段时间仍然是"叫好不叫座"的产业。

（一）节能环保产业的培育

根据国家信息中心战略性新兴产业企业景气调查显示，节能环保产业景气度下滑严重，资源循环利用和先进环保均有所下滑。2016 年出台的《江西省加快节能环保产业发展行动计划（2016—2020）》提出：江西省规划预期 2020 年省内节能环保产业主营业务收入是 1100 亿元，比早期预期规模显著下滑。对比省内其他战略性新兴产业，江西省节能环保产业发展的最大短板有：国际规模占比和国内规模占比很小；作为省级及以上园区的首位或主导产业不足；以上市公司为代表的龙头企业明显不足。具体建议：

（1）进一步精准节能环保产业统计口径，集中力量支持重点领域发展，如将电机设备等纳入节能环保装备制造产业，家电生产等纳入节能环保产品生产，过于宽泛的政策对产业发挥的引导作用；

（2）进一步发挥南昌市节能环保研发基地的中心辐射作用，全省合力解决江西省面临的主要环保问题，尤其是江西省迫切需要解决的矿资源回收综合利用产业、水环境保护、土壤修复等，集中力量突破一些重大关键技术；

（3）积极引进国外企业和技术，如环境检测、土壤生态修复领域可以引入遥遥领先的日本企业和技术；

（4）挖掘产业新模式，成为全国生态文明先行示范区，在生态强省大方向下探索节能环保的大规模产业化，创新更多"叫好又叫座"的节能环保新业态；

（5）变"撒胡椒面"为"组大团"的发展模式，进一步增强各节能环保产业集群的聚焦领域，延长集群的产业链条，丰富集群的企业生态体系。

（二）新能源产业的培育

江西省新能源产业主要聚焦在光伏产业和锂电新能源产业，锂电新能源产业是新能源汽车产业发展的重要构成，光伏产业的主营业务收入在 2017 年高达 1500 亿元，是江西省战略性新兴产业的重要组成部分，但"531"光伏新政后光伏产业形势严峻。具体建议：

（1）正确认识光伏产业处于低谷的现实局势，光伏产业还处于刚刚起步的时期，处于一个新兴产业的初级阶段，更新换代使光伏产业更加健康和成熟，长期来看，光伏产业仍大有可为；

（2）基于光伏市场飞快增长和 2011 年以前的暴利是建立在政府补贴和制造业从实验室到产业化过渡初期产生的，江西省以赛维 LDK 太阳能高科技有限公司为代表的企业和市场极端依赖政府补贴政策，以"531"光伏新政为契机，江西省要借机大力度整顿省内光伏产业结构，淘汰落后产能；

（3）基于省内光伏企业还没有形成一套成熟的产业技术、装备和工艺，各大装备公司所生产的设备也是根据基础研究和实验室试验结果加上小量的实验，开发出来后很快即投向市场的现状，光伏补贴政策应该从补贴光伏产业转而补贴光伏研发，具体对设备做些小的改变带来生产效率的提高和成本的下降，一些重大关键技术的攻坚突破给出差异化的补贴套餐，引导更多光伏企业做大、做强；

（4）从光伏低端产能过剩的教训，江西省未来针对战略性新兴产业的具体产品类别要建立一套动态退出机制，随着产业成熟乃至市场饱和，其不应该再属于战略性新兴产业的范畴，从而提前发出预警；

（5）光伏新能源、锂电新能源都具有新能源产业"叫好不叫座"的特征，但新能源必然是未来的发展趋势，江西省需要用政策红利引导其发展，但要将政策红利置于研发而不是简单的产品补贴，避免繁殖出靠补贴生存的企业或靠补贴产生的产品。

三、第三梯队的培育

本书研究认为，未来江西省战略性新兴产业发展的第三梯队是文化创意产业。相对江西省丰富的文化物质资源而言，江西省文化创意产业的发展规模偏小，发展潜力仍很大，但各省级及以上园区将其作为主导产业发展的热情并不高。

文化创意产业的培育

对比省内其他战略性新兴产业，江西省文化创意产业发展的最大短板是企业和技术支撑。具体建议：

（1）补齐江西省文化创意产业发展短板，具体有扩大文化创意产业规模，增加省内重点文化创意产业集群不足，在更多省级及以上园区布局文化创意为首位或主导产业，鼓励更多文化创意企业上市，引导更多文化创意企业建成高新技术企业，增设文化创意产业研发平台等；

（2）落实文化创意产业三大核心支撑要素的培育，一是文化理念，创意产业融入文化理念，才有品位、价值和竞争力，二是科技支撑，扩大文化积累和科技发展所激发的创意形成知识产权成果的转化，三是商业模式，鼓励文化创意产业产品和服务运作模式的宣传推广、营销运营模式创新；

（3）针对文化创意产业发展重点领域给予特色培育，信息服务业可重点发展互联网文化创意产业、数字电视业、文化软件服务业，大力推动软件类公共技术服务平台建设，为提升江西省文创产业核心竞争力提供支撑，现代传媒业重点发展新媒体业、数字出版业、影视产业，大力繁荣创作生产，鼓励原创、多出精品，重点扶持和培育一批影视领军企业，动漫游戏业重点发展动漫产业、数字游戏业，强化与国内外知名品牌机构的业务合作，提升市场竞争力，文化休闲旅游业结合"特色小镇"建设重点发展演艺娱乐业、体育休闲业、创意民宿业，艺术品业重点发展工艺美术业、艺术品交易业、艺术品开发，开发一批富有艺术性和实用性，适应市场需求的艺术衍生产品；

（4）推进一批重大工程建设，全面贯彻文化创意产业发展落实工作，包括：针对初创型文化创意企业和成长型文化创意企业的文创企业培育工程，通过文创智力引领工程聚集创意创新创业人才，依托文创技术支撑工程，打造文创融合促进工程，创新文创产业发展格局与形态，培植文创消费提升工程，扩大文化消费规模，建设文创国际合作工程，拓展文化出口渠道，开展境外文化领域投资合作。

R参考文献
eferences

[1] 程贵孙，芮明杰.战略性新兴产业理论研究新进展[J].商业经济与管理，2013，08：75-82.

[2] 顾强，董瑞青.我国战略性新兴产业研究现状述评[J].经济社会体制比较，2013，03：229-236.

[3] 刘洪昌.中国战略性新兴产业的选择原则及培育政策取向研究[J].科学学与科学技术管理，2011，32（03）：87-92.

[4] 林学军.战略性新兴产业的发展与形成模式研究[J].中国软科学，2012，02：26-32.

[5] 高友才，向倩.我国战略性新兴产业的选择与发展对策[J].经济管理，2010，11：21-25.

[6] 吴传清，周勇.培育和发展战略性新兴产业的路径和制度安排[J].学习月刊，2010，19：8-9.

[7] 孙国民.战略性新兴产业概念界定：一个文献综述[J].科学管理研究，2013，02：43-46.

[8] 刘铁，王九云.区域战略性新兴产业选择过度趋同问题分析[J].中国软科学，2012，02：115-127.

[9] 史丹.我国新能源产能"过剩"的原因与解决途径[J].中国能源，2012，09：5-8，30.

[10] 赫希曼.经济发展战略[M].曹征海，潘照东，译.北京：经济科学出版社，1991.

[11] 罗斯托.经济成长的阶段[M].图际关系研究所编辑室，译.北京：商务印书馆1962.

[12] Freeman C，Perez C. Structural Crises of Adjustment，Business Cycles and Investment Behaviour //Dosi G，et al. eds. Technical Change and Economic Theory [M]. London：

Francis Pinter, 1988: 38-66.

[13] Kremer M. Population growth and technological change: one million BC to 1990[J]. The Quarterly Journal of Economics, 1993, 03: 681-716.

[14] Keizera J A, Halman J I M, Song M. From experience: applying the risk diagnosing methodology[J]. Journal of Product Innovation Management, 2002, 03: 213-232.

[15] 姜大鹏, 顾新. 我国战略性新兴产业的现状分析[J]. 科技进步与对策, 2010, 17: 65-70.

[16] 牛立超, 祝尔娟. 战略性新兴产业发展与主导产业变迁的关系[J]. 发展研究, 2011, 06: 77-81.

[17] 王新新. 战略性新兴产业的培育与发展策略选择[J]. 前沿, 2011, 07: 20-23.

[18] 贾建锋, 魏艳霞, 运丽梅, 等. 沈阳市战略性新兴产业的发展现状与对策研究[J]. 冶金经济与管理, 2011, 02: 45-48.

[19] 陈锦其, 徐明华. 战略性新兴产业的培育机制: 基于技术与市场的互动模型[J]. 科技管理研究, 2013, 02: 97-101, 108.

[20] 陆国庆. 中国中小板上市公司产业创新的绩效研究[J]. 经济研究, 2011, 02: 138-148.

[21] 纪晶华, 许正良. 发展战略性新兴产业的关键是实现自主创新[J]. 经济纵横, 2013, 01: 98-100.

[22] 吴福象, 王新新. 行业集中度、规模差异与创新绩效: 基于 GVC 模式下要素集聚对战略性新兴产业创新绩效影响的实证分析[J]. 上海经济研究, 2011, 07: 69-76.

[23] 东北财经大学产业组织与企业组织研究中心课题组. 中国战略性新兴产业发展战略研究[J]. 经济研究参考, 2011, 07: 47-60.

[24] 刘红玉, 彭福扬, 吴传胜. 战略性新兴产业的形成机理与成长路径[J]. 科技进步与对策, 2012, 11: 46-49.

[25] 高友才, 向倩. 我国战略性新兴产业的选择与发展对策[J]. 经济管理, 2010, 11: 21-25.

[26] 刘洪昌, 武博. 战略性新兴产业的选择原则及培育政策取向[J]. 现代经济探讨, 2010, 10: 56-59.

［27］杨丽娟．京津冀战略性新兴产业选择原则分析［C］.2010 年度京津冀区域战略性新兴产业选择论坛文件集．

［28］郑春东，张露露．区域战略性新兴产业的识别与评价［C］.2010 年度京津冀区域协作论坛论文集．

［29］贺正楚，张训，周震虹．战略性新兴产业的选择与评价及实证分析［J］.科学学与科学技术管理，2010，12：62-67.

［30］贺正楚，吴艳．战略性新兴产业的评价与选择［J］.科学学研究，2011，05：678-683，721.

［31］胡振华，黎春秋，熊勇清．基于"AHP-IE-PCA"组合赋权法的战略性新兴产业选择模型研究［J］.科学学与科学技术管理，2011，07：104-110.

［32］刘旭旭．区域战略性新兴产业选择理论与方法研究：以安徽省为例［D］.辽宁大学，2011：5.

［33］武瑞杰．区域战略性新兴产业的评价与选择［J］.科学管理研究，2012，02：42-45.

［34］程宇，肖文涛．地方政府竞争背景下的战略性新兴产业选择［J］.福建论坛（人文社会科学版），2012，02：30-35.

［35］熊勇清，曾铁铮，李世才．战略性新兴产业培育和成长环境：评价模型及应用［J］.软科学，2012，08：55-64.

［36］卢文光，杨赛明，黄鲁成．基于熵权法的战略性新兴产业识别和选择［J］.技术经济，2012，08：75-80.

［37］李欣，黄鲁成，吴菲菲．面向战略性新兴产业的技术选择模型及应用［J］.系统管理学报，2012，05：634-641.

［38］武瑞杰．区域战略性新兴产业的评价与选择［J］.科学管理研究，2012，02：42-45.

［39］敖永春，金霞．区域战略性新兴产业选择基准和方法研究：以重庆市工业行业为例［J］.科技管理研究，2012，17：121-124.

［40］张春玲，吴红霞，刘遵峰．低碳经济下区域战略性新兴产业评价与选择［J］.生态经济，2013，05：132-135.

［41］刘嘉宁．战略性新兴产业评价指标体系构建的理论思考［J］.经济体制改革，2013，01：

170-174.

[42] 李勃昕，惠宁.战略性新兴产业指标体系的省际区别：新能源汽车例证[J].改革，2013，03：45-52.

[43] 张海鹏，龚新蜀.基于因子分析法的区域战略性新兴产业选择研究：以新疆生产建设兵团为例[J].商业时代，2013，07：126-128.

[44] 贺正楚，张训，陈文俊，吴艳.战略性新兴产业的产业选择问题研究[J].湖南大学学报（社会科学版），2013，01：63-68.

[45] 尹艳冰.基于ANP的战略性新兴产业遴选研究[J].统计与决策，2014，12：63-65.

[46] 施卓宏，朱海玲.基于钻石模型的战略性新兴产业评价体系构建[J].统计与决策，2014，10：51-53.

[47] 梁威，廖进球.江西战略性新兴产业竞争力分析及提升对策研究[J].江西财经大学学报，2015，03：73-83.

[48] 陈文锋，刘薇.区域战略性新兴产业发展质量评价指标体系的构建[J].统计与决策，2016，02：29-33.

[49] 魏海涵，余茜，刘靖宇.战略性新兴产业发展的国际经验及对中国的启示[J].中国发展观察，2012，03：55-58.

[50] 田珍.我国战略性新兴产业发展的国际经验借鉴[J].现代管理科学，2014，04：87-89.

[51] 熊勇清，曾丹.战略性新兴产业的培育与发展：基于传统产业的视角[J].重庆社会科学，2011，04：49-54.

[52] 刘志阳，程海狮.战略性新兴产业的集群培育与网络特征[J].改革，2010，05：36-42.

[53] 刘志阳，姚红艳.新兴战略产业的集群特征、培育模式与政策取向[J].重庆社会科学，2011，03：49-55.

[54] 胡星.依托科技园区推动战略性新兴产业集群发展[J].经济研究导刊，2011，31：192-196.

[55] 喻登科.战略性新兴产业集群协同发展的路径与模式研究[J].科学学与科学技术管理，2012，04：114-120.

[56] 王欢芳，胡振华.中国制造行业发展与碳排放脱钩测度研究[J].科学学研究，2012，

11：1672-1675.

[57] 涂文明. 我国战略性新兴产业区域集聚的发展路径与实践模式 [J]. 现代经济探讨，2012，09：54-59.

[58] 王利政. 我国战略性新兴产业发展模式分析 [J]. 中国科技论坛，2011，01：12-15，24.

[59] 申俊喜. 创新产学研合作视角下我国战略性新兴产业发展对策研究 [J]. 科学学与科学技术管理，2012，02：37-43.

[60] 黄永春，郑江淮，谭洪波，等. 后发地区发展战略性新兴产业的时机选择与赶超路径：以平板显示技术的赶超实践为例 [J]. 科学学研究，2012，07：1031-1038.

[61] 江西省发展和改革委员会课题组. 江西战略性新兴产业发展研究 [J]. 经济研究参考，2012，26：36-50.

[62] 吴照云，朱丽萌. 欠发达地区战略性新兴产业发展方向及重点领域选择 [J]. 区域经济评论，2013，01：58-61.

[63] 季凯文. 战略性新兴产业发展水平评价及行业比较：以江西为例 [J]. 产业经济评论，2014，09：84-90.

[64] 梁威，廖进球. 江西战略性新兴产业竞争力分析及提升对策研究 [J]. 江西财经大学学报，2015，03：73-83.

[65] 徐斌，杨留洋. 战略性新兴产业的地区差异分解与影响因素：基于江西省 2005—2013 年的面板数据 [J]. 经济问题探索，2015，09：119-125.

A 附 录
Appendix

附表 1 入选 2015 ~ 2017 年科技部高新技术企业的江西省节能环保企业概况

企业所在地区	江西省企业入选年份	企业名称	主要产品和服务范围	所属区
南昌市（26家）	2015	江西益生宜居低碳环保材料有限公司	建筑材料生产、研发、销售	青山湖区罗家镇秦坊村产业园区
	2015	江西省汇得能生态科技发展有限公司	现代农业、再生能源的利用与开发、环保技术的利用与开发	—
	2015	江西夏氏春秋环境投资有限公司	环境规划、环境影响咨询服务	—
	2016	江西核工业环境保护中心	环境影响评价、环境与生态监测	—
	2016	江西省通用节能科技有限公司	节能服务、合同能源管理、发光材料	南昌高新技术产业开发区
	2016	江西恒大声学技术工程有限公司	噪音污染防治、建筑声学材料及产品的生产销售	南昌经济技术开发区
	2016	江西怡杉环保股份有限公司	环保设备的生产，环保高新技术、软件的研发	南昌高新技术产业开发区
	2016	江西四联节能环保股份有限公司	二级发光照明灯具的生产、销售、回收和利用	南昌高新技术产业开发区
	2016	中节能晶和照明有限公司	LED 芯片、LED 器件、LED 路灯	南昌高新技术产业开发区
	2016	江西鸿吉生物科技有限公司	水质改良剂的生产	—

续表

企业所在地区	江西省企业入选年份	企业名称	主要产品和服务范围	所属区
南昌市 （26家）	2016	江西鼎宸节能科技服务有限公司	节能产品的销售、设计、改造、开发	—
	2016	江西汇水科技有限公司	水资源管理、水文、环境保护监测服务	南昌高新技术产业开发区
	2016	江西省恩皓环保有限公司	污水处理工程、环保设备安装	—
	2016	江西怡正环保科技有限公司	环保系统工程设计、施工、运营	南昌高新技术产业开发区
	2017	江西正合环保工程有限公司	环保工程勘察设计、环保工程承包	—
	2017	江西中科新建材有限公司	建筑节能材料	—
	2017	南昌市福泉节能科技有限公司	生物质清洁燃料、热力、能源设备生产、销售	新建区望城开发区
	2017	江西贝斯特节能环保服务有限公司	节能评估、合同能源管理	南昌高新技术产业开发区
	2017	江西威沃节能科技有限公司	节能环保技术研发、节能环保设备	—
	2017	江西金达莱环保股份有限公司	环保项目咨询、设计、工程总承包及运营管理	新建区长堎外商投资开发区
	2017	江西洪城水业环保有限公司	城市生活污水和工业废水处理	南昌高新技术产业开发区
	2017	江西省粤环科检测技术有限公司	室内空气检测、环境检测	—
	2017	江西省金迪再生资源发展有限公司	废旧物资回收	南昌经济技术开发区
	2017	南昌市医疗废物处置中心有限公司	医疗废物 HW01 收集、贮存、处置	—
	2017	江西联融新光源协同创新有限公司	半导体照明 LED 光电材料、半导体产品、器件	南昌高新技术产业开发区
	2017	江西中再生资源开发有限公司	废旧物资、残次和呆滞原料、清仓和超储物资的回收	—

续表

企业所在地区	江西省企业入选年份	企业名称	主要产品和服务范围	所属区
九江市（6家）	2015	九江七所精密机电科技有限公司	流体介质污染控制技术、流体测试技术	九江经济技术开发区
	2015	九江力山环保科技有限公司	生产经营脂肪酸系列产品	湖口金砂湾高新技术产业园区
	2017	瑞昌市森奥达科技有限公司	节能产品的研发与生产	九江市瑞昌市工业区
	2017	江西升凯新材料有限公司	新型建筑防护环保材料生产和销售	—
	2017	江西天沅环保股份有限公司	工业用脂肪酸、工业用油酸、工业用硬脂酸	修水工业园区
	2017	九江赛恩斯环保科技发展有限公司	环保工程设计、技术咨询、施工	—
上饶市（8家）	2015	上饶市华晟环保技术有限公司	有色金属及贵金属的冶炼、加工及销售，固体废物、危险废物等废弃物利用	—
	2016	德兴市益丰再生有色金属有限责任公司	废弃资源综合利用	—
	2016	上饶市鼎鑫金属化工有限公司	废旧锂电池及电池正、负极材料回收、再生	铅山县工业区
	2016	江西索普信实业有限公司	高效电子节能灯、电子镇流器	万年县陈营镇工业区
	2016	江西省君鑫贵金属科技材料有限公司	各类废弃物的综合回收利用	万年县梓埠化工区
	2016	江西省汉氏贵金属有限公司	贵金属二次资源（废料）加工和销售	万年高新技术产业园区凤巢工业园区
	2016	江西新金叶实业有限公司	工业废物的处置及综合利用、再生物资回收	上饶县茶亭工业区
	2017	江西盖亚环保科技有限公司	环保技术研发及应用	上饶县茶亭产业园区

续表

企业所在地区	江西省企业入选年份	企业名称	主要产品和服务范围	所属区
抚州市（3家）	2015	中阳德欣科技有限公司	新型环保建筑材料等	抚州高新技术产业开发区
	2016	江西书源科技有限公司	水处理设备、空气净化设备、污水处理工程	经济技术开发区
	2017	江西自立环保科技有限公司	再生废旧物回收利用、加工、销售	临川区抚北工业园区
宜春市（12家）	2015	江西东来大通电器有限公司	LED 显示屏、LED 照明等	丰城高新技术产业园区
	2015	江西龙源科盛科技环保有限公司	燃料机组电厂环保、节能设备制造等	丰城高新技术产业园区
	2015	江西冠达环保科技有限公司	开发、设计、生产及加工电子计算机及其外部设备，移动通信及终端设备	宜春经济技术开发区
	2015	江西睿锋环保有限公司	工业废物回收再生综合利用、有色金属加工	万载县工业园区
	2015	江西格林美资源循环有限公司	再生资源回收储存与综合循环利用	丰城高新技术产业园区
	2016	江西涞腾实业有限公司	环保产品研发与销售	丰城高新技术产业园区
	2016	江西省丝源祥再生纤维有限公司	各种纤维的制造与销售、废旧物资的回收	奉新工业园区
	2016	江西金辉再生资源股份有限公司	高岭土开采、尾矿处理工艺的研发与技术咨询	—
	2016	江西申东环保科技有限公司	火化机械设备、尾气除尘设备、焚烧炉设备	奉新工业园区
	2016	江西添峰新型建材有限公司	从事绿色建筑材料研发、生产、销售	丰城高新技术产业园区
	2017	江西绿岛科技有限公司	环境友好型陶瓷透水砖、煤渣透水砖	—
	2017	江西东江环保技术有限公司	废物的处置及综合利用	丰城市循环经济园区
吉安市（7家）	2015	吉安县鑫泰科技有限公司	钕铁硼废料和荧光粉废料的综合利用	吉安县凤凰工业园区

续表

企业所在地区	江西省企业入选年份	企业名称	主要产品和服务范围	所属区
吉安市（7家）	2016	江西源丰有色金属有限公司	废旧蓄电池、矿灯、银、铜、废渣的处理及经营	永丰工业区
	2016	江西蓝田伟光科技有限公司	生产销售 LED 灯	井冈山经济技术开发区
	2016	江西吉瑞节能科技股份有限公司	节能玻璃生产、销售	青原区华能工业园区
	2016	江西井冈山博奇环保科技有限公司	环保工程的建设、运营维护及管理	井冈山经济技术开发区
	2017	江西万弘高新技术材料有限公司	综合回收利用废旧磁性材料	万安工业园区
	2017	江西远鑫资源循环投资开发有限公司	废弃资源和废旧材料的回收、加工、销售	泰和工业园区
赣州市（17家）	2015	龙南县堉然科技有限公司	荧光粉废料回收、钕铁硼废料回收	龙南经济技术开发区
	2015	江西中盛高新材料有限公司	生态环境材料的研发	章贡高新技术产业园区
	2015	寻乌县恒源科技开发有限公司	回收稀土废料、钕铁硼废料、荧光粉等废料	寻乌县石排工业园区
	2015	赣州力赛科新技术有限公司	稀土废料、稀土材料废料的收购、加工、销售	赣州高新技术产业开发区
	2016	江西新正耀科技有限公司	LED 相关产品与配件的研发、制造与销售	龙南经济技术开发区
	2016	江西创合崇生环境科技有限公司	工业危险废物综合利用和处置	信丰工业园区
	2016	龙南县南裕稀土资源综合利用有限责任公司	稀土废渣尾矿综合利用	龙南经济技术开发区
	2016	赣州卓越再生资源综合利用有限公司	环保技术开发与应用、再生资源回收利用	龙南经济技术开发区
	2016	江西华科稀土新材料有限公司	稀土废弃物的回收利用技术研发	龙南经济技术开发区
	2016	江西鹏凯环保工程设备有限公司	水处理设备、环保设备、包装机械设备生产、销售	南康区龙岭工业园区

续表

企业所在地区	江西省企业入选年份	企业名称	主要产品和服务范围	所属区
赣州市（17家）	2017	赣州集盛科技有限责任公司	钕铁硼废料的收购、加工、销售	—
	2017	赣州齐飞新材料有限公司	钕铁硼废料、荧光粉废料回收、加工	定南县富田工业区
	2017	赣州龙源环保产业经营管理有限公司	节能减排环保技术、废水处理技术的研发及服务	—
	2017	赣州步莱铽新资源有限公司	钕铁硼废料、荧光粉、废料加工	—
	2017	瑞金盛源环保科技有限责任公司	电解锌、电解铜、生产、销售	瑞金市台商创业园区
	2017	赣州市豪鹏科技有限公司	废旧二次电池回收、处置、再生利用与销售	—
	2017	赣州市赤鼎再生资源有限公司	锡、铜等有色金属及稀贵金属的二次资源循环回收	—
景德镇市（2家）	2015	江西永源节能环保科技股份有限公司	余热余压回收及利用	—
	2017	江西远洋威利实业有限公司	新型节能环保建材研发、制造、销售	—
萍乡市（5家）	2015	萍乡庞泰实业有限公司	化工、冶炼、石化、环境保护"三废"治理	萍乡经济技术开发区
	2016	格丰科技材料有限公司	环保用新型材料、节能材料、环保建筑材料	—
	2016	江西博鑫精陶环保科技有限公司	功能陶瓷、结构陶瓷、催化剂	芦溪工业园区
	2017	江西岳峰高分子材料有限公司	高性能绿色环保橡塑助剂	萍乡经济技术开发区
	2017	江西新科环保股份有限公司	高新技术开发、转让、咨询服务	萍乡经济技术开发区

续表

企业所在地区	江西省企业入选年份	企业名称	主要产品和服务范围	所属区
新余市（6家）	2015	江西卓照光电科技有限公司	LED 路灯、LED 隧道灯、LED 地埋灯	分宜县城东工业园区
	2015	江西众加利称重设备系统有限公司	节能环保机电产品、电子衡器及配件、仪器、仪表、传感器制造、销售、服务	新余高新技术产业开发区
	2015	江西华电电力有限责任公司	电力系统配套的高新技术产品及其他高科技产品的研制、设计、开发、生产、销售	新余高新技术产业开发区
	2015	江西国燕高新材料科技有限公司	废旧橡胶再生、橡胶制品、塑化胶粉加工、生产、销售	分宜工业园区
	2016	江西久旺汽车配件制造有限公司	废旧金属再生利用加工汽车配件生产、销售	新余高新技术产业开发区
	2017	江西省三余环保节能科技有限公司	节能环保设备加工、制造、销售	—
鹰潭市（7家）	2015	江西鸿景复合材料有限公司	节能环保型高性能高分子高密度复合材料生产、销售	鹰潭高新技术产业开发区
	2016	江西晶科电子有限公司	LED 半导体照明产品生产、加工	贵溪工业园区
	2016	江西八源节能环保建材有限公司	粉煤灰砖、商品混凝土生产、加工	贵溪市铜产业循环经济基地
	2017	江西汇荣实业有限公司	节能灯、LED 照明灯	贵溪工业园区
	2017	江西渥泰环保科技有限公司	环保产品、环保设备、水处理设备	贵溪工业园区
	2017	江西三川节能股份有限公司	节能技术评估、节能工程设计、项目改造	鹰潭经济技术开发区
	2017	凯斯通环保设备有限公司	环保设备、工业自动化仪表及阀门、压力容器	鹰潭高新技术产业开发区

注：本表格不包括节能环保装备制造产业，包括节能环保材料。

附表 2　入选 2015 ～ 2017 年科技部高新技术企业的江西省新能源产业企业概况

企业所在地区	江西省企业入选年份	企业名称	主要产品和服务范围	所属区
南昌市（5家）	2015	江西豪安能源科技有限公司	晶硅棒、多晶硅片、太阳能电池、太阳能组件	安义县凤凰山工业园区
	2017	康富科技股份有限公司	新能源及高效节能发电机、电动机产品	南昌高新技术产业开发区
	2017	江西恒动新能源有限公司	新能源技术车用锂电池研发、生产、销售	临空经济区
	2017	南昌凯迅光电有限公司	化合物半导体太阳电池外延片、芯片开发、销售	临空经济区
	2017	江西比太科技有限公司	太阳能及微电子产业的生产设备的研发、生产	南昌高新技术产业开发区
九江市（5家）	2015	江西蓝谷新能源科技有限公司	水煤浆技术研发、生产、销售	瑞昌市码头工业园区
	2017	江西共晶光伏科技股份有限公司	太阳能光伏发电系统、太阳能材料	—
	2017	九江迅通新能源科技有限公司	锂离子电池、锂离子电芯、动力电池	九江经济技术开发区
	2017	九江市旭阳光电科技有限公司	太阳能电池片、电池组件的研发、生产、销售	九江经济技术开发区
	2017	江西京九电源（九江）有限公司	蓄电池、UPS 电源生产及销售	—
上饶市（6家）	2015	江西申山能源科技有限公司	太阳能光伏产品、单晶硅、多晶硅、电池片、锂电池、电瓶制造及销售	鄱阳县工业园区
	2016	江西晶科光伏材料有限公司	太阳能电池组件、太阳能电池组件铝框架	上饶经济技术开发区
	2016	晶科能源有限公司	单晶硅棒、单晶硅片、多晶铸锭	上饶经济技术开发区
	2017	江西展宇新能源股份有限公司	太阳能光伏发电项目的开发、建设、维护	上饶经济技术开发区
	2017	江西展宇光伏科技有限公司	光伏太阳能电站及发电项目的开发、建设	上饶经济技术开发区
	2017	上饶市梅乐光伏科技有限公司	单晶硅、多晶硅的生产及销售	上饶经济技术开发区

续表

企业所在地区	江西省企业入选年份	企业名称	主要产品和服务范围	所属区
抚州市（5家）	2016	江西卓翰光电科技有限公司	太阳能 LED 显示屏的研发、施工、销售	抚州高新技术产业开发区
	2016	江西迪比科股份有限公司	电芯、电池、动力电池、储能电池	抚州高新技术产业开发区
	2017	江西科旺科技有限公司	研发、生产、销售风力发电和太阳能发电配套设备	金溪县秀谷镇工业园区
	2017	江西省永方电源有限公司	密封铅酸蓄电池及极板、电池产品原料	抚州高新技术产业开发区
	2017	江西省灿辉新能源科技有限公司	新能源锂离子电池研发、设计、生产、销售	广昌工业园区
宜春市（20家）	2015	江西紫宸科技有限公司	锂离子电池负极材料、新型石墨的技术开发	奉新工业园区
	2015	宜春金晖化工股份有限公司	研发、生产、销售、服务的锂电池电解液	宜春经济技术开发区
	2015	江西省鸿兴能源有限公司	电池、电池材料、电子产品制造、销售	宜春经济技术开发区
	2015	宜春赣锋锂业有限公司	锂、次氯酸钠、锂电池材料	宜春高新技术产业园区
	2016	江西新威动力能源科技有限公司	蓄电池及极板、蓄电池原辅材料	上高工业园区
	2016	江西赛特新能源科技有限公司	锂离子电池、锂离子动力电池（组）	—
	2016	江西新卡奔科技股份有限公司	石墨制品、高纯石墨、电极	奉新工业区
	2016	江西环明科技有限公司	锂离子电池、移动电源研发	—
	2016	奉新赣锋锂业有限公司	锂、次氯酸钠生产销售	奉新县冯田开发区
	2016	宜春银锂新能源有限责任公司	含锂矿石、锂云母矿石粉的加工及产品研发、产销	袁州医药工业园区
	2017	江西长新电源有限公司	蓄电池、锂电池、超级电容器	宜丰工业园区
	2017	江西泰明光伏有限公司	太阳能硅料、硅片	奉新工业区

续表

企业所在地区	江西省企业入选年份	企业名称	主要产品和服务范围	所属区
宜春市（20家）	2017	江西正拓新能源科技股份有限公司	锂电池及电芯研发、生产、销售	宜春经济技术开发区
	2017	江西超维新能源科技股份有限公司	锂离子电池、动力电池、太阳能电池	靖安工业园区
	2017	江西伟睿新能源有限公司	锂离子电芯、锂离子电池、动力电池	—
	2017	远东福斯特新能源有限公司	锂离子电池、锂离子动力电池、锂离子储能电池	宜春经济技术开发区
	2017	江西江特锂电池材料有限公司	锂离子电池、电池组、正极材料	袁州医药工业园区
	2017	江西华士科技股份有限公司	全密封铅酸蓄电池、镍氢电池	高安高新技术产业园区
	2017	江西升华新材料有限公司	锂离子动力电池新材料的研发、生产、销售	宜春经济技术开发区
	2017	江西金路新能源有限公司	新型电池技术开发、电池管理系统开发	袁州经济开发区
吉安市（8家）	2015	江西晶昶能科技有限公司	太阳能光伏组件、太阳能发电系统、太阳能周边应用产品	青原区电子工业城
	2015	吉安力莱新能源科技有限公司	20万AH锂电池芯生产销售，电子产品的生产、研发及销售	吉安高新技术产业园区
	2015	江西仪能新能源微电网协同创新有限公司	智能电网在线监测产品、太阳能、风光互补逆变器产品	井冈山经济技术开发区
	2016	吉安金亿科技有限公司	锂电池外壳、五金塑胶制品生产、销售	吉安工业园区
	2016	吉安市优特利科技有限公司	各类锂离子电池及相关配套产品的研发、生产、销售	井冈山经济技术开发区
	2017	江西华立源锂能科技股份有限公司	锂离子电池、锂离子电池材料及配件、移动电源	吉州工业园区
	2017	威力新能源（吉安）有限公司	锂离子电池、聚合物锂离子电池	井冈山经济技术开发区
	2017	江西盛创新能源科技有限公司	石墨及碳素制品生产、销售	永丰工业园区

续表

企业所在地区	江西省企业入选年份	企业名称	主要产品和服务范围	所属区
赣州市（7家）	2016	江西赣悦光伏玻璃有限公司	光伏玻璃生产、加工、销售，太阳能光伏电站的开发	—
	2016	赣州雄博新能源科技有限公司	锂离子电池制造、销售	上犹工业园区
	2017	赣州市中金高能电池材料有限公司	电池材料、新能源材料、纳米材料	—
	2017	江西烈日之光新能源有限公司	太阳能电池板、太阳能组件	于都工业园区
	2017	赣州市芯隆新能源材料有限公司	锂离子电池正极、负极材的生产与销售	赣州高新技术产业开发区
	2017	孚能科技（赣州）有限公司	锂离子电池及模块系统、电池模块管理系统	赣州经济技术开发区
	2017	海志电源技术（赣州）有限公司	高容量密封型铅酸蓄电池的研发、生产和销售	信丰县大唐工业园区
萍乡市（4家）	2015	江西优锂新材股份有限公司	锂离子电池电解液及电解质新材料的研发、生产、销售	萍乡经济技术开发区
	2016	江西日普升能源科技股份有限公司	清洁新能源技术开发及应用	萍乡经济技术开发区
	2017	江西省天一节能科技工程有限公司	分布式光伏发电系统的开发	—
	2017	萍乡市雅朗光伏科技有限公司	光伏逆变器、控制系统、LED 灯	—
新余市（18家）	2015	新余市莱安建材科技有限公司	太阳能热水器、太阳能热水系统及其部件	—
	2015	新余英泰能科技有限公司	聚合物锂离子电池、磷酸铁锂电池组研发、生产和销售	渝水区下村工业基地
	2015	江西华电电力有限责任公司	新能源及新技术产品的研发制造和应用服务	新余高新技术产业开发区
	2015	江西赣锋锂业股份有限公司	氢氧化锂（11kt/a）、氟化锂	新余高新技术产业开发区
	2015	江西赛维 LDK 太阳能高科技有限公司	太阳能多晶硅铸锭及多晶硅片研发、生产、销售	新余高新技术产业开发区

续表

企业所在地区	江西省企业入选年份	企业名称	主要产品和服务范围	所属区
新余市（18家）	2015	赛维 LDK 太阳能高科技（新余）有限公司	硅锭、硅片、电池等光伏产品研发与产销	新余高新技术产业开发区
	2015	江西赛维 LDK 光伏硅科技有限公司	四氯化硅、多晶硅、太阳能电池板	新余高新技术产业开发区
	2015	江西海宸光电科技有限公司	高纯砷生产、销售	新余高新技术产业开发区
	2015	江西恩克新材料股份有限公司	碳化硅、微粉、化工产品、耐火材料生产、销售	新余高新技术产业开发区
	2015	江西东鹏新材料有限责任公司	铷、铯盐、高纯碳酸锂、氟化锂、锂盐产品	新余高新技术产业开发区
	2016	江西忠智太阳能科技有限公司	太阳能系列产品研发、销售	新余高新技术产业开发区
	2016	江西中能电气科技股份有限公司	新能源发电技术、电能质量控制技术	新余高新技术产业开发区
	2016	江西本一科技有限公司	新能源锂电池材料的生产、销售及技术研发	—
	2016	新余光大远航动力新能源有限公司	电池及储能电源、动力电池组的生产、销售及研发	渝水区下村工业基地
	2017	江西省金锂科技股份有限公司	电池材料、电芯	新余高新技术产业开发区
	2017	江西双华实业发展有限公司	电池、电池材料、电池配件、五金配件	渝水区新兴产业工业园区
	2017	江西瑞晶太阳能科技有限公司	生产销售太阳能级硅料、单晶硅锭	渝水区新兴产业工业园区
	2017	江西佳沃新能源有限公司	电池、移动电源研发、生产、销售	—
鹰潭市（3家）	2015	鹰潭百盈光电科技有限公司	集逆变电源（逆变器）、太阳能系统、高频充电器等研发、制造、销售	余江工业园区
	2015	江西金泰新能源有限公司	晶体硅光伏电池生产、光伏组件封装	鹰潭高新技术产业开发区
	2016	江西博兰得能源科技有限公司	电源产品的研发、生产与销售	鹰潭高新技术产业开发区

注：包括新能源材料，但不包含新能源汽车。

附表 3　入选 2015 ～ 2017 年科技部高新技术企业的江西省材料产业企业概况

企业所在地区	江西省企业入选年份	企业名称	主要产品和服务范围	所属区
南昌市（19 家）	2015	方大新材料（江西）有限公司	生产销售新型材料、复合材料	南昌高新技术产业开发区
	2015	江西特纳江玻实业发展有限公司	纳米材料的研发、加工、玻璃制品的加工	—
	2015	南昌来捷尔新材料技术有限公司	新型高分子原材料、高端油墨、精细化工产品、纳米材料	安义工业园区
	2015	江西京冶科技有限责任公司	新型金属材料、复合材料的开发、研制、推广、应用	—
	2015	江西金世纪特种焊接材料有限公司	焊接设备、焊接材料、金属材料及制品的生产、批发及零售	南昌经济技术开发区
	2015	江西江钨浩运科技有限公司	储氢合金、永磁材料及新型高性能材料	南昌高新技术产业开发区
	2015	南昌硬质合金有限责任公司	硬质合金、钨制品、有色金属加工、销售	—
	2016	江西科得新材料股份有限公司	玻璃钢生产设备、玻璃钢夹砂管道、玻璃钢贮罐	南昌小蓝经济技术开发区
	2016	南昌佰仕威新材料科技有限公司	硬质合金制品、数控刀具的生产与销售	南昌小蓝经济技术开发区
	2016	江西省江铜台意特种电工材料有限公司	漆包铜圆线	南昌高新技术产业开发区
	2016	江西晶安高科技股份有限公司	锆系列产品、化工新材料及新能源材料、产品的生产	—
	2016	江西南亚铝业有限公司	铝锭、铝棒、铝型材、建筑材料	安义工业园区
	2016	江西宏宇铝业有限公司	铝型材、塑钢型材生产、销售	安义工业园区
	2016	南昌天高环保科技股份有限公司	高分子土工合成材料的产品研发、生产	南昌经济技术开发区
	2017	江西铃格有色金属加工有限公司	有色金属零配件的研发、制造	南昌小蓝经济技术开发区
	2017	江西江钨稀有金属新材料股份有限公司	有色金属产品的生产、销售	南昌经济技术开发区
	2017	江西省台辰新材料有限公司	胶黏制品、电子材料、汽车内饰品	进贤经济技术开发区

续表

企业所在地区	江西省企业入选年份	企业名称	主要产品和服务范围	所属区
南昌市（19家）	2017	江西先材纳米纤维科技有限公司	聚合物纳米纤维和碳纳米纤维	南昌高新技术产业开发区
	2017	南昌一众铝业有限公司	铝合金、锌合金生产、加工、销售	安义工业园区
九江市（23家）	2015	星子嘉陶无机材料有限公司	建筑卫生陶瓷、无机材料精细加工	星子工业园区
	2015	江西格雷斯科技股份有限公司	建筑添加剂及新型建筑材料研发、技术转让	瑞昌市黄金工业园区
	2015	江西安天高新材料有限公司	特种陶瓷制品制造（除医疗器械）、销售	九江经济技术开发区
	2015	奥盛（九江）新材料有限公司	生产制造、加工、销售金属材料、金属制品、新型合金材料	九江经济技术开发区
	2015	九江市钒宇新材料有限公司	钒氮合金	浔阳区东部工业区
	2015	江西科为薄膜新型材料有限公司	中高档汽车膜、建筑膜、手机电脑屏幕	彭泽县定山镇沿江工业区
	2015	江西隆福矿业有限公司	锡、铁、铜、铅锌、硫铁精矿加工	—
	2015	九江天赐高新材料有限公司	有机硅材料、锂离子电池电解液材料	湖口金砂湾高新技术产业园区
	2016	江西晨光新材料有限公司	多晶硅、三氯氢硅、有机硅系列产品	湖口金砂湾高新技术产业园区
	2016	九江金鼎泰钒氮科技有限公司	钒、钽、钼、钴、铌半成品	武宁工业园区
	2016	巨石集团九江有限公司	玻璃纤维、复合材料、工程塑料及制品	柴桑区开发区
	2016	江西美赛材料有限公司	高科技陶瓷材料、新能源材料	湖口金砂湾高新技术产业园区
	2017	九江高科制药技术有限公司	医用生物新材料研发、生产、销售	湖口金砂湾高新技术产业园区
	2017	九江有色金属冶炼股份有限公司	钨等有色金属冶炼	—
	2017	江西盛祥电子材料股份有限公司	电子玻纤布、复合材料、电子材料、玻璃纤维丝	九江经济技术开发区

续表

企业所在地区	江西省企业入选年份	企业名称	主要产品和服务范围	所属区
九江市（23家）	2017	江西海多化工有限公司	有机硅产品、有机氟硅产品生产销售	永修云山经济开发区星火工业园区
	2017	江西旭阳雷迪高科技股份有限公司	多晶硅产品（除原矿）的开发、生产和销售	九江经济技术开发区
	2017	江西星火狮达科技有限公司	有机硅建筑涂料、防腐涂料	永修云山经济开发区星火工业园区
	2017	江西省修水赣北钨业有限公司	矿产品经营、加工选矿	修水县吴都工业园区
	2017	九江冠力新材料有限公司	生产隔膜、能源产品的技术开发	九江经济技术开发区
	2017	九江中科鑫星新材料有限公司	超高分子量聚乙烯及其制品生产、销售	—
	2017	武宁县宏辉新材料有限公司	PVB胶片生产	武宁工业园区
	2017	江西赛瓷材料有限公司	高科技陶瓷材料、新能源材料	湖口县台山工业区
上饶市（15家）	2015	江西纳宇纳米新材料有限公司	新型纳米功能材料及其应用技术、设备和系列应用产品的研发、生产、加工及销售	万年县石镇特色产业区
	2015	上饶市天佳新型材料有限公司	混凝土外加剂、轻质隔音墙体材料	上饶经济技术开发区
	2015	江西万泰铝业有限公司	铝材、铝件制造加工	崇仁工业园区
	2016	上饶市江能新型材料有限公司	混凝土外加剂、建筑防水剂制造、加工、销售	上饶经济技术开发区
	2016	余干县合创展新型材料有限公司	塑料薄膜、保护膜生产、销售	—
	2016	上饶市华丰铜业有限公司	有色金属、贵金属加工	上饶经济技术开发区
	2016	江西品汉新材料有限公司	甲基含氢硅油、七甲基三硅氧烷	德兴市香屯工业区
	2017	江西铜业集团（德兴）铸造有限公司	铸球，铸造公司及球磨机耐磨衬板的生产和销售	—
	2017	江西中昱新材料科技有限公司	硅材料、石英制品、高纯石墨件	上饶经济技术开发区
	2017	上饶市鸿基铝业有限公司	铝合金型材、铝合金制品	弋阳工业园区

续表

企业所在地区	江西省企业入选年份	企业名称	主要产品和服务范围	所属区
上饶市（15家）	2017	江西雅顺有机硅有限公司	有机硅、橡胶材料及其制品生产、批发、零售	万年高新技术产业园区丰收工业园区
	2017	江西瑞麟复合材料科技有限公司	复合材料研发、制造、销售	德兴市香屯生态工业园区
	2017	江西瑜饶实业有限公司	铜杆、铜线、铜丝、裸铜线	上饶县茶亭工业园区
	2017	江西旭腾新材料科技实业有限公司	化学纤维、化学原料生产、加工、销售	万年高新技术产业园区丰收工业园区
	2017	江西德弘新材料有限公司	纳米材料、高性能子午线轮胎	德兴市香屯生态工业园区
抚州市（9家）	2016	江西腾德实业有限公司	合成树脂、绝缘材料、复合材料、水溶性溶剂的制造	抚州高新技术产业开发区
	2016	江西德义半导体科技有限公司	半导体材料、光电材料的研发、生产及销售	抚州高新技术产业开发区
	2016	江西振华玻纤有限公司	玻璃纤维及其制品生产销售	崇仁工业园区
	2017	抚州市双菱磁性材料有限公司	变压器、电感线圈、磁性材料	抚州高新技术产业开发区
	2017	江西志特新材料股份有限公司	新材料、新设备与制品的研发	广昌工业园区
	2017	江西坚德实业有限公司	金刚石工具、纳米金刚石润滑油	南城县金山口工业区
	2017	江西棱志特种材料有限公司	工业用布、军工布、过滤布、防刺穿布等	广昌工业园区
	2017	江西金凯新型墙板科技有限公司	新型墙板、防腐防酸隔热瓦、陶瓷保温板	东乡经济开发区
	2017	崇仁县鑫磊新材料科技有限公司	高岭土露天开采及销售	—
宜春市（21家）	2015	江西和美陶瓷有限公司	陶瓷制品等	
	2015	江西唯美陶瓷有限公司	陶瓷制品等	丰城高新技术产业园区
	2015	明冠新材料股份有限公司	电池背板、铝塑膜、多功能薄膜、电池组件复合材料	宜春经济技术开发区
	2015	江西斯米克陶瓷有限公司	生产销售精密陶瓷、建筑陶瓷、高性能功能陶瓷产品	—

续表

企业所在地区	江西省企业入选年份	企业名称	主要产品和服务范围	所属区
宜春市（21家）	2015	江西大华云通玻纤有限公司	具备自主知识产权的玻纤浸润剂研制	奉新工业园区
	2015	江西铜鼓有色冶金化工有限责任公司	有色金属、冶金、化工产品采选，冶炼	—
	2015	江西景泰钽业有限公司	钽、铌和稀有金属原料及制品的生产、制造、销售	宜丰工业园区
	2015	江西江钨硬质合金有限公司	纳米碳化钨粉、钨混合料、机械设备的生产、销售	—
	2016	江西峰竺新材料科技有限公司	晶须材料、石膏、非金属矿物纤维	宜丰工业园区
	2016	丰城黑豹炭黑有限公司	炭黑制造、销售	丰城高新技术产业园区
	2016	江西宁新新材料股份有限公司	高纯石墨、石墨制品、电极	奉新县冯田工业园区
	2016	江西宏瑞新材料有限公司	无机非金属材料、陶瓷色釉料及原辅材料	丰城高新技术产业园区
	2016	宜春金洋新材料股份有限公司	钽铌加工、销售	宜丰县良岗工业园区
	2016	江西科泰新材料有限公司	靶材、膜料、高纯金属研发、生产、销售	高安工业园
	2017	江西金洋金属股份有限公司	生产销售铅及铅合金	丰城资源循环经济产业园区
	2017	江西尚朋电子科技有限公司	高性能磁性材料	铜鼓县生态经济园区
	2017	江西省定海钽铌有限公司	有色金属加工、销售	—
	2017	江西合纵锂业科技有限公司	锂、铷类碱金属及其化合物系列产品的研发、生产	宜春经济技术开发区
	2017	江西固康新材料有限公司	纳米膨润土、超细矿物粉体塑料	宜春经济技术开发区
	2017	江西大有科技有限公司	非晶纳米晶合金软磁材料及元器件、磁性材料	宜春经济技术开发区
	2017	江西恒泰铝材有限公司	铝材精加工、铜材粗加工、销售	—

续表

企业所在地区	江西省企业入选年份	企业名称	主要产品和服务范围	所属区
吉安市（12家）	2015	思立科（江西）新材料有限公司	PET 离型膜	井冈山经济技术开发区
	2015	江西科越科技有限公司	新型材料研发，碳酸钙系列制品研发生产、销售	永丰县桥南工业园区
	2015	永丰县祥盛有色金属有限公司	铜、锌、铅、白银、金、铟、铂、铑、钌、钯、锰加工和销售	永丰工业园区
	2015	江西浒坑钨业有限公司	钨及其他有色金属矿种开采、选矿、冶炼	—
	2016	江西龙天勇有色金属有限公司	冶炼、加工银、铁、铅、黄金等金属制品	永丰县矿产科技园区
	2017	吉安民辉新型材料有限公司	混凝土外加剂生产、销售	安福工业园区
	2017	江西三越新材料有限公司	色浆、涂料、氨基硅油生产、销售	永丰工业园区
	2017	江西胜美合成材料有限公司	电玉粉、密胺粉、罩光粉生产、销售	永丰工业园区
	2017	新干县鑫吉新资源有限公司	稀土氧化物、单一稀土氧化物	—
	2017	吉安市三菱超细纤维有限公司	纺布、超细纤维合成革和人造革生产销售	井冈山经济技术开发区
	2017	江西邦力达科技股份有限公司	高性能膜材料、功能高分子材料	泰和工业园区
	2017	吉安德晋昌光电科技有限公司	各类铜及铜合金导体、导线	吉安高新技术产业开发区
赣州市（60家）	2015	江西磁姆新材料科技有限公司	磁材、高导磁材料、磁制品等	大余工业园区
	2015	江西华源新材料股份有限公司	玻璃纤维纱、织物及制品、玻璃钢制品等	—
	2015	大余县萤通工贸有限公司	萤石尾矿（砂）、萤石、萤石精粉、石墨粉、石墨球等	大余工业园区

续表

企业所在地区	江西省企业入选年份	企业名称	主要产品和服务范围	所属区
赣州市（60家）	2015	立昌科技（赣州）有限公司	耐高温氟塑料原料、F26/F46/F40 氟塑料	赣州经济技术开发区
	2015	大余县伟良钨业有限公司	钨、钨酸钠、仲钨酸铵等	大余县工业园区
	2015	江西省鑫盛钨业有限公司	钨精选、冶炼	—
	2015	赣州博晶科技有限公司	汽车尾气净化稀土催化材料（OSC）	—
	2015	赣州白塔金属材料有限公司	锡金属加工等	赣州高新技术产业开发区
	2015	赣州市钜磁科技有限公司	钕铁硼磁	赣州经济技术开发区
	2015	赣州虔东稀土集团股份有限公司	稀土基础材料、功能材料和稀土应用等	—
	2015	江西省首诺铜业有限公司	铜合金、裸铜、镀锡铜、铜箔丝等	赣州经济技术开发区
	2015	赣州齐畅新材料有限公司	稀土发光材料、稀土永磁材料、稀土氧化物等	龙南县富康工业园
	2015	研创应用材料（赣州）有限公司	镀膜材料、合金材料等	赣州经济技术开发区
	2015	赣县红金稀土有限公司	稀土加工、单一稀土氧化物、稀土富集氧化物销售	赣州高新技术产业开发区
	2015	赣州华兴钨制品有限公司	钨冶炼、仲钨酸铵、钨钼制品及其他钨的深度加工	—
	2015	江西悦安超细金属有限公司	生产超细铁粉	大余县新世纪工业城
	2015	赣州逸豪优美科实业有限公司	设计、制造及销售技术先进的钴及其他	—
	2016	赣州鑫隆康稀土有限公司	稀土加工、分离后的稀土产品销售	赣州高新技术产业开发区
	2016	赣州嘉通新材料有限公司	有色金属合金制造、永磁材料制造、稀土金属冶炼	赣州经济技术开发区
	2016	赣州天文磁业有限公司	磁性材料、电子产品生产、销售	赣州高新技术产业开发区
	2016	赣州市海龙钨钼有限公司	钨、钼冶炼及深加工	—

续表

企业所在地区	江西省企业入选年份	企业名称	主要产品和服务范围	所属区
赣州市（60家）	2016	赣州华茂钨材料有限公司	生产和销售氧化钨、钨粉、碳化钨粉	赣州经济技术开发区
	2016	赣县金鹰稀土实业有限公司	钕铁硼废料等各种稀土氧化物	赣县区潭下路工业园区
	2016	信丰县包钢新利稀土有限责任公司	稀土分组、分离产品、稀土金属生产销售	—
	2016	中核晶环锆业有限公司	无水氯化镁、金属锆、金属铪	龙南经济技术开发区
	2016	龙南县中利再生资源开发有限公司	稀土金属、稀土永磁材料、稀土发光材料加工、销售	龙南经济技术开发区
	2016	龙南金泰阁钴业有限公司	钴、镍氧化物、碳酸钴、碳酸镍	龙南县富康工业区
	2016	江西荧光磁业有限公司	磁性材料、电子元器件生产、销售	赣州经济技术开发区
	2016	赣州鑫磊稀土新材料有限公司	稀土	定南县富田工业园
	2016	龙南县京利有色金属有限责任公司	稀土废料、钕铁硼废料、稀土富集物	龙南经济技术开发区
	2016	赣州西维尔金属材料科技有限公司	复合金属材料的技术开发、生产和销售	赣州经济技术开发区
	2016	赣州虹飞钨钼材料有限公司	钨冶炼、钨钼制品生产和销售	章贡高新技术产业园区
	2016	赣州天和永磁材料有限公司	磁性材料、稀土金属材料加工、销售	章贡区水西工业园区
	2016	赣州晨光稀土新材料股份有限公司	稀土产品冶炼	—
	2016	全南县新资源稀土有限责任公司	稀土系列产品、稀土化工原料	—
	2016	赣州海创钨业有限公司	钨冶炼、仲钨酸铵、钨粉末系列	大余工业园区新华工业
	2016	信丰华锐钨钼新材料有限公司	钨钼冶炼加工、钨钼冶炼产品经营	—
	2016	赣州亚泰钨业有限公司	仲钨酸铵、钨粉末系列、硬质合金	—

企业所在地区	江西省企业入选年份	企业名称	主要产品和服务范围	所属区
赣州市（60家）	2016	赣州嘉通磁电制品有限公司	磁性材料及其他电子产品加工、销售	赣州高新技术产业开发区
	2016	赣州伟嘉合金有限责任公司	合金混合料、硬质合金销售及进出口经营	赣州高新技术产业开发区
	2017	赣州铝业股份有限公司	铝及铝合金加工	赣州高新技术产业开发区
	2017	江西金力永磁科技股份有限公司	研发、生产各种磁性材料及相关磁组件	赣州经济技术开发区
	2017	赣州澳克泰工具技术有限公司	加工、经销、出口硬质合金及陶瓷纤维复合材料	赣州经济技术开发区
	2017	赣州市光华有色金属有限公司	钨、钼、锡、铜、铋、锌、银矿产品加工	赣州经济技术开发区
	2017	江西江钨钴业有限公司	钴、钨、镍、铜、稀有金属冶炼、销售	章贡区有色冶金工业园
	2017	赣州诚正稀土新材料股份有限公司	稀土产品加工、单一氧化稀土销售	赣州高新技术产业开发区
	2017	赣州市瑞富特科技有限公司	石墨粉的技术开发及生产、销售	赣州经济技术开发区
	2017	崇义章源钨业股份有限公司	矿产品精选、矿产地下开采	—
	2017	赣州腾远钴业新材料股份有限公司	钴、镍、铜、锰、石膏的加工、销售	赣州高新技术产业开发区
	2017	龙南县雪弗特新材料科技有限公司	润滑脂生产、研发、销售	龙南经济技术开发区
	2017	龙南新晶钛业有限公司	钛材、锆加工材生产销售	龙南经济技术开发区
	2017	赣州华京稀土新材料有限公司	从事有色金属材料及制品的加工、销售	赣州经济技术开发区
	2017	龙南龙钇重稀土科技股份有限公司	稀土分离、稀土矿产品加工	龙南经济技术开发区
	2017	江西石磊氟材料有限责任公司	六氟磷酸锂生产、销售	—

续表

企业所在地区	江西省企业入选年份	企业名称	主要产品和服务范围	所属区
赣州市（60家）	2017	江西森阳科技股份有限公司	稀土产品加工、矿产品经营	信丰工业园区
	2017	江西耀升钨业股份有限公司	矿产资源勘查、采选	—
	2017	江西罗边玻纤有限公司	玻璃纤维生产、销售	—
	2017	赣州合利新型建材有限公司	隔热和隔音材料、轻质建筑材料制造及销售	赣州高新技术产业开发区
	2017	中矿（赣州）国际钴业有限公司	钴、镍、铜、锰及其他有色金属冶炼	赣州高新技术产业开发区
	2017	赣州海盛钨钼集团有限公司	生产、销售钨酸钠、仲钨酸铵	上犹工业园
景德镇市（3家）	2015	景德镇景华特种陶瓷有限公司	工业陶瓷	—
	2016	景德镇晶格科技有限公司	莫来石晶须高温增强材料	陶瓷工业园
	2017	景德镇晶达新材料有限公司	氧化铝、氮化硅陶瓷	陶瓷工业园
萍乡市（9家）	2015	江西冠能光电材料有限公司	纳米光电材料研发、生产及销售，有机分子半导体材料研发、生产及销售	萍乡高新技术工业园
	2017	萍乡顺鹏新材料有限公司	中高铝瓷球、耐磨材料、化工填料	萍乡经济技术开发区
	2017	江西施普特新材料有限公司	土工格室材料研发、生产、销售	—
	2017	江西萍乡龙发实业股份有限公司	工业陶瓷、金属填料、塑料填料	湘东区产业园
	2017	萍乡市金刚科技工业园有限公司	陶瓷新材料的研究、技术开发	湘东区产业园
	2017	江西新胜新材料股份有限公司	高分子塑料添加剂、增塑剂	萍乡经济技术开发区
	2017	三瑞科技（江西）有限公司	钢化玻璃绝缘子、高低压电瓷系列产品	萍乡经济技术开发区
	2017	江西伟普科技有限公司	塑料、磁性材料、防火阻燃材料	萍乡经济技术开发区
	2017	江西赣瓷科技有限公司	S流线型波纹填料、生产、销售	湘东区产业园

续表

企业所在地区	江西省企业入选年份	企业名称	主要产品和服务范围	所属区
新余市（4家）	2016	新余钢铁股份有限公司	黑色金属冶炼和锻压加工、销售	—
	2016	中冶南方（新余）冷轧新材料技术有限公司	硅钢片	—
	2016	江西德思恩科技有限公司	石墨片、导热垫片、铁氧体	新余高新技术产业开发区
	2017	江西长兴磁性材料股份有限公司	磁性材料、磁器件生产、销售	新余高新技术产业开发区
鹰潭市（31家）	2015	江西同心铜业有限公司	铜材加工、销售、废旧金属回收	鹰潭工业园区
	2015	鹰潭瑞兴铜业有限公司	铜材加工、销售、废旧金属回收	—
	2015	鹰潭江南铜业有限公司	电线加工、销售、有色金属加工、销售	月湖区工业园区
	2015	江西伟强铜业科技有限公司	研究、开发铜材产品、卫浴产品，生产、加工、销售铜材及其制品	鹰潭高新技术产业开发区
	2015	江西三川铜业有限公司	有色、黑色金属压延、加工、电线、电缆、电子元件的制造、加工	—
	2015	贵溪华泰铜业有限公司	铜棒、铜排、铜管、异型材加工、销售	贵溪工业园区
	2015	贵溪永辉铜业有限公司	铜阀门、铜棒、铜锭、铜杆、各类异型铜材生产、加工、销售	贵溪工业园区
	2015	江西泰瑞铜业有限公司	铜合金棒生产、有色金属、机械、五金制品、金属模具	贵溪工业园区
	2015	贵溪金砖铜业有限公司	铜棒（锭）、铜阀门、水暖铸件生产、铜制品销售	贵溪工业园区
	2015	贵溪红石金属有限公司	铜阀门、铜棒、铜锭、水暖铸件生产、加工、销售	贵溪工业园区
	2015	贵溪三元金属有限公司	精铋、锡锭的生产、加工	贵溪工业园区
	2015	红旗集团江西铜业有限公司	铜棒、铜丝、铜杆、漆包线生产、销售	贵溪工业园区
	2016	江西铜业铜材有限公司	铜杆线生产及相关铜的深加工	—
	2016	江西保太有色金属集团有限公司	铝合金锭、铜材、铝材加工及其金属制品的生产与销售	余江工业园区

续表

企业所在地区	江西省企业入选年份	企业名称	主要产品和服务范围	所属区
鹰潭市（31家）	2016	江西亚菲达铜业有限公司	铜管、铜线、铜棒、铝锭、粗铜锭等金属制品	—
	2016	江西铜业集团铜材有限公司	有色金属及稀贵金属加工销售	—
	2016	江西广信新材料股份有限公司	新材料研发、生产和销售	月湖区工业园区
	2016	鹰潭盛发铜业有限公司	有色金属冶炼、加工、销售	余江工业园区
	2016	贵溪骏达特种铜材有限公司	特种铜材铸造、加工、销售	贵溪工业园区
	2016	江西中晟金属有限公司	铜棒（锭）、铜管、铜阀门、水暖铸件	贵溪市铜产业循环经济基地
	2016	贵溪凌云铜业有限公司	粗铜、阳极铜锭、电解铜生产、加工、销售	贵溪市经济技术开发区
	2017	江西江冶实业有限公司	有色金属生产、加工	贵溪工业园区
	2017	鹰潭市众鑫成铜业有限公司	有色金属加工	—
	2017	江西凯安智能股份有限公司	铜棒、铜丝、铜框丝、铜板、铜带	贵溪工业园区
	2017	鹰潭瑞鑫铜业有限公司	铜材加工、销售	月湖区工业园区
	2017	江西康成铜业有限公司	磷铜球、铜等产品	鹰潭高新技术产业开发区
	2017	江西铜业股份有限公司	有色金属和稀贵金属采、选、冶炼	—
	2017	贵溪奥泰铜业有限公司	黄铜棒、铸造件生产加工、销售	贵溪市经济技术开发区
	2017	江西耐乐铜业有限公司	铜管、通信设备、机电设备配件	余江县开发区
	2017	江西科明铜业有限公司	有色金属压延、加工、销售	鹰潭高新技术产业开发区
	2017	江西中核铜业有限公司	无氧铜杆、裸铜丝、电缆系列产品生产、销售	月湖区工业园区

注：不包括节能环保新材料、新能源材料、化工材料。

附表 4　入选 2015 ～ 2017 年科技部高新技术企业的江西省生物医药产业企业概况

企业所在地区	江西省企业入选年份	企业名称	主要产品和服务范围	所属区
南昌市 （52 家）	2015	江西天健医疗科技有限公司	医疗科技开发、咨询服务	南昌高新技术产业开发区
	2015	江西新世纪民星动物保健品有限公司	畜禽水针剂、粉针剂、药物预混剂、片剂及各种添加剂	南昌高新技术产业开发区
	2015	江西瑞济生物工程技术有限公司	高科技医用产品	南昌高新技术产业开发区
	2015	南昌弘益药业有限公司	原料药、颗粒剂、滴丸剂	南昌高新技术产业开发区
	2015	江西隆莱生物制药有限公司	原料药及医药中间体、化工产品生产销售	进贤经济技术开发区
	2015	江西省高正生物科技集团有限公司	食用植物油的生产、销售、预包装食品兼散装食品销售	进贤经济技术开发区
	2015	江西格兰斯医疗器械有限公司	生产、经营二类、三类医疗器械产品	进贤县医疗器械工业园区
	2015	江西制药有限责任公司	大容量注射剂、小容量注射剂	南昌小蓝经济技术开发区
	2015	江西三鑫医疗科技股份有限公司	医疗器械的生产、经营	南昌小蓝经济技术开发区
	2015	江西精致科技有限公司	Ⅱ类医疗器械的生产、Ⅱ类医疗器械的销售	南昌小蓝经济技术开发区
	2015	江西南昌制药有限公司	片剂、颗粒剂、胶囊剂、糖浆剂、口服液、制造销售	南昌高新技术产业开发区
	2015	江西益康医疗器械集团有限公司	一次性使用输液器、一次性输血器	—
	2015	南昌立健药业有限公司	粉针剂、软膏剂、乳膏剂	南昌经济技术开发区
	2015	江西中德生物工程有限公司	生物工程，食品工程，诊断试剂，生物试剂	南昌高新技术产业开发区
	2015	江西济民可信金水宝制药有限公司	生产、销售硬胶囊剂、片剂及颗粒剂药品	南昌高新技术产业开发区
	2015	江西佑美制药有限公司	颗粒剂、片剂、硬胶囊剂、茶剂	南昌经济技术开发区

企业所在地区	江西省企业入选年份	企业名称	主要产品和服务范围	所属区
南昌市（52家）	2016	江西杏林白马药业有限公司	胶囊剂、颗粒剂、片剂	—
	2016	江西省祥恩医疗科技发展有限公司	医疗器械生产、销售、医疗器械研发	—
	2016	南昌济顺制药有限公司	片剂、颗粒剂、胶囊剂的生产	桑海经济技术开发区
	2016	江西洪达医疗器械集团有限公司	制造销售一次性使用输液器等产品	—
	2016	江西易通医疗器械有限公司	医疗器械生产、销售	—
	2016	江西圣济药业有限公司	医疗器械产品的生产、制造与销售	青山湖区昌东工业区
	2016	江西新太阳生态肥业有限公司	生物有机肥、微生物肥料的生产及销售	南昌高新技术产业开发区
	2016	江西诗美乐生物科技发展有限公司	6821医用电子仪器设备的生产、国内贸易	南昌高新技术产业开发区
	2016	江西滕王阁药业有限公司	颗粒剂、合剂（含口服液）、糖浆剂	南昌经济技术开发区
	2016	江西高胜动物保健品有限公司	粉剂、散剂、预混剂、最终灭菌小容量注射剂	—
	2016	南昌弘益科技有限公司	医药、保健品、食品化工方面的技术开发、技术转让	南昌高新技术产业开发区
	2016	江西天佳动物药业有限公司	兽药粉剂、预混剂生产	—
	2016	江西国亿生物科技股份有限公司	天然色素、食品添加剂、植物提取物	南昌高新技术产业开发区
	2016	江西派尼生物药业有限公司	粉剂/散剂/预混剂、最终灭菌小容量注射剂/最终灭菌大容量非静脉注射剂/口服溶液剂	—
	2016	南昌华安众辉健康科技有限公司	医疗器械生产	南昌高新技术产业开发区
	2016	江西南昌济生制药厂	片剂、硬胶囊剂、颗粒剂	—
	2016	江西省金洹医疗器械股份有限公司	医疗器械的生产、销售	南昌经济技术开发区

续表

企业所在地区	江西省企业入选年份	企业名称	主要产品和服务范围	所属区
南昌市（52家）	2017	南昌百特生物高新技术股份有限公司	医用体外诊断试剂、医疗器械生产、销售	青山湖区昌东工业区
	2017	江西中成药业集团有限公司	兽药、兽药原料、中药提取原料、植物提取物	—
	2017	江西易通医疗器械有限公司	医疗器械生产、销售	南昌经济技术开发区
	2017	江中药业股份有限公司	硬胶囊剂、原料药（蚓激酶）、糖浆剂	南昌高新技术产业开发区
	2017	南昌贝欧特医疗科技股份有限公司	医疗器械生产、提供售后服务、新产品开发	南昌高新技术产业开发区
	2017	华润三九（南昌）药业有限公司	软膏、软胶囊、口服液体制剂的生产基地	青山湖区昌东工业区
	2017	江西润泽药业有限公司	大容量注射剂	南昌小蓝经济技术开发区
	2017	江西省国荣医疗信息股份有限公司	医疗企业管理咨询、技术咨询	—
	2017	江西国药有限责任公司	硬胶囊剂、小容量注射剂	南昌小蓝经济技术开发区
	2017	江西绿悦生物工程股份有限公司	生物技术研究、开发、技术培训	南昌高新技术产业开发区
	2017	江西省天意生物技术开发有限公司	生物技术开发、咨询、转让、	—
	2017	江西天虎特种医用制品有限公司	一类医疗器械生产	进贤县医疗器械工业园
	2017	江西闪亮制药有限公司	滴眼剂等	南昌高新技术产业开发区
	2017	南昌伟达医疗器械有限公司	医疗器械生产、销售	进贤县长山工业区
	2017	江西贝诺通医疗器械有限公司	Ⅱ类6826物理治疗设备生产经营	进贤县白圩工业开发区
	2017	江西中天医药生物有限公司	卫生用品、液体抗（抑）菌制剂的生产销售	南昌高新技术产业开发区

续表

企业所在地区	江西省企业入选年份	企业名称	主要产品和服务范围	所属区
南昌市（52家）	2017	江西健宝医药科技有限公司	消毒剂卫生用品生产、销售	南昌小蓝经济技术开发区
	2017	江西诺诚电气有限公司	Ⅱ类：6821-医用电子仪器设备	青山湖区昌东工业区
	2017	江西特康科技有限公司	生物技术开发及技术服务	南昌高新技术产业开发区
九江市（19家）	2015	江西仁明医药化工有限公司	医药中间体苯硫酚系列精细化工产品	彭泽县矶山工业园
	2015	江西科苑生物药业有限公司	化工产品生产、化工技术研发	彭泽县矶山工业园
	2015	九江富达实业有限公司	染料、染料中间体及其他化工产品	湖口金砂湾高新技术产业园区
	2015	九江中星医药化工有限公司	医药中间体、化学试剂、染料中间体	湖口金砂湾高新技术产业园区
	2015	铭铉（江西）医疗净化科技有限公司	净化装饰装修材料、净化设备、手术室器具	湖口金砂湾高新技术产业园区
	2015	江西昂泰制药有限公司	片剂、硬胶囊剂生产、销售及出口	—
	2016	江西仙客来生物科技有限公司	食、药用菌良种培育研发、加工、销售	九江县沙城工业园区
	2016	九江捷豹药械有限公司	一类6864医用卫生材料及敷料、6858医用冷疗	庐山工业园区
	2016	江西一领药业有限公司	生物医药技术研发、技术转让、咨询	武宁县万福经济技术开发区
	2017	江西亚丰医材有限公司	医疗器械、医用敷料、无纺布系列生产销售	—
	2017	江西英特科胜动保科技有限公司	生物技术研发、有机肥料销售	柴桑区沙城工业园区
	2017	江西龙腾生物高科技有限公司	生物缝合线、缝合材料的生产	浔阳经济技术开发区
	2017	九江高科制药技术有限公司	医用生物新材料研发、生产、销售	湖口县高新技术产业园区

续表

企业所在地区	江西省企业入选年份	企业名称	主要产品和服务范围	所属区
九江市（19家）	2017	江西同德药业发展有限公司	中药材、中成药、中药饮片	德安高新技术产业园区
	2017	石药集团江西金芙蓉药业股份有限公司	口服溶液剂、合剂、糖浆剂	—
	2017	九江华达医用材料有限公司	医用脱脂纱布、腹部垫、纱布片、曲缩卷	—
	2017	江西兄弟医药有限公司	医药原料药、食品添加剂研发、生产、销售	彭泽县矾山工业园区
	2017	江西利德菲生物药业有限公司	粉剂、散剂、预混剂、片剂	德安高新技术产业园区
	2017	江西钟山药业有限责任公司	小容量注射剂、片剂、颗粒剂、硬胶囊剂	湖口县柘矶工业区
上饶市（13家）	2015	江西省德兴市百勤异 VC 钠有限公司	异 VC 钠、异 VC 酸、维生素 B_2（核黄素）、核黄素磷酸钠	—
	2015	江西神力医药化工有限公司	医药化工产品研发、生产、销售	铅山县工业园区
	2016	江西贝美药业有限公司	化学原料药、生物制品、医药中间体	铅山县工业园区
	2016	江西天之海药业股份有限公司	颗粒剂、片剂、硬胶囊剂、软胶囊剂的生产和销售	—
	2016	江西君业生物制药有限公司	医药中间体产品制造、销售	万年县化工园区
	2016	江西省东沿药业有限公司	医药原料及中间体的生产、新药的开发研究	铅山县工业园区
	2016	江西汉氏联合干细胞科技有限公司	干细胞检测及储存服务、细胞工程技术研究、开发	上饶经济技术开发区
	2016	上饶京新药业有限公司	医药中间体原料药生产	广丰区经济开发区
	2017	江西恒康药业有限公司	颗粒剂、片剂、硬胶囊剂	—
	2017	江西乐维生物药业有限公司	医药中间体研发、生产、销售	铅山县河口镇工业园区
	2017	江西埃菲姆科技有限公司	精细化工产品、医药原料药、中间体	—

续表

企业所在地区	江西省企业入选年份	企业名称	主要产品和服务范围	所属区
上饶市（13家）	2017	婺源县丰润科技有限公司	塑料添加剂、医药中间体	—
	2017	江西傲新生物科技有限公司	粉剂、散剂、预混剂、最终灭菌小容量注射剂	—
抚州市（23家）	2015	金溪斯普瑞药业有限公司	精细化学品和医药原料药及其中间体等	—
	2015	江西科伦药业有限公司	大容量注射剂、滴眼剂等	—
	2015	江西百神昌诺药业有限公司	硬胶囊剂、散剂、糖浆剂、合剂、口服溶液剂	南城县河东工业园区
	2015	江西赣亮医药原料有限公司	原料药、医药中间体	南城县金山口工业园区
	2016	江西大福医疗科技股份有限公司	医疗器械生产	抚州高新技术产业开发区
	2016	江西清源汉本生物科技有限公司	生物产品开发及植物提取	抚州高新技术产业开发区
	2016	江西正邦动物保健品有限公司	生产和销售兽药粉剂、最终灭菌小容量注射剂	抚州高新技术产业开发区
	2016	回音必集团（江西）东亚制药有限公司	非PVC软袋输液生产	东乡区东山工业园区
	2016	回音必集团抚州制药有限公司	片剂、原料药（盐酸司他斯汀）医药	东乡区东山工业园区
	2016	江西瑞博特生物科技有限公司	肥料、土壤调理剂、微生物菌剂的制造、销售	宜黄县丰厚工业园区
	2016	江西银涛药业有限公司	小容量注射剂、颗粒剂、丸剂	临川区才都工业园区
	2016	江西博雅生物制药股份有限公司	人血白蛋白、人血静脉注射丙种球蛋白	抚州高新技术产业开发区
	2016	江西万里药业有限公司	化学原料药及医药中间体的生产和销售	金溪工业园区
	2016	江西宇骏生物工程有限公司	从事高科技生物产品的研发、生产与销售	—
	2017	江西施美药业股份有限公司	片剂（化药）、凝胶剂	东乡经济开发区

续表

企业所在地区	江西省企业入选年份	企业名称	主要产品和服务范围	所属区
抚州市（23家）	2017	江西盛伟科技股份有限公司	高分子聚合物材料、医药原料及中间体研发	金溪工业园区
	2017	江西红星药业有限公司	片剂、硬胶囊剂、颗粒剂	东乡经济开发区
	2017	江西中翔科技有限公司	医药中间体研发、生产、销售	南城县河东工业区
	2017	抚州三和医药化工有限公司	化学药品原料药制造、溴化钠溶液制造	宜黄工业园区
	2017	江西桔王药业有限公司	片剂、硬胶囊剂、颗粒剂	南丰县富溪工业园区
	2017	江西国化实业有限公司	医药化工香料及有机中间体生产销售及贸易	金溪县香料产业园区
	2017	江西亿友药业有限公司	化学药品原料药、医药化工中间体、药用辅料	—
	2017	江西东抚制药有限公司	小容量注射剂生产、销售	抚州高新技术产业开发区
宜春市（36家）	2015	江西成必信生物科技有限公司	动物保健品、饲料添加剂及添加剂预混料等	—
	2015	樟树市狮王生物科技有限公司	食品添加剂、混合型饲料添加剂、植物提取物、医药中间体	樟树市张家山工业园区
	2015	江西华士药业有限公司	医药化工产品及中间体的制造、销售	奉新工业园区
	2015	江西大宇医药原料有限公司	医药中间体、精细化工有机硅系列产品制造	宜丰县良岗工业园区
	2015	江西新龙生物科技股份有限公司	生物农药、生物肥料的研发、生产和销售	袁州医药工业园区
	2015	江西百禾药业有限公司	保健食品、口服液、片剂	樟树福城医药园
	2015	江西金农生物科技有限公司	淀粉糖生产销售	上高工业园区
	2015	江西百神药业股份有限公司	颗粒剂、糖浆剂、口服溶液剂、合剂、丸剂、硬胶囊剂、锭剂、片剂、中药饮片生产	宜春市袁州医药工业园区
	2015	江西德上制药有限公司	硬胶囊剂、片剂、颗粒剂生产、销售	樟树市经济技术开发区

续表

企业所在地区	江西省企业入选年份	企业名称	主要产品和服务范围	所属区
宜春市（36 家）	2015	江西药都樟树制药有限公司	丸剂、硬胶囊剂、片剂	樟树福城医药园
	2015	江西康宝医药生物科技有限公司	保健食品生产、销售、（液体、凝胶、膏剂、油剂）抗（抑）菌制剂（净化）	樟树工业园区
	2015	江西侨明医疗器械有限公司	一次性无菌医疗器械产品	—
	2016	江西百思康瑞药业有限公司	医药原料、医药中间体、精细化工生产销售	上高工业园区
	2016	宜春大海龟生命科学有限公司	天然维生素 E、合成维生素 E	袁州医药工业园区
	2016	江西铜鼓仁和制药有限公司	硬胶囊剂、颗粒剂、片剂	—
	2016	江西正邦生物化工有限责任公司	农作物保护产品的研发开发	—
	2016	江西博士达药业有限责任公司	酒剂、片剂、冲剂、胶囊剂、水剂制造销售	—
	2016	江西樟邦药业有限公司	饮料、配制酒、糖果制品、淀粉糖	樟树市城北工业园区
	2016	江西科伦医疗器械制造有限公司	医疗器械生产、研发、销售	袁州医药工业园区
	2016	江西丰临医疗科技股份有限公司	医疗器械生产	丰城高新技术产业园区
	2016	江西宜信堂医疗科技有限公司	医疗器械、生物制品	宜春经济技术开发区
	2016	济民可信金水宝制药有限公司	中西成药生产、颗粒剂	袁州医药工业园区
	2017	江西金思康药业有限公司	卫生消毒用品生产，I 类医疗器械生产、销售	袁州医药工业园区
	2017	江西东邦药业有限公司	医药中间体制造销售（危险品除外）	奉新工业园区
	2017	江西同和药业股份有限公司	原料药、医药中间体、精细化工生产销售	奉新工业园区

续表

企业所在地区	江西省企业入选年份	企业名称	主要产品和服务范围	所属区
宜春市（36家）	2017	江西华太药业有限公司	片剂、颗粒剂、胶囊剂	—
	2017	宜春中奇金域生物科技股份有限公司	Ⅱ类6840体外诊断试剂研发、生产、销售	宜丰工业园区
	2017	双飞人制药股份有限公司	从事药品、化妆品研发、生产、销售	樟树市城北工业园区
	2017	江西旭虹药业有限公司	粉剂、散剂、预混剂、最终灭菌小容量注射剂	丰城高新技术产业园区
	2017	江西海尔思药业股份有限公司	片剂、糖浆剂、颗粒剂	袁州医药工业园区
	2017	江西仙康药业有限公司	医药中间体、医药原料药、动物药品	樟树市城北工业区
	2017	江西赣药全新制药有限公司	片剂（含中药前处理及提取）生产、销售	奉新工业区
	2017	江西民济药业有限公司	颗粒剂、散剂、片剂	—
	2017	江西百禾生物科技有限公司	酵素、中药酵素、水果酵素	—
	2017	江西药都仁和制药有限公司	胶囊剂、颗粒剂生产、销售	—
	2017	江西省创欣药业集团有限公司	粉针剂、最终灭菌大容量静脉注射剂生产、销售	樟树经济技术开发区
吉安市（28家）	2015	吉安同瑞生物科技有限公司	生物制品、赤霉素生产销售	井冈山经济技术开发区
	2015	江西宇能制药有限公司	医药原料及中间体、甾体激素化学品	井冈山经济技术开发区
	2015	江西北辰德天然生物科技有限公司	龙脑樟种植及其植物提取物的生产、销售和技术咨询	—
	2015	吉安市御美丽健康产业股份有限公司	生殖健康咨询服务、生殖美疗技术输出服务	井冈山经济技术开发区
	2015	吉安市新琪安科技有限公司	食品添加剂"三氯蔗糖"、甘氨酸、精细化工产品、原料药的研发、生产、销售等	吉安高新技术产业开发区

续表

企业所在地区	江西省企业入选年份	企业名称	主要产品和服务范围	所属区
吉安市 （28家）	2015	吉安荣威生物科技有限公司	生物制品生产、销售	青原区富滩工业园区
	2015	江西生物制品研究所	血清抗毒素	吉安高新技术产业开发区
	2015	江西益佰年药业股份有限公司	中药饮片	井冈山经济技术开发区
	2016	江西顺福堂中药饮片有限公司	中药材种植、收购、销售	峡江县城南工业区
	2016	江西金顶药业有限公司	糖浆剂、酒剂、合剂、口服液等	吉安经济技术开发区
	2016	吉安长江生物药业有限公司	消毒剂、抗抑菌制剂	井冈山经济技术开发区
	2016	江西狼和医疗器械股份有限公司	医疗器械生产、销售	永丰工业园区
	2016	江西诚志永丰药业有限责任公司	糖浆剂（A线、B线）、合剂	永丰工业园区
	2016	江西新赣江药业有限公司	生产原料药、中西药制剂	—
	2016	江西和圣堂科技发展有限公司	生物制药研究、开发	峡江工业园区
	2016	江西大自然制药有限公司	片剂、颗粒剂、糖浆剂	吉安高新技术产业开发区
	2016	江西普正制药有限公司	酒剂、酊剂、糖浆剂、合剂、片剂	井冈山经济技术开发区
	2017	江西邦浦医药化工有限公司	化工原料、医药中间体	—
	2017	江西九峰纳米钙有限公司	中高端纳米碳酸钙	永丰县城南工业区
	2017	江西新天地药业有限公司	粉剂、散剂、预混剂	峡江工业园区
	2017	江西省驰邦药业有限公司	医药中间体生产销售及进出口业务	—
	2017	江西美媛春药业股份有限公司	口服液、糖浆剂、乳剂等中成药	—
	2017	江西和明制药有限公司	胶囊剂、片剂、合剂	永丰工业园区
	2017	江西益普生药业有限公司	药用辅料、医药中间体	峡江工业园区

续表

企业所在地区	江西省企业入选年份	企业名称	主要产品和服务范围	所属区
吉安市（28家）	2017	江西广恩和医药有限公司	批发、零售中成药、中药饮片、化学原料药	永丰县城北工业区
	2017	江西众源药业有限公司	丸剂、合剂、酒剂、煎膏剂、软膏剂	吉州工业园
	2017	江西豫章药业有限公司	Ⅰ类、Ⅱ类、Ⅲ类医疗器械	峡江县城南工业区
	2017	江西晋瑞医疗器械有限公司	一类医疗器械生产、销售	吉安河东经济开发区
赣州市（11家）	2015	赣州市全标生物科技有限公司	婴幼儿及其他配方谷粉	赣州高新技术产业开发区
	2015	江西青峰药业有限公司	小容量注射剂、口服液、颗粒剂等	章贡高新技术产业园区
	2015	江西九华药业有限公司	生产、销售片剂、硬胶囊剂、丸剂	—
	2016	江西地康药业有限公司	膏药、合剂、消毒器械的生产及销售	寻乌县文峰工业区
	2016	江西永通科技股份有限公司	生物原料药、化学原料药	宁都工业园区
	2016	江西科维协同创新药物有限公司	医药技术的研究、开发、转让	章贡高新技术产业园区
	2017	江西赣南海欣药业股份有限公司	药品生产销售	—
	2017	江西省隆南药化有限公司	水杨酸、乙酰水杨酸、升华水杨酸	龙南经济技术开发区
	2017	江西赣隆药业有限公司	中药饮片生产	赣州经济技术开发区
	2017	赣州百灵动物药业有限公司	粉剂、散剂、预混剂、片剂	章贡高新技术产业园区
	2017	江西晶康宇医疗科技有限公司	Ⅰ类医疗器械销售、Ⅱ类6821医用电子仪器设备	定南县太湖工业区
景德镇市（4家）	2015	乐平市瑞盛制药有限公司	医药中间体、甲酸钠水溶液、氯化锂水溶液的制造、销售	乐平市乐平工业区
	2016	江西天新药业有限公司	原料药、食品添加剂和饲料添加剂的生产	乐平市乐安江工业园
	2017	江西吉翔医药化工有限公司	五氯化磷、三氯氧磷	乐平市乐安江工业园
	2017	江西富祥药业股份有限公司	原料药制造、销售、化工原料制造	昌江区鱼丽工业区

续表

企业所在地区	江西省企业入选年份	企业名称	主要产品和服务范围	所属区
萍乡市（3家）	2016	江西心正药业有限责任公司	生产、销售片剂、散剂、丸剂、糖浆剂	萍乡经济技术开发区
	2016	江西希尔康泰制药有限公司	片剂、硬胶囊剂、搽剂、软膏剂、乳膏剂	萍乡经济技术开发区
	2016	江西阿尔法高科药业有限公司	滴眼剂、乳膏剂、原料药、食品添加剂	—
新余市（5家）	2015	江西荣盛生物医药有限公司	3,4-二羟基苯腈、酪胺、1,2-二苯氧基乙烷及其他精细化学品生产和销售	新余高新技术产业开发区
	2015	江西青春康源制药有限公司	药品、颗粒剂、片剂、硬胶囊剂	分宜县城西工业园
	2016	江西欧氏药业有限责任公司	片剂、颗粒剂、硬胶囊剂、软胶囊剂	新余高新技术产业开发区
	2016	江西开元生物医药科技有限公司	化工产品生产、销售	新余高新技术产业开发区
	2016	江西青春康源中药饮片有限公司	中药饮片	新余高新技术产业开发区
鹰潭市（11家）	2015	鹰潭中投科技有限公司	生物技术产品、精细化工产品研发及生产	鹰潭高新技术产业开发区
	2015	江西力田维康科技有限公司	医药中间体研发、生产、销售	贵溪工业园区
	2015	江西远东药业有限公司	糖浆黏合剂散剂酊剂硬胶囊剂生产销售	贵溪工业园区
	2015	江西诚志生物工程有限公司	"食品添加剂L-谷氨酰胺、D-核糖"生产销售	—
	2015	鹰潭华宝香精香料有限公司	食品添加剂	鹰潭经济技术开发区
	2016	江西森泰药业有限公司	硝酸硫胺、盐酸硫胺、叶酸、	—
	2016	鹰潭荣嘉集团医疗器械实业有限公司	一次性使用无菌注射器、一次性使用无菌注射针	余江县工业区

续表

企业所在地区	江西省企业入选年份	企业名称	主要产品和服务范围	所属区
鹰潭市（11家）	2017	江西天施康弋阳制药有限公司	康恩贝牌肠炎宁片、牛黄上清胶囊	—
	2017	江西三琦药业有限公司	"复方金蒲胶囊"药品生产、销售	贵溪工业园区
	2017	江西天施康中药股份有限公司	小容量注射液、片剂、硬胶囊剂	—
	2017	鹰潭市远大气体有限公司	医用氧气、工业氧气生产	贵溪工业园区

附表5　入选2015～2017年科技部高新技术企业的江西省航空产业企业概况

企业所在地区	江西省企业入选年份	企业名称	主要产品和服务范围	所属区
南昌市（10家）	2015	南昌华梦达航空科技发展有限公司	工程技术研究和试验发展、航空科技产品的研发	南昌高新技术产业开发区
	2015	江西航天海虹测控技术有限责任公司	研制生产航空航天器通信测控设备、特种专测设备	—
	2016	江西天祥通用航空股份有限公司	医疗救护、农业航空	南昌高新技术产业开发区
	2016	江西天之翔航空数控技术有限责任公司	机电、机械产品的设计、加工	南昌小蓝经济技术开发区
	2017	江西洪都航空工业股份有限公司	基础教练机、通用飞机设计、研制	南昌高新技术产业开发区
	2017	江西洪都航空工业集团有限责任公司	航空飞行器、智能装备研发、制造	—
	2017	南昌白龙马航空科技有限公司	航空摄影服务、航空科技产品	南昌小蓝经济技术开发区
	2017	江西洪都商用飞机股份有限公司	国内、国际商用飞机大部件设计、研制、生产、销售	南昌高新技术产业开发区
	2017	江西洪都国际机电有限责任公司	航空、航天产品的生产、加工	—
	2017	南昌中航天信航空科技有限公司	农业无人机喷洒服务	南昌高新技术产业开发区

续表

企业所在地区	江西省企业入选年份	企业名称	主要产品和服务范围	所属区
上饶市（3家）	2017	江西绿阳光学仪器制造有限公司	航空航天相关设备制造	弋阳县连胜工业园
	2017	翔鹰航空工业有限公司	飞行器发动机零部件、飞行器其他零部件	德兴高新技术产业园区
	2017	江西绿阳光学仪器制造有限公司	航空航天相关设备制造	弋阳县连胜工业园
赣州市（1家）	2016	江西瑞金金字电线电缆有限公司	航空用和民用电线、电缆、电磁线的制造、销售	瑞金经济技术开发区
景德镇市（10家）	2015	江西昌河航空工业有限公司	直升机生产、销售、生产销售其他机电产品、配件及有关物资	—
	2016	江西景航航空锻铸有限公司	精密锻造、精密铸造技术及软件开发、技术转让	浮梁县陶瓷科技工业区
	2017	景德镇航瑞鑫航空设备制造有限公司	锻铸件、机械加工、模具制造	—
	2017	江西昌兴航空装备股份有限公司	航空设备设计、制造、航空工装	景德镇高新技术产业开发区
	2017	景德镇兴航科技开发有限公司	航空航天产品开发、制造、销售	—
	2017	景德镇昌航航空高新技术有限责任公司	航空附件产品、测试设备的研发、试验、制造及维修	—
	2017	景德镇明兴航空锻压有限公司	锻造件、机械零部件、金属材料生产、加工、销售	—
	2017	北京通用航空江西直升机有限公司	投资经营直升机及其他航空器	—
	2017	中国直升机设计研究所	研制各型号直升机	—
	2017	江西为民机械有限公司	舷外机、内燃机、船艇	乐平市金山工业区
鹰潭市（1家）	2017	江西中轻智能设备有限公司	无人机研发、制造、销售、租赁	鹰潭高新技术产业开发区

附表6　入选2015～2017年科技部高新技术企业的江西省装备制造产业企业概况

企业所在地区	江西省企业入选年份	企业名称	主要产品和服务范围	所属区
南昌市（62家）	2015	南昌煤矿仪器设备厂	煤矿机械、电气自动化设备、检测、仪器仪表技术开发、制造	南昌高新技术产业开发区
	2015	江西日月明铁道设备开发有限公司	铁道机械及配件、工程机械及配件、交通运输的开发、制造、加工等	南昌高新技术产业开发区
	2015	江西通华智电科技有限公司	高低压电器设备、智能电气电子设备的安装、施工	—
	2015	江西易用科技有限公司	消防装备及器材的设计、研发、生产、销售	青山湖区民营科技园
	2015	江西森田电力设备有限公司	电力变压器、漏电保护装置、电容补偿器、高低压开关柜	新建长堎工业园区
	2015	南昌市聚泰矿山机械制造有限公司	生产提升、调度、回柱、双速、慢速、运输绞车系列	新建长堎工业园区
	2015	康达电梯有限公司	乘客电梯、载货电梯、杂物电梯、自动扶梯、自动人行道制造	—
	2015	江西省国发机械设备制造有限公司	矿山机械制造、加工、铸造	—
	2015	南昌意达机械配件有限公司	机械设备、电子产品零部件、非标设备、汽车零部件的制造、安装、销售	南昌小蓝经济技术开发区
	2015	江西惠昌电力有限公司	电力变压器、灯箱式变压器	南昌小蓝经济技术开发区
	2015	江西人民输变电有限公司	220kV电力变压器及特种变压器的制造、销售	南昌小蓝经济技术开发区
	2015	江西亿晟电气有限责任公司	110kV以下系列变压器及工业自动化设备生产、销售	南昌经济技术开发区
	2015	江西奈尔斯西蒙斯赫根赛特中机有限公司	NSH不落轮机床、普通机械制造及销售	南昌高新技术产业开发区
	2015	格特拉克（江西）传动系统有限公司	研究和开发、制造和销售变速箱	青山湖区白水湖工业园

续表

企业所在地区	江西省企业入选年份	企业名称	主要产品和服务范围	所属区
南昌市（62家）	2015	南昌海立电器有限公司	高效、节能空调压缩机	南昌经济技术开发区
	2015	江西飞尚科技有限公司	检测设备制造销售及技术服务	南昌小蓝经济技术开发区
	2016	江西佳时特精密机械有限责任公司	精密机械零配件及模具制造、加工	南昌小蓝经济技术开发区
	2016	江西百胜智能科技股份有限公司	各种自动开门机、开门机控制器、智能悬臂门	青山湖区民营科技园
	2016	江西瑞林电气自动化有限公司	电气自动控制系统成套制造、安装、调试及技术服务	南昌经济技术开发区
	2016	江西天泉热能科技有限公司	热泵热水器、大型热泵热水机组、热泵干燥机	南昌高新技术产业开发区
	2016	江西东硕实验室系统工程有限公司	实验室基础设备、环保净化设备的生产及销售	南昌高新技术产业开发区
	2016	南昌恒欧实业有限公司	机械加工、金属制品加工、销售	南昌小蓝经济技术开发区
	2016	南昌工控电装有限公司	数控机床产品、电器产品的制造、销售	南昌昌南工业园区
	2016	江西瑞林装备有限公司	冶金工程机电设备及成套系统	南昌经济技术开发区
	2016	江西昌昱实业有限公司	机械制造、化工工程设备安装	南昌经济技术开发区
	2016	南昌矿山机械有限公司	矿山机电设备、环保设备生产制造和销售	—
	2016	江西海峰重工科技有限责任公司	汽车配件、矿山机械加工	南昌小蓝经济技术开发区
	2016	南昌变压器有限责任公司	35kV及以下电力变压器制造、修理	—
	2016	江西环林集团股份有限公司	高低压成套电气设备、输变电设备	南昌小蓝经济技术开发区
	2016	江西天之翔航空数控技术有限责任公司	机电、机械产品的设计、加工	南昌小蓝经济技术开发区
	2017	南昌丹巴赫科技有限公司	机械产品的技术开发、生产、销售	南昌高新技术产业开发区

续表

企业所在地区	江西省企业入选年份	企业名称	主要产品和服务范围	所属区
南昌市（62家）	2017	江西第二电力设备有限公司	电炉、矿用、整流、励磁变压器及各种非标变压器	—
	2017	江西龙跃电子科技有限公司	三相负荷平衡系统、电子电器、电表箱	南昌高新技术产业开发区
	2017	江联重工集团股份有限公司	锅炉制造A级、1级锅炉安装改造维修	进贤经济技术开发区
	2017	南昌顺景科技有限公司	智能化费控电力成套设备、输变电设备	南昌小蓝经济技术开发区
	2017	江西星火军工工业有限公司	机械制造、销售、机电产品技术开发、生产、销售	—
	2017	江西清华泰豪三波电机有限公司	电源设备、电机及成套设备、电气机械及器材	南昌高新技术产业开发区
	2017	江西光明智能科技有限公司	实验分析仪器、机械设备的研制、生产、销售	青山湖区民营科技园
	2017	奥顿电气有限公司	智能化配变电设备	南昌小蓝经济技术开发区
	2017	江西泰豪军工集团有限公司	发电机及发电机组研制、生产及销售	南昌高新技术产业开发区
	2017	江西荣和特种消防设备制造有限公司	消防设备制造、批发、零售	南昌小蓝经济技术开发区
	2017	江西赣发机械制造有限公司	农业机械设备及配件生产销售	南昌小蓝经济技术开发区
	2017	泰豪电源技术有限公司	发电机、输变电配套设备的开发、制造、销售	南昌小蓝经济技术开发区
	2017	江西乐富军工装备有限公司	特种成套装备、特种安全防护箱、特种装备箱	南昌小蓝经济技术开发区
	2017	南昌市科兴机械有限公司	机械产品及器材的生产、加工、批发	—
	2017	南昌鑫泉机械科技有限公司	矿山设备及配件、汽车配件	南昌高新技术产业开发区
	2017	江西森源电力股份有限公司	高低压电器、成套开关设备	南昌高新技术产业开发区

续表

企业所在地区	江西省企业入选年份	企业名称	主要产品和服务范围	所属区
南昌市（62家）	2017	江西汇弘信息技术有限公司	矿用机械、电气自动化设备、软件的开发与销售	南昌高新技术产业开发区
	2017	南昌力通岩土工程设备有限公司	采矿、建筑专用设备制造	—
	2017	江西恒锐科技有限公司	自动售货机、智能快递柜、通信柜	南昌小蓝经济技术开发区
	2017	江西联锐信息科技有限公司	教学设备、实验设备及仪器	南昌高新技术产业开发区
	2017	江西洪都精工机械有限公司	轻工造纸机械和工业自动化设备研究、制造	南昌昌南工业园区
	2017	南昌信耀机械设备制造有限公司	机械设备、工业自动化设备生产、销售	南昌小蓝经济技术开发区
	2017	南昌齿轮锻造厂	锻件制造、销售	南昌经济技术开发区
	2017	江西变压器科技股份有限公司	变压器、互感器的制造及修理	南昌经济技术开发区
	2017	江西佳时特数控技术有限公司	机械设备、数控机床、自动化设备	南昌小蓝经济技术开发区
	2017	江西天鑫冶金装备技术有限公司	机电、冶金、矿山、化工机械设备制造、批发	南昌小蓝经济技术开发区
	2017	江西双威电机有限公司	机电设备生产、销售、维修	南昌小蓝经济技术开发区
	2017	江西华核天宇检测技术发展有限公司	无损检测仪器的研发、制造、销售	南昌经济技术开发区
	2017	南昌凯马有限公司	机床、柴油机生产、销售	南昌经济技术开发区
	2017	南昌三丰自动化有限公司	工业机器人系统工程、物流自动化成套设备、工业测控系统	南昌高新技术产业开发区
	2017	江西大族能源科技股份有限公司	节能变配电设备	南昌高新技术产业开发区
九江市（18家）	2015	九江中船消防自动化有限公司	机电产品、舰（船）艇通风机及其附件	九江经济技术开发区

续表

企业所在地区	江西省企业入选年份	企业名称	主要产品和服务范围	所属区
九江市（18家）	2015	江西省宏旺农业装备有限公司	农业机械产品的生产、销售、售后服务、农业机械零配件制造、销售	德安工业园区
	2015	江西制氧机有限公司	空气分离设备制造及进出口业务	—
	2015	九江恒通自动控制器有限公司	压力式温控器、突跳式温控器、中央空调温控器	九江经济技术开发区
	2016	江西欧克科技有限公司	机械设备的科技研发、设计	修水工业园区
	2016	江西鹏飞机电制造有限公司	微电机及配件	修水工业园区
	2016	九江精达检测技术有限公司	精密仪器、元器件研发、制造、销售	—
	2016	九江市浩川消防装备有限公司	消防装备、矿山救援装备的研发、制造、销售	九江经济技术开发区
	2016	九江中船仪表有限责任公司（四四一厂）	导航仪器仪表、船用配套设备生产、销售	—
	2016	九江恒创源科技有限公司	机电设备、管道物流传输设备	出口加工区综合工业园区
	2017	江西中船航海仪器有限公司	导航仪器、锅炉燃烧器及相关产品	濂溪区生态工业园区
	2017	江西瑞斯科救援科技有限公司	应急救援装备、消防装备	濂溪区莲花镇东城玻纤工业基地
	2017	九江金鹰科技有限公司	数控雕刻机、数控车床设备的生产、销售	星子工业园区
	2017	九江国科远大机电有限公司	机械与电子产品制造、销售	—
	2017	大典五金制品（九江）有限公司	空调周边配件、汽车部件、五金制品	九江经济技术开发区
	2017	九江精密测试技术研究所	计量、检测、测试器具、设备开发研制	浔阳经济技术开发区
	2017	九江赛晶科技股份有限公司	变流装置及延伸产品的研发、制造、安装	九江经济技术开发区
	2017	江西欧科思瑞工业控制阀有限公司	工业自动控制阀及其附件的研发、制造及销售	九江经济技术开发区

续表

企业所在地区	江西省企业入选年份	企业名称	主要产品和服务范围	所属区
上饶市（18家）	2015	江西省中镁装备有限公司	镁合金加工设备的研发、生产、销售	—
	2015	江西同欣机械制造有限公司	生产汽车、船舶及无人机的发动机凸轮轴	广丰县芦林工业园区
	2016	江西纽轮轴承有限责任公司	轴承及零配件制造、加工、销售	—
	2016	上饶市广丰区华飞模塑厂	模具制造、机械加工	上饶高新技术产业园区
	2016	江西上菱电梯有限公司	乘客电梯、载货电梯、自动人行道、自动扶梯	玉山经济开发区
	2016	江西禾丰电子机械有限公司	电子机械研发、生产、加工	—
	2016	江西速成科技有限公司	气动元件、自动化机床研发、制造、销售	玉山经济开发区
	2016	江西福事特液压有限公司	液压产品、机械设备、电器设备	上饶经济技术开发区
	2016	上饶市江旺数控机床制造有限公司	数控机械设备及配件生产研发、生产、制造、销售	信州区朝阳产业园
	2017	江西华欣机械制造有限公司	输送设备、提升设备及零部件制造	广丰区芦林工业园区
	2017	江西耐普矿机新材料股份有限公司	矿山设备、选矿备件、橡胶制品生产及销售	上饶经济技术开发区
	2017	江西宏欣光学科技有限公司	光学仪器制造、销售	上饶经济技术开发区
	2017	江西众利超硬材料工具有限公司	超硬材料工具及相应机械设备的制造、销售	鄱阳县田畈街镇工业园区
	2017	上饶中材机械有限公司	矿山机械设备、输送机械设备	上饶经济技术开发区
	2017	江西宏伟轴承有限公司	轴承制造销售、轴承配件、机械设备	玉山县十七都工业区
	2017	中洲传动科技（江西）有限公司	机械（特种设备除外）制造	鄱阳县工业区
	2017	江西氟塑防腐设备集团有限公司	化工防腐设备、环保设备、制造、销售	横峰经济开发区

续表

企业所在地区	江西省企业入选年份	企业名称	主要产品和服务范围	所属区
上饶市（18家）	2017	江西耐普矿机新材料股份有限公司	矿山设备、选矿备件	上饶经济技术开发区
抚州市（17家）	2015	江西东华金科实业有限公司	电子仪器仪表、电子加速器、中子发生器、同位素仪器仪表等	抚州高新技术产业开发区
	2015	江西亨成实业有限公司	横流风机、贯流风机、垫片	东乡经济开发区
	2015	江西华友机械有限公司	普通机械制造等	—
	2015	江西精百世液压机械有限公司	液压机械、机床设备、气动设备、真空设备及原件	抚州高新技术产业开发区
	2015	江西明正变电设备有限公司	干式变压器、油浸式电力变压器等变电设备的研发、生产与销售	崇仁工业园区
	2015	江西赣电电气有限公司	变压器、互感器、箱式变电站、高低压成套开关设备	崇仁工业园区
	2016	江西鑫台铭智能科技有限公司	自动化设备、装配生产线、液压机械	抚州高新技术产业开发区
	2016	江西东华机械有限责任公司	生产制造、经营各种纺织机械成套设备	抚州高新技术产业开发区
	2016	江西亚威电气有限公司	干式变压器、油浸式变压器、非晶合金型变压器	崇仁工业园区
	2016	江西亚珀电气有限公司	变压器、高低压预装式变电站	崇仁工业园区
	2017	江西明正智能电气有限公司	高低压变配电设备、成套电控设备	抚州高新技术产业开发区
	2017	江西红星机械有限责任公司	农业机械、粮油机械设备制造及销售	—
	2017	江西鑫尔利电力科技有限公司	高低压电气设备、五金制品、变压器风机	崇仁工业园区
	2017	江西伊发电力科技股份有限公司	非晶合金变压器、立体卷铁芯变压器	崇仁工业园区
	2017	江西钜嘉实业有限公司	电器、机械自动化设备的生产与销售	崇仁工业园区
	2017	江西昊仁电力设备有限公司	变压器配件、油浸式变压器	崇仁工业园区
	2017	江西德伊智能电力股份有限公司	制造输配电及控制设备	崇仁工业园区

续表

企业所在地区	江西省企业入选年份	企业名称	主要产品和服务范围	所属区
宜春市（26家）	2015	江西华伍制动器股份有限公司	各种机械装备的制动装置等	—
	2015	江西高安超鹰齿轮制造有限公司	机械零部件、齿轮制造、销售、农用车、三轮车、拖拉机销售	高安新世纪工业城
	2015	宜春万申制药机械有限公司	制药机械、化工机械制造、食品机械及相应配件制造、销售	宜春经济技术开发区
	2015	江西卓尔金属设备集团有限公司	智能型电动密集架、手动密集架	樟树市潭埠工业区
	2015	江西广迪智能钢艺集团有限公司	公共自行车智能管理系统配套设备	樟树市城北工业园区
	2015	江西创一精密机械有限公司	包装机械、量具、刃具、五金、模具的研发、生产和销售	万载县工业园区
	2015	江西万申机械有限责任公司	包装机械、制药机械和包装耗材的生产、销售	—
	2015	江西起重机械总厂	起重运输机械研发、制造、安装、销售	—
	2015	江西飞达电气设备有限公司	建筑工程、矿山机械设备、轨道交通设备设计、制造与销售	宜春经济技术开发区
	2015	江西中天机械有限公司	矿山、冶金、建筑专用设备的制造、销售	宜春经济技术开发区
	2016	宜春市龙腾机械电气有限公司	专用设备的研制与开发、环保设备机械	宜春经济技术开发区
	2016	江西奥德川自动化科技有限公司	自动化停车设备、智能仓储设备	樟树市城北工业园区
	2016	江西工埠机械有限责任公司	机械设备、电机、起重机配件生产、销售	樟树市大桥东村（工业园）
	2016	江西莱茵电梯有限公司	观光电梯、乘客电梯、钢塔电梯	宜春经济技术开发区
	2016	江西南特工程机械股份有限公司	工程机械、农业机械设备及零部件加工制造及销售	靖安工业园区
	2016	江西省分宜驱动桥有限公司	驱动桥、变速箱及其配件	分宜工业区
	2017	奥其斯科技股份有限公司	稳压电源、UPS电源、节能电源	高安高新技术产业园区

续表

企业所在地区	江西省企业入选年份	企业名称	主要产品和服务范围	所属区
宜春市（26家）	2017	宜春市雷恒科技有限公司	智能型平衡代步车研发、生产和销售	宜春经济技术开发区
	2017	江西特种电机股份有限公司	起重冶金电机、高压电机等特种电机研发、生产	—
	2017	江西江锻重工有限公司	锻件和机加产品的生产、销售	分宜工业园区
	2017	江西顶翔智控科技有限公司	工业智能机器人研发	丰城高新技术产业园区
	2017	高安市璐克斯机械有限公司	机械快速接头配件、汽车配件、五金制品	—
	2017	江西光正金属设备集团有限公司	研发、制造、销售高精密金属构件、高端控制机柜	樟树市城北工业区
	2017	龙工（江西）机械有限公司	研发和制造工程机械与重型汽车齿轮、液压零部件	—
	2017	江西江特电机有限公司	电动机、发动机及发动机组	—
	2017	江西瑞鼎精密传动有限公司	设计、加工、生产、销售齿轮、传动轴	—
吉安市（5家）	2017	江西方舟流体科技有限公司	闭式冷却塔、开式冷却塔、风力发电机组	井冈山经济技术开发区
	2017	江西迈诺科电子有限公司	电声器件研发、制造、销售	安福工业园区
	2017	江西科创电气设备有限公司	高压配电柜、低压配电柜、箱式变电设备	吉安高新技术产业开发区
	2017	光协电子科技（吉安）有限公司	电脑用变压器、消磁器、消磁棒	吉州工业园区
	2017	江西吉安电机制造有限责任公司	水轮机、水轮发电机组、电机	吉州工业园区
赣州市（30家）	2015	江西绿萌科技控股有限公司	果蔬分选机设备研发制造等	信丰工业园区
	2015	江西省保升装卸设备有限公司	装卸机械设备、环保设备、自动化设备等	龙南经济技术开发区
	2015	江西石成金矿山机械制造有限公司	矿山机械制造、矿山机械设备等	石城县温坊工业园区

续表

企业所在地区	江西省企业入选年份	企业名称	主要产品和服务范围	所属区
赣州市（30家）	2015	赣州金环磁选设备有限公司	磁电、电子、电气、矿山、冶金设备等	赣州经济技术开发区
	2015	石城宝鑫选矿设备有限责任公司	选矿设备制造等	—
	2015	赣州川汇气体设备制造有限公司	气体分离设备制造等	赣州高新技术产业开发区
	2015	石城县华辉选矿设备制造有限公司	矿山机械制造等	—
	2015	赣州金环浇铸设备有限公司	冶炼浇铸设备和电解设备的开发、制造、销售	赣州经济技术开发区
	2015	赣州发电设备成套制造有限公司	成套发电设备及配件、电动机、泵类产品、风能设备水利机械制销	—
	2016	赣州恒玖电气有限公司	电机及电驱动系统的生产与销售	赣州经济技术开发区
	2016	江西省力速数控机械有限公司	机械设备及配件、五金制品	上犹工业园
	2016	江西省宏兴选矿设备制造有限公司	矿山设备、环保设备研发、制造、销售	石城县古樟工业园区
	2016	赣州双马码坯编组系统有限公司	建材业自动化设备	—
	2016	江西福格新能源传动技术有限公司	传动技术研发、齿轮、驱动部件的研发、制造	赣州经济技术开发区
	2016	赣州市天力电子科技有限责任公司	高、低压成套设备的研制、生产和销售	—
	2016	江西鑫固电气有限公司	变压器、开关柜生产及销售	信丰工业园区
	2017	赣州西克节能自动化设备有限公司	工业自动化系统设备、机电设备	赣州经济技术开发区
	2017	江西省石城矿山机械厂	矿山机械、矿山设备、机械设备生产	石城县古樟工业园区
	2017	江西省威尔国际矿业装备有限公司	矿山机械、选矿设备制造、销售	石城县古樟工业园区
	2017	赣州黄金沃特发电设备有限公司	发电设备设计、制造、加工	赣州经济技术开发区

续表

企业所在地区	江西省企业入选年份	企业名称	主要产品和服务范围	所属区
赣州市（30家）	2017	江西绿萌分选设备有限公司	分选设备、分选控制系统制造	信丰工业园区
	2017	江西省新顿电源科技有限公司	UPS电源、电子电器、仪器仪表、电子仪表	瑞金市台商创业园区
	2017	江西省瑞金化工机械有限责任公司	矿热炉（冶金炉）设计、制造	—
	2017	赣州市亿源机械设备有限公司	环卫、环保设备研发、生产、销售	赣州经济技术开发区
	2017	赣州市经环工业发展有限责任公司	变速器齿轮及其他机械产品加工销售	赣州经济技术开发区
	2017	赣州博立科技有限公司	冶金机械设备研发、销售	赣州经济技术开发区
	2017	江西浩金欧博空调制造有限公司	制冷设备、恒温恒湿机的设计、生产、销售	赣州高新技术产业开发区
	2017	赣州德业电子科技有限公司	自动化仪器仪表、控制系统研制、生产、销售	赣州经济技术开发区
	2017	江西金石宝矿山机械制造有限公司	矿山设备制造、销售及技术服务	石城县古樟工业园区
	2017	赣州五环机器有限责任公司	变速箱总成、烟机配件、机械产品制造销售	赣州经济技术开发区
景德镇市（2家）	2017	景德镇航瑞鑫航空设备制造有限公司	锻铸件、机械加工、模具制造	—
	2017	江西中景集团有限公司	印刷机械、包装装潢机械、机械配件制造、销售	—
萍乡市（12家）	2015	江西省安源万向实业有限公司	汽车配件、矿山机械、工程机械的生产与销售	萍乡经济技术开发区
	2015	江西鑫通机械制造有限公司	隧道掘进设备、矿山设备制造销售	—
	2016	江西省莲花水轮机厂有限公司	水轮机、水轮泵及水力发电综合自动化设备制造、销售	莲花工业园区
	2016	萍乡九州精密压机有限公司	液压机、硫化机、塑料注射成型机	萍乡经济技术开发区
	2016	江西省萍乡市三善机电有限公司	机电、电子产品、汽车配件、五金配件生产、销售	萍乡经济技术开发区

续表

企业所在地区	江西省企业入选年份	企业名称	主要产品和服务范围	所属区
萍乡市（12家）	2016	中材科技（萍乡）风电叶片有限公司	风机叶片生产和组装、销售	芦溪工业园区
	2017	江西四通重工机械有限公司	矿山机械、通用设备及零部件、金属结构件制造、销售	安源区创业转型工业园区
	2017	江西科环工业陶瓷有限公司	生物滤料、内循环污水处理设备生产、设备销售	—
	2017	江西元亿实业发展有限公司	环保产品及设备、机动车尾气净化器生产销售	萍乡经济技术开发区
	2017	江西省一互电气有限公司	配网一二次融合设备、智能化电网设备	芦溪工业园区
	2017	萍乡市慧成精密机电有限公司	涡轮增压器零部件、汽车配件	萍乡经济技术开发区
	2017	江西蓝翔重工有限公司	矿山机械、工程机械	萍乡经济技术开发区
新余市（6家）	2015	江西泰达长林特种设备有限责任公司	开孔机、封堵器、下堵器	渝水区经济技术开发区
	2015	江西剑安消防设备有限责任公司	S型气溶胶、气体自动灭火装置	珠珊镇板桥工业区
	2016	新余国科特种装备有限公司	人工影响天气作业装备、气象设备	新余高新技术产业开发区
	2017	新余飞虎管道技术设备有限责任公司	工业机器设备及配件制造、修理、销售	新余高新技术产业开发区
	2017	亚洲富士长林电梯（新余）有限公司	富士电梯的产品研发	—
	2017	江西宜康机械科技有限公司	机械设备、环保设备及配件研发、生产、销售	新余高新技术产业开发区
鹰潭市（5家）	2015	江西凯顺科技有限公司	工业自动化设备、铜杆及铜材生产、加工	贵溪市工业区
	2016	江西大隆重型工业有限公司	农业机械制造、零配件加工、生产、销售	鹰潭市（余江）眼镜产业园区
	2016	江西众合装备技术有限公司	有色冶金成套自动化设备、备件加工及售后服务	贵溪工业园区
	2017	三川智慧科技股份有限公司	机械水表、智能水表、仪器仪表	鹰潭高新技术产业开发区

续表

企业所在地区	江西省企业入选年份	企业名称	主要产品和服务范围	所属区
鹰潭市（5家）	2017	江西良田农业机械有限公司	农业机械设备生产、销售	余江工业园区

附表 7　入选 2015 ~ 2017 年科技部高新技术企业的江西省电子信息产业企业概况

企业所在地区	江西省企业入选年份	企业名称	主要产品和服务范围	所属区
南昌市（161家）	2015	江西联星显示创新体有限公司	从事光电子元器件、触摸屏及液晶显示模组	南昌高新技术产业开发区
	2015	江西联创致光科技有限公司	光电子元器件及其系列产品的研发、生产、销售	南昌高新技术产业开发区
	2015	江西武大扬帆科技有限公司	遥感系统设备、全球定位系统设备、地理信息系统设备的开发、生产	南昌高新技术产业开发区
	2015	江西航天鄱湖云科技有限公司	计算机信息系统集成	南昌高新技术产业开发区
	2015	南昌市千润科技有限公司	计算机软硬件开发、计算机网络系统工程	南昌高新技术产业开发区
	2015	江西南铁科有限责任公司	通信、信号、计算机设计、安装；机械、电子产品的生产	南昌高新技术产业开发区
	2015	江西掌中无限网络科技有限公司	计算机软硬件开发、计算机网络系统工程	南昌高新技术产业开发区
	2015	江西华达电子电脑有限公司	设计、生产及销售自动控制类电子产品、电力设备、预付费控制柜和开关电源等电子产品	南昌高新技术产业开发区
	2015	江西新和技术有限公司	计算机软件开发、信息技术服务	南昌高新技术产业开发区
	2015	江西中投科信科技有限公司	物联网产品、金融业务流程外包服务	南昌高新技术产业开发区
	2015	贝谷科技股份有限公司	信息系统集成和辐射与环保仪器的研发、产销	南昌高新技术产业开发区
	2015	中兴长天信息技术（南昌）有限公司	计算机领域内的技术开发、技术推广、技术转让、技术咨询、技术服务	南昌高新技术产业开发区

续表

企业所在地区	江西省企业入选年份	企业名称	主要产品和服务范围	所属区
南昌市（161家）	2015	南昌市豪准电子有限公司	声学元器件或其他衍生产品，声学与多媒体技术及产品	桑海经济开发区
	2015	江西省兆驰光电有限公司	LED器件、LED背光源产品	青山湖区昌东工业区
	2015	江西通服科技有限公司	互联网接入及相关服务、互联网信息服务、电子产品的技术开发	南昌高新技术产业开发区
	2015	江西鹏旭信息科技有限公司	网络及无线通信产品的研发、组装、生产与销售	—
	2015	江西车联网络有限公司	计算机网络技术的开发、技术咨询、技术服务	南昌高新技术产业开发区
	2015	江西星天星科技有限公司	电线电缆及光缆研发、产销	南昌经济技术开发区
	2015	江西电信信息产业有限公司	计算机软、硬件开发	—
	2015	江西赣路交通设计研究有限公司	道路交通设计	—
	2015	江西北软科技系统工程有限公司	计算机软件、硬件研发	—
	2015	中麦通信网络有限公司	信息化技术开发	—
	2015	中至科技集团有限公司	智慧生活、互动娱乐、数字营销、大数据	—
	2015	南昌航辉科技有限公司	软件开发、系统集成、计算机技术服务与咨询	—
	2015	江西环彩三维科技有限公司	技术开发、技术咨询、技术服务、技术转让、工业设计服务	南昌小蓝经济技术开发区
	2015	江西省锦峰软件科技有限公司	软件应用、开发、技术咨询与服务	—
	2015	江西时励数码科技有限公司	计算机及电子产品、软件开发、系统集成	—
	2015	江西赣通通信集团有限公司	通信工程	南昌高新技术产业开发区
	2015	江西奇达网络科技有限公司	计算机软件的开发	—
	2015	江西省智成测控技术研究所有限责任公司	仪器仪表、通信设备、软件的开发、生产、销售	南昌高新技术产业开发区

续表

企业所在地区	江西省企业入选年份	企业名称	主要产品和服务范围	所属区
南昌市 （161家）	2015	江西中移通信技术工程有限公司	信线路安装工程和通信设备安装工程的施工和运行维护	南昌高新技术产业开发区
	2015	巴士在线科技有限公司	计算机软件开发、技术服务、技术转让	南昌高新技术产业开发区
	2015	江西缴费通信息技术有限公司	公用事业代缴费、计算机软件缴费通平台运营	南昌高新技术产业开发区
	2015	南昌欧菲光科技有限公司	新型电子元器件、光电子元器件研发、生产、销售	南昌经济技术开发区
	2016	江西惠当家信息技术股份有限公司	硬件销售、软件开发、系统集成	南昌高新技术工业区
	2016	江西凯奇教育科技有限公司	软件开发及销售	南昌高新技术产业开发区
	2016	江西探险家软件科技有限公司	计算机软硬件开发、系统集成及技术服务	南昌高新技术产业开发区
	2016	江西智容科技有限公司	计算机和通信产品的研发	—
	2016	瑞能半导体有限公司	半导体产品和设备、零部件的研发、设计、生产、销售	南昌小蓝经济技术开发区
	2016	江西红彤科讯信息服务有限公司	计算机软硬件、计算机网络产品技术开发、技术咨询	—
	2016	江西瑞智信息有限公司	计算机信息系统集成服务、信息技术咨询服务	南昌高新技术产业开发区
	2016	江西通友科技有限公司	计算机软硬件开发、维护及技术咨询	—
	2016	江西智业科技有限公司	软件开发、系统集成服务	南昌高新技术产业开发区
	2016	江西金磊科技发展有限公司	计算机软件开发、软件外包服务	—
	2016	江西易往信息技术有限公司	计算机软件开发及信息咨询服务	南昌高新技术产业开发区
	2016	江西汇天科技有限公司	软件开发、计算机系统集成、IT分销	南昌高新技术产业开发区

续表

企业所在地区	江西省企业入选年份	企业名称	主要产品和服务范围	所属区
南昌市（161家）	2016	南昌欧菲光学技术有限公司	新型电子元器件、光电子元器件研发、生产、销售	南昌经济技术开发区
	2016	江西联思触控技术有限公司	除 G2 CELL Type 触摸屏产品之外的其他触摸屏	南昌高新技术产业开发区
	2016	江西通慧科技股份有限公司	计算机软硬件的开发、销售	—
	2016	江西省洪城一卡通投资有限公司	IC 卡制作及相关服务、IC 卡开发、投资、管理	—
	2016	南昌纵捷科技发展有限公司	计算机软硬件、电子产品	南昌高新技术产业开发区
	2016	江西微博科技有限公司	计算机软硬件开发、销售	南昌高新技术产业开发区
	2016	江西和壹科技有限公司	计算机软硬件的开发、销售	南昌高新技术产业开发区
	2016	江西省一保通信息科技股份有限公司	计算机软硬件开发、技术服务	南昌高新技术产业开发区
	2016	江西中至科技有限公司	高新技术产品的研发、相关技术的咨询服务	—
	2016	智慧海派科技有限公司	通信产品、电子产品、数码产品的技术开发、生产、销售	临空经济区
	2016	江西零时网络技术有限公司	从事消防行业软件及网络运营服务的民营 IT 企业	南昌高新技术产业开发区
	2016	江西金状元科教产业有限公司	计算机软硬件的设计、研发及销售	南昌高新技术产业开发区
	2016	南昌欧菲生物识别技术有限公司	新型电子元器件、光电子元器件、新型显示器件	南昌高新技术产业开发区
	2016	南昌蓝拓信息科技有限公司	网上贸易代理、计算机信息系统集成	—
	2016	江西联创宏声电子有限公司	开发、生产、销售电子元器件产品	南昌高新技术产业开发区
	2016	江西科泰华软件有限公司	电子计算机及零配件、系统集成、软件开发	—

续表

企业所在地区	江西省企业入选年份	企业名称	主要产品和服务范围	所属区
南昌市 （161家）	2016	江西易尚科技有限公司	网上代理贸易、电子产品销售	南昌高新技术产业开发区
	2016	江西瓷肌电子商务有限公司	电子商务	南昌小蓝经济技术开发区
	2016	江西佳因光电材料有限公司	光电材料的研发、生产及销售	南昌经济技术开发区
	2016	江西卡圈科技有限公司	计算机软硬件技术开发、技术服务	—
	2016	江西好吁好电子商务有限公司	国内贸易、企业营销策划、企业形象策划	南昌昌东工业园区[①]
	2016	江西和仁云慧信息服务有限公司	网络技术服务、技术咨询	—
	2016	南昌欧菲显示科技有限公司	新型电子元器件、光电子元器件	昌北经济开发区
	2016	南昌首页科技发展有限公司	第一类增值电信业务中的因特网数据中心业务	—
	2017	南昌维网数字传媒有限公司	计算机软、硬件技术咨询、研发、推广	—
	2017	江西路通科技有限公司	信息系统集成服务、信息技术咨询服务	—
	2017	江西中飞科技有限公司	软件开发及技术咨询、技术服务	—
	2017	江西方欣信息技术有限公司	计算机软件开发、计算机信息技术咨询服务	—
	2017	江西顶点科技发展有限公司	计算机软、硬件的开发、销售、维护	南昌高新技术产业开发区
	2017	北方联创通信有限公司	通信设备、信息系统	南昌高新技术产业开发区
	2017	江西新海传媒科技有限公司	第二类增值电信业务中的信息服务业务	南昌高新技术产业开发区
	2017	江西融合科技有限责任公司	计算机软硬件设计、销售	—

---

① 2018年更名为"青山湖高新技术产业园区"。

续表

企业所在地区	江西省企业入选年份	企业名称	主要产品和服务范围	所属区
南昌市（161家）	2017	南昌市鼎欣科技股份有限公司	软件开发、技术开发	南昌经济技术开发区
	2017	南昌欧菲光显示技术有限公司	新型电子元器件、光电子元器件	南昌经济技术开发区
	2017	南昌学云科技有限公司	计算机软硬件开发及销售	—
	2017	南昌正元智慧科技有限公司	计算机软件开发、技术咨询、技术服务	南昌高新技术产业开发区
	2017	江西东海蓝玉光电科技有限公司	蓝宝石半导体照明衬底、芯片、封装及其应用产品的研发、制造	南昌高新技术产业开发区
	2017	唐人通信技术服务股份有限公司	通信及计算机网络设计、工程施工	—
	2017	南昌航天广信科技有限责任公司	数字数码自动广播设备、音响设备、语音教学设备	—
	2017	江西省中海科技有限公司	计算机软硬件开发、销售	南昌高新技术产业开发区
	2017	思创数码科技股份有限公司	从事软件系统开发、实施与服务	南昌高新技术产业开发区
	2017	江西省江铜耶兹铜箔有限公司	生产和销售印制线路板用高档电解铜箔	南昌高新技术产业开发区
	2017	江西百电信息产业有限公司	国内贸易	南昌高新技术产业开发区
	2017	江西创捷物联网科技有限公司	计算机系统集成	南昌经济技术开发区
	2017	江西畅然科技发展有限公司	计算机软件开发及技术服务	—
	2017	泰豪科技股份有限公司	电力信息及自动化产品、电子产品及通信设备	南昌高新技术产业开发区
	2017	南昌市智网互联科技有限公司	计算机软、硬件开发、网络工程	—
	2017	南昌优行科技有限责任公司	信息技术开发、计算机软硬件	南昌高新技术产业开发区
	2017	江西科益高新技术有限公司	计算机信息系统集成、计算机软件开发、技术服务	—

续表

企业所在地区	江西省企业入选年份	企业名称	主要产品和服务范围	所属区
南昌市（161家）	2017	江西瑞尔泰控制工程股份有限公司	智能控制设备、计算机软硬件的研发	南昌昌东工业区
	2017	江西腾王科技有限公司	第二类增值电信业务中的信息服务业务	南昌经济技术开发区
	2017	江西点石科技有限公司	国内贸易、计算机网络工程	—
	2017	江西联创特种微电子有限公司	半导体微电子相关产品的设计、制造、销售	—
	2017	江西华宇软件股份有限公司	计算机软件开发、系统集成	南昌高新技术产业开发区
	2017	江西科骏实业有限公司	计算机技术开发、技术转让	—
	2017	江西博微新技术有限公司	电脑软件硬件的开发、销售	南昌高新技术产业开发区
	2017	捷德（中国）信息科技有限公司	生产智能卡	南昌高新技术产业开发区
	2017	泰豪软件股份有限公司	计算机软件及相关产品的开发、生产、销售	南昌高新技术产业开发区
	2017	江西世恒信息产业有限公司	地理信息系统工程、地图编制	—
	2017	南昌欧菲光电技术有限公司	研发生产经营光电器件、光学零件及系统设备	南昌经济技术开发区
	2017	江西尚通科技发展股份有限公司	计算机软件开发及维护、计算机硬件技术咨询服务	南昌高新技术产业开发区
	2017	先锋软件股份有限公司	软件开发、咨询、网络技术服务	南昌高新技术产业开发区
	2017	江西科诺信息产业有限公司	计算机软硬件开发及系统集成	—
	2017	江西融思科技有限公司	计算机系统集成、软件开发	南昌高新技术产业开发区
	2017	江西盈科行网络信息股份有限公司	互联网信息服务、计算机软件开发、技术咨询	—
	2017	江西铭信科技有限公司	电子产品设计、计算机网络工程及系统集成	南昌高新技术产业开发区

企业所在地区	江西省企业入选年份	企业名称	主要产品和服务范围	所属区
南昌市 （161家）	2017	晶能光电（江西）有限公司	微电子和光电子材料、芯片的研发、生产、销售	南昌高新技术产业开发区
	2017	江西华兴信息产业有限公司	智能电子信息设备软硬件开发、制造、销售	南昌小蓝经济技术开发区
	2017	江西金格科技股份有限公司	计算机软硬件、网络设备的开发、销售、技术服务	南昌高新技术产业开发区
	2017	江西普联信息技术有限公司	计算机系统集成	—
	2017	江西掌拓科技有限公司	计算机软硬件的开发	南昌高新技术产业开发区
	2017	江西珉轩智能科技有限公司	楼宇对讲系统、建筑智能化系统、家居智能控制系统	南昌高新技术产业开发区
	2017	南昌协达科技发展有限公司	计算机软、硬件开发、计算机网络系统设计	—
	2017	江西泰豪信息技术有限公司	计算机系统集成、数据处理、软件开发	南昌高新技术产业开发区
	2017	南昌学川科技有限公司	计算机软硬件开发、计算机技术咨询	南昌高新技术产业开发区
	2017	江西联创精密机电有限公司	通信设备、仿真模拟设备、机电一体化信息系统	南昌高新技术产业开发区
	2017	江西硕博科技有限公司	科技开发、软件开发、电子产品研发及生产	南昌高新技术产业开发区
	2017	江西恒明科技发展有限公司	电子产品的生产、技术开发、转让、服务	南昌高新技术产业开发区
	2017	南昌兴业科技有限责任公司	计算机软件、硬件、网络设备	南昌高新技术产业开发区
	2017	江西为易信息技术有限公司	国内贸易、计算机软、硬件开发、应用	—
	2017	南昌浩旭实业有限公司	计算机软硬件开发、技术服务	南昌高新技术产业开发区
	2017	中兴软件技术（南昌）有限公司	软件技术的开发、应用、系统集成	南昌高新技术产业开发区

续表

企业所在地区	江西省企业入选年份	企业名称	主要产品和服务范围	所属区
南昌市 （161家）	2017	南昌丽升信息技术有限公司	软件开发、技术咨询服务	南昌高新技术产业开发区
	2017	江西立德科技有限公司	软件开发、应用及技术服务	南昌高新技术产业开发区
	2017	江西芯世达微电子有限公司	集成电路、电子产品、电源技术	临空经济区
	2017	南昌与德通讯技术有限公司	通信设备（手机）的研发	临空经济区
	2017	江西省中良鹏科技有限公司	技术推广服务、通信设备	—
	2017	江西双源电力高新技术有限责任公司	电力营销系统、客户服务中心系统	南昌高新技术产业开发区
	2017	江西宝群电子科技有限公司	集成电路的研究、设计、开发	南昌高新技术产业开发区
	2017	南昌泽诺信息科技有限公司	网络工程、计算机软件的技术开发、技术服务	—
	2017	南昌梦想软件有限公司	软件开发、技术咨询、技术服务	南昌高新技术产业开发区
	2017	江西智能无限物联科技有限公司	物联网、传感网络、智能家居	南昌高新技术产业开发区
	2017	南昌市正星光电技术有限公司	镀膜产品、触摸屏材料生产、销售	南昌高新技术产业开发区
	2017	南昌掌智网络科技有限公司	软件设计、开发及销售	南昌高新技术产业开发区
	2017	江西省润海通科技有限公司	计算机软件技术开发、技术咨询	南昌高新技术产业开发区
	2017	南昌国讯信息技术股份有限公司	技术开发、技术服务	南昌经济技术开发区
	2017	江西泰德工程有限公司	计算机软件开发、销售	南昌高新技术产业开发区
	2017	南昌普朗克科技有限公司	通信及网络设备开发、销售	南昌高新技术产业开发区

企业所在地区	江西省企业入选年份	企业名称	主要产品和服务范围	所属区
南昌市（161家）	2017	江西省供销电子商务有限公司	计算机网络技术开发、技术咨询、技术转让	南昌高新技术产业开发区
	2017	江西图讯信息科技有限公司	计算机系统集成、网络工程	—
	2017	江西联云信息技术有限公司	电脑、通信器材设备及安装维修	—
	2017	南昌水业集团福兴能源管控有限公司	电子产品、软件的研发、销售	南昌高新技术产业开发区
	2017	江西迅付科技开发有限公司	计算机软硬件开发及技术服务	—
	2017	江西联创电子有限公司	经营本企业自产产品及技术的出口业务	南昌高新技术产业开发区
	2017	江西东为高新技术有限公司	计算机信息系统集成、建筑智能化工程	南昌高新技术产业开发区
	2017	南昌世弘高科技有限公司	计算机及软件产品、电子产品	—
	2017	江西先锋信息产业有限公司	信息技术开发、转让与服务	南昌高新技术产业开发区
	2017	江西纳米克热电电子股份有限公司	研发、生产热电半导体器件	南昌高新技术产业开发区
	2017	江西泽惠科技发展有限公司	计算机软硬件研发及技术服务	南昌高新技术产业开发区
	2017	南昌墨泥软件有限公司	软件开发及销售	南昌高新技术产业开发区
	2017	江西优码创达软件技术有限公司	软件开发、系统集成	南昌高新技术产业开发区
	2017	江西昌大清科信息技术有限公司	软件研发、移动互联网技术开发、技术推广	南昌高新技术产业开发区
	2017	江西省蓝源科技股份有限公司	软件研发、销售、技术服务咨询	南昌高新技术产业开发区
	2017	江西德创诚科技发展有限公司	计算机综合技术服务、计算机软件开发、销售	南昌高新技术产业开发区
	2017	泰思通软件（江西）有限公司	计算机、通信硬件、计算机软件产品的研发、产销	南昌高新技术产业开发区

续表

企业所在地区	江西省企业入选年份	企业名称	主要产品和服务范围	所属区
九江市（20家）	2015	江西省亚华电子材料有限公司	手机电脑面板、导热材料	—
	2015	江西智微亚科技有限公司	通信设备、网络设备	浔阳经济技术开发区
	2015	同方电子科技有限公司	通信设备、技术侦察设备、测向定位设备	—
	2015	江西沃可视发展有限公司	电子产品、摄像头、智能安全行车系统	—
	2015	九江福莱克斯有限公司	生产销售电路用挠性覆铜箔层压板及其制品	—
	2016	江西金酷科技有限公司	电子产品、电器配件、汽车零配件的研发	德安县宝塔工业园区
	2016	九江浩峰电子科技有限公司	通信器材及配件、音响器材及配件	九江经济技术开发区
	2016	共青城超群科技股份有限公司	半导体封装基板、高端印制电路板	共青城新区
	2017	九江升阳计算机系统有限公司	计算机软件、硬件销售	—
	2017	宜春市脉恩多能科技有限公司	计算机软件、硬件销售	—
	2017	江西省天翌光电有限公司	触控面板、玻璃镜片、光学光电子薄膜	共青城全国青年创业基地
	2017	江西山水光电科技股份有限公司	通信设备（除地面卫星接收设备）、机箱机柜	濂溪区生态工业城
	2017	九江明阳电路科技有限公司	单双面、多层印制硬、软、软硬结合线路板	九江经济技术开发区
	2017	九江公众信息产业有限公司	计算机软、硬件及辅助产品的研发、销售	九江经济技术开发区
	2017	九江微盟信息技术有限公司	信息科技、计算机及软件开发、技术咨询	九江经济技术开发区
	2017	江西盛世创业科技有限公司	液晶显示器、触摸屏、微型摄像头	德安高新技术产业园区
	2017	江西千特电子科技有限公司	信息技术服务、广播、影视网络技术	—

续表

企业所在地区	江西省企业入选年份	企业名称	主要产品和服务范围	所属区
九江市（20家）	2017	九江科盛电子科技有限公司	电子器件制造及LED引线框架镀银生产	九江经济技术开发区
	2017	利基光电科技（九江）有限公司	新型光电子器材研制、开发、生产、销售	九江经济技术开发区
	2017	江西美凯宝科技股份有限公司	软件的研发和服务	九江经济技术开发区
上饶市（14家）	2015	江西联创（万年）电子有限公司	研发、生产为移动通信及电脑配套产品	万年高新技术产业园区丰收工业园区
	2015	江西佰仕信息产业有限公司	智慧城市、两化融合、信息系统集成	信州区信息产业区
	2016	上饶市合一科技有限公司	软件设计、开发、销售	—
	2016	江西凯强实业有限公司	电子、电路板生产及销售	上饶高新技术产业园区
	2016	江西凤凰光学科技有限公司	光学仪器及配件、光电子器件及其电子器件	上饶经济技术开发区
	2016	江西泰华光电科技股份有限公司	光学元件、机械电子配件、光学仪器及光电产品	上饶经济技术开发区
	2017	江西华丽丰科技有限公司	电子产品、光电产品	玉山经济开发区
	2017	上饶市广丰区金盾系统科技有限公司	地质灾害监测预警预报和应急指挥系统研发及产品销售	—
	2017	江西聚远光学科技有限公司	光学仪器、仪器仪表制造、加工、销售	德兴市大茅山经济开发区
	2017	江西省和德曼实业有限公司	电子元件及组件制造	上饶经济技术开发区
	2017	江西华鸿电子有限公司	电子计算机外部设备、集成电路	—
	2017	上饶金鹤光学仪器有限责任公司	光学元件生产制造、组装及销售	上饶经济技术开发区
	2017	上饶市舜达光电有限公司	光学镜片、光学镜头、光学材料	上饶经济技术开发区
	2017	上饶市锦宏光学仪器有限公司	光学镜头、镜片、金属件、铝氧化加工	上饶经济技术开发区
抚州市（5家）	2015	江西森科实业股份有限公司	鼠标、键盘及周边配件和相关原材料的生产与销售等	抚州高新技术产业开发区

续表

企业所在地区	江西省企业入选年份	企业名称	主要产品和服务范围	所属区
抚州市（5家）	2015	江西盈川实业有限公司	电商销售	抚州高新技术产业开发区
	2016	江西江控电气有限公司	建筑智能化工程、计算机集成系统	崇仁工业园区
	2017	江西弘泰电子信息材料有限公司	片式电子元器件薄型载带封装专用原纸、棉纸	宜黄工业园区
	2017	江西赛华科技股份有限公司	电子产品研发、生产与销售	抚州高新技术产业开发区
宜春市（10家）	2015	宜春市炬尔电子有限公司	手机软件的研发、生产与销售	宜春经济技术开发区
	2015	江西冠达环保科技有限公司	开发、设计、生产及加工电子计算机及其外部设备、移动通信及终端设备	宜春经济技术开发区
	2015	江西康铭盛光电科技有限公司	光电产品的研发、生产、销售	高安工业园
	2015	江西鼎峰电子科技有限公司	线路板、电路板、双面电路板、陶瓷基大型印刷电路板	高安工业园
	2015	高安天孚光电技术有限公司	新型光电器件制造、销售	高安工业园
	2015	江西亚中电子科技有限公司	LED 支架、SMD 贴片支架、3528全彩支架	高安工业园
	2016	江西兴华通信股份有限公司	通信工程及技术服务	—
	2016	江西盛泰光学有限公司	手机、手机配件、手机摄像头研发及生产、销售	分宜县城东工业园
	2017	新海洋精密组件（江西）有限公司	计算机及其接口设备、服务器、新型打印装置	—
	2017	江西绿鸿通信有限责任公司	通信信息网络系统集成、通信工程	宜春经济技术开发区
吉安市（45家）	2015	吉安市满坤科技有限公司	线路板	井冈山经济技术开发区
	2015	胜美达电机（吉安）有限公司	电子微型线圈类产品	井冈山经济技术开发区

续表

企业所在地区	江西省企业入选年份	企业名称	主要产品和服务范围	所属区
吉安市（45家）	2015	江西省平波电子有限公司	电子制品、触摸屏、液晶显示模组等	—
	2015	吉安市天利电声有限责任公司	电声器材、电子产品	—
	2015	万安椿林焱电子有限公司	电子产品加工	—
	2015	万安索雅纳科技有限公司	电子产品生产	万安工业园区
	2015	江西立时科技有限公司	电脑周边塑胶制品及电脑连接线、通信电子产品	安福工业园区
	2015	安福烨翔精密电子有限公司	电线电缆及组件、精密连接器	安福工业园区
	2015	江西泽发光电有限公司	手机玻璃片、手表玻璃片、手机触摸屏、电子科技产品	吉安河东经济开发区
	2015	吉安谊盛电子材料有限公司	电子产品及辅助材料研发、生产、销售	吉安高新技术产业开发区
	2015	江西联创电缆科技有限公司	移动通信用同轴电缆、卫星与有线电视电缆、耐高温导线	吉安高新技术产业开发区
	2015	安福县海能实业股份有限公司	生产销售电线电缆及组件、信号适配器等	安福工业园区
	2015	吉安市木林森电子科技有限公司	开发、生产、销售光电器件、组件	吉安高新技术产业开发区
	2015	江西鑫力华数码科技有限公司	FPC、软性线路、刚柔性线路板生产、销售	永新县茅坪返乡创业园区
	2015	红板（江西）有限公司	新型电子元器件的生产销售	井冈山经济技术开发区
	2016	江西省鼎泰光电技术有限公司	显示屏功能玻璃面板、电子制品	井冈山经济技术开发区
	2016	吉安市小林电子有限责任公司	电子原配件生产、加工、销售	吉安工业园
	2016	天际（吉安）光电信息有限公司	光电子元器件及相关应用产品生产、销售	井冈山经济技术开发区
	2016	江西钜维科技有限公司	视频监控、基于3G/4G无线通信技术的数据采集与远程控制	井冈山经济技术开发区

续表

企业所在地区	江西省企业入选年份	企业名称	主要产品和服务范围	所属区
吉安市（45家）	2016	摩比通讯技术（吉安）有限公司	无线通信系统中的天线、射频器件	吉州工业园区
	2016	吉安市华阳电子集团有限公司	电子产品、线路板、刚性线路板	吉州工业园区
	2016	江西联创宏声万安电子有限公司	开发、生产、销售电子元器件产品及配件	万安工业园区
	2016	江西至融软件有限公司	计算机系统软件的研发、销售、服务	—
	2016	江西富鸿金属有限公司	电子通信、电线电缆	吉安县凤凰工业园区
	2016	江西瑞声电子有限公司	电声器件研发、生产、销售	井冈山经济技术开发区
	2017	井冈山市吉达金属股份有限公司	电子产品生产、销售	井冈山市新城区工业园区
	2017	江西创新科技有限公司	电子、电器、通信产品	吉水县城西工业园区
	2017	江西吉安奥海科技有限公司	电源适配器、电子产品的研发、生产、销售	—
	2017	江西创优科技有限公司	电子产品及配件、电缆及辅材，高频传输连接器	井冈山经济技术开发区
	2017	江西志博信粤新电子有限公司	精密机械钻孔加工、电子元器件	遂川工业园区
	2017	江西蓝微电子科技有限公司	单晶铜键合引线、单晶铜、键合金丝	井冈山经济技术开发区
	2017	江西商洲科技信息产业有限公司	建筑智能化工程、多媒体会议系统	—
	2017	江西渴望科技有限公司	移动手机、笔记本通信数码产品研发、生产和销售	泰和工业园
	2017	江西省璐琪电子有限公司	电子产品、皮革制品、精密刃具	吉安市吉安县工业园
	2017	江西合力泰科技有限公司	新型平板显示器件、触摸屏	泰和工业园
	2017	吉安万瑞电子有限公司	电声器件、电子产品的生产、销售	—
	2017	江西蓝微电子科技有限公司	单晶铜键合引线、单晶铜、键合金丝	井冈山经济技术开发区
	2017	吉安市宏瑞兴科技有限公司	铝基覆铜板、玻璃纤维覆铜板生产、销售与研发	吉州工业园

续表

企业所在地区	江西省企业入选年份	企业名称	主要产品和服务范围	所属区
吉安市（45家）	2017	联基实业（江西）有限公司	高清数字连接线、连接器及放大器零配件	吉安工业园
	2017	江西志博信科技股份有限公司	高密度互联电路板、电子零配件、数码产品	—
	2017	协讯电子（吉安）有限公司	生产销售电脑接插件、连接线、精密模具	吉安工业园
	2017	江西联创电声有限公司	电声器材及其他电子元器件、视听及通信电子产品	泰和工业园
	2017	江西创成微电子有限公司	集成电路设计、集成电路	井冈山经济技术开发区
	2017	江西中信华电子工业有限公司	加工、制造、销售电子电器产品	万安工业区
	2017	吉安英佳电子科技有限公司	软件开发及销售、计算机及通信产品软硬件	吉安河东经济开发区
赣州市（36家）	2015	赣州市金电电子设备有限公司	电子产品生产、销售、计算机软件开发、信息系统集成服务等	兴国经济开发区
	2015	明高电路版（赣州）有限公司	高精密柔性及硬性电路板、FPC 等	定南县富田工业园区
	2015	江西省灵通实业有限公司	通信设备、电子设备等	定南县富田工业园区
	2015	江西忆源多媒体科技有限公司	信息产品、通信终端设备和智能视频系列产品和软件系统等	章贡高新技术产业园区
	2015	格棱电子科技（赣州）有限公司	各类信息连接器	—
	2015	江西赣州森科电子科技有限公司	数字网控、智能、公共广播系统系列产品	章贡高新技术产业园区
	2015	江西胜华光电科技有限公司	发光二极管相关产品、电子元器件	赣州经济技术开发区
	2015	旭光（赣州）电子有限公司	线圈滤波器、线圈磁环、电感等	—
	2015	赣州帝晶光电科技有限公司	液晶玻璃、液晶显示模块及背光、柔性线路板及周边配套产品	章贡区水西工业园

企业所在地区	江西省企业入选年份	企业名称	主要产品和服务范围	所属区
赣州市（36家）	2015	赣州科睿特软件技术有限公司	管理软件开发、信息系统工程	赣州经济技术开发区
	2016	章乐电缆（瑞金）有限公司	电缆、橡套电缆、高压电缆、橡套电缆、铝芯线缆	瑞金经济技术开发区
	2016	赣州天目领航科技有限公司	光机电一体化产品、自动化控制设备开发、生产、销售	赣州经济技术开发区
	2016	江西省锐兴通讯设备有限公司	通信设备、电子元器件生产、销售	兴国经济开发区
	2016	信丰福昌发电子有限公司	电子、电路板的产销	信丰工业园区
	2016	赣州嘉德电子科技有限责任公司	电子科技产品的研发及生产	赣州经济技术开发区
	2016	赣州深奥电子有限公司	电子产品的研发、生产与销售	赣州经济技术开发区
	2017	赣州壹凌科技有限公司	电子元件、电子器件	上犹工业园
	2017	启懋电子（定南）有限公司	生产单双面、精密线路、镀金、喷锡电路板	定南县富田工业园区
	2017	信丰迅捷兴电路科技有限公司	线路板及其他电子产品的研发、生产、销售	信丰工业园区
	2017	于都怡信电子有限公司	各类电子、电脑、电器	—
	2017	江西驰兴科技有限公司	计算机软硬件的技术开发及技术转让	赣州经济技术开发区
	2017	赣州中盛隆电子有限公司	高精密度多层线路板、电子电路元件生产和销售	—
	2017	江西国瑞信息技术有限公司	信息系统集成与运维服务	—
	2017	赣州富尔特电子股份有限公司	电子产品生产、销售	赣州经济技术开发区
	2017	赣州市德普特科技有限公司	触摸屏的技术开发、生产、销售	南康区龙岭工业园区
	2017	江西兴邦光电股份有限公司	光学电子仪器、金工件、模具	信丰工业园区
	2017	信丰文峰电子科技有限公司	线路板生产、销售	信丰工业园区

续表

企业所在地区	江西省企业入选年份	企业名称	主要产品和服务范围	所属区
赣州市 （36家）	2017	江西广合聚缘信息科技有限公司	信息技术咨询服务、软件开发经营	—
	2017	江西明伟电子有限公司	电子产品、照明器具、变压器	瑞金市台商创业园区
	2017	赣州市汇美电子科技有限公司	计算机软硬件研发、五金交电	章贡高新技术产业园区
	2017	赣州银盛电子有限公司	信息技术服务	赣州经济技术开发区
	2017	赣州市实创信息科技有限公司	电脑软、硬件及网络开发	—
	2017	江西台隆光电股份有限公司	光电产品、电器研发、制造和销售	赣州高新技术产业开发区
	2017	赣州市深联电路有限公司	生产、销售印刷线路板	—
	2017	信丰利裕达电子科技有限公司	电路板生产、销售	信丰工业园区
	2017	江西亿科光电有限公司	手机及配件和手机软件的研发、生产、销售	赣州经济技术开发区
景德镇市 （3家）	2015	江西景光电子有限公司	电真空器件、电光源产品、电子应用产品研制销售	—
	2016	江西新航科技有限公司	光学元件、半导体元件、机械设备研发	昌江区鱼丽工业园区
	2017	江西欧美亚电子有限公司	电子元器件、磁性材料、制造销售	乐平工业园区
萍乡市 （3家）	2017	江西省萍实之乡电子商务有限公司	网上贸易代理	萍乡经济技术开发区
	2017	江西圆融光电科技有限公司	氮化镓LED外延片、芯片的研发、生产、加工、销售	—
	2017	江西富益特显示技术有限公司	平板显示器、LCD显示器开发、设计、生产、销售	—
新余市 （6家）	2015	新余兴邦信息产业有限公司	网络销售、广告、信息服务业务	新余高新技术产业开发区
	2015	江西长林鑫源通信科技有限公司	钢结构通信塔桅、通信设备	—
	2016	江西省木林森光电科技有限公司	发光二极管、液晶显示、LED发光系列产品	新余高新技术产业开发区
	2016	江西好英王光电有限公司	电子产品的研发及销售	分宜县城东工业园

续表

企业所在地区	江西省企业入选年份	企业名称	主要产品和服务范围	所属区
新余市（6家）	2016	新余市天恩电子技术有限公司	计算机网络技术开发、电力设备技术开发	新余高新技术产业开发区
	2016	法瑞新科技（江西）有限公司	电子产品研发、生产、销售	新余高新技术产业开发区
鹰潭市（7家）	2016	江西若邦科技股份有限公司	电子编带及电子元件辅料的研发	贵溪工业园区
	2016	江西水晶光电有限公司	红外截止滤光片光电子元件制造、销售	鹰潭经济技术开发区
	2016	鹰潭市科海光器件有限公司	光电器件、通信配件、精密金属件制作	月湖区工业园区
	2017	江西瑞源精密制造有限公司	光通信接插件、五金电子产品、精密轴件	余江县锦江镇工业区
	2017	鹰潭明康通信技术有限公司	通信技术开发、技术服务、技术咨询、技术转让	月湖区工业园区
	2017	江西三川科技有限公司	监控系统及服务软件开发与维护	龙岗片区三川水工产业园区
	2017	江西省腾仕科信息技术有限公司	软件的设计、开发与应用服务	鹰潭高新技术产业开发区

附表8　入选2015～2017年科技部高新技术企业的江西省汽车产业企业概况

企业所在地区	江西省企业入选年份	企业名称	主要产品和服务范围	所属区
南昌市（46家）	2015	南昌友星电子电器有限公司	汽车线束、电子电器零部件开发、制造、销售及售后服务	南昌小蓝经济技术开发区
	2015	南昌江铃华翔汽车零部件有限公司	汽车内、外饰件、冲压件、零部件开发、设计、制造、销售及技术咨询服务	南昌高新技术产业开发区
	2015	江铃汽车股份有限公司	生产及销售汽车、专用（改装）车、发动机、底盘等汽车总成及其他零部件	—
	2015	江西晟威汽车零部件有限公司	汽车零部件、汽车型材、高频焊管及钢材加工、制造、销售	进贤工业园区

续表

企业所在地区	江西省企业入选年份	企业名称	主要产品和服务范围	所属区
南昌市 （46家）	2015	江西江铃集团特种专用车有限公司	冷藏车、电源车等改装专用车及汽车零部件	南昌小蓝经济技术开发区
	2015	江西五十铃发动机有限公司	设计、组装和销售发动机及其零配件	南昌小蓝经济技术开发区
	2015	南昌江铃集团协和传动技术有限公司	设计、生产、销售齿轮箱及其他机械零部件	南昌小蓝经济技术开发区
	2015	江铃控股有限公司	生产汽车、发动机底盘、汽车零部件	南昌小蓝经济技术开发区
	2015	江西江铃专用车辆厂	汽车车厢、各种专用车、各种汽车冲压件	—
	2015	江西远成汽车技术股份有限公司	汽车零部件及配件、空气悬架、机械设备类金属构件	—
	2016	江西三锐精工有限公司	汽车零配件制造、销售	南昌小蓝经济技术开发区
	2016	江西省欧泰诗汽车部件有限公司	汽车配件、机械配件、五金的生产、加工	南昌小蓝经济技术开发区
	2016	江西江铃秦川电器有限公司	研发、生产、销售汽车、摩托车的线束和灯具	南昌小蓝经济技术开发区
	2016	江西荣昌汽车板簧有限公司	汽车悬架弹簧、汽车钢板、板簧生产	—
	2016	江西江铃汽车集团旅居车有限公司	各类汽车改装、汽车零部件制造及销售、	—
	2016	江西凯马百路佳客车有限公司	客车及零配件的研发、设计、生产、批发、零售	南昌经济技术开发区
	2016	江西江铃集团新能源汽车有限公司	汽车整车与汽车零部件的研发、生产和销售	南昌经济技术开发区
	2016	南昌银轮热交换系统有限公司	汽车热交换系统相关产品的开发、生产、销售	南昌小蓝经济技术开发区
	2016	江西车仆实业有限公司	机动车制动液、玻璃水、车蜡	青山湖区昌东工业园
	2016	江西江铃汽车集团改装车有限公司	爆破器材运输车等	南昌小蓝经济技术开发区

续表

企业所在地区	江西省企业入选年份	企业名称	主要产品和服务范围	所属区
南昌市（46家）	2016	南昌江铃集团鑫晨汽车零部件有限公司	机械制造、加工、维修	南昌小蓝经济技术开发区
	2016	江西江铃集团奥威汽车零部件有限公司	设计、制造、销售各类汽车零部件	南昌小蓝经济技术开发区
	2016	江西新电汽车空调系统有限公司	生产、销售汽车空调系统（压缩机除外）	南昌小蓝经济技术开发区
	2016	江西江铃汽车集团实业有限公司	发动机及零部件再制造生产、销售	—
	2016	南昌华翔汽车零部件有限公司	汽车内外饰件、零部件的制造及销售	—
	2016	南昌洲际汽车工程技术有限公司	机电产品和设备及汽车零部件的设计、研发	—
	2016	南昌天元汽车配件工业有限公司	汽车起动机、发电机	南昌经济技术开发区
	2016	江西远成汽车紧固件有限公司	机械设备、模具、标准件	—
	2017	南昌江铃集团梅克朗汽车镜有限公司	汽车镜及其他汽车零部件产品开发、制造	南昌小蓝经济技术开发区
	2017	江西五十铃汽车有限公司	生产汽车、底盘、专用（改装）车	—
	2017	江西行新汽车科技有限公司	汽车配件的制造、销售、汽车技术开发	南昌小蓝经济技术开发区
	2017	江西江铃集团深铃汽车零部件有限公司	生产、销售汽车零部件及其他机械	南昌小蓝经济技术开发区
	2017	江西久安汽车部件有限公司	汽车 U 型螺丝、汽车部件制造销售	进贤工业园区
	2017	南昌洪都汽车配件制造有限公司	汽车配件、电子设备	南昌昌南工业园区
	2017	江西龙创汽车技术有限公司	汽车设计、汽车配件制造	南昌小蓝经济技术开发区
	2017	南昌江铃集团联成汽车零部件有限公司	汽车模具、夹具设计、制造、维修	南昌高新技术产业开发区

续表

企业所在地区	江西省企业入选年份	企业名称	主要产品和服务范围	所属区
南昌市（46家）	2017	江西远成汽车配件有限公司	汽车零部件及配件、机械设备	新建长堎工业园区
	2017	江西直方数控动力有限公司	车用电喷系统、汽车零配件研制、生产、销售	南昌小蓝经济技术开发区
	2017	江西省绿野汽车照明有限公司	汽车照明电器、电子产品、半导体元器件	青山湖区昌东工业园
	2017	南昌市宏达铸锻有限公司	锻压、铸造机动车辆零部件、道路普通货物运输	进贤经济技术开发区
	2017	江西江铃集团车桥齿轮有限责任公司	机动车齿轮及其他零部件的生产销售	南昌昌南工业园区
	2017	南昌江铃集团车架有限责任公司	汽车零部件的生产、销售及技术服务	—
	2017	江西江铃集团晶马汽车有限公司	汽车整车、专用（改装）车、消防车	新建长堎工业园区
	2017	江西方大长力汽车零部件有限公司	各类汽车、农用运输机械零部件及配件	南昌高新技术产业开发区
	2017	南昌富亿达电机电器有限公司	汽车发电机、起动机及其他汽车配件生产销售	南昌小蓝经济技术开发区
	2017	南昌恒发机械制造有限公司	标准件、汽车配件、金属材料	—
九江市（5家）	2015	江西汇尔油泵油嘴有限公司	农机、内燃机零配件、空气预热器设计、制造，汽车零配件	—
	2016	都昌县业达汽车零部件有限公司	汽车零部件、印刷包装材料加工、销售	都昌县芙蓉山工业园区
	2016	九江新恒机械制造有限公司	汽车零部件及配件、普通机械设备	庐山工业园区
	2017	江西派路特科技有限公司	汽车电子产品、通信设备	九江经济技术开发区
	2017	江西新裕隆汽车零部件有限公司	汽车零部件制造、销售进出口经营	都昌县芙蓉山工业园区
上饶市（9家）	2015	江西天昊汽车部件有限公司	汽车零部件（除发动机）、光学产品的生产及销售	上饶经济技术开发区
	2016	江西晟金实业有限公司	汽车配件、通用部件、标准紧固件	万年高新技术产业园区丰收工业园区

续表

企业所在地区	江西省企业入选年份	企业名称	主要产品和服务范围	所属区
上饶市（9家）	2016	江西捷控新能源科技有限公司	汽车零部件、驱动电机、新能源汽车电控	上饶经济技术开发区
	2017	江西智佳汽车科技有限公司	汽车零部件模具、检具开发设计	婺源工业园区
	2017	江西蓝华科技有限公司	汽车底盘冲压件、焊接总成	上饶经济技术开发区
	2017	江西博能上饶客车有限公司	客车制造、汽车配件	上饶经济技术开发区
	2017	汉腾汽车有限公司	汽车、农用车制造、销售、改装	上饶经济技术开发区
	2017	江西兴宇汽车零部件有限公司	汽车零部件的生产、销售	万年高新技术产业园区丰收工业园区
	2017	江西波星实业集团有限公司	汽车零部件、驱动电机、新能源汽车电控设备	鄱阳县田畈街镇工业园区
抚州市（6家）	2015	江西锐特实业有限公司	汽车、摩托车配件等	抚州高新技术产业开发区
	2016	江西荣成机械制造有限公司	汽车配件制造、销售及其对外贸易	东乡经济开发区
	2016	江西江铃底盘股份有限公司	汽车底盘的生产及销售	—
	2016	江西江铃集团轻型汽车有限公司	生产和销售汽车及汽车零部件	抚州高新技术产业开发区
	2017	抚州申铃汽车配件有限责任公司	汽车配件的生产及销售	临川区万亩工业区
	2017	江西积裕实业有限公司	汽车配件生产和销售	抚州高新技术产业开发区
宜春市（5家）	2015	江西好帮手电子科技有限公司	车载娱乐、车载导航、驾驶安全、车身电子、车联网	丰城高新技术产业园区
	2016	丰城市达盛机车部件有限公司	汽摩配件生产、销售	丰城高新技术产业园区
	2017	江西特种汽车有限责任公司	专用车辆、环卫设备及配件的制造和销售	—
	2017	江西鑫田车业有限公司	汽车零部件、摩托车零部件	宜春经济技术开发区

续表

企业所在地区	江西省企业入选年份	企业名称	主要产品和服务范围	所属区
宜春市（5家）	2017	江西樟树市福铃内燃机配件有限公司	内燃机配件、汽车配件、机械配件	樟树工业园区
吉安市（7家）	2015	吉安航盛机电科技有限公司	汽车塑胶件、汽车五金件及其他产品	吉安工业园区
	2015	江西长泽汽车零部件科技有限公司	汽车电子座椅控制系统、汽车电子天窗	吉安高新技术产业开发区
	2016	吉安市吉泰环保节能材料有限公司	汽车催化装置用陶瓷载体开发、制造及销售	吉州工业园
	2017	吉安市瑞鹏飞精密科技有限公司	从事以汽车为主的大型装备模具及五金产品制造	井冈山经济技术开发区
	2017	江西航盛电子科技有限公司	汽车电器、汽车电子产品的生产、销售	井冈山经济技术开发区
	2017	永丰航盛电子有限公司	生产销售汽车电子产品	永丰工业园区
	2017	江西新德合汽配有限责任公司	汽车零配件生产、销售	泰和工业园
赣州市（5家）	2015	赣州经纬科技股份有限公司	汽车变速器及其配件制造、销售	赣州经济技术开发区
	2016	江西元邦摩擦材料有限责任公司	汽车制动器衬片、离合器衬片、制动鼓、汽车零配件	—
	2016	江西玖发新能源汽车有限公司	新能源纯电动整车的研发、生产及销售	南康区东山工业园
	2017	江西省广蓝传动科技股份有限公司	汽车零配件、生产、销售	兴国经济开发区
	2017	赣州群星机械有限公司	汽车变速箱同步器、汽车配件	章贡高新技术产业园区
景德镇市（3家）	2015	江西创元汽车零部件有限公司	汽车零部件的制造、加工、销售	景德镇高新技术产业开发区
	2016	景德镇正德制动系统有限公司	汽车配件、紧固件制造、销售	景德镇高新技术产业开发区
	2016	江西万向昌河汽车底盘系统有限公司	汽车底盘系统的开发、制造、销售	珠山区茅家坂昌河工业园

续表

企业所在地区	江西省企业入选年份	企业名称	主要产品和服务范围	所属区
萍乡市（2家）	2017	安源客车制造有限公司	安源牌系列汽车整车制造、销售	萍乡经济技术开发区
	2017	萍乡德博科技股份有限公司	车用增压器、汽车零部件研发、生产、销售	萍乡经济技术开发区
新余市（4家）	2015	新余绿洲橡塑有限公司	汽车零部件（除重要零部件）、橡塑产品、模具制造	分宜县城西工业园
	2016	新余市益立新能源科技发展有限公司	电驱动汽车空调、电动电机生产、销售	渝水区高新技术产业开发区
	2016	江西弘旺汽车制动器制造有限公司	汽车制动器、机械产品制造、销售	新余高新技术产业开发区
	2017	江西瀚德科技有限公司	汽车配件、工业过滤器、液压过滤器	—
鹰潭市（4家）	2016	鹰潭九隆科技产业有限公司	汽车配件、机械设备及配件	鹰潭高新技术产业开发区
	2016	鹰潭市科速达电子塑胶有限公司	进出口汽车电子电器、电动转向器	鹰潭高新技术产业开发区
	2016	江西蓝海云宇科技股份有限公司	内燃机及配件、工程机械及配件	贵溪工业园区
	2017	江西捷凯机械有限公司	机械制造、汽车、摩托车配件的生产及销售	—

附表 9　入选 2015 ～ 2017 年科技部高新技术企业的江西省文化创意产业企业概况

企业所在地区	江西省企业入选年份	企业名称	主要产品和服务范围	所属区
南昌市（9家）	2016	江西省影票文化传媒有限公司	国内广告的设计、制作	—
	2016	江西天盛网络有限公司	虚拟现实和增强现实科技产品研发、设计和制造	—
	2017	南昌浩瀚数字科技股份有限公司	动漫设计	—

续表

企业所在地区	江西省企业入选年份	企业名称	主要产品和服务范围	所属区
南昌市（9家）	2017	江西广泰传媒股份有限公司	广播、电视节目制作、发行	南昌小蓝经济技术开发区
	2017	江西新媒体协同创新股份有限公司	数据处理、工艺美术设计、电脑动画设计	—
	2017	江西惠佳影视传媒有限公司	广播电视节目制作、发行	南昌小蓝经济技术开发区
	2017	南昌点触科技有限公司	会展会务、设计、制作国内各类广告设计	—
	2017	江西倍康信息技术有限公司	游戏开发、网络工程设计	南昌高新技术产业开发区
	2017	江西正厚传媒有限公司	计算机系统集成、设计、制作国内各类广告	—
上饶市（1家）	2016	江西巨网科技股份有限公司	互联网广告营销	—
抚州市（1家）	2017	江西安沃传媒广告有限公司	企业管理信息咨询	抚州高新技术产业开发区
吉安市（1家）	2017	吉安嘉瑞实业有限公司	陶瓷及工艺品研发、生产	吉安高新技术产业开发区
景德镇市（1家）	2017	景德镇景浮宫陶瓷文化有限公司	新型艺术陶瓷文化企业	浮梁县陶瓷科技工业区
萍乡市（1家）	2015	萍乡射雕科技有限公司	网络文化传播、网游	萍乡经济技术开发区